教师的助手　家长的参谋　学生的朋友

素养教育绿镜头

——班主任工作纪实及思考

风一笑◎著

辽宁教育出版社

ⓒ 风一笑 2014

图书在版编目（CIP）数据

素养教育绿镜头　班主任工作纪实及思考/风一笑
著. —沈阳：辽宁教育出版社，2015.1
ISBN 978 - 7 - 5549 - 0701 - 6

Ⅰ. ①素… Ⅱ. ①风… Ⅲ. ①初中—班主任工作
Ⅳ. ①G635.16

中国版本图书馆 CIP 数据核字（2014）第 293357 号

辽宁教育出版社出版、发行
（沈阳市和平区十一纬路 25 号　邮政编码 110003）
辽宁彩色图文印刷有限公司印刷

开本：787 毫米 ×1092 毫米　1/16　字数：698 千字　印张：29.5　插页：4
2015 年 1 月第 1 版　　　　　　　　　2015 年 1 月第 1 次印刷
责任编辑：王　莹　　　　　　　　　　责任校对：金玉华
封面设计：熊　飞　　　　　　　　　　版式设计：熊　飞

ISBN 978 - 7 - 5549 - 0701 - 6
定价：65.00 元

同学们捧在手中的，是"阳光六班"的班徽和班训："向心，向上，养德，求知"。

"阳光六班"师生共同整理制作的班史

"阳光六班"毕业后发放的班史画册

"阳光六班"的班歌《少年当自强》

2010年12月2日，
学生们正在为写作
文而观察雪景

2010年12月23日，班歌曲作者荀宁老师
悉心指导六班唱班歌

2011年2月25日，
全体班干部提前返校扫除后留念

2011年4月2日，
同学们正在以小组为单位自主学习

2011年4月6
日，同学们在
自主学习的课
堂上争相发言

2011年9月2日，"阳光六班"参加
军训时练习敬军礼

2011年11月2日，
男生自主上大课间之后自豪地合影

2012年3月8
日，听取"做个
好女生"专题谈
话的好女生们

2012年5月17日，班级开展的"青春之歌"歌咏会活动中，
班长张欣然在同学们嘹亮班歌的伴随下舞剑

2012年3月22日，
好女生们正在开心
地游戏

2012年5月22日，男生在"做个男子汉"活动中表演军体拳

2012年5月24日，
主动参加义务扫除的同学们开心合影

2013年4月9日，男子汉们正练习跑步

2013年5月17日，由同学们奋力腾跃的热烈场面和班徽所组成的宣传画"追逐阳光"

2013年6月25日，最后一天在初中的课堂里听课

2013年6月30日，男生中考前齐呼"冲锋号"相互激励

2013年7月3日，班干部们最后一次清理教室时合影

写在前面的话

为了学生，为了更多的学生。

追随着这样的愿望，我开始了关于"素养教育"的理性思考，并把关注的目光聚焦在了初中一个班集体的成长历程上。

这个班集体，我们把它称为"阳光六班"。

从入学的第一天，到毕业的最后一天，

——我用影像记录了其中的每一个精彩瞬间，最后，用二百余幅照片来呈现这个历程；

——我用文字描述了其中的每一个光彩时刻，最后，用一百篇文章来展现这个历程；

——我不但用影像和文字再现了这个班集体的成长历程，还总结了使它成为优秀班集体的经验和规律。

最后，这些记录和思考孕育成了一个新的生命，它的名字就叫作《素养教育绿镜头——班主任工作纪实及思考》。

一

从学生入学的第一天，到他们毕业离校的最后一天，"阳光六班"的师生们共同演绎了一个班集体的成长纪录片。历时三载，我为他们留下大量珍贵的照片和视频资料。

这些影像资料，全程、全面地记录了这个班集体的成长历史。这部历史，是用光影编织的五彩斑斓的成长梦；是用情感酝酿的浓郁芬芳的爱心梦；是用奋斗踏出的奋勇攀登的进取梦；是用思想结出的硕果累累的收获梦。这许许多多色彩斑斓的梦，沉甸甸地灿烂于丰收的田园。最后，一对叫作"阳光之路"的孪生兄妹笑盈盈地牵起了每个六班人的手——那是一碟声情并茂的班史光盘和一本色彩斑斓的班史画册，它们共同记录了六班的成长历程。

撷取这班史画册和班史光盘中最灿烂的册页，用以铺陈我对教育的思考，让深情的叙述和理性的光辉有了红与绿、光与影的掩映。满眼都是勃勃的生机，满心都是无限的希望！

于是，"绿镜头"这个洋溢着力与美的名字，在"素养教育"的陪伴下生动地走来。

——图文并茂，这是本书的第一个特点。

二

用理性和情感去关注、去扶助一林小树的成长，帮它们在泥土中扎下根来，帮它们获取春阳的关爱，帮它们扛过夏热的考验，帮它们经历秋风的冷漠，帮它们理解严冬的冷酷……然后，看着它们健康地、坚强地、快乐地成长。

班集体，就是这林小树。

研究班集体这林小树的成长规律，这是本书的基本着力点。

这林小树的成长是一个靠思考和实践去培育的过程。入学阶段，需要的是培土和浇水，那么，老师该做点儿什么？过了一阶段，小树的主干还很柔弱，那么，需不需要用几个木杆来支撑它奋力的稚嫩？到了八年级，有些枝叶需要修剪一下，那么，怎样做才能让它经得起疼痛？进入九年级，这树林已经枝繁叶茂了，这时候，还是否需要像七年级那样的小心呵护……

一个初中的班集体，从成立，到成形，到成长，到成熟，到优秀，到毕业……整个的过程，本书中，可以看到它每一次向着阳光的翠绿的伸展。

——集体成长，这是本书的第二个特点。

三

本书展现了一个班集体的成长历程，但它的追求绝不止于一种简单的纪实，更重要的，它要思考，它要探索。它要思考每一个教育实例的得失，它要探索整个初中阶段的班集体培养和学生教育的基本内容和规律。

于是，就有了"素养教育"的第一声啼哭。

这里所说的素养教育，是指在初中阶段对人生的基本素养所进行的教育。简单讲，"素"即素质和平素，就是在日常生活中对基本素质进行培养；"养"即培养和修养，就是通过教育培养和个人修养相结合的方式、在循序渐进的过程中来实现素养的养成。

素养教育，具有全员成长、全面奠基、全程自主的特点。

全员成长。是指对全体学生进行素养教育，使他们每个人在基本素养的各方面都获得最适合自身发展的健康成长。它既不同于一心追求升学率的只对少数人进行培养的"精英"教育，也不同于只满足于学生简单需要而忽视学生更高发展的"草根"教育，而是适用于全体学生成长需要的"全员"教育。每个人都关注，每个人都成长，这是它的基本特点。

全面奠基。这是从教育内容的角度来说的。人的素养是多方面的，这里研究的是初中阶段为学生一生的生存和发展而奠定基础的素养，是基于德、智、体、美、劳全面发展的全面。 它强调的是"奠基"前提下的全面，而不是所有素养都包括的面面俱到。 教育内容的基础性，这是它的另一个特点。

全程自主。 这是从教育方式和教育过程的角度来讲的。 素养教育注重的是过程的教育，所以，"全程"强调的是教育过程的日常性和长期性。 素养教育更注重教育主体是学生和修养方式靠自主的思考，所以，"自主"强调的是学生要通过自觉意识的增强和自主行为的落实来实现综合素养的不断提高。

用素养教育的思考去实践，再用素养教育的实践去思考。 教育，可以有更多的路可走。

——思考创新，这是本书的第三个特点。

四

能为一线的教师同行提供一点儿参考的东西，这也是我努力追求的目标。 为此，本书在体例安排上也有一些特殊的考虑。

全书缀文百篇，以学期为单元来编排。 这些文章的内容，多与所在学期的重点工作相对应。 每篇文章的结构安排，除了具有点题之意的"题记"之外，主要设有"春风化雨""千虑一得""披沙拣金"和"他山之石"这四个部分。

其中，"春风化雨"部分是班级成长具体的实例及相关思考，"千虑一得"部分是在"春风化雨"实例基础上的工作经验或规律的思考，这两部分内容主要是从教师的角度来设置的。 "披沙拣金"部分是对学生素养教育内容或方法的要点的思考，这些思考，是基于"春风化雨"实例中的某一点而引发的。 "他山之石"部分则提示了本书中与本篇文章相关的篇目及其所在页码，这种相关，或者是教育内容的相关，或者是素养要点的相关，可为读者进行专题性的阅读提供些许便利。

——方便实用，这是本书的第四个特点。

这部书，动笔写出来只花了三年，不过，对它的思考却用了将近三十年。 厚重，这也许可以作为它的另一个名字。

感谢所有支持我的人，没有他们的帮助，我将一事无成。

风一笑
2014 年 4 月于沈阳

目录 Contents

七年级（初一）
上学期

七年级（初一）
下学期

八年级（初二）
上学期

八年级(初二)
下学期

九年级(初一)
上学期

九年级(初三)
下学期

七年级（初一）

上学期

1. "走进我的家"

> 有人说，家不是讲理的地方，而是讲情的地方。 而对于班集体这个家来讲，她既是讲理的地方，更是讲情的地方。
>
> ——题记

春风化雨

时间的流水注定要淹没过去的岁月，然而，历史的日历往往会给每个人都高高耸起几个顶天立地的日子，用它的巍峨来标记一种值得纪念的人生。

2010 年 8 月 27 日，对于我来说，就是这样一个巍然高耸的日子。

上午，我来到学校初中部的二楼，找到了 "七年六班" 的教室。

打量了一下那个并不起眼的班级标牌，我轻轻地推开了门。 我知道，推开这房门的同时，我也推开了一段未知的历史。

经过一个假期，教室里已经覆盖了一层寂寞的灰尘，地面上还有几团睡着了的废纸。 我知道，它们都在等待一个唤醒，一个关于教育的唤醒。

看着还空荡荡的教室，我禁不住笑了：再过几个小时，随着这个班级真正主人们的登场，"六班" 的历史，将在这里正式拉开它的帷幕。

另类亮相

　　下午一点钟左右，学生们陆陆续续走进校园来报到。 庭院中，新生们以班级为单位列队，而班主任则在本班队伍前面，开始了接收学生的工作。

　　我并没有急于与学生见面，而是先站在距离班级队伍稍远一点儿的地方观察他们。过了一会儿，我才走近他们，但也没有打招呼，而是一边绕着队伍给他们拍照，一边继续我的观察。

　　学生进教室的时候，我请其他老师在前面带队，自己则跟在后面，进一步观察学生们行进过程中的行为表现。 直到学生们坐好，我才走上讲台做自我介绍。 这时，学生们也才知道一直在拍照的我是他们的班主任老师。

　　自我介绍中，我从教室屏幕上"走进我的家"的内涵说起，在表达了主要的愿望之后，着重提出了自己的教育追求："教师要做学生的学生，学生要做教师的教师。"

　　听到我这样说，学生们既感到很新鲜，又感到十分疑惑。 我解释道：第一句话的意思是，老师的身份虽然是老师，但还有很多不如学生的地方，要虚心向每一位学生学习；同时，要努力创造条件，让每一位学生都有展示自己才能的机会。 后一句话的意思是，每一位学生都要努力超过老师，要有能力为老师的教学和教育工作提供帮助，并且，要有勇气、有能力纠正老师的错误，这样，师生才能共同取得更大的进步。 我特意强调，这两句话既是一种态度，也是一种方法，更是一种行动。

　　"不能纠正我的错误的学生不能算是好学生，不能帮助我进步的学生不能算是好学生！"我用这句话结束了我的自我介绍。

刚刚入学的
六班学生排队等
待进入教学楼

接下来，在表扬了学生们站队和行进过程中的良好表现之后，我组织他们进行自我介绍。 对此，我提出了几点要求：第一，自我介绍要站在讲台上来进行；第二，在走上讲台之前，要把他们的《入学通知书》亲手交给我。

在这一过程中，我一边注意观察他们的表现，一边在他们交给我的《入学通知书》上有选择地写上了"S""L""D"这几个字母。 这几个字母，"S"代表"双手"，也就是用双手向我递交的《入学通知书》；"L"代表"行礼"，就是能主动给老师和同学行礼；"D"代表"表达"，即自我介绍时表达流畅得体。

专项训练

学生的自我介绍完成之后，我安排了这样一个环节：让学生自觉排队去一次卫生间。 要求站队去、站队回；并且告诉他们，回来之后，我要调查他们遵守纪律的情况。 我特意强调：这个活动的整个过程，我不会去管理，完全靠他们自觉去做好。

不久，男生、女生两支队伍都回来了。 这时，我先进行了诚实美德的教育，然后告诉他们，没有达到纪律要求但能诚实对待的同学，老师不但不批评，还会对他提出表扬。 之后，我才请做到自觉遵守纪律的同学举手。 根据调查的结果，我先表扬了自觉遵守纪律的同学，表扬他们有很强的集体荣誉感和自控能力；接着，我对没有达到要求、但没有弄虚作假的同学也提出了表扬，充分肯定了他们的诚实之美。

军训动员

军训是促进学生成长的良好手段之一。 一方面，它能够培养学生的爱国情感；另一方面，它对磨炼学生意志、增强他们战胜困难的勇气和信心，都有着不可忽视的作用。 而军训动员，则是实现军训目标的基础工作。

我这次的军训动员是分三个阶段来完成的。

第一阶段：引入。

首先，进行思想的铺垫。 由学生们刚才的良好表现入手，充分肯定他们具有优秀的基础，同时指出，优秀的基本条件应该有三个层面：一是具有美好的思想品质；二是具有良好的行为习惯；三是具备良好的外部形象。

然后，从"良好习惯能使人更优秀"入手，对学生进行良好行为习惯的训练。 训练前先提出"迅速、利落"的动作要求；之后通过"起立""坐下"等口令，反复对学生进行训练，每次训练都进行必要的调整和肯定。 此举意在引导他们懂得：把简单的动作坚持到底，就会取得成功。

接下来，从"良好形象能使自己更优秀"的角度进行引导。 我先播放了三幅图片：

第一幅是一个当代"流行青年"衣冠不整、站姿不雅的照片，另两幅图片分别是男、女军人英姿勃发、军容威武的照片。

在此基础上，我问学生：如果要选择上述照片中的形象作为自己的追求目标，你们愿意选择哪一幅？

当然没人愿意选择第一幅。

我充分肯定了学生们向往美、追求美的选择，同时告诉他们，军训恰恰会帮助大家成为一个形象好、形态美的人。

第二阶段：深入。

先以"军训不仅仅是塑造个人美好形象的小事，更是关乎国家和民族命运的大事"进行过渡，然后通过播放两幅抗战时期日军暴行的照片对学生进行国耻教育，激发学生们的爱国之情和报国之志。

随后，我又播放了几张当代某国少年儿童在雪地里赤膊训练的照片。之后问学生：你们哪个人能做到像照片中的外国孩子那样在雪地里赤膊训练？

没有人举手！

接着，我又由当时某些国家在临近我国海域进行军事演习一事，引导学生们思考自己身上肩负着的民族责任。

第三阶段：升华。

先播放抗战时期一个坚强的小战士的照片，引导学生认识我们中华民族具有坚强不屈的优良传统，然后，又播放了一幅我国当代少年儿童军训的照片，指出当代青少年同样具有爱国的热情和坚强的意志。

紧接着，我加重了语气说："想去参加军训的同学，请高高举起你的手！"此时，全班同学都高高地举起了手臂！

接下来，我提出"经受考验，磨炼自我；增强本领，保卫祖国"的军训口号，并组织学生练习呼号。

起初，学生的呼号拖长音，软弱无力，毫无刚性。我马上进行调整，带领他们连续训练多次。经过训练，学生们的呼号声越来越洪亮，越来越有气势，最后，他们群情激昂，情绪完全被调动了起来。

至此，军训动员取得了比较令人满意的效果。

……

放学了，教室里除了我，已没有了他人。我知道，此时的这间教室，已经不再空空荡荡。因为，这里已经形成了一种气场。就在这无形的气场里，有一种力量在静静地蓄积，有一种思想在悄悄地酝酿，有一种情感在暗暗地涌动。

三年之后，一个叫作六班的教室里，会贮满多么浓重的情感呢？

▍千虑一得

与学生的第一次见面，我的体会是要做好这么几方面的工作。

了解。 就是尽可能多地掌握学生的相关信息，对他们的基本情况有个大致的了解。了解的方式有很多，调查和观察是最常见的两种。 通过口头或书面等形式的调查，能够使我们对学生的了解更全面、更丰富。 而观察式的了解则更直接、更真实：通过亲自观察，看一看学生的精神状态，看一看他们的面目表情，看一看他们的具体行为。 这些了解，会为我们的工作提供许多有益的帮助。

训练。 就是对一些急于落实的、操作性比较强的内容进行具体的行为训练。 首次见面，免不了要根据学校的工作安排和本班工作的实际需要对学生提出一些要求，这些要求，最好具有虚实结合的特点。 所谓"虚"，是指不需要立刻在行为上进行落实的要求；所谓"实"，是指在行为上要即刻进行训练的内容。 而关于"实"的训练，可遵循抓细节和求实效的原则来进行：通过小细节的训练，立竿见影地抓出实效，目的就在于给学生树立一种说了就要做的"落实意识"，同时，也给学生树立一种做了就有效的"实效意识"。 这两种意识，都是学生成长过程中必不可少的基本素养。

铺垫。 就是对学生进行相关的思想理念的渗透、情感心理的铺垫和必要的事务性准备，为以后的教育奠定必要的基础。 其中，思想理念是理性的目标基础，情感心理是感性的动力之源。 这两方面的铺垫做好了，就如同拿到了打开学生心灵之门的钥匙，既能让学生知道前进的方向，还能让学生向我们敞开心扉，心悦诚服地接纳我们、亲近我们。

▍披沙拣金

对学生进行军训的动员，这是教学生"学会爱国"；对学生进行良好行为习惯的训练，这是在教学生"学会自控"；而对学生进行呼口号的训练，这是教学生"学会表达"。

学会爱国。 可从学会知国和学会报国这两方面来思考。 学会知国，就是要知道祖国的历史，这历史，既有光辉灿烂的荣光，也应该有受人欺凌的屈辱。 教会学生知道祖国的这些历史，就是让他们在自豪的同时，也要具有一颗警惕之心。 学会报国，就是让学生既要有火热的报国之情和远大的报国之志，又要有切实的报国之为。 参加军训，努力学习，让自己不断进步，这就是当下最好的报国之为。

学会自控。 能够控制自己的行为，这是学生自主成长最重要的表现之一。 要想学会自控，就要做到有目标、有效果。 有目标就是知道要控制自己的哪些行为，控制这些行为要达到什么样的标准；有效果就是能够实现这些目标，使这些效果在自己的行为上体现出来。

　　学会表达。 交流思想，表达情感，这应该是学生最应该具备的最基本的行为素养。怎样做才叫会表达呢？ 在他人面前，能够简明、连贯地说出自己的想法，说话时音量适中，吐字清楚，语言得体，语态适宜。 这些，都是会表达的基本素养。

他山之石

关键词：团结，爱集体

2. 军训究竟训什么

当洪亮的口令发出，它牵引的不仅是规范的动作，还应有激昂的情绪；当嘹亮的军号吹响，它激荡的不仅是冲锋的激情，还应有跳跃的思想。

——题记

▌春风化雨

2010 年 9 月 4 日，上午。

操练场上，正在进行军训成果的汇报表演。以班级为单位的受阅队伍依次通过主席台，接受检阅。

班主任都坐在主席台的后方，学生则由教官管理。远远地，我看到我班队伍里面有些同学在不住地乱动，有的甚至还旁若无人地在地面上画来画去地玩着什么，以至于负责我班军训的教官总要不停地回过头去维持秩序。

……

结果是在意料之中的，我班的汇报表演简直都可以用"惨不忍睹"来形容：对集体的表彰共有"汇操表演"等三个项目，每个项目表奖前三名，而我班竟然连一个集体的奖项都没有获得！

对于这样的结果，一些熟悉我的同事颇感意外：怎么会是这样？不应该呀！

可是，在我心里，这个结果一点儿也不意外。抛开客观原因不说，单从主观上来讲，作为班主任的我，其实也并没有把对学生军事素质的训练作为头等大事来抓。

参加军训，却不把军事素质的训练作为头等大事！ 疯了吗？

呵呵，不瞒您说，我还是很正常的，只是正常得有点儿"不正常"罢了。

原来，一开始我就为这次军训定下了一条原则：不为军训而军训，不为获奖而军训。

这一原则的确定，源于我对军训活动的再认识。

以往，我认为军训的目的除了进行爱国教育之外，更主要的是对学生进行守纪行为的强化训练。 而这种守纪行为的强化训练则又比较突出地转化成了对坐、立、行、走等动作的强化，因为只有这些动作更规范、更优化，才能在军训汇报表演中取得好成绩。 这样一来，从表现形式上来看，规范化的军事动作的训练俨然就成了军训的唯一目标。

但是，回过头来想，我们军训目的是什么？ 是要把刚上初中的小孩子培养成军人吗？ 不是。 是要让参加了军训的学生在以后的学习生活中一直保持标准的军人作风吗？ 也不是。 对于一群正在成长中的少年来讲，军训的意义恐怕更多的还在于给他们一种感受，一种熏陶，一种影响，一种启发，一种铺垫……

那么，何不把相关的标准降低一点儿，把培养的目光放远一点儿，把教育的铺垫拓展一点儿呢？

基于这样的理解，我为我班的这次军训定下了三个级别的目标。

第一级是基本目标。 就是达到学校所提出的军训的基本要求，主要是使学生具备一定的纪律意识，进行必要的行为训练。

第二级是铺垫目标。 就是要最大限度地观察、了解每个学生，特别是看他们的行为习惯和组织能力，为下一步的工作，特别是为班干部的选拔和培养做一定的准备。

第三级是延展目标。 就是要引导学生树立基本的热爱集体的意识、基本的自我管理的意识、基本的独立思考的意识。

这三级目标中，一级目标最基本，必须实现；在此基础上，有选择、有侧重地实现二级目标；至于三级目标，则主要渗透在这几天的日常管理当中机动灵活地去实现。

六班同学以自主讨论的形式，对自己和同学进行评价

所以，训练中，我在进行必要的引导后，就把更多的时间交给了学生独立自主地去支配。比如，让他们自己讨论军训的得失，自己评价训练的优劣……

轰轰烈烈的军训结束了。归途中，学生们显得有些沮丧，因为他们觉得自己是空手而归的！不过，我却并不因此而失落。因为我知道，他们的两手是空的，但他们的心里已深深地埋下了一颗叫作自主的种子。明年的这一天，他们的成长之树上，定然会硕果累累！

▌千虑一得

本次军训，最大的收获就是把自主的春风吹进了学生的心里。

自主思考。 懂得自己是独立的人，逐步学会自主行为，自主进步，这是自主成长的必备条件。而这些自主的前提，就是先有自主意识，先学会独立自主地思考，学会用自己的大脑思考。这既是学生在校期间重要的学习素养，更是他们今后走上社会、独立生活的人生素养。

自主行动。 学会自主行动，这是最能够使学生受到锻炼的教育方式。自主行动对学生能力的要求是全方位的：行动之前要学会自主思考，思考行动的目标，思考行动的要求，思考行动的结果，等等；而行动之中，则要求学生要学会自主控制，自主协调，自主合作，等等；行动之后呢，又要学生学会自我总结，自我改进，自我提高，等等。

军训的整个过程中，我把更多的时间交给了学生，给他们创造更多的机会锻炼自己，同时也展现了他们自己本真的一面。这样的安排还使我对学生的行为习惯、文明素养、思想意识、心理素质、工作能力等方面都有了比较具体的了解，为我下一步工作打下了一定的基础。

▌披沙拣金

用大量的时间让学生自己讨论军训的得失，自己评价训练的优劣，这实际上是在教学生"学会思考"。要想学会思考，需要"多"一些的机会。

多经历。 经历是最好的老师，感悟是最好的思考。经历的过程，就是认识的过程，就是感悟的过程，就是思考的过程。只有亲身经历了，实践了，学生们才会有真真切切的感受，他们才会在这真切的感受里有所悟，有所得。老师也好，家长也好，我们只是学生成长中的引导者、合作者，我们的作用是"引"、是"导"、是"教"，而绝不是"替"。只有我们把经历的权利还给学生，他们才有机会在经历中去感知事物，去感受过程，去感悟事理；而也只有经过这种切实的感知、感受和感悟，他们才有独立思考的基础和条件。

多发现。 这里所说的发现，主要是从发现问题的角度来说的。给学生创造机会，让他们学会质疑，学会疑问，学会探究，这是促进学生独立思考的有效手段。学会质疑，那就需要提出不同的意见；学会疑问，就需要主动设置问题；学会探究，就需要寻根溯源，思考事物的内在联系。由此，发现就成了帮助学生独立思考的有效手段。

多解决。 能发现问题，还能解决问题，这是学会独立思考的关键环节。无论什么问题，要想解决，就需要动脑思考，思考问题产生的原因，思考问题解决的办法。而思考解决办法的时候，还要思考为什么要用这个办法，用了这个办法会产生怎样的结果，除了这个办法，还有没有更好的办法，等等。这一系列的解决问题的过程，就是不断思考的过程，就是不断使思考更成熟、更缜密、更完善的过程。所以，要想教会学生独立思考，我们就要千方百计给学生创造这样解决问题的机会。

他山之石

关键词：思考，自主

3. 熔铸班级的灵魂——班训

甩开创造的臂膀，我们先要让自己充满力量；迈开奋斗的脚步，我们先要选择前进的方向。 能给我们这力量和方向的，是灵魂。

——题记

▎春风化雨

小说《封神演义》中有这么一个故事：忠臣比干被纣王剖心之后出走，途中听见一妇人叫卖"无心菜"。 比干问："人若是无心如何？"妇人说："人若无心即死。"于是，比干大叫一声，倒地而亡……

这当然是神话故事，所以比干在没有心的情况下还能走那么一段路。 现实生活中，人要是没有了心，那就是完全彻底地告别了人世，哪里还会走路、说话呢？

人是如此，集体也是一样。 有了"心"的集体就有了灵魂，就有了前进的方向和动力。 而从一个班集体的角度来讲，班训就是它的心，就是它的灵魂。 这个灵魂是班级所有成员共同的理想和追求，是这个班级所有成员为这个共同理想和追求而付出的共同的努力，是通过班级所有成员的一言一行所表现出来的他们的共同理想和追求。

早在入学报到的那天，我就在发给学生的《入学问卷》中安排了班训征集的内容。 大多数同学都写出了自己所思考的班训，他们从不同的视角、以不同的形式表达了对班训的理解。

军训期间，我把大家的班训征稿进行了整理，最后形成了班训的草稿："愉心，健体，养德，求知"。 之后，再把这个草稿公布给全体同学，向他们征求意见和建议。 根据大家的建议，班训最后修改为："向心，向上，养德，求知"。

这个班训充分体现了以学生为本的教育理念。 "向""养""求"这几个动词，都体现了一种主观的愿望，它们是学生主体的主动思考和追求，体现了自觉的愿望和自主的行动，突出了自主教育的主体意识和自主发展的主动方式。

向心： 心，既指师生自己的内心，也指班级这个中心。 从个体意义上来讲，向心就是以自主教育为主体、以自主成长为核心，注重内心的修养；从群体意义上来讲，向心就是全班成员紧密团结，紧紧趋向班级这个中心。

向上： 上，就是高，就是优秀；就是更高，就是更优秀。 它既提出了奋斗的目标，也体现了青少年本身所具有的充满活力的特点。 向上，就是健康乐观，生动活泼，积极进取，不断进步。

养德： 养，一是指素养，二是指修养；德，指品行，既有思想品德，也包含与思想品德相适应的行为。 养德，不但强调了自我修养、自主成长的学习和教育方式，也展望了这种学习和教育的前景及成效——要通过良好德行的修养来具备良好的德行素养。

求知： 求，就是追求，就是探求，就是求索。 这是一种主动向上、自觉进取的态度，这是一种绝不安于现状的活力和行动，这是一种努力追求理想的奋斗精神。 知，就是知识，就是能力，就是真理，就是知识素养，就是能力素养，就是求真素养。 求知，还突出了学生在学习方面的特点，就是对知识孜孜以求，并且养成学会求知的方法素养，形成主动求知、终身求知的素养。

这个班训得到了大家的一致认可。

从此，在成长的道路上，七年六班的脚步有了奔跑的方向。 无论遇到怎样的风吹雨打，无论遇到怎样的艰难险阻，班训都将带领着大家一路高歌，一路向前！

▌ 千虑一得

班训不能是摆设，它的存在绝不是为了好看。 在具体工作中，我主要从以下几方面来发挥班训的作用。

引领追求。 我们把班训用隶书、红色字体放大，制成字板，与班徽一起粘贴在教室后黑板上方醒目的位置上，以此来彰显班训的重要地位和引领作用。

这里，还要插入一段趣事。 在向学生们展示班训字板的时候，"求"字上面的"、"不小心折掉了。 当时，我没有再把它粘贴完整，而是将错就错地对学生说："'求'字上面的'、'是空的，说明这个'求'字还没有写完，这是寄寓了我们对真理、对知识追求的永无止境。 那么，我们班训就索性一直用这个永无止境的'求'字如何?"

学生们用热烈的掌声回应了我。 从此，这个上面没有了"、"的"求"字就一直沿用下来了。

褒扬先进。 为了让班训的内涵深入人心，凡是能体现班训精神的人和事，我们都给被表扬的同学贴上班训的"标签"。 就是用班训给他们对号入座，让大家都懂得这些被表扬的同学哪些地方符合班训的要求，这样对其他同学也会起到激励作用。

为了更好地落实这项工作，我还在适当时候开展了"我与班训"的专题反思活动，通过这样的活动让学生们看到自己的优点，发现自己的不足，从而促进他们的成长。

振奋精神。 凡是班级的重大活动，班训都是必不可少的精神标志。 它内涵丰富，音韵铿锵，最能起到振奋人心的作用。 所以，每次开班会的最后一个环节，我们基本上都安排对班训的呼号。 同学们的呼号满怀激情，充满力量，很好地激发了他们奋发向上的勇气和热情。

▌披沙拣金

引导学生打造积极向上的班训，这是在教学生"学会上进"。 学会上进，先要学会下面的几个"有"。

有要强的愿望。 要强，就是要努力做到更好，要积极进取，要不甘落后。 有了这种愿望，遇到困难的时候，敢于迎难而上；没有困难的时候，善于更上层楼。 要强，能激发热情，能催人奋进，是青少年成长进步必不可少的正能量。 无论是个人，还是班集体，只要想进步，就都需要有要强的愿望和行动。 需要指出的是，要强与争强好胜有着本质的区别，要强追求的是自我的不断完善，而争强好胜则是狭隘地通过比上下、争高低来获得虚荣心和一己之私的满足。 无论是追求目标和表现形式上，二者均不可同日而语。

有追求的目标。 学会上进，一定要有追求的目标，有了目标，就有了前进的方向，就能按照这个方向不断地调整自己的行为。 有了追求的目标，还有利于增强集体的凝聚力，使得这个集体向着共同的目标同心同德，奋勇前进。 以班训为载体，从内容到方式，从思想到行为，从不同角度给学生提出了奋斗的目标。 这样的班训，有虚有实，有大有小，有高有低，实施起来不空不浮，对促进学生上进心的形成能起到很好的引导作用。

有不懈的行动。 学会上进，仅仅喊几句口号是不行的，那是自欺欺人的做法。 有了追求的目标，更要有为实现这一目标而不懈努力的落实，更要有不断改进、不断完善自我的行动，这样的上进才是真正的上进。 在班训的形成过程中，从动员到修改，从修改到完善，每一个环节，都是一个不断追求进步、不懈落实目标的过程，这个过程给学生的影响就是：要做到更好，要不断努力地做到更好——这，就是教学生学会上进。

他山之石

关键词：班级文化

4. 第一天，第一次

从某种意义上来讲，一个班级的第一天，就是最后一天；一个班级的第一次，就是最后一次。

——题记

▌春风化雨

2010 年 9 月 5 日，开学第一天。

按照安排，这天的工作，是为第二天的正式上课和开学典礼做准备。

面对比较繁杂的事务性工作，我们怎么办？ 是被这些杂务缠身而忙得焦头烂额，还是进行必要的调整，对学生进行有针对性的教育呢？

把上课和开学典礼的主要注意事项交代清楚，然后有选择地做好具有"第一次"意义的工作，也许更值得尝试。

在这个拥有多个"第一次"的第一天，我重点做了以下几项工作。

别具一格安排座位

要想把座位安排得适当，需要综合考虑学生的身高、性别、纪律、学习等多方面的因素，以形成最有利于他们自主成长的搭配组合。 在这项工作上，我还多了一点考虑，这就是：每个"同桌"由

上课第一天，同学们以三人同桌的方式上数学课

三名同学组成。　这是为了组成六人一组的学习小组，更有利于学生的自主合作学习。

　　不过，这样安排同时也带来了一些问题。　比如，学生们控制不住自己，经常会有一些不必要的交流。　特别是自习课的时候，由于学生的自控能力还很差，三人同桌无疑大大增加了这种"交流"的机会。

　　然而，也正是有这样的不利之处，我又多了一些对学生进行教育的机会。　比如，说闲话情况的增加，这就给我创造了对学生进行强化自律教育的机会；比如，坐在中间的同学需要经过两旁同学的座位进出，这就给我创造了对他们进行互助与宽容的教育机会；比如，发放物品需要邻近的同学把物品传到另一侧的同学那里，这就给我创造了对学生进行团结友爱教育的机会……如此看来，这种独特的座位安排，如果用得好，那实在是利大于弊呀！

宣传训练"一日常规"

　　七年六班的《班级一日常规》，是参照学校的有关规定和本班的实际情况来制订的。它以学生一天上学的时间为经线，以每个时间段的重点行为要求为纬线，对学生的日常行为提出了基本的要求。　有了这份常规，学生的行为就有了准则。

　　这份《班级一日常规》，最突出的特点是要求的具体。

　　比如，"早晨、午检后、自习课期间请从班级后门出入"这一条，这样要求主要是考虑班级秩序的稳定问题：这几个时间段，都是需要学生专注地学习、需要班级秩序稳定的时候，而学生如果从前门出出进进，至少会在视觉上对其他同学，特别是对注意力不够集中的同学产生影响；而从后门出入，这种不良影响就会最大限度地降低了。

　　宣传《班级一日常规》的时候，对有些不大容易理解和可能产生误解的内容，都进行必要的解释说明，这样会使学生更容易接受。

在对学生进行宣传教育之后，我又选择几项急需落实的内容进行了实际的操作训练，使学生不但知道应该做什么，知道为什么做，还知道怎样去做。

动手制作身份牌

在学生的桌面上摆放一个写有本人姓名的身份牌，这是帮助老师熟悉学生的有效办法。 有条件的班级，可能会统一制作这些身份牌，这样制作的身份牌比较美观和整齐划一，老师和学生也会省去许多麻烦。

能不能让学生自己制作身份牌，以取得更多的教育收获呢？ 在开学第一天，我班就进行了这样的尝试。

军训的最后一天，我曾给每个学生发放了一份《身份牌制作自我评价表》，从准备的材料和工具、外观设计、诚实操作等方面提出了具体的要求和评价方法；今天，由于时间比较宽裕，我就组织学生进行了具体的落实。

落实的过程十分顺利，也取得了不错的教育效果。 这项工作帮助我考查了学生的动手能力、自控能力、自我评价能力和诚实的品质等。 而在身份牌的制作过程中，我还从多方面了解了学生：比如，学生是不是能够按照要求带齐所需的物品；遇到难题的时候，他们会不会想办法解决；自己实在解决不了的问题，他们会不会主动寻求帮助；遇到别人求助的时候，他们会不会热情地帮助别人……

第一天和第一次，如果做得好，它就是正面的样板；如果做不好，它可以作为改正的靶子；如果想创造，它就是试验的样品；如果要提高，它就是以后的基础。

第一次，永远都是最有用的，就看你怎么用。

▌ 千虑一得

万事开头难，开头抓万事。 然而，工作越是繁杂，越需要我们有清晰的思路，越需要我们能够抓住要点，尤其是要抓好几个关键的"第一次"。

第一次立规矩。 所谓立规矩，就是要向学生宣讲学校、班级的一些规章制度和具体要求。 我们所立的规矩，必须合理。 所谓合理，首先要合乎国家的法律法规，这是一条最基本的大理。 无论是学校的规章制度，还是班级的班规班纪，都必须严格遵守这个大理。 规矩的合理性，还要充分考虑到学生的身心特点和接受能力，不能超出这个自然规律的底线。

第一次有落实。 任何制度，都要靠落实来实现价值。 立规矩的关键在于"立"，规矩再好，如果立不住，也没有任何存在的真正价值。 而能把规矩立得起来的，关键就在于落实，关键就在于训练。 反复的训练，就是立规矩的强化过程。 训练成习惯，习惯成自然，自然成规矩，这是规律。

第一次给信心。 对于一个集体来讲，对于刚上初中的小孩子们来讲，任何第一次活动的本身也许并不特别重要，更重要的是这次活动的成败给他们所带来的心理感受和所引发的心理影响。 所以，任何的第一次，我们都不要忘记给学生以向上的勇气和信心，也许第一次并不完美，甚至哪怕第一次失败了，我们也要用恰当的鼓励使学生对今后充满希望，充满期待，充满信心。 而为了做到这一点，除了事后的巧妙引导，更重要的是每做一事之前，要有周密的设计，充分的准备，要让学生感到成功是真实的，是他们自己努力得到的，而不是老师硬"说"给他们的。

▎披沙拣金

组织学生自己制作身份牌，这是教学生"学会操作"。 学会操作，就是培养学生的劳动意识，就是培养学生的动手能力。 学会操作，充分考虑操作内容的目的性、简易性、启发性是非常必要的。

目的性。 就是用来操作的训练项目要有明确的训练目的。 这种目的性，可能是劳动技术的培训，可能是学习技能的练习，可能是兴趣爱好的培养，可能是意志品质的强化，可能是合作意识的树立，等等。 每一次动手操作的训练，学生们都能从中获取更大的收获，而这种收获的前提，是老师精心的设计、引导和培训。

简易性。 既指操作内容本身的简便易行，也指评价标准的简单可及。 对学生动手能力的培养，要从日常的学习和生活的需要出发，选择那些能够促进学生现阶段所必需的操作内容来训练。 比如，如何提高卫生清扫的质量，如何把几何图形画得又准又快，等等。而且，所进行的评价，够用就行，不必把标准拔高。 具有了简易性的操作训练，能够树立信心，促进成长。

启发性。 就是在进行操作训练的过程中，能够有意识地启发学生思考，使他们的思维能力也得到增强。 这种启发性，可能是技术层面的，比如，良好的方式方法、更佳的程序安排等；也可能是思想层面的，比如，对事物的认识，对道理的认知，等等。

▎他山之石

关键词：细节

5. "与尊严同行"

> "人"字是由一撇一捺写成的。 如果说，身体和能力是上面的那一撇，那么，精神和尊严就是下面的那一捺。 最后决定人的高度的，不是那一撇，而是那一捺；没有那一捺的支撑，再长的撇，都只能趴在人格的地面上。
>
> ——题记

▌春风化雨

一转眼，军训已经成了过去式。

正式上学后的学生们，一切都有了新的起点，而军训落败时的沮丧，也早已烟消云散。

不过，学生们忘掉了军训，我可没有忘。 如何扩展军训的教育成果，这正是我下一步要做的。

针对班级的实际情况，我确立了三个工作要点：第一，巩固成果，继续加强学生自主能力的培养；第二，改正不足，重点对学生进行自控能力的培养；第三，拓展深化，对学生进行尊严心的培育。这第三点最重要，也最艰难。

对学生进行尊严心的培育，源自我曾看到的一种怪现象。

课上发言的时候，有的学生刚从座位上站起来，其他的同学（大部分是男生）就开始哄笑，而被哄笑的学生，也不以为意，甚至还觉得很荣耀似的。

乐于哄笑他人，乐于被他人哄笑，都不应该啊！

这种现象引起了我高度的警觉：对学生进行"学会尊严"的教育

刻不容缓！

　　我决定采取"日常渗透"和"主题教育"这样双管齐下的策略来进行教育。　前者侧重纪律观念和守纪习惯的培养，后者主要是通过班会等形式，侧重在思想情感上引导学生学会维护自我的尊严。

　　2010 年 9 月 9 日，班级召开了以"与尊严同行"为主题的班会。

　　班会分为"军训总结、尊严理解、自强训练"三个部分。

　　其中，在"尊严理解"部分，先让学生观察两幅图片：一幅是一头鼻子被铁环贯穿的黄牛，另一幅是一匹正自由驰骋的白马。　在讨论的基础上，我引发学生们思考：黄牛由于爱发牛脾气、不能自控，因而被铁环穿鼻，失去了尊严。

　　"动物是这样，人类更是这样。　而人和动物最大的区别在于人有思想，有尊严。　而有没有尊严，关键在自己。　只要用心，我们完全可以通过自我控制来维护自己的尊严。"我开始借题发挥。

　　"请大家想一想，我们平时的言谈举止做到有尊严了吗？"我加重了语气，环视着每一位同学。

　　学生们立刻坐直了身子。

　　"我们军训时是否做到了不用教官的提醒就能认真训练？　我们自习课时是否做到了自觉遵守纪律？　特别是——"说到这里，我有意停顿了一下，"发言的时候，我们是否做到了不搞笑、不取笑，而其他同学是否做到了不嘲笑、不哄笑？"这时，我看到一些同学躲避了我的目光……

　　"我知道，我们班的同学都是有尊严的。　我相信你们今后都能做到有尊严地学习，有尊严地生活。　不被人贱视，也不贱视别人。　努力上进，让自己站得起，站得直，昂首挺胸，顶天立地！"看到相关的学生受到了触动，我以鼓励的方式结束了这一段的谈话。

班级召开以"与尊严同行"为主题的军训总结班会

班会的"自强训练"部分是前往操场去进行的，训练的内容参考了军训的项目，但更侧重与日常学习生活密切相关的内容。这次自强训练的效果相当不错，无论是下楼，还是散开、集合，同学们的动作迅速、安静、整齐、规范，每个人都那么要强，那么自律，那么充满信心。

强化训练结束后，我充分肯定了他们的自尊心和要强心。最后，我用更高的语调、更富有激情的语言对大家说："同学们，刚才，就在刚才，你们用自己的实际行动证明了你们能够做到与尊严同行，你们的出色表现告诉我：如果你们每天都能够严格要求自己，那么明年的军训，你们一定会取得最好的成绩！你们一定会打个漂亮的翻身仗！"

尊严是人格的脊梁，脊梁是硬的，人才能真正站得起来！

▌千虑一得

有尊严地活着，这是每个人最起码的人身权利。在班集体中，怎样进行尊严教育呢?

给矫正。 就是对那些有失尊严的行为进行矫正。首先要让被矫正者懂得尊严的内涵，在此基础上，再进行行为的矫正。而矫正时最重要的是，要抓住那些有失尊严的行为，进行有针对性的、不断强化的矫正训练，用正确的行为代替不正确的行为。具体方法有许多，最常见的有提示法和互助法。前者是对存在有失尊严的学生进行针对具体现象的个别提示，让他自主改正；后者是由老师和同学帮助改正，必要的时候，甚至可以在全班面前进行适当而有力度的提醒。这两种办法，都最好在第一时间来落实，这样的矫正具有明确的针对性，效果也最明显。

给氛围。 就是在班集体中营造一种相互尊重的氛围，让每个学生都树立起尊重他人就是尊重自己、嘲笑他人就是嘲笑自己的观念。当一个集体里有了这种相互尊重的氛围的时候，即便被嘲笑者存在容易让人嘲笑的行为，也不会形成嘲笑与被嘲笑的局面。对于个人来讲，万万不可让贱视他人的行为形成一种习惯，因为，这既是不尊重他人，也会让自己的形象一落千丈。而对于一个集体来讲，更不可让贱视他人的行为形成一种气候，否则，这个集体一定会风气败坏，混乱不堪。

▌披沙拣金

召开"与尊严同行"的班会，就是在教学生"学会自尊"。要想做到自尊，先从知羞耻和知自强开始。

知羞耻。 就是要知道自己什么地方做得有失尊严，什么地方丧失人格，这是从个人自我修养的角度来讲的。要有羞耻心，要知道什么是羞耻，要懂得脸红。而要做到这一点，就要先懂得是与非，好与坏，美与丑。 羞耻心的培育，不能不说是当前教育的一大难题。 为什么？ 有些东西对学生价值观的负面影响太大了。 价值观出了问题，羞耻心自然也就出了问题。

知自强。 无论是自身的问题，还是来自外部的原因，要想获得真正的自尊，努力让自己做得更好，永远都是最有效的办法。 从行为表现上来看，要做到脸上有正气，举止不轻浮，行为不低贱。 古人说："人必自侮，然后人侮之。"那么，反过来说也是一样：人不自侮，何人可侮之？

▌ 他山之石

关键词：人格，尊重

6. 制度有多重要

良好的制度是理性的钢轨，它能让成长朝着正确的方向逐渐奔驰起来，而且，会越来越稳、越来越快、越来越远。

——题记

▌ 春风化雨

一个刚刚组建的班集体，首先需要哪些方面的规章制度呢？

纪律、学习和卫生，这是班级日常工作的三大支柱，抓好了这三方面的工作，班集体就能维持基本的运转了。

开学一周之内，六班及时出台了这三方面的规章制度。其中，除了前文提到过的《班级一日常规》之外，还下发了《卫生清扫细则》和《学习素养评价表》。有了这三方面的制度，班级的日常工作就有章可循了。

这些规章制度的制订，充分考虑了如下几个特性。

操作性。 就是规章制度要细节化，要能够直接落实为具体行为的操作。要想实现班级规章的操作性，努力做到"任务明确，时空明确，标准明确，责任明确"是非常必要的。具体来讲，就是我们需要把如下的问题想清楚：做什么事？做多少？做到什么程度？达到什么样的标准？什么时间做？在哪里做？由谁来做？以什么样的方式来考核？由谁来考核？等等。

时效性。 就是规章的内容要紧密配合学校和班级当下的日常工作和重点工作来进行，而那些虽然也很重要、但当下并不紧急的工

学生们正按制度要求练习健康的坐姿

作，就先不要写进制度里来。 讲究轻、重、缓、急，工作才会取得更好的实效。

教育性。 是指班级规章制度不仅仅对所规定的内容进行规范，还要在陶冶情操、引导思想等方面起到积极的作用。 规章制度实际上是学生行为的一个指南，所以，规章制度的制订，要充分考虑到这种教育影响力的正面引导作用。

比如，《七年六班卫生清扫细则》中，在"下雨后操场积水清扫"的问题上，规定由"非卫生值日的男生清扫"。 这项规定，除了责任意识、集体荣誉感这些固有的教育因素，至少还隐含了"引导学生自主进步"这样一个教育的伏笔：哪些学生是主动去清扫的，哪些学生是被安排之后而不愿意去清扫的，哪些学生是愿意去清扫却借机会放松玩耍的，等等。

工作中，规章制度其实是我们最好的助手。 忽视了规章制度的使用，往往就会使我们感觉非常的忙乱，而就在我们被这些忙乱搞得焦头烂额的时候，规章制度们也许却在心有不甘地窃窃私语："他都忙得脚打后脑勺了，也不请我们来帮忙。 这是不是瞧不起咱们呀？"

▌千虑一得

要想让规章制度发挥作用，更重要的是把它们有效地落到实处。

实时操作。 就是在应该使用制度的时候把制度落实在相应的工作当中。 实时操作，要注重维护制度的权威性。 我们制订了很多的班级规章，到头来没有人去遵守这些制度，违反制度的行为也得不到纠正，那么，这个规章制度就等于没有——不，它比没有更可怕！ 因为，这样做的结果就是，这个班级的成员再也不会拿规章制度当回事儿了！

及时反馈。 把规章制度的落实情况及时反馈给学生，让他们知道什么地方做得好，什么地方做得差，这是实现班级有效管理的有效手段。 在反馈的过程中，要对表现好的同学给予肯定、表扬，这种肯定和表扬会很好地激发学生遵守规章的积极性，使他们在正确的跑道上越跑越快，从而在班级形成一种人人守则、争相守则的良好氛围。

即时改进。 即时是什么意思？ 即时就是立刻。 这也就意味着，在落实班级制度的过程中，如果发现了问题，只要条件允许，就应该立刻去解决、去纠正、去改进，立刻按照规定的标准再做一遍。 比如，训练学生在一分钟之内准备好上课用品，如果某个同学没有做到，那么，立刻让他重做一遍，这样，不但使他遵守此项规则的行为得到强化，更重要的是，一种遵守规则的意识会给他留下深刻的印象。 有些时候，制度规则得不到很好的落实，原因并不在于遵守这个制度规则有多么的难，根本问题在于主观的不重视、不认真。 而即时改进，就会大大强化制度的落实。

█ 披沙拣金

用规章制度来引导和约束学生的行为，这是教学生"学会遵规"。 广义上来讲，所守的"规"，包括法律法规、行事规则和自然规律。 学会遵规，先从下面的几个"能"做起。

能知晓。 就是让学生了解相关的法律法规、制度规章、行事规则和自然规律，这是学会遵规的大前提。 而要想做到这一点，我们就要做好相应的宣传工作，让学生了解必要的、与他们现在的生活和成长密切相关的"规"。

能懂得。 就是让学生懂得要他们遵守的规则的本质是什么。 工作中，我们常常在这方面有所忽略，以为只要让学生知道该做什么、不该做什么就可以了，而为什么该做，为什么不该做，往往没有给学生讲清楚。 其实，这是非常失策的一种做法。 如果我们能让学生懂得规则的积极作用，那么，就可能会大大提高他们遵守规则的积极性和自觉性。

能敬畏。 对规章规则没有敬畏之心，这是导致一部分青少年行事不妥、甚至误入歧途的原因之一。 所以，要努力引导学生具有对规则的敬畏之心，以使他们少走弯路、不走弯路。 要想做到这一点，就必须靠具有约束力的"硬"办法来作为后盾。 这种"硬"办法，具体的表现形式有很多，最实用的就是"有过即改、重做一遍"。 通过这种立刻改过的办法，让他们知晓规则的底线是不能触碰的。 当然，"硬"办法不等于"硬"态度，在这方面，一定不能把"严格"与"严厉"混为一谈，否则，很可能会适得其反。

他山之石

7. 有钱难买愿意

志愿，是上进的引擎，它能使学生产生强大的动力，奋勇向前。老师要做的，就是发动这个引擎。

——题记

▌春风化雨

民间有句俗话，叫作"有钱难买愿意"。意思是说，自愿是非常宝贵的动力之源，但要想取得他人的自愿，那是非常不容易的事情，就算花再多的钱，也不一定能换来这种自愿。

如今，这句话在社会上还适不适用，实在不好说。不过，在对学生的教育中，这种"愿意"还是不需要用钱去买的。

我们先从一份表格说起。

检查项目	姓名
遵守时间情况,如:不迟到	任禹默
穿校服	吴靖滢
不适当装扮（女生）	徐天姿
整理书包速度	郭佑邦
按要求带回执、物品等	张友岩
间操队形分段管理	康峻宁　张宇涵　张天乙　少（　）人?
课间操场活动情况（踢球等危险活动）	张天乙
进教室及时、安静	许傲东

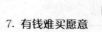

续表

检查项目	姓名
不在走廊逗留、拍球等	史丰宝
进楼安静,右侧通行	张洺齐
中午教室无声	郭佑邦　张诗琪
专用教室纪律	科代表
自习安静,坐军姿	值日班长
卫生柜内、外整洁	王可民
个人卫生情况和不扔杂物等卫生习惯	郝韵慈　王可民
电教设备	刘　懿　李新宇
非学习用品(电子学具、玩具化学具、高档文具、非要求课外书等)	郝韵慈　卢鑫昕
作业完成情况,课前准备	佟岚彬　韩仙雅
班级绿化管理	姜雅珊
发动、记载为班级做贡献	姜羽晗　郝韵慈
饮水机及周围卫生保持,发现不安全情况及时汇报	王子淮
检查上课前接水情况	张洺齐
及时开、关灯	孙圣达
作业桌整理	封嘉顺
食堂秩序	陈沫澄　唐艺洧
不吃零食	李新宇　李琬平
桌椅整齐及损坏情况	
窗帘整理及清洗	
值日生工作	
表扬统计	高蕴晗　史斯文
解决同学矛盾	董俊辰　李俊池　王可民　吴梓铭
换水	董俊辰　李俊池　(少两人)

　　这是一份《七年六班一日常规管理志愿者登记表》，表格中有的栏目还空着，有的还标注着"少两人"的字样。

　　这是怎样的一份表格？ 似乎还没有完成的它，背后藏着怎样的故事呢？

　　这份表格制作于九月上旬。 当时，班级初建，工作千头万绪，班级干部还没有进行选举。为了维持班级工作的日常运转，我想到了"分工负责"的办法：每一位同学都来承担班级日常生活中的某项事务。

于是，我把班级日常事务大致列成了一个表格，取名为《七年六班一日常规管理责任人登记表》，打算让同学们以自愿的方式进行选择。可是，面对这个表格，我总感觉还缺点儿什么。缺点儿什么呢？我自己也说不清楚。

第二天，我把表格拿到班级。准备张贴的时候，一个学生看到了，他立刻热情地迎上来，说："老师，我来帮您拿吧！"我表扬了这名同学，然后把东西递给了他。

就在这名同学转身离去的时候，我头脑里那蓄积了好久的思绪之水一下子冲垮了堵塞它的堤坝：我知道我缺少的是什么了！

发动学生，让学生自主去发现为班级服务的内容，这不就是我所要的吗？这一刻，我的心豁然开朗！于是，我立刻收回了那份表格，之后，找时间向大家说明了班级的现状，号召大家自己找出为班级服务的项目。

也就是在这个时候，《七年六班一日常规管理责任人登记表》的名称改成了《七年六班一日常规管理志愿者登记表》。"责任人"和"志愿者"，从承担工作的角度来讲，这两个名称没有什么区别。但是，从它们带给学生的心理感受和情绪影响上来看，差别就大了。"责任人"，强调的是责任，从某种意义上来讲，这是被安排的行为，而且，还似乎有点儿冷冰冰的感觉。而"志愿者"则不同了，它更侧重表达主观上的一种愿望，人们愿意去做的事情才称为志愿。自己愿意做的事情，再苦再累也高兴，而且，它给人的感觉完全不同于"责任人"的冷冰冰，而是发自内心的热乎乎。这样，用"志愿者"来称呼，不是更有利于学生以更好的心态和热情来完成他们所承担的工作吗？

这次活动的安排，不但解决了班级日常工作的落实问题，也借此机会锻炼了一批同学，为班干部的选举做了必要的铺垫。而给我感受最深的是，它坚定了我以学生为本的工作思路：只要有可能，就要最大限度地发挥学生的主观能动作用，让他们主动思考，主动参与，主动行动。其实，每个学生的创造力都是无穷的，只要给他们这样的机会。

有句话是怎么说来着？"给点儿阳光就灿烂"，对了，就是这句话。孩子们的热情是无限的，能力是无穷的。给他们点儿阳光，他们就灿烂得不得了；有时，即便不给阳光，他们也都能灿烂得起来呢！

▌千虑一得

经过两轮的整理，《七年六班一日常规管理志愿者登记表》基本完成。在这个表格的形成过程中，同学们的收获是多方面的。

收获了主人翁的责任感和自豪感。 每个人都在班级里承担一定的责任，这就意味着他们是班级名副其实的主人，他们在为这个班级做着自己的贡献，班级的荣辱兴衰都与他们息息相关，这样，他们的责任感自然而然就产生了；由于他们的负责任而使得班级更加优秀，或者说，班级的优秀和美好有他们每一个人做出的贡献，这样，作为这个集体一员的自豪感也就油然而生了。　这种责任感和自豪感，是维系他们每个人与班集体紧密关系所必不可少的纽带。

负责宣传的志愿者正在出第一次板报

收获了发现问题和解决问题的能力。　在安排班级服务项目的时候，我实际上是从两个方面来布置的。　一方面，由学生自己去发现；另一方面，由我安排一些项目，让他们自愿去选择。　不管是哪方面的工作，都不是一件轻易就可以完成的工作，它需要学生们具有较强的观察和思考能力。　而这种思考，能使学生们在发现和解决问题的同时，还可以经受另外一种考验：在个人利益和集体利益面前如何选择。

收获了遵守规章制度的自觉性。　在安排这项工作的时候，我把学校和班级日常管理的一些要求也纳入了志愿服务所承担的范围之内，所以，学生们在为自己寻找志愿服务项目的时候，还要思考学校和班级的日常管理要求。　这样，找寻志愿服务内容的过程，就是他们在头脑中对规章制度的学习过程，也是他们在思想上对这些规章制度的重视过程，这种学习和重视，都对他们自觉遵守这些规章制度起到了一定的促进作用。

▌披沙拣金

从"责任人"到"志愿者"，表面看来只是个名称的变化，但其中真正变化的是对学生在教育中的地位和作用的思考。　在这个变化中，重在教学生"学会自主"。学会自主，具有下面几个特点：

能自愿。　自己愿意去做，这是学会主动的基本要求。　没有强制地做事情，更有利于激发学生内在的动力和积极的热情，更有利于他们想方设法把事情做得更好。

能志愿。　"自愿"与"志愿"，一字之差，意义却大有不同。　前者更强调一种主体的意愿性，而后者更强调这主体意愿的志向性。　志愿，就是志向和愿望，也就是说，志愿是包含着人的追求在内，是更高级的、更理性的思维和选择。

　　能独立。 要想学会自主，能够独立担负责任是很重要的一个标志。 既然是主动选择的事情，就应该有这样选择的理由，也应该有独自承担这份责任的能力。 通过独立性的努力，来尽到主动承担的责任，这个主动才更有利于学生的自主成长。

▍他山之石

　　关键词：自主，激励

8. 滋养健康的生命

> 生命是树，健康就是树的根本。 根本扎得深，养分才能汲得足；养分汲得足，树干才能挺直，树枝才能粗壮，树叶才能繁茂。
>
> ——题记

▍春风化雨

入学第二周的班会上，我给学生们展示了几组照片。

第一组照片。

时间：2010 年 9 月 6 日。

地点：学校食堂的七年六班就餐区。

画面：饭后的餐桌上，用来盛饭的盆子和汤桶歪歪斜斜地散放着，桌面上随处可见淋漓的汤汁和掉落的饭粒，甚至还有饭团……

第二组照片。

时间：2010 年 9 月 7 日。

地点：七年六班教室。

画面：学生们正在埋头书写。 他们的课桌上散乱着各式各样的学具，其中，最引人注目的是他们的文具盒——不，叫"玩具盒"似乎更贴切一些。 因为，那一个个小熊、小狗的造型，分明就是玩具啊。

学生们写字的姿势也各具特色：他们有的坐姿端正，有的却身体歪斜，有的则几乎是趴在了桌子上写字，有的干脆直接就把下巴抵在了桌面上……

第三组照片。

时间：2010 年 9 月 7 日。

地点：七年六班教室外的走廊。

画面：刚刚到校的学生们正在站军姿。 他们挺胸抬头，身形挺拔，姿态端正，衣着整洁……

第四组照片。

时间：2010 年 9 月 8 日。

地点：学校后操场。

画面：学生们正在站队准备做操。 他们昂首挺胸，目视前方，精神抖擞，充满朝气……

第五组照片。

时间：2010 年 9 月 10 日。

地点：七年六班教室。

画面：学生们正在坐军姿。 他们收腹挺胸，姿势端正，凝神静气，他们的课桌桌面整洁，而那些装着文具的"宠物"们则不见了踪影……

照片展示之后，我请学生们讨论他们观看照片后的感想，并说说老师为什么给他们看这些照片。

在学生交流的基础上，我充分肯定了大家的进步。 学生们很受鼓舞，他们为自己的进步而热烈鼓掌！

接下来，我提出了以下几个似乎非常低级的要求：

1. 学会盛饭，掉饭粒有人捡，洒汤汁有人擦。

2. 不剩饭菜。

3. 直身写字。

提这些要求的时候，我紧紧扣住美德和健康来做文章，让学生懂得这三条要求都不是简单的行为要求，而是各自有着更深刻的意义。

从此，健康生活、健康成长的理念，渐渐地渗入到学生的生活当中。 他们不但渐渐改掉了一些不良习惯，还逐步增强了主动保健的意识。 这方面，他们的一次自主做眼保健操的经历给我留下了深刻的印象。

2010 年 9 月 19 日。

第二节课刚下课，忽然停电了，而此时，正是做眼保健操的时间。 学校没有办法播放眼保健操的音乐了，学生们一齐看着我，等着我说"下课"。 我笑了笑，没有说话。他们也笑了，马上心领神会，便自己主动做起了眼保健操。 这时，不知是哪个同学小声地发出了"一、二、三、四"的呼拍声，马上就有人跟着呼应起来，接着，第三个，第四个……片刻之后，全班同学都大声齐呼起了眼保健操的节拍：

一、二、三、四，

二、二、三、四，

......

他们的声音那样整齐，那样清脆，那样健康！

那一刻，我隐隐觉得有一股暖暖的感动在心头荡漾：这些孩子，真可爱！

同学们在停电时自觉呼拍做眼保健操

　　对学生进行健康教育，我们责无旁贷。正在成长中的学生，就是一株株需要深根固本的小树。我们的责任，不是为他们在还很稚嫩的枝条上催生出早熟的花果，而是给他们提供所有需要汲取的养分，滋养他们先长粗，先长壮，先长高。

▌千虑一得

　　衣、食、住、行，这似乎只是谈到家庭的日常生活时才用的话题。其实，在学校对学生进行健康教育的时候，也可以从这几方面去考虑。

　　"衣"的健康。俗话说，穿衣戴帽，各好一套。从学生的角度来讲，也一定都有自己的爱好，不过呢，爱好可以有不同，但有些标准却是应该统一的。比如，要整洁。不管穿什么样的衣服，整齐和洁净，这是最基本的要求。再比如，要俭朴。让学生养成勤俭朴素的素养，这绝对是一种美德的培养。如果学生们争相穿名牌，搞攀比，那么，这很可能既败坏了风气，更消磨了壮志。

　　"食"的健康。第一，引导学生均衡营养。在条件允许的情况下，要引导学生不偏食、不挑食，这样，才能保持营养的均衡，才能对身体的发育成长有好处。第二，引导学生不浪费粮食。这既是一个生活的要求，也是一个品德修养的问题。第三，引导学生慎食零食。在这方面进行一定的引导和限制，对学生的健康还是有好处的。

"住"的健康。 在寄宿制学校，讲究卫生，床铺整洁，宿舍干净，这都是健康的要求。 即使是那些没有学生住宿的学校，也有一个"住"的问题，这个"住"的地方就是学生的座位。 如何保持一个整洁的座位环境，跟住宿的要求没有什么太大的差别。 比如，保持桌椅的整齐，保持桌面的整洁，保持书桌内物品摆放不凌乱，保持座位周围地面的洁净，等等。

"行"的健康。 首先，是"行"的姿态问题。 我们常说，行得正，走得端，这往往是用来形容人的品行，而实际上，端正走路也正是身体健康的要求。 另外，如果学生走路有意不端正，那就还可能存在心理上的某些问题。 其次，还有一个"行"的方式问题。 借助汽车等代步工具出行方式的增多直接导致学生本人行走机会的减少，这对学生的健康可以说不是什么好事——它实际上是剥夺了学生体育锻炼的机会。 学生们每天生活在家居、汽车和教室这三个憋闷的盒子里，哪有锻炼啊？ 怎么能健康啊！

▋披沙拣金

关注学生在校生活的"衣、食、住、行"，就是培养学生基本的生活能力和健康能力。 其中，学会自存、学会健体、学会优仪、学会俭朴等素养的培养，是学生健康成长的重要内容。

学会自存。 就是具有能够独立生活的最基本的能力。 要具备这种能力，学会炊食和学会自理是基础。 学会炊食，包括炊和食两部分。 炊，就是要学习会做一些简单的饭菜，这至少能保障在没有他人照顾的时候不至于挨饿，同时，它还可以锻炼学生的动手能力，让他们成长得更协调、更全面，等等；食，不是简单的吃饭，而是要学会健康饮食，学会营养均衡地饮食，还要学会与饮食相关的自我修养。 学会自理，就是学会能够打理自己的日常生活，而不需要他人照顾。

学会健体。 就是要具备主动锻炼身体、自觉保健身体的素养。 都市生活的习惯、独生子女的特性、娱乐方式的虚拟化、学习压力的加大等原因，使得一部分学生的身体锻炼明显不足，在这方面，我们有必要加以正确的引导。 一方面，教会他们"学会锻炼"，使他们不但能够动起来，还要做到运动的主动化、常态化；另一方面，要教学生"学会保健"，使他们能够科学地保持自己的身体健康。

学会优仪。 就是使学生具备良好的容仪和身体形态。 其中，教学生"学会端容"和"学会佳态"是两项最基本的内容。 学会端容，就是要表情正经，要一脸纯真，要一脸正气。 喜、怒、哀、乐、爱、恶、惧，不管表情怎么变化，脸上的底色都应该是正派的、端正的，不能有邪气，不能有戾气。 学会佳态，就是让学生的行为举止符合青少年的特点，有活力但不失态，能稳重但不呆板。

学会俭朴。 就是要让学生养成节俭朴素的生活习惯，懂得珍惜他人的劳动成果，不浪费，不奢靡。 学会节俭、学会朴素、学会珍惜，这是进行简朴素养教育的三个关键点。进行这方面教育的时候，在集体中形成一个健康向上的舆论氛围是非常必要的，宣传、倡导简朴的观念，形成简朴的风气，使得那些讲名牌、显富贵的行为没有生存的土壤。 此外，还应该积极争取家长的配合，从"硬件"上加以控制，这也可以算作一个办法。 不过，在思想观念上做文章，这才是最根本的。

他山之石

关键词：健康，体育活动

9. 第一堂课怎么上

"工欲善其事，必先利其器。""利"好学生的学习之器，会使他们的学习之"事"善之又善。

——题记

▌ 春风化雨

初中的第一堂课怎么上？

第一课乃至初始阶段的课堂，学习基本习惯的培养和基本能力的训练都应该得到足够的重视。

我为我的第一堂课确定了如下的教学目标：

1. 引起学生学习语文的兴趣，引发他们对语文和语文课的认识与思考，激发学生对祖国语文的热爱之情。

2. 交代最基本的语文学习的要求，着手培养基本的学习习惯。

教学过程如下。

第一环节：听说训练。

1. 问好的训练

重点纠正学生站姿不端正、注意力不集中、发音随意（拖长音、吐字不清）等问题。

2. 坐姿的训练

提示坐正，目视教师或交流对象。通过几次"坐正—放松"的训练，让学生初步感知坐正的标准。

3. 讨论的训练

进行讨论音量的训练，进行讨论之后立刻坐正并集中注意力的训练。

4. 口答的训练

回答问题音量足够，身体不晃动，没有挠头、抓耳等小动作。

（表面看来，这似乎是在维持上课纪律，其实，这都是在培养学生的口语交际能力，也是对他们进行注意力训练和调动学习积极性的过程。语文课程标准中明确提出要教学生"学习文明得体地进行交流""耐心专注地倾听"。）

第二环节：语文活动。

活动一：关于"文字"。

1. 引子

师：既然是语文课，那么，请大家想一想，什么是"语文"呢？

（学生回答后，给予充分的肯定。）

2. 设疑

师：战争中，一个吃了败仗的将军在指挥所里闷闷不乐，他看了看被当作指挥所的四合院，又看到院子当中长着一棵树，迷信的他觉得指挥所的环境就像一个汉字，正是这个汉字让自己失败了。你认为他想到了哪个字？为什么？

（是"困"字，学生们的回答相当精彩。）

师：将军的部下为了解除将军的烦恼，把院子当中的大树伐掉了，结果将军勃然大怒，因为他又想到了另一个汉字，这个汉字是什么？

（学生很容易会想到"囚"字。）

3. 拓展

师：如果你是将军的部下，请你在院子中做些安排，解除将军的烦恼。把你想到的汉字写在练习本上，并能说明理由。可以查字典。

（学生想出了许多办法，分别对应了汉字中的"固""国""回"等字。教师及时鼓励，同时提醒学生不可迷信。）

活动二：关于"阅读"。

1. 过渡

（略）

2. 设疑

师：两个读书人都很吝啬。甲到乙家做客，为了能吃到一顿午饭，他故意拖延时间不走。主人不愿意客人留下吃饭，可偏赶上天降大雨，主人很焦急，就在墙壁上写下了"下雨天留客天留人不留"的话，意在请客人赶紧离开。但由于没有加标点，给客人留下了可乘之机。客人于是计上心来，给原文加上了标点符号，使自己得以留了下来。你知道客人的标点符号是怎样加的吗？请在练习本上试一试。

（播放课件：下雨天留客天留人不留）

3. 实践

学生练习加标点，之后进行交流。

（参考答案：下雨天，留客天。留人不？留！）

活动三：关于"写作"。

1. 过渡

（略）

2. 引导

由"写作"的作用引出曹植的《七步诗》，学生一起背诵《七步诗》。

（此环节点到为止，背诵过程中注意巩固听说训练的成果。）

活动四：关于"听说"。

1. 过渡

（略）

2. 引导

师：老师要求小明用"真相大白"造句，小明答道："我家的狗狗名叫大白，大白生了个小狗叫小白。小白长得'真像大白'。"

（学生听完后都会心地大笑起来）

师：小明的造句出了什么问题？

（在学生回答的基础上，提出"听说"的实用性问题。）

3. 实践

师：下面的句子有多少种读法？在意思的表达上有什么不同？

（播放课件："他举着一本书。"小组、班级交流。）

语文活动小结：

1. 师生共同回顾四个语文活动所对应的学习内容。

（播放课件：汉字真奇妙，阅读有说道。写作大有用，听说很重要。）

2. 安排学生收集相关故事或事例，以后小组交流。

（以上四个语文活动，分别对应课标中的"识字与写字""阅读""写作""口语交际"四个方面，意在引导学生初步认识语文学习的主要内容。活动小结中的回顾和归纳既锻炼归纳能力，也为了引导学生学会学习和了解归纳的方法；安排课后收集相关资料，则是落实课标中"综合性学习"的要求。）

第三环节：语文在哪里。

1. 过渡

（略）

2. 引导

结合当时课堂的情境，引导学生理解：语文在语言、文字里，在思想、感情里，在见闻、感受里，在现实、想象里……

3. 小结

语文在生活里。

（本部分意在引导学生理解"生活即语文"的大语文观，结合课堂情境，以教师引导为主。 最后由学生得出"语文在生活里"的认识。）

第四环节：怎样学语文。

1. 过渡

（略）

2. 引导

启发学生思考自己是怎样学语文的，要求写在练习本上，至少写两条。

3. 交流

先在小组内交流，之后以问答的方式在班级内交流。

4. 小结

语文学法要点：听、说、读、写、想、看……

（本环节既锻炼学生的归纳能力，也培养动笔的学习习惯，还进行了口语交际训练。）

第五环节：全课总结。

以给全课学习内容拟小标题的方式总结：什么是语文，语文在哪里，怎样学语文。

（本环节意在培养学生的归纳能力和语言概括能力，同时也对听课的效果进行检验。答案不唯一。）

第六环节：作业。

以"一堂＿＿＿＿＿＿＿＿的语文课"为题，以本节课为素材写一篇记叙文，第二天上交。

（此安排主要是考查学生的学习感受能力，同时也是在践行生活即语文的理念，让学生在过程的参与和感受中学习语文。）

第二天，作文收上来之后，我又安排学生互相批改，批改者还要写出自己的写作建议；而被批改者则根据这些建议和新的思考，对作文进行修改，从而促进写作能力的增强。

第一课就就这样结束了，它本身并没有讲授多少知识，甚至都没有涉及教材的教学内容，但它也许能帮学生划着一根火柴，它会以自己微小的星火点燃学生心中那求索的热望。 在不久的将来，这热望的星星之火，将把学生们求知的愿望越烧越旺，一直烧红远在天边的理想。

千虑一得

不管是哪一个学科，第一课都既是知识课，又是能力课；既是引导课，还是培训课。所以，下面几方面的工作有必要在第一课中得到落实。

树立意识。 什么意识？ 自主学习的意识。 所谓自主学习，首先是指要有主动学习的意识，要有主动学习的意愿，要不靠外力的压制而主动学习。 自主学习的另一方面是指要学会自学，要通过自我学习的方式来不断提高自己的学业水平。 这里的自我，既是指学生个体的自我，也是指学生群体的自我。

培养状态。 什么状态？ 认真听课的状态。 不少学生其实还不大会听课，最突出的表现有两种：一是注意力不集中，课上贪玩、搞小动作，也就是我们常说的"走神儿"；另一种是发言时话题不集中，东拉西扯，乱说一通，甚至搞怪低俗，我们不妨把它称为"跑题儿"。 "走神儿"和"跑题儿"是学生听课过程中的两大突出问题，这样的状态不改变，课堂学习就难以说得上有什么效率。

训练习惯。 从某种意义上来讲，教育的过程就是训练的过程。 任何一种学习习惯，没有一个训练的过程是难以形成的。 学习上要进行哪些方面的训练呢？ 我们可以从思维和行动这两个角度来思考。 前者如对知识的思考、对规律的求索、对问题的质疑，等等；后者则更注重行为操作的习惯落实，比如，课前的预习习惯，课堂上听讲、发言、提问、讨论的习惯，课后写作业的习惯，作业评改之后进行改正的习惯，等等。

学生们正在语文课上观察雪景，然后进行作文训练

传授方法。 让学生想方法，学方法，用方法，这是提高教学质量必不可少的手段，更是使学生学会终身学习所必不可少的手段。 一般地，第一课理应把学科特点和一些基本的学习方法交代给学生，让学生对以后的学习有个大致的思路，对基本的学习方法有个初步的了解。 比如，我在这第一课之后让学生以本课为素材写作文，这就是向学生渗透了观察和感受的学习方法。 后来，为了巩固这种方法，我还曾带领学生在语文课上到校园里观察雪景，观察之后，立刻回到教室写相关的作文。 学生因此而写出的作文内容具体，能够较好地表达出真情实感。

▍披沙拣金

　　学习需要一种积极投入的良好状态，我们把这种状态称为"学态"。 "学态素养"是使学生具备良好学习素养的基础，学会专注、学会沉稳、学会活跃、学会良习，是使学生具有良好学态的四大要点。

　　学会专注。 首先要"不走神儿"，就是学习的注意力要集中。 听课时能够做到眼神跟着老师走，思路跟着知识走，研讨跟着问题走。 学会专注，还要"不跑题儿"，就是学习的内容要集中。 不能东拉西扯，漫无边际，否则，不但学习效率不高，还会对思维能力的培养造成不利的影响。

　　学会沉稳。 就是学习时能够沉下心来，能够进入到学习的内容当中去，而且，还能有深入的思考和探究。 沉稳是学习质量高的状态保障，有沉稳的状态，才会有深入的思考，才会有缜密的思维，才会有深刻的印象。 这种沉稳，需要一个沉静的思考过程，需要一个稳重的思考状态。 沉稳的学习状态，会更有利于取得实实在在的学习效果。

　　学会活跃。 就是要思维活跃，头脑灵活。 活跃的学习状态，就是激发学生主动思考、积极思考、深入思考的过程。 这种活跃，表现在学生的凝神沉思上，表现在学生的主动发言上，表现在学生的积极回应上，表现在学生的热烈研讨上。 课堂的活跃应该是思维的活跃，而不是简单的肢体的活动，更不是简单的活动的热闹。

　　学会良习。 就是要具备良好的学习习惯。 这良好的学习习惯，应当贯穿于预习、上课、自习、作业、拓展等各个学习环节之中，应当贯穿于思考、回答、研讨、操作等各种学习方式当中。 要想做到这一点，非经过长期的训练不可。 良好的学习习惯培养好了，比教会几点知识重要得多。

他山之石

关键词：学习

10. 静女其姝诚可待

　　有了宁静的沉浸，生活的姿态可以更加沉稳优雅；有了宁静的积淀，性格的质地可以更加致密坚实；有了宁静的沉淀，思想的心湖可以更加波澜不惊。 对于女生来讲，宁静是最美的特质之一。

——题记

▌ 春风化雨

　　对于一个班集体来讲，女生就是生命的血液。 动脉的她们，热情着，奔放着，让这集体的生命充满活力；静脉的她们，舒缓着，文雅着，让这集体的生活宁静而美好。

　　班级成立之初，女生的状态令我喜忧参半。 女生整体上看来不错，她们乐观上进，充满活力。 但也存在一些令人担忧的现象，最突出的问题就是她们的两种极端状态：有的太"活跃"，而且似乎缺乏基本的性别的自我认知力和是非判断力，面对男生的不当言行不能做出恰当的反应；与之相对的是，有的则太"老实"，毫无生气，根本不像是这个年龄段的孩子……

　　针对这些问题，我为她们拟定了"自重自爱，端庄美丽，开朗大方"的基本行为标准。 其中，"自重自爱"追求的是人格尊严的不可侵犯，"端庄美丽"追求的是仪态行为的稳重美好，"开朗大方"追求的是心理行为的活力阳光。

　　怎样落实，能让这群小女孩成为品行优秀的好女生呢？

　　用期待的雨露滋养——这是我对她们教育的主要手段。

这里，请让我们共同来了解（用"回顾"也许更恰当）那个著名的神话故事：

国王皮格马利翁造了一尊异常可爱的女子雕像，每一天，他都深情地凝视这尊雕像，祈求女神赐给他一位如同这雕像一样美丽优雅的妻子。后来，雕像的脸色渐渐红润起来……最后，这尊雕像具有了生命，皮格马利翁终于如愿以偿了！

这就是那个著名的"皮格马利翁效应"的神话故事，相信很多搞教育的人都知道。

在"做个好女生"的教育中，这个皮格马利翁效应可是帮了我的大忙。

军训的总结会上，针对我班获奖者多数是女生的现象，我鼓励她们道："咱班的女生是最好的——最稳重，最端庄，最文雅。你们是最让老师放心的好女生！"

这几句话里，下面的几个关键词是我仔细斟酌才使用的。

"最好"，这是对女生的总体评价，是赞赏性的评价，也是赞赏性的要求。

"最稳重，最端庄，最文雅"是对"最好"的具体阐释。"稳重、端庄、文雅"，这是"好"的标准，是我向女生提出的修养目标，而且是最基本，也最急于实现的目标。一个新集体的建立，稳定高于一切，这是班级稳定的基石。

"最让老师放心"，既是表扬，更是新的期待。"让老师放心"就是不需要老师操心啊，不需要操心的含义是：第一，修养的内容达到了要求；第二，修养的方式上能够自己独立完成。这实际上是对女生进步方式的期待——要自我修养，要学会慎独。

这几句话虽然简单，但从内容到方式，从总体评价到具体目标，把对女生的基本要求都表达出来了。对于她们来讲，这就是前进的方向。

听了我的话，女同学们都很受鼓舞。她们笑了，开心和自豪在她们的脸上灿烂地绽放出来，很美！

不久，又发生了一件事，使我对女生的期待教育更加夯实了。

2010 年的 9 月 15 日，我班有一节体育课需要在乒乓球馆里上。等候入场的时候，班级并没有立刻组织大家列队。同学们就三三两两地聚在一起闲聊，而我则站在一旁笑着，看着。

男生们的心比天还大：反正还没有人指挥，那就放开了唠吧！女同学呢，一开始也是在闲聊，不过，她们的声音并没有男生那么惊天动地，而且，她们站得也基本上有个队伍的样子了。后来，她们当中有人发现了我正对着她们微笑，我想，她们是看懂了我的笑的。于是，女生们互相提醒，她们随即就明显地安静了下来……

放学前的总结时，我充分肯定了女生的出色表现，指出她们当天的表现有三点最值得继续发扬：第一，稳重；第二，懂事；第三，友爱。末了，我没忘了说上那句鼓励的话："咱班女生，最让老师放心了！"

"咱班女生是最让老师放心的"，这句话此后几乎成了我表扬女生时的专用语，只要有机会，我一定要说上这么一句。这句话，既是赞许，还是鼓励，更是引导。从此，六班的女同学开始走上了一条自我修养的成长之路。

"静女其姝"，诗经中曾这样赞美女性的宁静之美。 宁静、端庄、稳重，不仅是好女生气质美的一种标志，也几乎可以说是一个班集体刚刚组建时的秩序要求。

　　静女之美，是可以期待的；

　　静女之美，是可以引导的。

女同学等候上体育课
时自动站队

千虑一得

　　人们常说"男女有别"，这种"别"，既有性别之别，也有性情之别。 既然如此，那么，对他们的教育也应做到"男女有别"。 为此，我决定对男同学进行以"做个男子汉"为主题的专题系列教育，对女同学则进行以"做个好女生"为主题的专题系列教育。

　　怎样来拟定"好女生"的标准呢？ "针对性、导向性"是需要考虑的基本原则。

　　针对性。 就是把优秀女生的发展目标与本班学生的发展需要相结合，从而制订出适合本班女生发展需要的成长标准。 具体问题具体分析，这是我们做好任何一项工作的基本方法，找到女生"好"的标准也是这样。 对本班的女生有足够的观察和了解，对她们的基本特点有足够的认识，在此基础上所制订的标准才是最能解决实际问题的、也是最具有成长价值的教育标准。

　　导向性。 为好女生所制订的标准，并不等于是对本班女生已有特点的一个综合概括，它应该有更高的努力标准，有更强的指导意义。 这个标准，它应该是今后努力的方向，它应该是更进一步的阶梯。 标准中相当一部分内容是需要努力才可以实现的，而不是以现有的基础对号入座就可以的。 这个标准，应该是一个优秀的标准，应该是一个更具发展潜力的标准。

披沙拣金

"性别素养"是对学生进行素养教育的基本内容之一,帮助学生学会正确的性别认知,对他们健全人格的形成具有基础性的意义。作为女生,"学会柔美"是她们自我认知、健康成长的必修课。柔美的内涵十分丰富,我们先来研究一下"静"之柔美。

柔静之心。柔和而安静,这似乎是女生们与生俱来的特点,也几乎是她们与生俱来的美德。柔和是心灵的内在美,这种柔和,包括了与棱角分明的阳刚之气相对应的所有优点。而安静则是这种柔和的日常表现形态之一,柔和之美,美在内涵,美在内敛,美在含蓄。这种柔和就如同涓涓细流,不动声色地滋润,大音希声,大美无形。

文静之气。文静,就是文雅,就是端庄,就是安静。文静,是一种气质,它表现在脸上,体现在行为上,但实际上,它却是一种内在的修养。要想做到外表的文静,就需要从内心的修养入手,这种修养,靠的是心灵的纯净,靠的是情趣的高雅。

宁静之态。安宁而沉静,文雅而恬静,优雅而宁静,这是女生行为的一种显著特征。宁静是行为的一种状态,还应该是行为的一种追求,有时候,它甚至应该成为行为的一种标准。它既需要内心的修养,也需要行为的修炼,表里合一,慧中秀外。女生的宁静,在班集体中往往会起到一种压舱石的作用,有了这种宁静,班级这艘船不管在风浪中怎样颠簸,都会有一个稳稳的重心。

需要说明的是,我们强调女生要"静",只是说明它是女生自我修养的一种状态、一种方法,只是说它可以使女生更柔美,并不是说女生不"静"了就不好,更不是说女生不能"动"。事实上,动静结合才是相宜的,才是完美的。

他山之石

关键词:好女生

11. 男生该不该 "野" 一点儿

> 野性是男生的天性，对于他们来讲，野性就是活力，野性就是生命！ 有了野性，他们人生的 DNA 中，才会傲然挺立起那铁骨铮铮的雄性染色体——XY。
>
> ——题记

▌春风化雨

放学时分，很多家长等在门口接孩子。

这时，两个男生走了出来。 他们一个戴着眼镜、斯斯文文的；另一个则明显不够 "乖"，他不但又说又笑，还不停地拍几下那个斯文的男生，甚至临别的时候，他还在同伴的肩上用拳头亲切地砸了一下。 之后，两人高高兴兴地分手了。

一旁的几位家长对此议论纷纷：

"你看那个小子多野，一点儿稳当劲儿没有。"

"就是啊，你看人家那个小孩儿多老实，一看就是个乖孩子。"

……

把男生管得服服帖帖，让他们听话、老实，乖乖的，防止他们有野性，以使自己不操心……类似的想法，恐怕不一定只有这几位家长才有吧？

男生该不该 "野" 一点儿？

请让我们把目光投向大自然。 凡是动物，只要雌雄分明的，雄性的几乎都具有更强的主动性、攻击性、冒险性、创造性，在它们的身体内，在它们的血液里，天生就具有力量、勇武的基因，所以，繁衍后代的时候，它们才会为争夺配偶斗个头破血流；保卫领地的时候，它们才会为一块立锥之地而拼个你死我活。勇武有力，争强好胜，野性十足，这是雄性与生俱来的天性啊。

动物是这样，人类何尝不是如此呢？在人类社会，我们把有责任、有能力、有魄力的男人称为男子汉。在家庭，男子汉们主要扮演着以勇力保家护亲的角色；而在社会呢，他们更应该是勇武拓兴的主力。如果没有足够的"野"性，他们又如何担得起这些重任？他们又怎能担得起"男子汉"的称号？

女性阴柔，男性阳刚，这是天道。对学生的教育，也要尊重这样的天道。

而让男孩子野一点儿，把男孩培养成为男子汉，这恰恰是我们尊重天道所应尽的责任。

要做到这一点，从班主任老师的角度来讲，我们起码要练就两方面的功夫。

第一，理性认识的功夫。

能够理性地认识男生和女生的差别，这是对他们进行性别教育的前提。请大家观察下面的两幅照片：

大课间时女生站队十分整齐　　　　　　　大课间时男生队伍参差不齐

这两幅照片拍摄的都是我班学生大课间等待跳绳时的情景。同一时间，同一地点，可是，男生、女生队伍的队形却差别很大：女生们神情专注，整齐有序，而男生们则左顾右盼，参差不齐。

之所以如此，固然有自我管理上的问题。但同时，我也会从他们的性别差异出发，理性地来思考这种现象，这样，实施教育的时候，我就不会因男生的不乖而大动肝火，我就会寻找理性的办法来实施我的教育。

第二，耐心培养的功夫。

与对大男生的教育不同，把刚上初中的小男孩培养成男子汉，不是靠雷厉风行、大刀阔斧就能办得到的。因为，小男孩们正处在全面吸收养料的时候，任何的教育手段，都应该是保护性地促进成长，而不是简简单单地取舍去留。耐心，是把小男孩培养成男子汉所必备的一种心理素养。

所以，把小男孩培养成男子汉，这注定是一个漫长的过程。这个过程，要贯穿整个的初中阶段，在三年的时间里，什么阶段达到什么目标，什么目标有什么检验标准，这些，需要有个基本的规划。这个规划，最好要有一个大致的时间表和路线图。为此，我为"做个男子汉"这个专题教育制订了一个学段要点：

"做个男子汉"专题教育学段要点

阶　段	目　标	学　段
一	感受阳刚	七年级上学期
二	理解阳刚	七年级下学期
三	锤炼阳刚	八年级上学期
四	展示阳刚	八年级下学期
五	施展阳刚	九年级

从学生的成长规律来看，这些目标是层层递进的。但这还只是笼统的目标，而某个阶段目标的具体内容是什么，还要根据本学期学生的身心特点和工作实际需要来安排。

人体细胞的 23 对染色体中，科学家用 XX 来代表女性，用 XY 来代表男性。为什么用 Y 来代表男性，我不太明白，但我宁可相信它就是"野"字汉语拼音（yě）的第一个字母——那是野性的标志。

把男生打造成男子汉，就像把野性十足的野马驹驯化成能够冲锋陷阵的战马一样。要让他们有活力，但活力要有方向；要让他们有热情，但热情要能控制；要让他们有力量，但力量要受约束。这样，在人生的战场上，他们才会纵横驰骋，所向披靡！

▌千虑一得

落实"做个男子汉"的教育目标，我遵循的是"虚实结合、大小结合、常专结合"的原则。

虚实结合。就是在对学生进行教育的时候，既要务虚，更须务实。务虚，就是要在思想上、情感上进行引导，要让学生明白男子汉的内涵是什么、为什么要做一个男子汉，要想成为一个男子汉，应该怎么去做，等等。务实，就是要在行为上有具体行动，要把对男子汉的理解真正化作自己的实际行动，要在自己的行为表现中体现出男子汉的气度和特点。

大小结合。做个男子汉，既要有人生的大方向、大理想，又要有具体可行的小目标、小行动，这就是大小结合的含义。前者如治国平天下的宏伟壮志，后者如不用家长接送上学的自理能力，等等。要想让男生们成为真正的男子汉，也必须教会他们从小处着手，付出真正的努力才行。

常专结合。 指的是在对男生进行教育的时候，把握常规教育与专项活动相结合的原则。 我们知道，教育是一个长期的过程，不管是哪个专题的教育，都应该实实在在地融合在常规性的教育内容当中来进行，不断渗透，不断落实。 而另一方面，有的时候，为了强化某一专题的特定意义，为了突出某一专题的教育特点，还需要开展一些专项的活动。 对学生进行男子汉的教育也是如此，紧扣主题，常规教育与专项活动紧密结合，使它们互为补充，相辅相成。

▌披沙拣金

在"性别素养"的教育中，引导男生"学会阳刚"是最具有挑战性的工作。 阳刚的内涵有很多，比如，要具有下面的几股"劲"。

强劲。 就是力量强大，就是高度自信。 作为男性，要学会承担更大的责任，要学会承担更重的任务，所以，让自己的力量强大起来，这是一切的基础。 这种力量的强大，既有来自身体的力量，更有来自大脑的力量。 而真正强大的力量一定来自大脑，要想取得更大的成功，更重要的一定靠的是脑力，而不是体力。

硬劲。 就是棱角分明，就是意志坚强，就是铁骨铮铮。 真正的男人是应该有点儿性格的，这个性格不是水火不容的"个性"，而是具有独立人格的坚强和坚毅，这种坚强和坚毅会使得他们不服软，不怕输，在人生的旷野中为自己矗立一座响当当、硬朗朗的人格大山。

勇劲。 就是勇敢，就是在困难面前无所畏惧。 这种勇劲，不是莽撞，不是蛮横，不是随心所欲的胡作非为，更不是为一点儿小事就不顾后果的性格暴躁。 这种勇劲，是面对困难的迎难而上，是面临危局的挺身而出；是克服困难中的坚持到底，是承担责任时的舍身忘我。 有了这股勇劲，他们可能会被打败，但他们绝不会被吓倒。

猛劲。 就是猛烈，就是爆发力，就是一跃而起，就是一飞冲天。 对于正在成长中的青少年来讲，做事动作迅速，干脆利落，不拖泥带水，不磨磨蹭蹭，这就是具有猛劲的具体表现。 如果一个男生说话嗲声嗲气，姿态扭扭捏捏，做事婆婆妈妈，那么，这样的男生，如何能成为男子汉呢？ 男人的性格，必须有猛烈的元素，没有猛烈，就难成阳刚。

闯劲。 就是勇于开拓，就是不墨守成规。 求新，求异，求高，求远，具有开创性，永远不"安分"。 作为男性，让热血中永远奔流着创造和求索，这样，生活才能更壮丽，自己才能更发展，社会才能更进步。 这股闯劲，可以是行万里路的开阔眼界，也可以是读万卷书的启迪心灵；可以是打破砂锅问到底的执着学习，也可以是不到长城非好汉的人生求索……闯，就是追求，闯，就是开拓。

当然，不管是哪股劲，都应该是在理性的约束下才迸发出来的正劲，而不是那种莽莽撞撞的"虎"劲。

他山之石

关键词：男子汉

12. 携手阳光的力量

> 管理的最高境界，就是让被管理者替你管理；教育的最高境界，就是让被教育者替你教育。
>
> ——题记

▎春风化雨

2010 年 9 月 17 日，学校安排了一次大型的卫生清扫活动。

我为本次活动确定了如下的教育目标：

1. 通过完成卫生清扫任务，主要对女生进行劳动意识、劳动能力的培养和自主成长能力的培养。

2. 通过坐军姿等方式，主要对男生进行集中注意力、自我控制能力的训练和自主成长意识的培养。

为了实现上述教育目标，我先从人员分工方面做了比较充分的准备，然后，对男同学进行必要的动员，鼓励他们努力把自己锻炼成为意志坚强的人。

具体的教育阶段，我是分三个步骤来落实的。

第一步：自主管理。

为了激励男生们的自主管理意识，培养他们自我管理的能力，也为了减轻我自己的工作负担，我安排由学生来进行考核、评价。 具体办法是：先公布注意力训练的评价标准，让所有参加训练的同学都有所遵循。 然后，指定一名男同学负责记录表现好的同学，并且，要当众读出被表扬同学的姓名；之后，由这名同学在所记录的表现优秀者中再选出一位同学，由这位新被选出的优秀者再去如法记载和表扬表现优秀的同学，而先前负责考核和记录的同学则回到被考核的队伍里继续参加训练。 如此这般，每三分钟轮换一次，一直到大扫除结束。

为了使他们得到真正的锻炼，我还有意将了他们一军。 我告诉他们，我要故意离开教室，看哪些同学能在老师不在场的情况下做得好。 当时，我特意强调了他们所要面临的困难和挑战：其一，老师不在场，没有外力帮助，需要全靠自己的力量来自我控制；其二，面临的干扰比较大，教室里女同学在扫除，走廊里还有更多的同学在扫除，声音乱，干扰多……

第二步：及时鼓励。

令我欣慰的是，这些男生经受住了考验。 他们腰身挺直，神情专注，完全不同于曾经那种左顾右盼、东倒西歪的样子。 哪怕是一些女生在教室里忙来忙去扫除的时候，这些坐军姿的男同学也都没有分神。

看到这些，我又不失时机地鼓励他们说："我要用相机把你们现在最美好的形象照下来，为你们的将来留下美好的回忆。"拍照的时候，我尽可能多地拍他们的面部特写，对那些平时比较顽皮的学生，更是努力拍下他们那难得一见的专注。

第三步：巩固成果。

接下来，我把自律训练的机会完全留给了男生自己。 而我则开始为担任清扫任务的女同学拍照，并随时送上几句鼓励的话。 这样，扫除的女同学也都很受鼓舞，她们的工作也做得越来越好了。

最后，男同学较好地进行了自我控制力的训练，女同学也出色地完成了卫生清扫的任务。

女生大扫除时，男生进行自我控制训练

在这次活动中，对我帮助最大的就是鼓励。鼓励，就像是初春的阳光，它能把温暖不留痕迹地输入血管，让每一个吸收了阳光的学生都具有积极向上的能量。这种能量会在他们的心底不断地积蓄、不断地生长，最后，裂变成无穷的力量，催动他们的热情，给六班的大地萌发出勃勃的生机！

▎千虑一得

这次活动的鼓励教育，具有大小结合、高低相济的特点。

大。就是大多数，就是让所有学生都受到鼓励，就是让大多数学生都受到表扬，这是个大局，是个大方向。日常教育的任何一次评价，其目的都不是选择，而是鼓励。牢牢把握住这个大方向，毫不吝惜我们的鼓励，这样，就会最大限度地调动学生的主动性，激发他们的能动性，从而达到让他们自我激励、自主成长的目的。

小。就是从小处着手，从细节入手，尽可能多地发现每个学生值得鼓励的地方，让他们的努力得到及时的肯定。这种"小把戏"，看起来很令人不屑一顾，但它却是激励学生的最好方法，也是促进他们自主成长的起点。而且，也正是由于它很小，也就更容易找到，也就更容易发挥作用。这种鼓励，如同在小车上推一把，让它启动、滑行，然后，再适时地推上几把，这样，就会帮它产生一种加速度，从而使良好的教育效果得到巩固和强化。

低。是指用来鼓励的标准低，还指用来评价衡量的标准低。我们常听说一句话，叫作"高标准，严要求"，我非常赞同这样的说法，因为只有这样，才能够得到最好的结果。不过，这样的说法并不完全适合正在成长中的初中学生，因为，对他们的教育，重在过程中的引导和鼓励，只有达到一定的程度后，才可以用"高标准，严要求"的标准来要求。

高。是指高调地表扬。这种高调，主要是从表扬的声势上来说的。要通过大张旗鼓的表扬，让每个学生都得到相应的鼓励。同样是表扬，对学生单独的表扬，与在公众面前的表扬相比，所产生的效果是不同的。高调的表扬不单单能对学生个体产生激励作用，更有利于在班级形成向上的舆论，为学生群体的进步创造良好的氛围。当然，高调表扬并不是无原则地拔高，否则，很可能会让学生觉得虚假或没有吸引力，那样，倒适得其反了。

▎披沙拣金

在大扫除纷乱的环境下让学生练习自我约束和自我管理，这是在教学生"学会自控"。学会自控，有三种奇妙的力量可以用一用。

引力。 就是能够让学生心甘情愿为之努力的吸引力。 什么东西具有这样的吸引力呢？ 上进的愿望，向上的追求，这就是具有强大魔力的引力。 这种引力，常常要通过评价来发挥作用。 面向集体对学生的评价，通常有两种：一是评价做得不好的，我们不妨称之为"负评价"；另一种做法是评价做得好的，我们不妨称之为"正评价"。 显然，后者更有利于从正面去引导、去激发、去鼓励、去调动学生，它施加给学生的是正面的、积极的心理暗示和行为取向。 这种"正评价"所产生的教育力，就是引力。

牵力。 就是利用某种力量拉动学生向着教育目标去努力。 相对来讲，这种牵力更多地可能需要某种很具体化的表现形式，而这种形式往往带有一定的功利性。 比如，在安排学生进行坐军姿训练的时候，老师说要用相机把学生们最美好的形象照下来，这对学生来讲，就是一种牵力在起作用。 老师用"最美好形象"的照片作为"功利性"的目标，牵引着学生表现出最美好的形象，这样，学生在努力实现这个目标的过程中，也就达到了自我进步的目的。

推力。 是指来自集体的、能够促进学生自主进步的推动力量。 这种推动的力量，虽然来自外部，但也必须经过学生的内化之后才能起作用。 比如，在这次大扫除活动中，在公众面前对表现优秀者进行表扬，这就是利用集体的力量在推动每一个个体自主进步。从众心理、期待效应的应用，使得学生群体形成了一种努力进步、奋勇争先的竞赛局面，这种竞赛的局面无形中产生了一股向前的推力。 于是，争先恐后的上进心，就会推动着在场的每一位学生努力争取做得更好。

他山之石

关键词： 自主，激励

13. 精雕细琢自习课

> 教师，既是设计师，又是建筑师。把设计师的蓝图化作建筑师手中的一木一石、一钉一锤，学会这门艺术，会让教师的"手艺"越来越高。
>
> ——题记

▌春风化雨

刚刚进入初中，不少学生不会上自习课。好动和贪玩是非常突出的两大问题。为了培养学生的自习能力，使他们对自习课的基本要求有个明确的了解，我编了一套口诀：

坐姿端正身体好，不说不问不商讨。

作业不收不发放，看书写字不趴倒。

不玩不顾不旁观，不理不借不寻找。

不离座位不滥学，不扰别人责怨少。

他人违纪不助力，无所事事春易老。

"坐姿端正身体好"。对坐姿提出了具体要求。身体永远是第一位的，而很多学生没有一个好的坐、立、行、走的习惯，尤其在自习课的时候，很多学生坐姿歪斜，甚至有一些人习惯于趴桌子——这种趴桌子并不是劳累造成的，而是他们的慵懒在作怪。所以，这第一句既是一个事关"本钱"的问题，又是一个培养昂扬向上的精神状态的问题。

"不说不问不商讨"。"不说"是指自己不说话；"不问"是指不向他人询问事情；"不商讨"是指不跟其他同学商量讨论问题。

有人可能说，这三点都是关于说话的问题啊，直接用"不说话"来要求不就可以了吗？我试过的，还真就不行。 为什么？ 有的学生觉得讨论问题并不属于"说话"——在他们的头脑里，上课或自习课时的"说话"指的是说闲话，而研讨问题不属于说闲话，所以也就不是说话。 这并不是他们在狡辩，而是他们最真实的思维逻辑。 听起来似乎有点儿好笑，但是，这个阶段的有些孩子就是这样想的。

学生们正在练习怎样上自习课

"作业不收不发放"。 这一条是有关收发作业的要求。 收发作业是最容易引起自习课整体秩序混乱的行为之一，这种混乱既来自收作业的同学，也来自发作业的同学。 前者急于看自己作业的评价结果，而一旦有问题就又急于向同学询问；而后者呢，往往因为走动或者某种提示而破坏了教室的安静，可他们往往并不觉得这是一种对秩序的破坏：我这是为大家服务啊——为大家服务所造成的混乱也不是混乱，这也是他们的真实想法。

"看书写字不趴倒"。 这是对第一句"坐姿端正身体好"内容的具体化，更多的是强调看书和写字这两个最常见、最重要姿势的具体要求。

"不玩不顾不旁观"。 这一句强调的是学习要专注。 "不玩"指的是不闲玩、不摆弄物品；"不顾"指的是不回头；"不旁观"指的是不向两边儿看，不看热闹。

"不理不借不寻找"。 "不理"指的是不整理物品和不理睬来干扰自己学习的人或事；"不借"既是指不向别人借东西，也是指不把东西借给别人；"不寻找"指的是不在自习课上寻找自己的物品，哪怕是此时此刻学习必需的物品。 之所以有这么一条要求，是因为在自习课上，常有一些学生因为这样的杂事浪费时间、影响秩序。 比如，为了找一支不是非用不可的铅笔，他们甚至会把书包里里外外地翻个遍……

"不离座位不滥学"。 "不离座位"这个要求好像有点儿多余，但实际上，面对刚刚入学的学生，这个要求是必要的。 他们常常会因为这样那样的原因而离开座位，比如，捡起掉落的文具等。 所谓"滥学"，指的是"学"一些对正常学习无益的东西。 比如，有的学生会把没有价值、甚至是内容不健康的漫画书带到学校来看，显然，这样的"学"是不合适的，是不利于他们健康成长的。 所以，对自习内容进行限制，不仅有益于提高学习效率，更重要的是引导他们要学会选择，要有抵御不良文化侵袭的意识和能力。

"不扰别人责怨少"。 这一条在自身的责任和与同学的关系方面进行了提醒。 它强调避免别人的责怨，这其实也是一种教他们学会"自我保护"的友情提示。

"他人违纪不助力"。 是从互相理解的角度来提示自习课要遵守纪律的问题。 自习课上，有些学生不专注学习的行为是被动的，比如，把学具借给总是忘记带学具的同学——这种"帮助"，其实是在助长他人养成不能自理的习惯。 还有一种情况是，有些同学心里不太愿意被别人打扰，但往往碍于情面而不好意思拒绝。 所以，针对以上的情形，我特意加了这么一条不帮助他人做错事的要求。

"无所事事春易老"。 是正面提醒同学要珍惜时光。 自习课上，有的学生百无聊赖，没有事情可做，或者做一些没有意义的事情。 这一条更多的是在思想上的一种引导。

口诀被制成了一个《自习情况自检表》。 这份表格中除了上述内容之外，还特意加了一条有关"诚实"的考评，而且，这项考评的分数占了总分数的一半：50 分。 我高兴地看到，学生们越来越看重诚实品德的修养。 比如，高蕴晗同学在她的一份《自习情况自检表》中，特意写上了"我要的是诚实，而不是分数"这样的话，表达了她对诚实美德的追求。 之后，每个同学发一张《自习情况自检表》贴在桌面上，以自我检查的方式来填写。

一份《自习情况自检表》帮助学生认识了规范自习的具体标准。 它就像用来临摹的字帖，让学生们的自习行为有了遵循。 从此，学生们以自己的行动作笔，一笔一画地书写着规范自习的状态。 这些笔画刚开始尽管还是歪歪斜斜的，但已经走在路上了，只要坚持，还怕到不了终点吗？

▌千虑一得

一份《自习情况自检表》，既是促进学生上好自习课的工具，也是用来引导他们学习如何为人处世的工具。 教学生为人处世，主要突出了以下几个要点。

不添乱。 就是增强自己的能力，力争不要因自己的行为给他人带来烦乱。 这实际上是一个如何学会自理自立的问题，自己的本领增强了，能够独立做事、独立成事，这是最基础的处事能力。 需要强调的是，不添烦乱不等于不添麻烦。 事实上，任何一个人的能力都是有限的，大家只有彼此相助才能共存。 所以，添麻烦也许是必定的，也是必要的。 但是，与他人合作，求助于他人，要尽可能地不影响对方的利益，不给对方带来烦恼、忙乱和损害，这样，才更有利于把事情做得圆满。

不助弊。 就是不帮助对方做不该做或有不良后果的事情。 这种帮助，有两种情况，一种是主动的助弊，就是主动做事促使对方犯错误，或是明明知道对方所做的事情是不合适的，但仍然主动帮助去做了。 另一种是被动的助弊，就是出于某种无奈而被动地帮助对方做了不合适的事情。 不管哪一种情况，都应该尽量避免才好。

不出格。 就是在与人交往过程中，在人格上不丧失尊严，在做事时不超越道德和人格的底线。 为了一己之私而不顾人格，这样的事情对于成长中的青少年来讲尽管不多，但培养这种尊严意识对于他们健全人格的形成还是非常必要的。 不出格还有一层意思，就是要学会把握做事的尺度，要学会能够把握分寸地做事，要学会不超出底线地做事。

▌ 披沙拣金

在对自习课进行评价的过程中，加入了诚实的内容，这是在教学生"学会诚实"。 学会诚实，关键在于说真话、说实话。

说真话。 所谓真话，就是真实的话、真心的话。 学会把真实的情况说出来，这就是真实的话；学会把内心的真实想法说出来，这就是真心的话。 真实的话是不说谎，真心的话是不违心，这两种真话都是必要的。 不过，说真话也要灵活把握，当遇到某种特殊情况时，应该善于随机应变，善于自我保护，学会趋利避害。 如果因为说真话而受到伤害，那么，这个说真话就值得思考了。

说实话。 这里所说的实话，首先是要真实。 能够说真实的话，这是诚实的基点，没有这个基点，诚实就无从谈起。 另一方面，说话还要说实在的话，不说空话。 青少年时期，正是树立远大人生抱负的重要阶段，具有人生的理想，这无疑是件好事。 不过，在具体实现这人生理想的过程中，就需要提倡学生不说漫无边际的空话，而要说自己将要为之付出实际行动的、可以用来落实的话。 比如，"我一定要好好学习"，这句话本身没有问题，但如果说过了就放在了一边，完全没有去落实的行动，甚至当这句话说出口的时候，连想都没想过它的意思，那么，这就是不折不扣的空话。

▌ 他山之石

关键词：交流，处事

14. "纵虎归山"的运动会

> 运动会岂止是运动的盛会？ 它的跑道上，奔跑的不只是脚步，还应有追求的热情；它的赛场上，腾跃的不只是身姿，还应有自主的活力。
>
> ——题记

▌ 春风化雨

2010 年 9 月 30 日，学校即将召开运动会。 继军训之后，这是班集体组建以来又一次大型的活动。

怎样做才能抓住这次教育的机会，获取更多的教育效益呢？

"思想上引导，事务上放手，过程中调控。"本次运动会，我为自己确定了这样的工作思路。

循着这样的思路，这第一次运动会的整个过程中，我自己只重点做了两件事。

第一件事：对学生进行思想教育。

首先是把学校的相关要求向学生讲清楚，这是最基本的要求，也是最重要的要求。 在此基础上，我强调了这次运动会对于班级和每个同学的特殊意义：七年六班是一个家，我们每个人都是这个家庭的成员，我荣家荣，家荣我荣。 在这里，我把"我荣家荣"放到前面来说，就是要告诉大家，每个人先做好优秀的自己，这是班级优秀的前提。

第二件事：拟定了本班的"运动会评比项目及条件"。

这份评比文件共设置了五个大的项目。 其一， "遵守纪律先进分子"，从遵守时间、听从指挥、做文明观众方面提出要求，是从促进学生提高守纪意识和自控能力的角度来设置的；其二，"自我管理先进分子"，从个人卫生、物品自理、人身和饮食安全等方面提出要求，是从提高他们安全意识和自理能力的角度来设置的；其三，"集体活动积极分子"，有积极报名参赛、筹借运动会所需物品等要求，是从增强学生主人翁责任感的角度来设置的；其四，"班级服务积极分子"，从赛事提醒、宣传工作、考核班务承担情况等方面提出要求，是从增强学生责任感的角度来设置的；其五，"运动会优秀学生"，是一种综合荣誉，意在鼓励在各方面表现都很优秀的同学，具有引导性的意义。

这份"运动会评比项目及条件"，充分遵循"全面"和"全体"的原则，让每个同学都有展示自己的机会，让每个同学在运动会之后都有行动和思想上的收获，有利于充分调动每个学生的主动性和积极性，激发他们对集体的热爱之情。

而从落实的方式上来看，我高度重视了各项工作的明确分工，用以学生为主体的责任制来保障各项工作的顺利实施。

第一次运动会就把工作都交给学生去做，能行吗？

刚开始，我也存在这样的疑虑。毕竟，在这样大型的活动中让学生担当主角，这是要冒一定的风险的。不过，学生的能力从哪里来呢？不就是从这一次次的锻炼中得来吗？

放开手脚，让他们去做吧，自己加强调控就是了。

实际上，学生们做得相当不错！以此为起点，以后历次运动会的各项工作都由学生来组织和完成，而且，效果越来越好。

不入虎穴，焉得虎子？不纵虎跃，何成虎威？对于学生来讲，每一次活动，都是一次极好的锻炼机会。而这每一次机会，都是一次能量的蓄积，都是一次能力的存储。给他们这些蓄积能量和存储能力的机会吧，只有这样，有朝一日，他们才能一跃冲天，虎虎生威！

▌千虑一得

本次运动会，除了学生自主能力得到充分的锻炼之外，班级还取得了很多的收获。

增强了凝聚力。 从比赛成绩上来看，我班分别获得了男生团体、团体总分第三名的成绩，并且获得了精神文明奖。这个成绩，与前两名的班级相比，当然还有差距，不过，对于在军训过程中连一个团体的奖项都没有获得的学生们来讲，这是个值得大书特书的成绩。它很好地鼓舞了士气，增强了自信心和凝聚力。

调动了学困生。 开展文体活动的时候，也往往是那些文化课学习困难的学生一显身手的时候。充分利用这样的机会，让这样的学生在众人面前展示他们的一技之长，甚至哪怕只是一技之能，这对于他们树立信心是非常有帮助的。 尽可能地鼓励这样的学生到赛场上去吧！ 让他们有机会一试身手，让他们有机会风风光光，让他们有机会享受成功的喜悦，让他们有机会接受敬佩的注视……

弘扬了好品德。 表彰会上，我特殊表扬了张宇涵同学。 这名同学担负着组织啦啦队的任务，有的时候，她还客串擂几下战鼓。 就在敲鼓的间隙，一个塑料袋从她身边飘过，她顺手抓住了这个不知从哪里跑来的"流浪者"，避免了它的继续游荡。 张宇涵同学的这一抓，抓住的绝不仅仅是一个小小的塑料袋，更抓住了爱护环境卫生的自觉性，更抓住了集体的荣誉感和维护班级良好形象的主动意识，同时，她也抓住了一次让自己更进步、更优秀的机会。 很幸运，我抓拍到了这个镜头，并且，能有机会用它对学生进行相关的教育。 这样看来，我也"抓"住了一次成功的机会。

张宇涵随手抓住从别处飘来的塑料袋，避免它继续游荡

培养了班干部。 这次运动会，班级还有一个收获，就是培养、发现了一些管理人才。 特别是给有些同学的组织能力提供了比较具体的展示机会，这种展示对以后班干部的选拔起到了积极的作用。

▍披沙拣金

让每个学生都在参加运动会的过程中找到自己的位置，发挥自己的作用，这是在引导学生"学会归属"。 学会归属，就是让学生能够具有存在于群体中的归属感并且能够主动为这个群体贡献力量。 怎样帮助学生学会归属，进而学会与他人合作呢？ 可以从给他们两种"力"着手。

给彰力。 就是通过让学生彰显自我价值而激发他们发自内心的归属感。 在人格上给学生充分的尊重，在行为上给他们彰显自身价值的机会，使他们觉得自己在班级里有存在的价值，有与他人一样平等的地位。 这种地位，不是凭空的、施舍性的赠予或赏赐，而是让学生通过自己的努力换取的奋斗成果。 只有这样，他们才会发自内心地具有成就感，他们才会发自内心地具有自豪感，他们才会发自内心地具有自信心。 这种为集体做出贡献之后的成就感、自豪感和自信心，就是热爱这个集体的归属感的基础。

给磨力。 就是通过学生为集体利益的相互磨合而激发他们的归属感。 磨合，就是通过磨而达到合的过程，而磨的过程，必定是要共同协作的。 很多时候，是要磨掉自身的某些"棱角"才可以，只有把彼此不适应的部分磨掉，才能达到合的效果。 所以，要想学会合作，就必须过"磨"的这一关。 从班集体的角度来讲，给学生提供更多的共同做事的机会，就是给他们提供更多的磨合的机会。 这种磨合的成果是，每个人都为集体做出了贡献，每个人都会因自己为集体做出了贡献而自豪。 这样，有利于学生们把自己很好地融入集体，那么，当然也就有利于他们归属感的形成了。

他山之石

关键词：自主，成长

15. "我懂你的牵挂"

> 　　帮助青涩的心灵拨开遮挡视线的杂草，让他们在迷乱的五光十色中学会回眸，去读懂最背后却最深沉的目光。 那目光有一个最美的名字，叫亲情。
>
> 　　　　　　　　　　　　　　　　　　　　　　　　　　　　　　——题记

▌春风化雨

　　一天，在出租车上听到司机这样抱怨："现在的家庭啊，真是跟我们小时候不一样了。 家里面爷爷是孙子，孙子才是爷爷。 没好！ 也没招儿！"

　　听了司机的话，我不由得心有所动。 是啊，现在有些孩子，对家长的确是不够尊重。

　　做点儿什么吧！

　　回到家里，恰好看到中央电视台"焦点访谈"节目，报道的是人们关心帮助地震灾区的灾民，特别是关爱少年儿童的内容。 这期节目的题目是"你是我们的牵挂"。

　　2010 年 10 月 9 日，班级召开了以"我懂你的牵挂"为主题的班会。 班会大致分为四个阶段。

　　第一阶段：观看视频。

　　这个视频，就是"焦点访谈"的那期节目——《你是我们的牵挂》。

　　第二阶段：感悟思考。

　　视频观看结束后，我请学生们思考：看完这段视频，你印象最深的是什么？ 你有什么感受？ 由此，你都想到了什么？

在学生们回答之后，我把话题过渡到本次班会的主题：灾区的孩子们受到了那么多人的牵挂，而在座的你们每天也都受到了许多人的牵挂。 这些牵挂，你们懂了吗？ 你们懂了多少呢？

接着，我启发他们思考：懂得牵挂，就是能够懂得牵挂你的人的表情、动作和行为，就是能够理解牵挂你的人的心理和感情，并且，要努力成长，力争让牵挂你的人少操心、少牵挂。

第三阶段：表达理解。

屏幕上先播放了如下几个问题：

1. 离开家门的时候，谁在牵挂我？

2. 离开学校的时候，谁在牵挂我？

3. 牵挂我的人牵挂我什么？

4. 怎样做才能把牵挂化作他们的欣慰？

这几个问题，实际上是让学生用来发言的提纲。

学生们深情地回顾起家长和老师关心他们的许多细节，这些细节，是曾经被他们所忽略的，甚至是厌烦的。 而今天，他们不但表达了对家长的理解、感激、愧疚等感情，同时，也具体表达了自己今后要自立自强、努力让家长和老师把牵挂化成欣慰的决心。

同学们观看《你是我们的牵挂》的专题节目

第四阶段：行为落实。

在总结学生发言的基础上，我还对他们进行了相关避灾自救知识的宣传和学会感恩的教育。 引导他们懂得：能够健康成长，能够让家长少操心，就是对家长最基本的感恩。

最后，我给他们布置了两个"作业"。 一是在随后的自习课上以实际行动落实自己刚才所表达的决心；二是给家长写一封信，表达对家长的理解和感激之情。 我把这封信称为"孝心信"——表达孝心、传递真情的信。

我没有想到，这即将写出的平平常常的"孝心信"，在不久之后召开的家长会上，会以它们最质朴、最平凡的文字，发散出人世间最浓烈、最具穿透力的温暖。这温暖，把家长们照耀得心潮澎湃、热泪盈眶！

▌ 千虑一得

怎样对学生进行孝敬父母的教育呢？关键要抓住两个字：懂和动。

懂。就是"懂得父母知恩情"。懂父母的什么？第一，要懂他们的恩情。第二，要懂他们的难处。需要强调的是，后者往往是孩子们所缺乏的。在孩子面前，父母们承担了所有艰难困苦，也几乎隐瞒了所有艰难困苦。其实，从教育的角度来讲，这样做未必合适。在这方面的教育上，老师最好主动承担起一定引导的责任来，引导学生了解父母的辛苦和难处，帮助学生们懂得珍惜，懂得感恩。

动。就是"孝敬父母有行动"。这种行动，也可以从两方面来开展。一是努力成长，做好自己该做的事情，让家长放心或少操心。事实上，这也许才是父母们更关心、更期待的。另一方面，教学生用实际行动表达出他们对父母的理解和感恩之情。比如，说一句体贴的话，写一封感激的信，端一杯温暖的茶……不用轰轰烈烈，不用大张旗鼓，简简单单的，平平常常的，最好。

▌ 披沙拣金

"自护素养"是学生必须掌握的生存本领之一，这方面，我们可以从"学会避患、学会救护"这两个方面进行教育。

学会避患。就是具备规避常见灾患的基本常识和基本能力。比如，家居安全方面，家用电器的使用、火灾的预防与逃生等；交通安全方面，怎样遵守交通规则、如何避免高空坠物的意外伤害等；饮食安全方面，怎样做到饮食健康、如何避免病从口入等；运动安全方面，了解与体育运动有关的医学常识、避免运动不科学造成的身体伤害等；交往安全方面，懂得慎重交友、具有基本的警惕意识，等等。

需要特殊强调的是，如何避免在使用网络等现代通信手段时受到伤害，这是当今青少年所面临的安全问题之一。努力培养健康的情趣，用更有价值的事情丰富自己的生活，不信谣不传谣……这些，对于他们避免网络的不良影响，也许会起到一定积极的作用。

学会救护。就是了解一点儿基本的救护知识，能够最大限度地保障自己的人身安全。首先是自救和自护，面临意外的时候，能够有效地保护自己，能够懂得怎样求救。学会救护，还有一个救助他人的问题。这方面，有必要教育学生救护他人要理性而为，要讲究方法，不能造成次生损害。

▌他山之石

关键词：家校配合

16. 初中第一次家长会怎么开

> 拨动心中最纯真、最闪亮的那根琴弦，让孩子的稚嫩与父母的沧桑彼此相谐，共同奏鸣一曲浑然一体的爱之天籁。 教师，就是这个琴师。
>
> ——题记

▌春风化雨

十月中旬，按照计划，要召开学生进入初中后的第一次家长会。

我的这次家长会，大致可分成"个性了解、普遍沟通、深入交流"这样三个环节。

第一个环节：个性了解。

走进七年六班教室，迎接家长们的，除了几名迎宾的学生，还有宛转悠扬的轻音乐和屏幕上一个特殊的欢迎词："？"。

在自己孩子的座位上，家长们还会发现这么几样物品：一个学生的身份牌、一份《七年六班学生入学家长问卷》和一个档案袋。

身份牌是由学生自己动手制作的，上面除了绘制着课程表、写着学生自己喜欢的名言警句之外，还粘贴着一张我给他们抓拍的照片，照片上是他们日常最端正的坐姿。

《七年六班学生入学家长问卷》共设置了 22 个问题，意在从全面发展、亲子关系、师生关系、家校配合等方面，全方位地了解学生本身和家庭教育方面的相关情况。

档案袋里装着学生入学以来得到的奖状、表扬报告单、优秀作业等物品。 其中，还有一个特殊的"报告"，就是学生们给家长所写的那封以"我懂您的牵挂"为主题的"孝心信"。

学生们亲手制作的
身份牌

第二个环节：普遍沟通。

这实际上是每一位任课教师与学生家长的见面会。

首先，我简单地做了自我介绍，并通报了家长会的会议程序。 之后，重点对每一位科任教师都进行了赞赏性的介绍，并表达了深深的谢意。

接着，科任教师们轮流与家长见面，他们主要向家长介绍自己的工作思路和特点，同时，对班级工作给予了充分的肯定，并表达了与家长努力配合、进一步促进工作的愿望。

（这个环节主要向家长们传递了两个明确的信息：第一，这个班级的教师团队是团结上进的集体；第二，请家长们与所有老师紧密配合，团结一心。）

第三个环节：深入交流。

这是个由我与学生家长进行深入交流的过程。

我先请家长们观看了采自权威媒体的两段视频：一段讲的是一个 23 岁的小伙子由于家长的溺爱而饿死家中的事情；另一段讲的是用手机上网给青少年造成的危害。

看完视频之后，我借题发挥，开始了与家长的交流。 交流过程由标题"？"引入，然后以问题的形式贯穿始终，与家长一起思考，一起探讨。

问题一：为什么开家长会？

问题二：我班学生有什么特点？

问题三：培养什么样的孩子？

问题四：家校怎么配合？

问题五：家长会后做什么？

（在第五个问题的交流中，我给家长提出了"四个一"的建议：开一个恳谈会；定一

个努力目标；改一个不良习惯；做一个表扬准备，比如给孩子写表扬日记）

家长会的第二天，我向学生了解我给家长那"四个一"建议的落实情况，得到的反馈是：全班只有一名同学的家长没有做到不批评孩子。

这个结果是出人意料的，也是非常喜人的。而对于许多学生来讲，这个结果更是让他们喜出望外的：以往，家长会对于他们和家长来讲，往往是不大舒服的，有时还几乎是一种折磨。一个学生告诉我，此前的家长会之后，他家长的脸色都是芸豆色的（这是他独创的词语，意思是被气得变成了绿色），而这次，则完全不同了！

最让我高兴的是，有的家长已经开始给孩子写表扬日记了。家长们的这种配合和支持让我深受感动，也让学生们从巨大的心理压力中解放了出来。此后，学生们以健康的精神状态开始了新一段的学习生活。

家长会，有时候更像是一份答卷，一份由老师，特别是班主任老师向学生、向家长递交的一份答卷。在这份答卷中，家长们会读出教师的思想，从这思想的答案里，他们会称量出教师的重量。

而学生们呢？从这份答卷里，他们会读出老师的形象，并且，在心灵的纵坐标上，他们会以自己的心为原点，给老师评出一个相应的数值。这个数值，可以衡量老师的高度。

▌千虑一得

明确目的，这是开好第一次家长会须首要解决的问题。其中，交流思想、沟通情况、增强合力是重中之重。

交流思想。 主要交流对教育的思考，特别是交流自己所秉持的教育理念、培养学生的主要目标、对家长会的认识及家长会要达到的目的，以促进教育思想的统一。教师要把自己的教育思考汇报给家长，而在这个汇报的过程中，教师的教育思想、教育理念就会同时展示出来。这种交流和展示，实质上更是教育思想和观念的一种渗透，更是今后这个班级教育教学方向的一种引导。这样看来，第一次的家长会，既是老师和家长的见面会，也是教师自我形象的展示会，还是学校形象的代言会。

沟通情况。 主要从优点和不足两方面对班级进行整体介绍，其中，优点方面要落实到人，不足方面要具体到事。相对来讲，家长们可能更关心自己孩子的情况，所以，教师对学生的表现应该有比较细致的了解，以便与家长沟通。从大处讲，德、智、体、美、劳，哪一样都不可少；从小处看，学生的具体表现，特别是各种习惯的具体表现，应该是交流的重点。

增强合力。 首先，增强的是家长和教师的合力，尤其是家长和班主任的合力。沟通情况，就是为了让彼此互相了解，引导家长与学校、与老师相互配合，统一思想，协调动作。 其次，是增强亲子之间的合力。 通过交流，让家长既了解学生的情况，又理性对待相关问题，从而努力促进亲子关系的和谐。 其三，是增强师生之间的合力。 家长会开得好，家长们就会把正面的信息传递给学生，会把积极的心态带给学生，会把向上的影响带给学生。 如果把家长会开成表扬会、引导会、激励会，那么，这无疑将会促进师生关系的和谐。

▌披沙拣金

　　请家长给孩子写表扬日记，让孩子与家长交流思想，这是在教学生"学会沟通"。 学会沟通，有几个"要"点。

　　要主动。 能产生与别人主动沟通的愿望，并且能够主动用行动去实现这个愿望，这是沟通的前提。 这种沟通的主动性，既是一种积极的行动态度，更是一种积极的人生态度。 有了这种主动性，无论是学习还是生活，思想的交流、情绪的宣泄、压力的释放就有了可能，这不但对学生形成健康的心理大有裨益，还能很好地促进他们与他人合作能力的提高。

　　要实用。 所有沟通都具有一定的实用性。 有的沟通，带有鲜明的目的性，沟通就是为了实现某种愿望，交流某种想法，表达某种情感。 而有的时候，这种实用性也可能表现得不够明显，比如，漫无边际地闲聊，这是一种沟通吗？ 当然是啊，闲聊就是在交流想法呀，就是在表达情感啊，这种闲聊，能增强彼此的信任感、亲近感，最起码，还能起到释放压力的作用呢。

　　要成效。 沟通要达到什么样的效果？ 这是教学生学会沟通的一个重要问题。 我们不妨从"沟通"这个词入手来思考："沟"无非就是一种交流的渠道，一种交流的途径，而"通"才是目的，才是要实现的目标。 所以，不管沟通的内容怎样，不管沟通的形式如何，总要引导学生打通这道"沟"，最后，努力获得一个"通"的结果。 这样，不但能够解决具体问题，还对学生自信心的树立大有帮助。

▌他山之石

关键词：家校配合

17. 闪光的"自省日"

> 自我修养，如同在心灵的家园不断地栽种最天然的树木，它能让我们越来越多地呼吸到最清最纯的精神之氧，让我们在沁人心脾的空灵中陶醉于来自旷野的清新。
>
> ——题记

▍春风化雨

每周五的大课间之后，按照惯例，学校都要广播这一周的常规评比结果。

连续几周的这个时间，六班都在痛苦的煎熬中度过——因为，纪律红旗这几周一直与他们擦肩而过。

尽管每次公布结果之后，班级一定要找到自己的差距，发誓下一周一定要把纪律红旗拿到手，但让大家痛苦的是，每次又都会因一两名同学的一些小过错而再添遗憾。

2010年10月22日，又是一个星期五。

广播的时间到了，学生们以标准的军姿坐在座位上，精神高度集中地收听着广播。此时此刻，他们的心情十分忐忑：这一周，我们的命运将会如何呢？

开始广播各班的纪律得分了："七年一班，××分；七年二班，××分……七年六班，100分！"

"哗——"广播的声音未落，教室里立刻爆发出雷鸣般的掌声！学生们使劲地鼓着掌，每个人都是那么的兴高采烈！

我跟学生们一起鼓着掌。可是，此时的我，心里却十分矛盾。

按照学校的检查，我班的确没有被扣分，但是，我们在纪律上还存在着不可忽视的问题，而有几个同学的问题还相当严重。

为了学生们的长远发展，我产生了把纪律红旗退掉的想法。

可是，学生们能够接受这种做法吗？ 他们能眼睁睁地看着好不容易到手的红旗又飞走了吗？

这样想着，我走上了讲台。

首先向全体同学表示祝贺，祝贺他们终于得到了这面纪律红旗。 此时，教室里再一次响起了热烈的掌声——学生们是多么在意这次的纪律红旗啊！

掌声平息之后，我笑着问他们："同学们，你们想不想让我们的班级是最优秀的？"

"想——"这是一种特意拉长了声音的回应，声音里的喜悦在噼噼啪啪地到处迸溅。

"那好，如果我们发现自己有缺点，我们是应该把它隐藏起来，还是应该把它找出来并改正呢？"

"改正！"异口同声地应和，声音里依然充满了快乐。

他们哪里知道，我接下来要做的事情将使他们的情绪从沸点直降到冰点。 我的心里忽然有点儿不是滋味儿！

"那好，咱们就以小组为单位，找一找这一周我们存在的问题吧。"我说。

讨论，发言。

学生们很快找出了我们在纪律上存在的突出问题。 这些问题，得到了大家的一致认可。

直到这时，我才提出了申请取消纪律红旗的想法。

听到我说的话，学生们刚才还兴高采烈的脸立刻阴沉下来！

"怎么，不愿意呀？"我笑着问。

没有人回答，此时此刻，教室里静得出奇，我似乎都能听得到一些同学粗重的喘息声。

"看来，有的同学并不想让我们的班级更优秀，刚才所说的要更好的话实际上是假话！"说这话的时候，我有意加重了"有的"和"假话"这两个词的语气。

这样说的意图是对大多数同学进行正面引导，同时提醒大家要做一个诚实守信的人——做人要诚实，这一点，在我班已经形成了一定的氛围。

然而，还是不说话！

"既然大家有想法，那就说出来吧。"

学生们纷纷提出了自己的想法，这些想法归纳起来大致有两点：第一，学校并没有发现我们的问题，所以红旗可以保留；第二，先保留我们的红旗，存在的问题我们自己悄悄地改。

针对他们的想法，我逐一进行了引导：学校没有发现我们的问题，并不等于我们自己没有问题；保留红旗再悄悄地改，这不失为一种办法，但此时的红旗，其实是一个存在问题的红旗，是一个不真实的红旗，如果我们保留了红旗，就等于我们在自己成长的道路上保留了一个不诚实的"荣誉"。

分析过后，我走到窗前。窗台上放着一些空瓶子，那是生物老师让学生们搞栽种实验用的。

我拿过一个大一点儿的玻璃瓶，请学生在瓶子里灌满清水，然后，从学生那里借来钢笔，我请他们仔细观察接下来出现的现象：我用钢笔向玻璃瓶的清水里滴入了几滴墨水，很快地，瓶子里的清水不再清澈……

"其实，一个人也好，一个集体也好，优点总是最多的，但是，如果我们任由很少的缺点和问题存在，那么，整体的优点就会黯然失色。就像这瓶清水一样，几滴墨水，污染了水质，那么，本来的清水就不再清澈。"我这样开导他们道。

此时，同学们的表情宁静下来，他们开始了深思。

我接着说道："再说红旗。红旗是什么？红旗是我们班级优秀品质的象征。就好比一支向前行进的队伍，红旗在最前面引领着我们向前走。你们可以想象，我们引以为傲的红旗，为我们指引方向的、高高飘扬的红旗，它的红色却并不纯正，它是暗淡的，甚至上面还有黑色的斑点！而我们呢，居然还以它为骄傲、以它为自豪，还心安理得地跟着它向前走，你们做得到吗？"

听到我说这番话的时候，学生们睁大了眼睛，渐渐地，他们脸上的阴云开始消散。

这时，又有学生提出，其他班级也存在问题。如果我们不要红旗，那些班也不应该得到红旗。

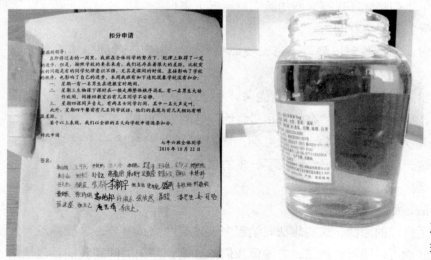

主动扣分申请书以及在清水中滴入墨水的玻璃瓶

针对这位同学提出的问题，我笑着对他们说："高出别人的办法有两种：一种是把别人按下去，显出自己的'高'来；另一种办法是自己努力跳得更高。你们愿意用哪一种呀？"

对于这些那么上进的孩子来讲，哪个人愿意选择前一种办法呢？

最后，一份签有每一个同学姓名的《扣分申请书》被呈报到教导处，换回来几张纪律扣分条（第二周，同学们得到了名副其实的纪律红旗）。

这一天，被定为班级的"自省日"，用以纪念我们这一段特殊的经历。

这个"自省日"，我们刻进史册的不是耻辱，而是荣耀，是放射着自我修养的夺目光彩的荣耀。 这种荣耀让大家懂得了这样的道理：知耻而后勇，慎独能进步。

善于舍得，是一种人生智慧；勇于舍弃，是一种人生境界。 一次申请放弃红旗的过程，倒下的是一面旗子，立起的却是一种人生。

▎千虑一得

要想让学生将来有更远大的发展，就需要给他们一种更高的人生境界，因为，只有站得高，才能看得远。 要做到这一点，不虚荣和能舍弃是非常必要的。

不虚荣。 就是不被虚荣所迷惑，不受虚荣所误导。 无论是学生个人，还是班级集体，总会面临一些可以让人感到很荣耀的事情。 这种荣耀，一种是名副其实的，是当之无愧的，这样的荣耀，我们拥有它，会给自己更大的信心，这种信心是实实在在的，是促进进步的。 另一种荣耀是名不副实的，是空有其表的，这样的荣耀，谁要是拥有它，只会给自己带来虚假的快乐，只会给自己带来表面的光彩。 建筑在泥沼上的房子，不管这房子的表面装饰得如何漂亮，它终归是不会长久的。

能舍弃。 就是要勇于舍弃不合适的利益。 教育就是要教化育人，而"化"和"育"，都不是立竿见影的事情。 搞教育一定要立足当下，着眼未来，为了更长远的目标，我们不能急功近利。 所以，在急之功和近之利面前，我们要善于舍得，要勇于舍弃。 舍弃了这些急功近利的东西，学生们才会站在更高的起点上，向着更高远的目标前进。 否则，他们只会沉湎于这些所谓"成功"的自我陶醉之中，而不知道井底之上，还有无限高远的天空。

▎披沙拣金

"君子慎其独"，慎独既是一种修养方法，更是一种人生操守。 从教育的角度来讲，"学会慎独"可以说是学生修身素养的更高境界。 怎样做到这一点呢？ 我们可以从"高、低、强、弱"这几方面试一试。

高。 就是要有高远的人生追求和高标准的自我修养目标。 目标高远，理想远大，才能够不计小利，才能为了这个目标而严格要求自己。 这是能够做到慎独的前提。 范仲淹正是有了"先天下之忧而忧，后天下之乐而乐"的高远追求，才能够做到"不以物喜，不以己悲"的。

低。 就是对自我修养的行为从低起点抓起。人生修养的目标是高远的，但这高远的目标却是要靠具体的行为来实现。这些行为，就是日常生活中的一举一动、一言一行。能够从这些低起点的小事做起，严格要求自己，才能够让自己的行为逐步达到修养的标准，最后才能达到人生的高境界。

强。 就是努力实现修养目标的自觉性强。既然叫慎独，关键在于一个"独"字，在无人监督、没有外力的情况下，能够自觉地向着自我修养的目标努力，这才能够最终实现修养的目标。这种"独"性极强的自觉性，不仅仅表现在学生个人的修养上，它也同样适用于班集体的自我修养。比如，班级在他人不知情的情况下主动放弃荣誉，这就是集体的慎独。

弱。 就是弱化自我修养行为的功利性。自我修养，说到底是一种心灵的自我净化，而不是世俗功利的虚荣满足。所以，恰到好处地引导学生体会到这种心灵自我净化的愉悦，也是教会他们学会慎独的有效手段。

他山之石

关键词：自我修养

18. 濯洗高贵的心灵

▍春风化雨

那天，我给学生上了一堂自省的现场演示课。

事先，我把一盒粉笔放在讲桌的边缘上，组织学生们坐好后，我说有重要的事情要跟大家讲。 而就在我说话的时候，"不经意"地抬了一下手臂，结果，那盒粉笔顺理成章地掉在了地上。

我埋怨道："谁这么不会干活？ 把粉笔放在这个地方，害得我把它碰掉了！"同学们面面相觑，不知所以。

这时，几个学生走出座位，帮我把粉笔捡了起来。 我接过粉笔盒，谢过他们之后，"顺手"把它放在讲桌的边上，接着说我的事情。 没说几句话，众目睽睽之下，粉笔盒再一次被我"不经意"地碰掉在地上。

当我和几个帮忙的同学再一次把粉笔盒放在桌上之后，我先是"很不愉快"地皱起了眉头，接着沉默片刻，然后给学生们依次出了三个问题：

问题一：粉笔盒第一次掉在地上的原因是什么？

问题二：粉笔盒第二次掉在地上的原因是什么？

问题三：要想避免粉笔盒掉在地上，老师应该怎么做？

对于第一个问题，大家一致认为原因是粉笔盒的位置放偏了，没有一个人从老师本身的动作方面找原因。

对于第二个问题，大家还是一致认为粉笔盒摆放的位置不合适，仍然没有一个人从老师本身的动作方面找原因。

对于第三个问题，大部分同学觉得老师应该告诉捡粉笔盒的几个同学把粉笔盒拿走或者摆在讲桌中间——仍然没有一个人从老师本身的动作方面找原因。

面对同学的回答，我摇了摇头，表示不满意。

最后，在我的鼓励下，一个学生勇敢地站起来，回答说："老师应该让自己的动作再小一点儿，这样就不至于把粉笔盒碰掉了。"

在众人疑虑的目光中，我郑重地表扬了这名学生。随后，向大家提出了一个也许会让他们终身受益的思维和成长方式：自省，从自身找原因。

接着，我组织他们讨论，让他们思考从自身找原因有哪些好处，而怨天尤人又会产生怎样不利的后果。最后，学生们比较深入地理解了从自身找原因的意义，懂得了应该以更加积极的态度去面对学习和生活。

为了把自省的教育深入下去，班级还进行了相应的训练。

先是硬件的准备。在班级靠门一侧的学习宣传板下面，摆放了三把椅子。椅背上分别贴有"省身"和"养德"的标签，这两种椅子分别叫作"养德椅"和"省身椅"。

用来自省的"养德椅"和"省身椅"

养德椅是进行自我修养、促进自我提高所用的。在这里，学生们可以静下心来思考，自己当天哪些行为体现了良好的美德，哪些行为做到了自我修养的提高。换一个角度看，养德椅就是表扬椅，就是荣誉椅。凡是坐在这把椅子上的同学，一定是自我修养提高的同学。

省身椅是反思问题所用的，坐在这把椅子上，可以反思自己的过失，并进一步找到改过的办法。省身椅更是表扬椅，更是荣誉椅。坐在这把椅子上，会得到大家更大的尊重，因为，有勇气坐在这里，就是一个勇于挑战自我、勇于不断进步的人。

省身椅只设一把，多数时候是学生自愿选择使用，犯有严重错误的学生，也可以由老师指定进行"强制自省"。

（"强制自省"是对学生进行宣传时使用的一种说法，这是为了实现另一个教育目标：让学生学会守则，让他们学会敬畏。实际上，学生基本都能做到来这里自觉自省，根本不需要进行"强制"。）

接下来，是具体的实施。

2010 年 11 月 1 日，我们的自省修养活动正式开始。

操作实施之前，我先进行了必要的思想动员，中心意思有三点：第一，自省和养德，都是促使自己更加进步的举措；第二，自省和养德，都是让自己形象更美好的方式；第三，自愿参加，每人次限时五分钟。

思想动员之后，自习课开始不久，我就自己率先坐到了"自省椅"上。当时，学生们都感到十分诧异：怎么，老师也要自省吗？

五分钟之后，我走上讲台，告诉大家，我反思了自己当天的工作疏漏，觉得某一项工作改进一下办法，会取得更好的成效；而且，我找到了更好的办法。通过自省，我今天进步了……

学生们自愿进步的热情是惊人的，此项活动开始当天，他们不得不排队等待。后来，根据实际情况，我们对省身和养德的时间进行了必要的调整，使得这项活动得以顺利进行下去。

这项活动持续到期末，一直到学生们已经形成较强的自省意识之后才告结束。

自省，能消除狂妄，祛除愚鲁；自省，能提高修养，净化心灵；自省，能培养友善，创造和谐。自省，是一面无形的镜子，它能照出心灵的清澈，能让我们精神的容颜光彩熠熠！

▌千虑一得

"静以修身"，这是自我修养的有效方式。修身之"静"，除了内心的宁静，还包括含"静"的环境和方式。

静止。 是从体态上来讲的，也就是说，一个人要想做到自省修身，身体首先需要静下来、稳下来，这样，他才可能精力集中地去思考一些事情。一个动来动去的人多半是没有办法集中精力思考的。

沉静。 是从人的心境上来讲的。思绪集中，心无旁骛，专注于思考，这样才能够把所思考的问题想清楚、想周全、想透彻；思绪飞扬、心猿意马的人是难以修身和自省到位的。

安静。 静止的体态、沉静的心绪，往往需要一个安静的环境来营造，这就是安静的意义所在。 人的心绪是受环境影响的，安静的环境能使人心安定沉静，嘈杂的环境则使人心躁动不安。

设置自省椅和养德椅，就是为了给学生创造一个可以用来自省修身的"静"界。 在这样的"静"界里，可以一改涌动的浮躁，平心静气，修养身心，别有一重收获。

披沙拣金

学会自省，可以帮助学生清醒地认识到自己的不足，从而迈上更高的人生境界。 学会自省，可从以下三方面去尝试。

知过则喜。 是指查找到自己的过失之后，因可以有机会改正过失并更进一步而心生喜悦。 用这样的心态去发现不足，学生们就不会有压力，就不会心情沉重，相反，他们会因发现了自己的不足而高兴。 这是一种心态，更是一种境界。 用这样的心态和境界去提高自我，就不会文过饰非；而只有坦诚面对自己的不足，才会有弥补这些不足的可能。

严于律己。 用严格的标准来要求自己，这是自省的"硬指标"。 只有以更高的标准要求自己，自省才有意义。 因为只有高标准，才能更优秀。 从这个意义上来讲，学会自省就是一个努力让自己的行为符合更高标准的过程。

有过即改。 自省是一种自我修养的思想追求，更应该是不断自我改进、自我提升的行为的落实。 有了改进的认识，有了改进的思考，这只是初级阶段，更重要的是把这改过的想法化作行动，而且是即刻采取的行动。 这样的自省，才是具有实际意义的自省。

在进行自省教育的过程中，还要注意把握尺度。 比如，不能使自省演化成自责，否则，会使学生难以振作；也不能使自省演化成自卑，否则，会影响学生自信心的形成；更不能使自省演化成自闭，否则，会使学生的的思维和行为受到极大的禁锢。 总之，自省教育是必要的，但不可矫枉过正，更不能使之演变成学生自我戕害的枷锁。

他山之石

关键词：自我修养

19. 营造精神的家园——班歌

> 在思想的蛮荒中开辟一片净土，在这净土上筑起一处精神的花坛，然后，用它安放我们的灵魂。

——题记

▌春风化雨

期中之后，班级开展了班歌和班徽的征集活动。

通知发出不久，应征作品就陆陆续续地交了上来，但是，这些作品并不那么可心。

怎么办呢？

有两种办法：一是直接选用学生们的作品，这样有利于激励学生参与集体事务的热情。但是，学生所设计的作品太稚嫩，不能够把班级精神的内涵恰如其分地表现出来；二是重打锣鼓另开张，请人按班级需要另行创作。但那不是学生创造的结果，不接"地气"，对学生的吸引力会比较差。

最后，我决定在学生作品的基础上，亲自来创作班歌的歌词。我给自己定下的原则是：一定要综合学生作品的积极因素，一定要让最后的作品接足够的"地气"，一定要让学生知道真正的作者是他们自己。

创作的过程是很辛苦的。我必须先仔细研读每个学生的作品，然后，再在这个基础上写出自己的东西来。开始的那几天，尽管绞尽脑汁地去想，但什么思路也没有。

一天早晨，走在上班的路上，我还在想着班歌的事情。这时，不远处传来了一队士兵早操洪亮的口号声，那种蓬勃向上的力量一下子感染了我。我不由得回头向声音传来的方向望去，此时，东方正有一轮朝阳升起。这一幕让我脑海里顿时闪出一幅生动的画面：一个晴朗的早晨，红日在东方冉冉升起，青山绿水间，悠扬的晨钟在清爽的天空中快乐地荡漾，一群活泼可爱的青少年正在晨读或晨练，书声琅琅，生机勃勃……

"晨钟响，跃朝阳"，这两句话一下子从我的脑海里跃了出来，这不就是我想要的境界吗？这不就是我想要的歌词吗？对，就是它！此时的我，为自己的发现激动不已，紧接着，"读书郎""山清水秀"等词语也在头脑中相继跳了出来，灵感的闸门一下子打开了……

几天后，班歌歌词的初稿形成：

晨钟响，跃朝阳，伴我六班读书郎。山清水秀剑光舞，向心向上自图强！

养德静，求知忙，不负青春报爹娘。今日埋头扫一室，明朝挺身做栋梁！

班歌的歌词分为两个段落。第一段侧重写个人和班级的形象及精神风貌；第二段侧重写人生的理想追求和这追求的过程、方式。

"晨钟响，跃朝阳，伴我六班读书郎"。这几句既交代了班级的名称，更为这些学生的健康成长设置了一个无限广阔、朝气蓬勃的大背景：晨钟、朝阳，有声有色，让人倍感振奋，而一个"跃"字，更是把朝阳喷薄而起、充满活力的状态描摹出来。晨钟、朝阳是何等的具有活力，可它们却主动前来"伴我"，可以想见，"六班读书郎"的形象是多么的豪气冲天，多么的活力四射！

"山清水秀剑光舞，向心向上自图强"。前一句既是写学生们的成长环境，也突出了一个六班独有的文化意象：剑光。以一个"舞"字来形容，突出了剑之美、剑之悦的特点。这一句中的山和水，同时也象征了男生和女生的形象及性格特征：男生如山——我希望我班的男生都能长成具有阳刚之气的男子汉；女生如水——我希望我班的女生都能长成具有柔和之美的好女生。"山清水秀"并举，既说缺一不可，又寄寓男生女生要紧密团结之意。

后一句的"向心向上"是班训中的前两个关键词，它强调团结一心、奋发图强的精神状态。"自图强"的一个"自"字，既蕴含着君子自强不息的奋斗精神，也彰显了以学生为本、希望他们自主成长的教育追求。

"养德静，求知忙，不负青春报爹娘"。前两句从班训"养德、求知"的词句中引来，是成长的重点内容及成长方式：修养美德，求知益智，这是初中阶段成长内容的两大主题；而一个"静"字，突出了修养美德的重要方式，一个"忙"字，强调了学习要有时不我待的主动意识和积极状态。"不负青春报爹娘"强调了两层意思：提示学生要珍惜青春时光，不可虚度；同时，报答父母的养育之恩的最好方式就是不负青春，就是修养美德，就是学好本领。

"今日埋头扫一室，明朝挺身做栋梁"。 两句并举，意在突出理想与行动的关系，对照的说法，各有所重。 前一句借"不扫一室，何以扫天下"的典故告诫学生：空有壮志是不行的，要有踏踏实实的作风，要有埋头苦干的毅力，才可能实现自己的远大抱负。后一句是说要胸怀大志，要奋勇向前，是对前景的展望。

这只是初稿。

后来，在请音乐老师荀宁谱曲的时候，她建议在两段歌词之间再加上四句抒情的句子，而且最好句式有些变化。 情急之下，我想到了春、夏、秋、冬这四个季节，于是，歌词中就又有了"春暖歌雨露，夏热我担当，秋凉淡然付一笑，冬寒何惧朔风狂"的抒情过渡段。

"春暖歌雨露"。 是说要学会感受春天的温暖，要懂得感恩春天的所有美好，要学会为春天的雨露滋润而歌唱，主要说的是要学会感恩。

"夏热我担当"。 讲的是要敢于担当，要勇于承受，无论对自己、对他人，都要有责任感。

"秋凉淡然付一笑"。 是说能够淡然面对人生冷暖，能够坦然面对际遇沉浮，这更多的是人生自我修养方面的追求。

"冬寒何惧朔风狂"。 面对冬日的严寒，我们无所畏惧，我们勇往直前，用一个反问加感叹的句子，表达了一种强烈的进取精神和豪迈气概。

至此，班歌的歌词部分得以定稿。

而班歌的标题"少年当自强"是在歌词写就之后才拟定的。 这句话简练而富有号召力，一个"当"字，用得情理相融："当"是"该当"，突出了理所应当的理性，这是合理；"当"还是"必当"，更表达了一种意愿和决心，这是含情。

六班的同学们正在
练习唱班歌

就这样，《少年当自强》活力四射地走进了一群与它同样活力四射的少年中间。 它是成长的宣言，澎湃着这群少年浓绿的豪情；它是上进的号角，鼓动着这群少年鲜红的热望。 从此，这班歌的词句将同六班人的雄心一起，有力地搏动出一个又一个英姿勃发的壮美！

▌千虑一得

学会"走群众路线"，这是做好班级管理工作的一个好方法。 所谓的走群众路线，就是让我们的工作着眼学生，依靠学生，促进学生进步。

着眼学生。 就是要具有一切有利于学生健康成长的教育意识。 无论是什么，只要与学生有关系，它就是教育。 那么，只要是教育，我们就应该有教育的意识。 什么是教育意识？ 主动地、努力地挖掘任何的教育因素，对学生施加有益的教育影响，这就是教育意识。 比如，日常开展的各种活动，只要用心，总能使其发挥很好的教育功能。

依靠学生。 就是在行动上要充分尊重学生的主体地位。 所有教育活动，只有让学生发挥了自己的主体作用，把我们的教育思考内化为学生的教育行为，这个教育才是对学生产生了影响力的教育。 所以，如何让学生想起来、动起来，这是我们必须动脑筋的地方。 不要包办代替，不要越俎代庖，这非常必要。

促进学生。 就是要以更理性的思考、更高端的标准去引导学生不断进步。 教师与学生之间的教育关系，应避免出现两种现象：一种是"一切围着教师转"的师道尊严；一种是"一切都由着学生来"的放任自流。 这两种现象都走了极端，比如后者：尊重学生的主体地位，并不等于一切按学生的性子来，不然，教师还有存在的意义吗？ 引导学生按照正确的人生之路前行，这是教师的天职，谁也不能放弃，谁也不必放弃。 引导，引导，必须进行必要的引导。 只有引导，才能促进学生的进步。

▌披沙拣金

引导学生想班歌、写班歌，这是在用另一种形式教学生"学会立志"。 学会了立志，人生就有了方向。 学生所要立的志向，主要有以下两种。

志于生。 就是要树立靠自己的能力安身立命的"小"志。 一个人，如果连自己的基本生活都难以维持，那么，要想为他人、为国家做贡献，恐怕就不那么容易了。 所以，先解决自己的生存问题，不让别人为自己劳力劳神。 先生存、后发展。

志于世。 就是要树立服务社会、精忠报国的大志。 生活的方式各有不同，我们不必苛求每一个人都要活得经天纬地，活得顶天立地，但是，我们的社会也的确需要有那么一种人，他们不是只为自己活着，他们还为别人发散着光和热。 这样，才会更有利于个人的进步和社会的发展。 问一问身边的学生，他的志向是什么？ 如果每个小学生的回答都是考上好中学，每个中学生的回答都是考上好大学，每个大学生的回答都是找个好工作，那么，这样的结果将是多么的悲哀！

　　需要说明的是，这种大志的"大"，不一定是经天纬地的目标之大，而关键在于境界之大，比如，力所能及地帮助他人，这也是大志的表现。

▌他山之石

关键词：班级文化

20. 高扬前进的旗帜——班徽

　　无论世界怎样令人眼花缭乱，唯有你能吸引我们求索的目光。　因为，你牵动着我们追求的翅膀；因为，你指引着我们奔跑的方向。

——题记

▍春风化雨

　　《硫黄岛升起星条旗》是二战中最著名的照片之一，它讲述了二战期间一段惨烈的交战史：美军和日军在硫黄岛展开了激烈的战斗，经过血战，美军终于取胜。　当时，几名美军士兵在岛上竖起了一面美国国旗，一位记者拍摄下了这插旗的情景。　从此，这张照片广为流传，成为胜利的象征。　有评价说："那一刻，照相机记录了一个国家的灵魂！"

　　在这里，国旗成了一个国家灵魂的标志。

　　国家灵魂的标志是国旗或国徽，班级灵魂的标志就是班旗或班徽。　把班徽的工作做好，对一个班级的发展能起到不可替代的促进作用。

　　在六班的班徽征集活动中，不少同学都创作出高质量的作品。比如，郝韵慈和董俊辰同学的作品，不但符合基本要求，而且很富有创造力。

　　郝韵慈在她的设计说明中写道："向上的手代表我们和老师用双手创造未来和数字'7'，卷起来的缎子是数字'6'，上方的同心圆代表团结、和谐、温暖、友爱和文明，不规则代表经历的一些坎坷我们都能笑着应对。"

董俊辰在应征稿件的说明中写道："这个'圆'代表我们班团结一致，读书是快乐，太阳代表我们班阳光、向上，我们用书作船，遨游在知识的海洋里。"

……

在反复研究学生作品的基础上，我最后完成了班徽图案的设计。

班徽由内、外两部分组成。内部是主体部分，由蔚蓝色的天空、三本叠放的书册、变形的汉字"六"和变形的汉字"日"等元素构成。

班徽正中的核心形象是一个变形的汉字"六"。它不仅代表了六班的班号，更以形象化的符号体现了六班人的精神风貌。这个草书的"六"字，形似一个奔跑跃动的人，在蓝色天空的背景下，他脚踏大地，向着太阳的方向奋力奔跑跳跃，这个现代版的"夸父逐日"正是六班人充满活力、追求理想的形象写照，突出了班训"向心""向上"的思想内涵。这个形象也寄寓了所有老师和长辈对六班学子的殷切希望！

"六"字上面的"、"突出了人的长发向后飘掠的状态。长发未加束缚，那是一种自然的状态和原始的野性，希望这种原生态的纯真会使他们在今后的人生中更有生命力、更具有创造力。

"六"字中间的"一"写成双臂伸张舒展的状态。前面的手臂高高扬起，努力向前上方的太阳伸去，那是对光明的渴望和追求。

"六"字下部分的笔画写成了身体和双腿的形象。"丿"构成身体和腿足，这只脚与下面的书册紧密相连，稳稳地踏在上面，寓稳重踏实之意；"六"字下方的"、"则写成屈腿腾跃的姿势，寓意灵动、灵活，绝不故步自封，绝不亦步亦趋。

"六"字的下面是由叠加书册所构成的大地的形象。它主要体现班训中"养德"和"求知"的内涵。三本书分别由红、蓝、绿三原色构成，寓意人生的大书都是由生活写就的。绿色是充满希望的大地，放在最底层，那是基础，是根基；红色是高尚的美德，那是做人的追求；蓝色是美丽的梦想，它使我们的生活富有激情和活力。三本书错次叠放，形成逐级上升的阶梯形状，隐含了知识是进步阶梯的含义。

六班的班徽和用来印制
班徽图案的图章

班徽的右上角是一个"日"字的象形字"⊙"。 这个红色的形象就是一轮高高升起的太阳，太阳就是理想，是人生的大理想、大追求。 这个太阳的中心留有小孔，这样，这个"日"字看起来又像是一块玉璧，玉璧可以理解为一块奖牌，是一种荣誉的标志。实际上就是希望学生们要把人生的大理想化作日常的小目标，并且不断去实现这些小目标，让自己的每一步都踏踏实实，有所收获。

班徽的外围部分是两个同心的圆环，象征着我们的紧密团结。 两个圆环之间的上半部分嵌有汉字的班训；下半部分则是班级成立的日期。 班训和班级成立纪念日分别由汉字和阿拉伯数字这两种文字符号构成，显示了我们继承、开放、谦逊、包容的胸怀。

整体来看，这个班徽的设计高度体现了求索务实的主题和天人合一的理念。

这个班徽，得到了同学们的高度认可。 因为，这班徽就是他们创作的。

如果有那么一天，行走于漫漫大漠当中，当我们感到疲惫、感到困苦的时候，刹那间，前方突然出现了我们的班徽。 这时候，作为六班人的我们，该会是怎样的反应？

——我们会为之精神一振吗？

——我们会欣喜若狂地大声呐喊吗？

——我们会忘掉疲惫朝着它奋力奔跑吗？

▌千虑一得

日常的教育中，班徽能起到很多作用。

引领作用。 班徽是班级精神的形象化标志，它代表着这个集体的理想和追求。 看到班徽，班级的成员就应该想到他们共同的奋斗目标，就应该明确自己要努力奋斗的方向。从这个意义上来讲，班徽使用的过程，就是宣传班级精神的过程，就是思考和领悟班级精神的过程，就是对学生进行爱班教育的过程，就是对学生进行集体观念教育的过程。 此时，班徽就是引领班级前进方向的旗帜，在这个旗帜下，大家勇往直前，不断进步。

代表作用。 班徽的独特性决定了它所具有的唯一标志性的作用——代表班级的形象。 班徽就是班级的代名词，它在每个班级成员的心中就应该是神圣的、庄严的。 这种神圣和庄严，要通过教育让学生来感受到它的存在，要把它摆在学生心中最显著的位置。这种摆在心中的效果有时要靠摆在眼中的形式来实现，比如，重大活动时，把班徽放在最醒目的位置，以突出其重要地位；把班徽印在班级的各种专用纸张或材料上，这样做还具有宣传班徽的作用，同时，也使得班级文化的特色更鲜明、更突出，等等。

激励作用。 既然班徽是班级精神的象征，那么，借用班徽的形象来促进、调动学生，往往就能起到很好的激励作用。 比如，把班徽作为班级最高荣誉的表彰符号来使用。 为了更方便灵活地发挥这种最高荣誉的激励作用，我们把班徽制成印章，在各种表奖或展览中，把班徽图案印在相关的奖品或展品上，这样做既加深了学生对班徽的印象，也增加了奖品或展品的"含金量"，让受到表彰的学生有更强烈的荣誉感和自豪感。

披沙拣金

组织学生自主设计班徽，这是在教学生"学会创造"。 学会了创造，就会更有活力，更有生命力，更有竞争力。 怎样教学生学会创造呢？

给引导。 就是通过一定的命题的引导，给学生以在这种命题之下的独立创造的机会。 这种对创造的引导，可不一定是那种具有技术或思想含量的发明创造，而是我们日常学习生活中任何有益的事情。 比如，想出某种解题的方法、找出摆放桌椅的最佳方案，等等。 我们只需给学生一个命题就行，只要有安排、有组织，甚至哪怕老师仅仅给了一个意向，然后就交给学生去做。 有了活动的机会才会有创造的机会，这一点不难理解。

给自信。 凡是给学生提供的创造机会，一定要考虑到它的难易程度。 只有适合学生的认知水平和实践能力，他们才可能有创造的成果，他们也才可能从这个成果中体验到成功的成就感，他们也才可能因为这样的创造性活动而更有自信，他们也才能更愿意去参与到这种创造性的活动中来。 如果给学生的创造要求过于艰难，就很可能会使他们的自信心受到打击，那么，他们创造的积极性恐怕就不会高了。

他山之石

关键词：班级文化

21. "借"出来的班干部

有人说：千军易得，一将难求。 其实，从学生的角度来讲，每个人都可以是将才，就看你怎样识才、怎样育才、怎样用才。

——题记

▌春风化雨

2010 年 11 月 15 日，七年六班的班委会正式成立了。

为了这一天，我们准备了将近三个月。

三个月？ 这对于一个急需步入正轨的新集体来讲，是不是太久了点儿？ 是的，这时间的确比较长。

那么，在这上面大费周章，我是怎样考虑的呢？

先让我们来听一个"迪士尼乐园小路"的故事吧。

著名建筑师格罗佩斯所设计的迪士尼乐园路径获得了"世界最佳设计"奖，可是，格罗佩斯却说那不是他的设计，这究竟是怎么回事呢？

原来，迪士尼乐园主体工程完工后，格罗佩斯让工人在游乐园的所有空地上都撒上了草种。 小草长出来后，他让游乐园提前对外开放，并且告诉游人，在游乐园里想怎么走就怎么走，没有任何限制。不久，草地上就被踩出了一条条小道。 于是，格罗佩斯就根据这些小道设计了游乐园的路径。

这个故事给我最大的体会是：最自由的选择有可能是最适宜的。

六班班委会的产生，正是借鉴了这种"自由选择法"的思路。

将近三个月的班干部选择的过程，大致经过了"宣传摸底、重点考查、报名竞选"三个阶段。 其中，绝大部分时间用在了第二个阶段，而这"重点考查"的过程，就是让学生在草地上自由走路的过程。

早在军训期间，我让学生上交的调查问卷中就有这么一条："如果请你来当班干部，你能担任什么职务？ 理由是什么？"这相当于对学生进行了一次当班干部的宣传动员和意向调查，它为我对未来班干部的考查大致划定了一个范围，也为我对潜在班干部的观察了解做了一定的铺垫。

接下来，无论是军训期间，还是正常上学之后，我在安排工作的时候，往往不会限定工作的责任人，这样做的目的就是看谁能主动做事，看谁有能力做事，看谁能做小事，看谁能做大事，看谁不但能自己做事，还能调动别人一起做事……那些在调查问卷中表示能担任某种职务的同学，理所当然地成了我观察的重点对象。

广泛了解和重点考查之后，经过充分的准备，班干部选择的工作进入了第三阶段：报名竞选。

先自愿报名，接着组织竞选演说，然后全班同学集中投票选举，再征求老师们的意见，最后汇总各方面意见，这样，六班的首届班委会终于产生了。

第一届班委会成员表达努力工作的心愿

他们是：学习委员唐艺洧、生活委员郝韵慈、文娱委员高蕴晗、宣传委员卢鑫昕、学习委员李俊池、卫生委员吴梓铭、副班长陈沫澄、班长张欣然、体育委员许傲东。

选举结束了，但对班干部的培养才刚刚开始。

怎样培养呢？ 要想解决这个问题，需要先对班干部的基本素质有理性的认识。

首先，班干部的能力不是与生俱来的。

那种各方面都非常优秀、全才全能的"当干部的料"并不多。 或者说，绝大多数的学生，都是把种种当干部的才能隐藏起来的"平常"的人。 老师的任务，不是拿来"非常"的、现成的干部去用，而是用我们的努力，把"平常"的学生开发成"非常"的人才——这也许才是教师存在的价值。

其次，班干部的能力是培养锻炼出来的。

要想做好培养班干部这项工作，应该先想清楚班干部都能起到什么样的作用。

一般来讲，班干部在班集体里基本上应该发挥三个层面的作用：示范作用，带动作用，管理作用。 这三个层面的作用，能同时发挥当然最理想，但这一时很难实现。 更多的时候，这几方面的作用是分阶段来发挥的：班级的初始阶段，应该比较注重干部的示范作用；班级的发展阶段，以示范作用和带动作用并重为宜；而班级的成熟阶段，则可在示范作用和带动作用并重的前提下，更多地发挥他们的管理作用。 至于什么时候是初始阶段，什么时候是成熟阶段，这就需要班主任根据本班的具体情况来灵活把握了。

此时，我们正处于班级组建的初始阶段。 班干部应更侧重发挥示范作用。 换句话说，我更看重他们自己是怎么做的，更看重其他学生在班干部身上能受到怎样良好的影响。

这样，思路理清了，接下来对班干部的培养和使用就有了明确的方向。 此后，经过不断培养，这些班干部努力上进，都一点点成长起来、一步步成熟起来。

回过头来看，我班这些干部其实都是"借"出来的。 选举前，是借"迪士尼乐园小路"看他们的群众基础和基本素养；上任后，借他们自身的努力看他们的工作态度和工作能力。 而这些班干部也十分珍惜这"借"来的机会，他们没有辜负大家的期望，积极进取，努力自强。 这些学生中的领头人以崭新的姿态，一步一个台阶地登上了自主成长的舞台。

千虑一得

在班干部的培养和使用中，我有几条原则，即"用长不用短，用能不用权，用为也用看，用明也用暗"。

用长不用短。 是指在实际工作中要尽可能地发挥班干部的长处，既要扬长，更须避短，这样才能更有利于班干部的成长和班级的发展。 实际工作中，避短有时是被忽视的。 比如，让一个本身纪律非常好的干部去管理纪律存在突出问题的同学，这样做合不合适呢？ 如果这个班干部具有这样的管理能力，那当然没什么可说的，但是，如果这名干部没有那么强的管理能力，那么，这样的用法，恐怕就不大合适了。

用能不用权。 用能，指的是要任人唯能，并且创造机会让这些班干部充分施展才能。 在班干部的选用当中，要广泛培养，人尽其才，才尽其能。 其中，要注意不可求全责备。 不用权，指的是避免有些班干部出现特权思想和特权行为，不能让他们严于律人，宽以待己。 这其实是对班干部和班级的共同保护。

用为也用看。 用为，就是指班干部要主动工作、要有所作为。 既然叫作班干部，就有责任带动其他的同学一起进步，仅仅自己表现优秀是不够的。 而从另外一个角度来看，如果没有起到应有的带动作用，班干部本身也就不会得到应有的锻炼。 用看，这是从当干部的榜样作用来说的。 打铁先要自身硬，干部本身的表率作用是第一位的，这一点不必多说。

用明也用暗。 用明，指的是要在班级宣传班干部所发挥的积极作用，让大家都了解班干部的工作成效。 培养班干部，最重要的就是要帮助他们树立足够的威信。 这种威信，来自两种最强大的力量：一是班干部的个人魅力；二是班干部的工作成效。 而这工作成效，需要老师及时向全班同学通报，这样，班干部的威信才能逐渐树立起来。 用暗，是指要暗中帮助班干部工作。 这种帮助，一是要指导协助，教给他们工作原则和方法，要为他们的工作创造有利条件；二是要推功揽过，就是老师要把班干部的工作失误揽到自己身上，让班干部不怕犯错误；之后，再帮他们总结得失，改进工作。

▌披沙拣金

用心培养班干部，利用班干部来管理班级，这是在教学生"学会自治"。 学会自治，主要从以下两个角度来思考：

会管理。 参与班级的管理任务，首先要有管理的主动意识。 要主动地想去管理，要按照自己承担的责任自觉地去管理。 其次，要有管理的能力。 其中，比较重要的是要会管理的方法。 这一点，老师应该给予必要的指导和扶助，使得每一个担负管理任务的学生都能够掌握一些基本的管理方法。 需要注意的是，学生的自治绝不能用那种所谓"以暴制暴"的办法。 如果让纪律最差的学生去"镇住"纪律第二差的同学，这从根本上就是个错误：上梁不正，班风自然不正；班风不正，班级还能好得了吗？

会配合。 在班集体中，每个学生都应该既是管理者，也是被管理者。 那么，这就需要每个人既有管理他人的能力，又具备配合他人管理的良好素质。 怎样做才叫会配合呢？ 第一，要有热情的态度。 积极配合的首要条件就是良好的态度，被管理时热情友好，不挑刺，不对抗，这是管理有成效的基础。 第二，要有服从的行动。 会配合，就是按照管理者的安排实施具体行动，这样，管理的工作才能得到落实。 第三，要有补救的意识。 就是对管理不是机械地照搬照做，而是理性地配合，发现问题能够善意地提醒，发现疏漏能够主动地补救。

▌他山之石

关键词：自治

22. "尊重"的重量

尊重的重量，有时需要用人格的跷跷板去衡量。 能把他人抬高，恰恰说明自身人格的厚重。

——题记

▍春风化雨

入学已经三个月了，班级的各项工作都在稳步推进。 可是，学生最近在有的课堂上过于活跃，任课教师有时要为维持秩序而烦恼。

为了改变这种局面，我采取了一些必要的改进措施。 经过一番努力之后，学生的状态有所好转。

正当我密切观察、思考着如何把这项工作深入下去的时候，一堂课上发生的一件事给我创造了深入教育的机会。

那节课快下课的时候，我从教室后门进去，发现学生说话的比较多。 当时，我还以为是教师允许的学习研讨，可是，学生发现我后，立刻就安静下来。 莫非，他们是在说"闲"话？

经过了解，我推测得没有错。

我决定抓住这次契机，把教育深入下去、扩展下去，让学生不仅仅在这一科的课上有所改进，在其他课上也要改进；不仅仅在学习上要有改进，在做人、做事上也要有收获。

放学之前，我安排学生以"××课引起的思考"为题写一篇随笔。 这样做的目的是让学生学会反思，学会在思考中进步。

下午，我们开了一次班会，班会的主题是："尊重"。

班会由四个步骤构成。

第一步：交流"尊重"。

就是请学生交流以"××课引起的思考"为题的随笔，共安排了六名同学进行交流。安排的原则是：一要考虑思想的导向性。这是一个大前提，要让学生教育学生，这样的效果会更好。二要考虑代表的全面性。所选文章，既有干部的，也有普通同学的；既有男生的，也有女生的；既有纪律性较强的，也有纪律性不强的。三要考虑教育的针对性。可以说，这次的教育更主要的是针对那些纪律观念淡薄、自我控制能力差的学生的，那么，在考虑文章交流的时候，尤其注意在他们当中发掘代表。

第二步：理解"尊重"。

这个环节要求全班同学以小组为单位到讲台上发表看法，每个人都要发言。

这样要求的基本想法是：到讲台上发言，显得更加庄重，同时也锻炼他们当众表达的能力；以小组为单位，强化每个小组的集体观念，这对于刚刚成立的小组来讲，是一个增强凝聚力的好机会；每个同学都发言，既是了解他们思想动态的机会，也包含着让每个人都当众承诺的意味。

第三步：引导"尊重"。

在这一过程中，我主要谈了三个要点：第一，尊重是相互的，尊重别人就是尊重自己。第二，尊重不是空洞的，尊重是由具体的动作行为构成的，口头的尊重不是真正的尊重。第三，尊重老师的表现有很多，而尊重老师的劳动、尊重老师的教育就是对老师最大的尊重。

第四步：落实"尊重"。

为了使教育能够深入下去、拓展开来，我安排了一次特殊的作业。这就是让学生在自己的《日进录》中给老师写一封信，让他们与老师交流思想，谈一谈如何尊重老师。这封信，要求每个人都要写，但是交流的对象可以不确定，既可以是某一位科任教师，也可以是全体科任教师。之所以这样安排，就是不想把教育的效果局限于某一位老师的课上，避免学生们在这个学科的课上做到了尊重，在另外学科的课上又忘记了自己的努力方向。

这次班会用时不长，但是，大家对尊重有了感性的认识，有了具体的打算，为学会尊重打下了必要的基础。

对于学生来讲，对于他们的今天和明天来讲，尊重究竟有多重要呢？从某种意义上来讲，学会了尊重，就相当于拿到了一本畅游世界的护照。这本护照，可以帮他们跨进每一道心的门槛，让他们在与他人的交往中一路畅通，彼此相悦。

▌千虑一得

教学生学会尊重，办法有很多。 其中，最大的诀窍就是让学生从老师的身上感受到尊重的力量。

从教师的角度来讲，我们自己努力做到"五会"，会有助于教学生学会尊重。

会微笑。 要想教会学生学会尊重，我们当老师的首先要会尊重学生，而尊重学生最简单的办法就是对他们微笑。 微笑是世界上最美丽的表情，也是最有力量的表情。 然而，遗憾的是，这种美丽的力量常常会被人忘记。 而当我们远离微笑的时候，也使学生们对我们敬而远之，甚至是畏而远之了。

会答礼。 哪一位老师不会答礼呢？ 作为老师，我们都知道该怎样答礼，但是，我们是不是很好地做到了这一点呢？ 当学生向我们问好的时候，我们回问了吗？ 回问的时候，我们是否也对学生点头示意了一下呢？ 甚至我们是不是干脆就急急忙忙地一走而过了呢……如果我们明明可以回礼而忽视了这一点，那么，就很有可能在学生的心里留下一个老师高高在上的印象。 而这个印象，很有可能就会成为我们工作的一个绊脚石。

会倾听。 做个倾听者，这是我们尊重学生的一个非常具体的表现。 这样做的好处实在是有很多的：比如，我们可以了解更多的信息，这对我们解决学生的问题会提供很大的帮助；比如，让学生倾吐他们的心声，这会在很大程度上缓解学生的心理焦虑，从而有利于问题的解决；比如，当我们认真倾听学生说话的时候，这本身就会很好地拉近师生之间的心理距离，从而增强学生对老师的信赖感、亲近感。

会平等。 能够平等地对待学生，这会使学生产生莫大的尊重感。 这种平等，更多的是指人格上的平等，而这种人格上的平等是要通过我们的行为表现出来的。 比如，与学生谈话的时候，给学生一个和蔼可亲的态度，给学生一个入情入理的解释，给学生一个跟我们一样坐下来的机会……

会严肃。 在需要的时候，对学生能表现出必要的严肃，这也是对学生的一种尊重。教育一定是灵活的，总是笑脸相待未必就合适。 对于成长中的青少年来讲，他们需要的是方方面面的引导和教育，他们见到的表情也应该是多种多样的，否则，他们将来怎样在社会上生存呢？ 特别是学生的成长需要我们教会他们懂得敬畏，而感受严肃就是让学生具有敬畏之心的一种手段。

当然，我们所说的严肃是有针对性的，是分特定场合、特殊情境的，而日常的学习生活中，我们老师大可不必总是以一副严肃的面孔去对待学生，否则，连我们自己都累得慌。

披沙拣金

怎样使学生具有较好的"尊重素养"呢？ 日常行为上，先要教他们"学会礼貌"。具体来讲，可以先从以下几点做起：

懂问候。 见到老师要主动问好，相信每一个老师都对学生有过这样的教育。 不过，在这问好当中，其实也是有一些说道的，比如说问好的姿态、音量、表情，可能都会因为场合的不同而有所差异。 主动，亲切，得体，这应该是我们提醒学生在问好的时候要特别注意的。

懂答谢。 "谢谢"，这是一个可以脱口而出的词语，但是，很多人做不到。 其实，只要我们稍加重视，学生们就会做得很好。 懂答谢还有另外一层的含义，就是在得到别人帮助之后，如果不能立刻说声"谢谢"，那么，自己要主动找时间向帮助自己的人补充表示感谢。 这种情况，往往适用于比较大的事情。

懂礼让。 感兴趣的朋友们可以观察一下这样的情景：大街上，相对而行的两个人，当他们即将碰到一起的时候，主动让在一边的往往是年龄相对较大的那个人。 缺乏礼让的教育，也许是造成这种现象很重要的一个原因。 对学生进行礼让教育，应该从日常生活的细节入手，比如，在遇到与老师一起走到门口的时候，学生要先停下来请老师先走……

懂礼节。 日常生活中，学生们需要掌握的礼节有很多。 比如，如何行礼，如何还礼，如何致谢，如何答谢，如何导引，如何邀请，如何呼唤，如何应答，等等。 这些日常生活的礼节，虽然非常细小，却能够反映出一个人的文明素养。

他山之石

关键词：教师自修

23. 发人深思的"选择"题

　　行走的十字路口，选择可以决定进与退；道德的十字路口，选择可以决定善与恶；道理的十字路口，选择可以决定是与非；命运的十字路口，选择可以决定存与亡。 学会选择，就是学会进与退、善与恶、是与非，甚至存与亡。

——题记

▌春风化雨

　　2010 年 11 月 29 日，我对学生进行了一次以"学会选择"为主题的教育谈话。 目的是引导学生理解选择的重要性，特别是懂得选择不当的后果。

　　谈话的过程大体分成了四个步骤。

　　第一步：看图思考。

　　这部分共播放了七个课件。

　　课件一：由两幅图片和相关问题组成。

　　图片：都是正在生长着的树干，一棵树干笔直，一棵树干有数处弯曲。

　　问题：如果在图中的树木中选出一棵做房子的栋梁，你会选择哪一棵？

　　（学生全部选择树干笔直者。 关于这样选择的理由，学生们的回答合情合理。）

　　课件二：由三幅图片和相关问题组成。

　　图片：前两幅是两棵同长在铁栅栏之内的大树的树干部分。 一幅图片显示的是树干从栅栏上方斜伸出来、铁栅栏的尖顶深深扎入树干之中的情景；另一幅图片是铁栅栏插入树干部分的特写。 第三幅图片中的树干也是长在铁栅栏之内，其主干紧贴着铁栅栏笔直地生长，但接近铁栅栏顶部之处的树枝已被截掉。

问题：图中两棵树都遇到了铁栅栏的遮挡，它们选择了不同的生长方式。 如果你是这两棵树中的一员，你会做出怎样的选择？

课件三：由三幅图片和相关问题构成。

图片：主角都是同一棵树龄并不算大的树。 第一幅是这棵树正在倾斜的状态，根部的泥土略有凸起；第二幅是这棵树已经倒下，根部完全脱离土地；第三幅是这棵树根部的特写——根部很短，且已腐烂。

问题：这棵树为什么会倒掉？

课件四：由三幅图片和相关问题构成。

图片：都是同一棵大树的照片。 第一幅是树的全貌，主干笔直、粗壮，枝繁叶茂；第二幅是大树主干靠近地面部分和长长伸出的树根的近景；第三幅是粗大树根的局部特写。

问题：这棵树为什么不会倒？

课件五：由三幅图片和相关文字提示构成。

图片：三幅图片都是前面课件中出现过的。 第一幅是笔直地生长、被大家选中可做栋梁的树；第二幅是长在铁栅栏之内、树枝被截掉但树干笔直生长的树；第三幅是树根粗壮、主干笔直、枝繁叶茂的大树。

文字：一种结果。

课件六：由四幅图片和相关文字提示构成。

班会上用来说明选择后果的照片素材

图片：四幅图片都是前面课件中出现过的。 第一幅是树干数处弯曲的树，第二幅是主干伸出被铁栅栏扎入欲断的树，第三幅是一截被截断的树干，第四幅是与烂泥腐草为伍的一段黑色朽木。

文字：另一种结果……

课件七：由三幅图片组成。

图片：再现"课件一"中的笔直树干和有弯曲的两棵树的照片，旁边一幅图片是弯曲树干的局部特写，树皮上长有好似充满疑惑和悔恨的"眼睛"。

第二步：明确认识。

由学生思考后回答。 在他们回答的基础上，我概括出如下的要点：

1. 不同的选择就会有不同的结果。

2. 学会选择可以使我们少受伤害，少走弯路。

3. 做人跟做树一样，要扎扎实实，根基稳固，才能安身立命，枝繁叶茂。

4. 铁栅栏就像生活中的规则，规则既是一种强有力的限制，也是一种强有力的保护。遵守规则，能让我们更安全，更有利于自己的长远健康和发展。

5. 每个人的身上都可能会存在与规则相冲突的地方，只有截掉这种不利于自己成长的"斜枝"，主干才能笔直、健康地成长。

总结归纳后，屏幕上播放出教育谈话的主题——"学会选择"。

第三步：鼓励引导。

先用课件播放小标题："他们的选择。"

然后，播放一组学生们日常学习和活动的照片。 这些照片有学习的，也有活动的；有尽职尽责的，有主动为大家服务的……

（这组照片意在表扬学生们曾经做出了正确的选择。）

接着，我调查了学生们当天在课上的表现。

（这样做是从选择尊重老师的角度来考虑的。）

随后，我安排学生反馈当天"课前准备"的情况。

（这样做是从选择尽本分、尽责任的角度来考虑的。）

之后，又安排几位同学朗读了日前在《日进录》中写给科任老师的信。

（这样做是从选择努力自律、认真落实的角度来考虑的。）

进行完上述内容之后，我引导大家思考，并得出这样的结论：

有什么样的选择，就会有什么样的结果。 做出了正面的选择，就会得到正面的收获和快乐。

最后，我送给学生这么几句话：

选择守则，就是选择成功；

选择放纵，就是选择失败。

选择尽责，就是选择尊重；

选择奉献，就是选择快乐。

第四步：落实提高。

布置全班学生以"学会选择"为主题写随笔。

至此，本次教育谈话结束。

教学生学会选择，对他们的健康成长有着重大的意义。 人生处处都存在选择，选择正确，会受益匪浅；而选择错误，轻则会造成麻烦，重则会误事误人，甚至会"一失足成千古恨"。

选择是人生的眼睛，这眼里放射的永远应该是理性的光芒。 这光芒，会帮我们分清黑白，看准方向。

▋千虑一得

这次关于选择的教育，具有如下几个特点。

注重感知。 教育是师生思想和情感交流互动的过程，而不是教师单方面的工作行为。 任何只由老师进行灌输的教育都只能是一厢情愿的独角戏，不会有深入的实效。 在进行学会选择的教育中，让学生从一张张形象的照片入手，让学生通过直观的感知来理解、来思考，这是本次教育谈话能取得成功的基础。

注重时用。 时用就是即时而实用。 人生处处存在选择，对于学生来讲也是如此。我们是不可能把所有选择都教给学生的，我们只能把那些与我们当前的教育教学密切相关的内容，有选择地教给学生，这样的选择教育，才更有其实用的价值。 更重要的是通过这些实例，教给学生一些选择的原则和方法。 这样的教育，就是有更大价值的教育了。

注重巩固。 选择的教育应该是有计划的、循序渐进的、不断巩固和强化的。 中学生的思想和行为活跃性强、稳定性弱，要想教会他们学会选择，需要不断强化他们的选择意识，不断强化他们学会选择的行为，帮助他们养成良好的选择习惯。 比如，通过照片展示及成果汇报等形式，把近阶段教育的主要内容纳入选择的范畴，就是注重了教育的巩固和强化。

▋披沙拣金

让学生通过树枝被铁栅栏"刺伤"来理解不当选择的后果，这是教学生"学会敬畏"。 做到以下几点，会有助于学会敬畏。

不放纵。 这是从敬畏生命、爱惜自身的角度来讲的。 学会爱惜自己的身体，比如，不因不当运动而使身体受到意外伤害；学会爱惜自己的生活，比如，不因玩物丧志而使自己挥霍青春；学会爱惜自己亲近的人，比如，不因一切以自我为中心而冷落甚至伤害自己的亲人……要学会不放纵自我，学会爱惜自己的一切，这样才能既保护自己，也不伤害他人。

不损害。 这是从敬畏他人、友好相处的角度来讲的。成长中的青少年，做事往往因考虑不周或自控能力差而对他人造成某种损害。而这种损害，最终损害的一定是自己。所以，学会敬畏，就是要与周围的人、与周围的环境和谐相处，不恣意妄为，不随心所欲。从这个意义上来讲，敬畏他人，就是保护自己。

不违规。 这是从敬畏规则、尊重规律的角度来讲的。生活当中，我们时时刻刻都被两种力量约束着，一种是自然的规律，一种是人为的规则。敬畏了这些自然的规律，就不会受到自然的惩罚；敬畏了人为的规则，就不会受到规则的伤害。所以，教学生充满活力、勇于探索的同时，千万别忘了教他们学会敬畏规则。

他山之石

关键词：明理

24. 掌声响起来

　　掌声，可以传递文明，也可以表现粗鲁；可以让人信心百倍，也可以让人备受打击。双手相合时，它不再是一个简单的动作，而是一种心情，一种态度，一种教养。

——题记

▌ 春风化雨

　　这里，我们一起来探讨一下掌声的背后是什么。

　　有一首歌这样唱道："掌声响起来，我心更明白，你的爱将与我同在……"

　　请看这歌词里的几个关键词：我，你，爱。

　　这几个词，共同提示了我们鼓掌的几个要素：鼓掌者（你），受掌者（我），掌声的内涵（爱）。

　　于是，我们是不是可以得出这样的一个认识：鼓掌其实就是鼓掌者对受掌者的某种情绪或态度的反应。这种反应，至少能从中看出两方面的内容：一可看出鼓掌者对受掌者的态度情感；二可看出鼓掌者本身的文明素养。

　　那么，我们的学生，他们会鼓掌吗？

　　比如，班会上，台上的同学发言之后，有几位鼓掌的同学表现如下：

　　甲：掌声热烈，手掌都拍红了。

　　乙：只是做做姿势，基本没有声音，甚至连双手都没有碰在一起。

丙：把两手夸张地拉开很大的距离，节奏缓慢地拍了几下。

丁：在别人已经停止鼓掌后又稀稀落落地拍了几下。

请问，在这几位同学鼓掌的方式中，您能看出什么问题？

相信大家都能想出自己的答案。 也许……也许……呵呵，这道题可没有什么标准答案，愿意的话，您就自己猜去吧！

笔者要说的是，鼓掌并不是拍几下巴掌那样的简单，掌声里其实是藏着很多的奥秘，甚至是隐含着一些禁忌的。

假设，班级举行一个严肃话题的班会。 老师正在介绍一个不幸事件的过程，说到愤慨之处，这位老师一字一顿地说："这就是某某事件！"此时，他是在用强烈的语气表达无比愤激的情绪。 而此时，如果台下出人意料地响起了热烈的掌声，那么，学生们就是在不该鼓掌的时候鼓掌了。

是什么原因导致不该鼓掌而鼓掌了呢？ 原来，带头鼓掌的学生有一种误解，以为只要讲话的人音量大、语气重、有停顿的时候，就应该热烈鼓掌。 显然，这种理解是错的，至少是片面的。

看来，教学生学会鼓掌，还真值得我们思考思考呢。

那么，鼓掌应注意哪些问题呢？

有些场合，有些事情，是不适宜鼓掌的。 我以为，正常情况下，有四种掌不可鼓，这四种掌分别是：恶掌，倒掌，断掌，抢掌。

所谓"恶掌"不鼓，就是指面临不好的、不幸的事件的时候，不宜鼓掌。 上面所举的例子就是属于这种情况，道理很简单，在这里不多加解释。

所谓"倒掌"，就是用掌声来对受掌者喝倒彩。 喝倒彩已经不应该，此时再加上鼓掌，那就是落井下石了，这是一种不文明的表现。 而现实生活中，也的确有这样的情况发生，有些青少年，不能够明辨是非，有的时候也可能会犯这样的错误。 所以，我们有必要提醒他们，这样的鼓掌损人不利己，实在是不应该有的。

所谓"断掌"，是指在鼓掌的时候不能保持与他人的协调统一，掌声稀稀落落、断断续续，甚至别人已经鼓完掌之后，他还稀稀落落地拍了几下。 这样的鼓掌，不是不懂礼貌，就是故意调皮捣乱。

所谓"抢掌"，是指打断受掌者的言行而抢先提前鼓掌的行为。 这种鼓掌的方式，有的时候是由于兴奋而希望提前结束，比如，开学典礼上，主持人宣布"开学典礼到此结束"的时候，还没有等到主持人把"到此结束"说出来，台下已经响起了急不可耐的掌声。

以上几种情况，多数时候都是不适宜鼓掌的。 当然，如果有什么特殊情况，或者是有什么特殊安排，那就是另外的事了。

实际上，鼓掌不仅能表现出鼓掌者本身的文明素养，还能看出他的道德修养。 请想想看，当一个人站在台上的时候，特别是那些最不容易得到掌声的人站在台上的时候，鼓掌者的掌声，很有可能会给受掌者一种莫大的鼓舞，一种向上的力量，一种奋斗不已的信心。　此时此刻，这个掌声是不是充满善良的温情？　而这时候的鼓掌者，是不是在做一件行善积德的大好事？

由于对鼓掌有了这样比较深入的思考，所以，我十分重视对学生进行鼓掌的训练。

早在入学之初，我就教学生们练习鼓掌。　经过一段时间的训练，在这个班级里，鼓掌已经成了一种向别人表达尊重和敬意的方式，也成了一种向别人展示自我文明素养的方式。　最让我自豪的是，无论是在课堂上还是在班会的时候，每当那些平时不大善于表达或是学习成绩不大理想的同学发言之后，全班同学都会自发地报以热烈的掌声。　而此时，生活在这个集体里的每一个成员，无不感到班级那令人暖到心底的温情。

不过，有一回，我班在鼓掌的时候却出现了一点儿"意外"情况。

当时，他们在参加一次比赛，每当对手输掉了，我班学生就立刻热烈地鼓掌。　总结的时候，我引导他们要学会尊重对手，不管结果如何，我们都应该向对方表达最起码的尊重，而尊重对手其实就是尊重自己。　从那以后，参加比赛的时候，无论结果如何，我班学生都会为对手鼓掌，因为他们知道，这掌声既是对对手的尊重，也是自己文明素养的展示。

学生们是好样的，他们做到了用行动来证明自己的文明素养。　请看学生们坐在地上的这幅照片，那是他们在参加完跳绳比赛后鼓掌的情景。　不难看出，学生们的表情看不出丝毫的喜悦，因为他们输掉了比赛，但是，他们同样能够把掌声送给那些站在领奖台上的对手。　这其实是一种考验，甚至可以说是一种煎熬：为那些战胜自己的对手鼓掌，他们的内心该有多么的失落！　然而，他们做到了，这是一种勇气，一种战胜自己的勇气；同时，这也是一种历练，一种让自己的人生经得起任何风吹雨打的历练！

输掉了比赛，却能
为获胜的对手鼓掌

我自豪，我的学生拥有这种勇气和历练。

此时，那首歌的旋律再次在我的耳畔回响："孤独站在这舞台，听到掌声响起来，我的心中有无限感慨……"

哦，这歌实在让人感觉有太深的凄凉！

但愿，我们每个人都明白掌声的含义；但愿，我们每个人都能让我们关怀的掌声响起来，让每个人的舞台都被掌声的爱所包围，用我们的掌声让每个人的舞台都不孤独……

▌千虑一得

我把鼓掌大致划分为如下几种类型。

从方式来看，鼓掌大概可分为"节拍类"和"散拍类"这么两种。

节拍类：就是根据需要有节奏地鼓掌。鼓掌的节拍可长可短，可疏可密，可急可缓，可轻可重，可简可繁……一切根据需要来定。为了更简洁实用，我规定的节奏是："啪—啪/啪啪啪"（一共拍五下，第一下较长，第二下短促；后三下连续、短促、有力）。

散拍类：是指那种没有节奏的鼓掌。

这两种类型很好理解，不用多说。

从用途上来看，鼓掌大概可分为鼓励类、应和类、礼节类、欢庆类、其他类等类型。不同类型的鼓掌，适用的场合和情境也不同。

鼓励类：采用节拍类方式，每当同学有表现好的地方，大家就会以这种方式来鼓掌，为同学送去鼓励。这主要是针对我班同学的。

为什么采用这种方式呢？这种节拍短促有力，节奏感强，便于调动学生的积极性，激发他们的热情。在班级里，无论是课堂发言，还是教育引导，一听到短促有力的节拍类鼓掌，学生们的情绪就会被调动起来。

应和类：采用节拍类方式，主要用在集会之类的场合，当台上有表演之类的活动时，台下的同学以与台上相同的节奏鼓掌应和，这样台上台下形成互动，会活跃会场的气氛。

礼节类：在一些场合，需要有礼节性的鼓掌，比如表示欢迎或欢送等，此时的掌声多以散拍类为宜。

抒情类：此类鼓掌往往是为了表达某种情感，比如送别同学，比如欢迎得胜回来的比赛选手，等等。此类鼓掌，多以散拍类为宜，必要的时候，还可以辅以欢呼声。

其他类：上述类别以外的情形，根据实际情况灵活安排。

▎披沙拣金

引导学生懂得鼓掌的含义，并能够做到恰当得体地鼓掌，这是在以另一种方式教学生"学会回应"。如何回应他人的交流，这是人们参与社会性活动必不可少的素养。对于初中生来讲，学会回应，主要有响应和拒绝这两种类型。

响应型。是指在回应他人时具有热烈响应的特点。这是一种积极的回应态度，这样回应他人的交流，会给人以温暖、鼓励和信心。能够这样回应他人，往往能够使双方的关系更融洽、更亲密。一般地，参加集会、面对帮助等情况比较适用于这样的回应方式，而且，这样的回应还可以配以相应的肢体动作和呐喊声、欢呼声等。

拒绝型。是指在回应他人时具有明显拒绝态度的特点。这种类型的回应，往往适用于表达不满的情绪或否定的意愿。对于正在成长中的初中生来讲，应该学会一些拒绝式的回应，这实际上是一种对选择的学习。不过，拒绝回应不一定要态度激烈，事实上，越是拒绝，越需要有比较适合的态度，这样会更有利于事情的处理和彼此关系的和谐。

▎他山之石

关键词：交流，处事

25. 知剑识君子

灿烂悠久的华夏文明是一部永远也读不完的书。 这部书，随便翻到哪一页，都会放射出夺目的光芒。 翻开它，让学生学会在祖先们智慧的光华里舞蹈。

——题记

▍春风化雨

接班之初，在对学生进行摸底调查的时候，我得知了这样一个情况：我班张欣然同学曾练过武术，她的剑术相当不错，还曾在相当高级别的比赛中得过金奖。

"宝剑文化，这是个不错的教育元素。 应该要好好用一下！"我想。

后来，在创作班歌歌词的时候，写到"山清水秀"时，我的脑海里立刻浮现出一幅优美而又生气勃勃的画面：青山绿水间，我的学生们闻鸡起舞，发奋学习，他们习文练武，充满了青春的活力。 竹林掩映下，一团团剑花在晨光中时隐时现……

于是，"剑光舞"自然而然地成了我们班歌中富有特色的传统文化符号。 "山清水秀剑光舞"，这"剑光"，便是宝剑文化在六班的第一次惊艳亮相。

这时候，我已经有了一个对学生进行宝剑文化渗透的初步想法。

不过，对于刚刚上初中的孩子们来讲，宝剑文化似乎还是一个深奥的话题。 他们只是知道，这是古代的一种兵器或现代的一种体育器械而已。 所以，应该让学生们了解宝剑的基本常识，在此基础上，再对宝剑的丰富文化内涵进行深入的理解。

那好，我们就从最简单的入手吧！

听一听有关宝剑的诗词名句，讲一讲有关宝剑的故事传说，谈一谈有关宝剑的象征意义……于是，"宝剑锋从磨砺出"，就是从这最耳熟能详的句子里，学生们对宝剑有了最基本的认识。 直到最后，他们终于懂得，在我们中华传统文化的精髓里，宝剑实际上是君子和君子品格的代名词。 它俊朗，它庄重，它圣洁，它内敛，它刚柔并济，它自强不息……于是，学生们知道，宝剑原来就是做人的榜样啊！

就这样，宝剑以它特有的外在美和内涵美，光彩照人地走进我们六班的文化长廊。

这时，我利用宝剑这个传统文化载体对学生进行相关教育的思路也基本明晰：从不同的角度挖掘宝剑的教育因素，根据初中阶段六个学期的成长需要，对学生开展系列专题教育。

七年级这个学期，从认识宝剑的外形开始，进一步理解宝剑所蕴含的人格特质。 于是，"知剑识君子"就成了这个学期的主题。

怎样来落实这个主题呢？

一方面，让学生了解有关宝剑和君子的相关文化，牢牢抓住"刚柔并济"这个特点，把日常学习生活中对学生的教育与君子、与宝剑联系起来，让他们知道，宝剑的品格、君子的修养不是空洞的口号，而是切切实实的行动。 这样，这种传统文化的教育就有了现实的意义，就有了强大的生命力。

另一方面，抓住有利时机，让宝剑以美好的形象走进学生的心里。 其中，把宝剑文化的元素融入期末的"小百灵杯"合唱比赛活动之中，就是一次有益的尝试。

我的思路是，在唱班歌的过程中，由张欣然同时上场舞剑。 这样做既可以与"山清水秀剑光舞"的歌词相映衬，更能通过舞剑来展示六班人那种昂扬向上的精神风貌。

不过，在节目排练和审查的过程中，有的老师觉得在大合唱的时候舞剑显得有点儿不伦不类，建议取消这项内容。 我知道，他们是为了帮助我班取得更好的成绩才提出这样的建议的。 因为，大家的目光都集中在歌唱比赛的本身上，让歌唱本身更突出，才会更有机会取得较好的效果和比赛的名次。 但是，他们并不知道，我这样做其实是"项庄舞剑，意在沛公"啊！ 我当然也要歌唱的效果，也要比赛的名次，然而，我的目光早从这个合唱比赛穿越到了几年后的毕业典礼。 我所考虑的是，怎样在这次活动中，以宝剑文化为突破口，给学生更多、更大、更远的教育和影响，而不是比赛结束了，一切就都画上了句号。

这次比赛，对于接受了宝剑文化熏染的六班学生来讲，实在只是下一个教育的开始啊！

所以，我坚持保留了舞剑的环节。 不过，还是部分接受了其他老师的建议，把舞剑的时间缩短了一些：这样做既尊重了这些热心帮忙的老师，也让舞剑的学生不至于太辛苦，还突出了班歌的演唱效果，何乐而不为呢？

班长张欣然在"舞剑"板报前欣然亮剑（摄于九年级）

赛场上，当自强不息的君子之风经唐艺洧的演绎而昂扬飞舞的时候，当一簇簇剑花经张欣然的挥舞而铿锵怒放的时候，我已经在想：

下一步，做点儿什么呢？

"十年磨一剑，霜刃未曾试"。 宝剑，这个中华民族传统文化中最具传奇魅力的形象，披着一身灿烂的霞光，庄严地走进了六班的历史。 从此，"拔剑四顾心茫然"的人生求索，"醉里挑灯看剑"的壮志雄心，"宝剑匣中藏"的蓄势待发……所有的刚与柔，所有的思与求，都将化作不朽的精魂，在六班精神的锋芒里熠熠生辉！

▌千虑一得

传承历史文化，弘扬民族精神。 作为华夏子孙，我们义不容辞；而作为教师，我们更要肩负起这个历史责任。 利用传统文化对学生进行教育，这也是做好德育工作最好的渠道之一。

教育实践中，我所借鉴的传统文化主要可分为如下几种类别。

器物类。 就是从某种传统器物中挖掘教育因素，从而达到对学生进行教育的目的。比如，借用宝剑这种器物，对学生进行君子及君子品格的教育；再比如，日后又用孔庙前"敧器"的相关视频，对学生进行不自满的教育，等等。

民俗类。 就是通过向学生介绍中华民族传统民俗的方式，对他们进行传统文化的熏染。 比如，我曾组织学生观看中央电视台录制的以"我们的节日"为主题的系列纪录片，其中包括春节、元宵节、清明节、端午节、中秋节、重阳节等专题，使学生对祖国的传统节日所包含的丰富的文化内涵有了比较广泛和系统的了解。

语文类。 就是巧妙利用祖国传统的语言文字的特点，对学生进行相关的教育。 一方面，从文字上看，借助汉字的构成特点，对学生进行相关的教育。 另一方面，从语言上说，借助汉语独特的语言形式，对学生进行相关的教育。 比如，我曾把部分学生的姓名制成谜语，而这些谜语又是以七言律诗的形式来呈现，使学生在趣味盎然中体会祖国语言的魅力，等等。

至于说语文教学中常见的古代文学之类，那更是对学生进行传统文化教育的最好载体，这里就不赘述了。

▍披沙拣金

宝剑品格，君子之风，对学生进行这些传统文化的教育，是在教他们"学会继承"。 学会继承，重在扬弃。 从对中学生的教育来看，这种扬弃的继承可具体化为两个"新"字。

新认识。 就是引导学生对传统文化有新的理解，新的认识。 这种新的认识不是对传统文化的破坏，而是对青少年进行正确引导的选择性的继承。 比如，孝敬是中华民族的传统美德，但是，孝敬不等于孝顺，不等于对父母所说的话百依百顺。 为什么？ 因为父母也是凡人，他们不可能什么事都正确；而且，百依百顺的孝顺教育，还有可能在很大程度上束缚孩子的活力，等等。

新运用。 就是在继承传统文化的时候，能够做到与时俱进地古为今用。 同一种传统文化元素，不同的时代有不同的继承重点。 比如，含蓄内敛是传统文化中君子的一个重要品质，但现代社会，含蓄内敛就要把握一定的尺度，如果在竞争白热化的情境下，还抱着含蓄内敛的"美德"不放，那么，就有可能在竞争中败下阵来。 这样，我们就有必要对这种含蓄内敛有个新的运用，要想清楚什么时候含蓄内敛，怎么含蓄内敛，含蓄内敛到什么程度，等等。

▍他山之石

关键词： 宝剑，班会

26. 我们心中有个太阳

当思想的光芒在人生中绽放，那就是太阳；当人性的光辉在理想中闪光，那也是太阳；当追求的烈焰在奋斗中升腾，那还是太阳。

——题记

▌春风化雨

有一首叫作《星星·月亮·太阳》的歌曲，其中，有几句歌词是这样的：

星星说那月亮最亮最亮，

月亮说那太阳最亮最亮，

太阳说眼睛最亮，

它能射出心中的光芒。

我们眼里有个太阳，

我们心中有个太阳，

……

"我们心中有个太阳"，说得多好啊，它形象地告诉我们：太阳不止升起在天上，更闪耀在人的心空里。

六班人的心空里，也闪耀着一轮火红的太阳。 这轮红日，照耀着六班人在"小百灵杯"合唱比赛中，浓墨重彩地演奏了一曲高昂激越的黄钟大吕。

选曲——此曲只应天上有

按照要求，各班要唱两首歌。 一首是自选歌曲，一首是本班的班歌。

班歌无疑是重中之重。 此前，我们完成了班歌《少年当自强》歌词的创作，但是，歌词有了，曲子却不理想。 怎么办呢？ 此时，摆在面前的有三条路：一是借用一首现成的歌曲的旋律。 这样做倒是简便易行，但是，班级自己的韵味就淡了许多。 二是请外人作曲。 这样周期长，且也未必合乎我们的心意。 三是由学生自己来创作。 事实上我们也这样做了，不过并不理想。 最后，我们决定请我们的音乐老师苟宁来帮忙谱曲。 苟老师专业十分出众，由她来做，一定会称心如意的！ 更重要的是，这样做会使我们的班歌多了"独立创作、师生合作"这样一层最光彩的意义，而这又是一件多么令人自豪的事啊！

苟老师欣然答应了我们的请求，而且，很快就创作出非常令人满意的作品。

就这样，我们共同创造了班级的一个历史：一个初中的班集体，老师和学生共同创作了属于他们自己的班歌。 这首歌歌词形象深刻，旋律激昂优美，格调昂扬向上，体现了这个班级的师生所特有的阳光般的气质和追求！

杜甫诗云："此曲只应天上有，人间能得几回闻。"我们的班歌《少年当自强》，即使是天上官阙，也演绎不出第二首吧？

练习——未成曲调先有情

练习唱班歌，我有个铁的原则，就是让学生自己组织训练，而不寻求外援。 事实上，有家长主动表达过要帮忙请专业人员来培训学生的愿望，我婉言谢绝了。

为什么这样做呢？ 我要追求一个纯粹，一个完全通过师生自己，特别是学生自己的努力而成功的纯粹。 这个纯粹，对增强学生自信心的作用将会是巨大的。

为了取得更好的训练效果，我着重对学生进行了思想情感上的教育和引导。

这个引导是以提问题的方式来进行的。

问题一：我们的训练存在哪些不足？

问题二：针对存在的不足，自己在训练过程中能把哪些方面做得更好？

问题三：我们比赛的目标是什么？

问题四：我们用什么唱班歌？

其中，第三个问题是为了让大家明确我们所追求的目标是夺得第一名，这样能更好地激发他们的热情和干劲；但这还远远不够，我们更高的目标是提高自己的人生境界和个人修养，而这更高境界和修养的追求，就体现在练班歌的具体行动中。

而第四个问题则要求学生以随笔的形式写出来。 意在通过这种方式加深大家对班歌的理解，并且能够把这种理解落实在自己的行动之中。 学生们对这个问题的思考饱含了对班级深深的热爱：用行动唱班歌，用热情，用心灵，用真情……

"转轴拨弦三两声，未成曲调先有情"。 是的，"未成曲调先有情"，经过"我们用什么唱班歌"的引导之后，再练班歌的时候，学生们已经达到"先有情"的境界了。而这先有的情，就是他们对班集体深深的热爱之情。

参赛——天地阔远任飞扬

2010 年 12 月 31 日上午，比赛如期举行。

我班所唱的第一首歌就是《星星·月亮·太阳》。 在高蕴晗的指挥和唐艺洧的钢琴伴奏下，同学们精神饱满，歌声嘹亮，很好地唱出了他们蓬勃向上的精神状态。

第一首歌结束之后，唐艺洧起身面向观众，以串词的形式精要地诠释班歌的内涵：

七年六班班歌《少年当自强》的词、曲都是我班全体师生独立创作的，它以我班的班训"向心、向上、养德、求知"为核心，突出了我们感恩父母、报效国家的赤子之情和自我修养、自强不息的君子之风。

请听：《少年当自强》！

（安排这样一个环节，除了比赛本身的需要，更多考虑的是要通过这样一种方式宣示一种理念和一种追求，并且通过这样的方式来鼓舞和鞭策学生向着所宣示的目标努力奋进。）

接下来，是全体同学对班歌歌词的朗诵环节。 朗诵分成男、女生领诵，男、女生合诵，全班合诵等多种形式。 朗诵的余音未落，高亢的班歌前奏随即响起，紧接着，"晨钟响，跃朝阳……"

学生们以慷慨激昂的气势唱出了属于这个班级独有的最强音！ 每个同学都那么激情澎湃，每个表情都那么庄严豪壮，每个音符都那么铿锵有力！ 在雄壮的班歌声中，班长张欣然把宝剑舞得虎虎生威，这一幕，俨然就是一幅"少年豪情自强图"！ 最后，伴着全班同学"做栋梁"那气壮山河的强力一呼，张欣然的剑舞陡然收势，唐艺洧那有力的钢琴伴奏也戛然而止。 伴奏、歌唱、剑舞，三位一体，配合得天衣无缝！

沉静，会场瞬间沉静下来！ 随后，它立刻被掌声的潮水所吞没……

六班如愿以偿地捧回了闪光的金奖。 对于学生们来讲，这次比赛所收获的不仅仅是一张奖状，更有对自己的信心，更有对集体的热爱，更有对老师的信赖，更有对未来的憧憬……

"天地阔远任飞扬"，一个班集体的班歌，竟演绎出如此意气风发的豪迈。 这种豪迈之情，将伴着六班人向着更高更远的境界，向着阳光灿烂的方向，飞扬，飞扬……

"我们心中有个太阳"，不错，就在这一天，六班人的心中也升起了一轮红彤彤的太阳。　这太阳，就是他们的理想，就是他们的热望，就是他们的追求……这太阳，就是他们自己！

从这天起，六班有了一个无比光彩的名字

——"阳光六班"。

▌千虑一得

参加学校所组织的各种活动，我们不妨在下面的几个"有"字上动点儿脑筋。

有教益。　就是要善于挖掘活动的教育因素，使学生在参与活动的过程中获得更多的教益。　不只为了活动本身而搞活动，要从活动中找到对学生有教育意义、对班级发展有促进作用的地方，紧紧扣住这些活动的目的，牢牢把握这些活动的主线，从而取得良好的教育效果。　此外，在活动过程中和活动结束后，如果用心，我们还可以发现一些生成的教育因素，把它们恰当地利用起来，往往会取得更多的教育成效。

有选择。　是指有选择地确立重点参与的活动项目。　我们知道，任何一次活动都会对学生有教育的意义，但是，如果每次活动都高投入地去做，不但师生的精力不允许，活动效果也不会好。　那么，就需要我们对这些活动有个大致的筛选，然后，根据活动的特点、班级的教育需要和学生的参与能力，再来决定这些活动的组织规模和力度。　那种所有活动都要争个第一的做法并不可取。　为什么？　不科学啊，哪有那么多的精力呢？　除非在质量上打折扣。　有所不为才能有所为，这才是我们搞活动的道法。

有亮点。　就是要善于挖掘活动中的独到之处，从而收到更佳的教育成效。　怎样才能挖掘到这些亮点呢？　首先，亮点要"亮"在对学生的成长有较强的教育意义上。　这种教育意义，可以是思想的启迪，可以是情感的熏陶，可以是能力的锻炼……总之，要有鲜明的教育功能，这是一个根本的问题。　其次，亮点还要"亮"在形式的独特新颖上。　内容当然是第一位的，但形式在为内容服务的基础上，也要力争有所创新，与众不同。　只有这样，才会引人关注，令人瞩目。　而老师要充分利用这种关注和瞩目，来激发学生的自豪感和自信心，这样，就真正做到形式为内容服务了。

▌披沙拣金

主要通过学生自主练习来赢得大合唱比赛，这是在从另一个角度教学生"学会自豪"。　学会自豪，重在几个"有"字。

有奋斗。　就是要有追求的目标和为了实现目标而付出不懈的努力。　这种努力，之所以称之为奋斗，就在于它的难以实现，就在于它的艰难复杂。　也正是由于实现它的困难重重，奋斗才更具意义，才更有价值。

有成绩。 就是经过奋斗实现所追求的目标。 奋斗的结果，一般来讲，不外乎三种可能：一是完全实现了所追求的目标；二是可能只取得了一部分的成功；三是完完全全地失败了。 但不管是哪一种结果，都应该教会学生从这结果中找到自己的成绩。 怎么着？ 完完全全失败了，也会有成绩吗？ 是的，一定会有的。 这个成绩，就是学生们奋斗过程中所表现出来的热情、干劲、勇气和毅力，甚至，就是他们面对失败时脸颊上默默淌下的泪水！ 相对来讲，这种隐性的成绩更值得挖掘和利用。

有荣耀。 就是让学生感受到经过奋斗而取得成绩之后的光荣。 这种荣誉感的产生，要通过老师的表彰来实现。 表彰的形式多种多样，口头表扬也好，物质奖励也好，披红戴花也好，张榜宣传也好，不管用什么办法，都要把学生的奋斗与成绩的关系说清楚，要让学生明白成绩的取得是靠他们自己的努力换来的，这样，他们才会珍惜这份荣誉，他们才会从这份荣誉中体会到发自心底的力量，从而增强自信心，在今后的奋斗中更加努力。

▌他山之石

关键词： 向上

27. 日有所进《日进录》

回首奋斗的历程，看一看曾经的足迹是否一直向前；倾听心灵的召唤，想一想将来的梦想是否会有光芒。给自己的心田当一回农夫，用审视去耕耘，用选择去收获，用从容去品味。

——题记

▍春风化雨

引导学生上进的方法有很多，教他们写《日进录》就不错。"日进录"，顾名思义，就是希望学生们能够日有所进，并且，自己把这种进步记录下来。

这项工作的开展，大致分三个阶段。

第一阶段：启动——自由写作。

由于是刚刚开始写作，学生们不知道写什么、怎样写。这样，只能尝试着来，只要能把学生的积极性调动起来就行。这里所说的积极性，一是指自我思考的积极性，即能够自我思考、发现自己当天进步的地方，然后再自我反思、找到自己可以再进步的地方；二是指写作的积极性，也就是能够把自己上述的思考形成文章，写进《日进录》里面。

通过实践，学生们大多能够做到日有所进，日有所思，日有所录。

第二阶段：规范——命题写作。

自由写作一段时间之后，我发现这样的反思和写作固然可以激发学生的进步热情，但是，他们写进《日进录》里的内容五花八门，过于杂乱，这样就使得班级的重点工作得不到重点的体现。 既然是一种引导，何不把这种引导规范起来呢？ 而班级正在开展的工作也是有重点、有侧重的，把《日进录》的写作与班级的日常工作重点紧密结合，效果应该会更好吧？

于是，我很快就理清了《日进录》下一步写作的思路：紧扣刚确定不久的班训来写。 为了使学生们的印象更加深刻，我还提示他们把班训都写在了《日进录》的封面上。 这样，学生们每天的努力就有了明确的方向，班级的重点工作也显得越来越突出了。

第三阶段：深化——细节写作。

规范了写作要求后，学生自我反思、自我进步的方向明确了，《日进录》所起到的教育作用也日益明显起来。

过了几天，我发现这项工作还可以再改进些：本学期的一项重要工作就是对学生进行行为规范的训练，而这项工作在《日进录》中的要求还是不够具体。 "向心，向上，养德，求知"，这个班训终究还是概括性很强的表述，而在日常的学习生活中，什么是"向心"？ 怎样做才叫"向上"？ "养德"养什么？ "求知"怎么求？

于是，我让学生在《日进录》中先写上"'向心'以我荣，'向上'有所进，'养德'知不足，'求知'学问信"这么几句话，然后再分别以这几句话为中心句，接着写具体内容。

这几句话实际上是对班训的内容做了一些必要的引导。 "'向心'以我荣"，是要求写出自己主要做了什么能让班级引以为荣的事情。 "'向上'有所进"是要写出当天自己有了哪些进步之处。 "'养德'知不足"，是写出当天自己有什么不足或什么地方能做得更好。 "'求知'学问信"中的"学问信"是三个词语，"学"指的是要做到日有所学，勤于学习；"问"指的是虚心求教，日有所问；"信"特指要讲信用、要能够及时完成作业（这是针对一部分同学不能够及时完成作业的情况来定的）。

这样一来，写进《日进录》的内容就更加集中、更加具体了。

后来，《日进录》在每日一记的基础上，又增加了每周写一次周总结的要求，要学生把自己一周内的进步进行必要的梳理，同时，明确下一周在班训内容上的努力目标。

这项工作持续了一个学期，它对学生的成长和班级的发展起到了积极的促进作用。

《日进录》，就像一个每日一级的阶梯，引导着稚嫩的跋涉者们磕磕绊绊地向上攀登着。 尽管这攀登的过程并不完美，甚至常常跌跌撞撞，也有力不从心的沮丧，但经过适当的休整，大家总能昂起头来，向着无限风光所在的险峰，继续挥洒奋斗的汗水。

▌千虑一得

让学生学写《日进录》的益处主要有如下几点。

巩固成果。 要清清楚楚地把自己的进步之处写出来，不仅仅是一个简单的记录过程。　它更是一个练习总结、提炼思想的过程，也是一个自我愉悦、自我促进的过程。　因为，每当写到自己的进步之处的时候，学生必然会体验到一种成就感、自豪感，而这种成就感和自豪感，正是推动他们不断辐射这些成就、不断追求更大进步的内在动力。

改进不足。　在《日进录》里，学生们对自己的不足之处不但在思想上有清醒的认识，还在具体问题上有明确的改进，这样的思考，无疑会十分有利于他们的进步。　而且，这样的认识和改进不是断断续续的，而是连续进行的。　某个问题今天不理想，那明天就接着改，接着写；明天不理想，那后天就再接着改，再接着写。　这样一来，改进的工作就落实了。

沟通情况。　学生们在《日进录》里往往会有意无意地写进一些老师所不了解的情况，这些情况，为老师的工作提供了很多信息，对老师工作的改进具有很大的参考价值。

交流情感。　从某种意义上来讲，《日进录》充当了心灵交流平台的角色，很多同学都在这里写下了对老师的理解、对同学的看法，而老师也正可以借此机会，跟这些同学有更深入的思想交流和心灵碰撞，从而使双方加深了情感，增进了友谊。

▌披沙拣金

引导学生通过写《日进录》来促进进步，这是在教学生"学会反思"。　学会反思，思什么呢？

思所得。　反思，首先要思的是成功的收获和经验。　无论做什么事，总会有所得，找到这些所得之处，有利于乘胜前进，更进一步。　这种对所得的思考，所带来的益处不仅仅是问题的本身，更有思维的历练，更有思想的砥砺。　可以说，对所得的思考，就是与成熟握手。　说到这里，我们不能不关注一种现象：在教育学生的过程中，有的老师（或家长）明明看到学生取得了很好的成绩，也不愿意去鼓励，反而板起面孔提出更严格的要求。这样也许会有一定的促进作用，不过，这样也可能失去了让学生体验成功自豪感的机会。小孩子啊，何必让他们活得那么沉重呢？

思改进。　反思的目的是为了进步、为了更好，所以，怎样改进所作所为，这是反思的关键之处。　这种思改进，既要思考改进的内容，更要思考改进的细节和方法。　只有把这种改进的思考落实了，那才叫真正的改进。

思借鉴。　从反思中明得失，知进退，这是自省的目的所在。　不过，这种反思不能仅仅停留在所思之事的本身上，还应该举一反三，由此及彼，通过反思，找出事物的内在规律，为以后的成长提供有益的借鉴。　经一事，长一智，这样，就会使反思的作用得到大大的增强。

他山之石

关键词：自我修养

28. 用舆论芬芳心灵

原野，可以荆棘遍地；思想，怎可杂草丛生？ 在心田里播撒阳光的种子，不给阴暗以蔓延的土壤。

——题记

▌春风化雨

我们来探讨一下班级舆论的有关问题。

古人说："与善人居，如入芝兰之室，久而不闻其香，则与之化矣。"大意是说，与君子交往，就好像处于植养了兰芷的屋子里一样，在馨香弥漫的环境里久了，也会像兰芷一样的芬芳了。

我从这句话里受到的启示是：一个好的集体，就如同一个"兰芷之室"，这个集体的舆论就相当于这些兰芷所散发的气味；良好的舆论氛围就如同弥漫的香气一样，会给人们带来美好的感受，会给这一室都带来积极向上的正能量。

什么是舆论呢？

舆论，词典上的解释是"众人的议论"。 既然是议论，那就是表达了某种看法、态度的言论，众人一起来议论、表达态度和看法，这么一想，舆论在一定程度上表达的就是民意吧？

不要小瞧了这"众人的议论"，它往往会给人或事带来很大的影响，甚至可能会决定功过与成败。 查一查我们的语言，有关舆论这方面的说法还真不少："有口皆碑"之类表达的是赞颂，"众口一词"之类说的是现象，"防民之口，甚于防川"提的是警诫，而"众口铄金，积毁销骨"则指的是后果。 有趣的是，在与舆论有关的词句中，表达负面影响的似乎明显多于表达正面影响的，有一句俗语甚至说"唾沫星子能淹死人"！ 由此可见，舆论的作用的确是不可小觑。

但是，舆论又是可以调控、可以引导的。 毕竟，舆论是由每个个人的议论构成的，如果人们对事物有一个基本正确的认识方法，有一个基本的判断是非的标准，大家对事物有一个基本的价值的认同，那么，舆论不就是可以调控的吗？

什么样的舆论需要调控呢？ 消极的、错误的舆论，必须要把它扭转过来。 一个班集体，必须有正确的舆论导向，必须有良好的舆论氛围，这样，这个集体才能健康发展，这个集体里的学生才能健康成长。

怎样来营造这样一种良好的舆论氛围呢？ 我从如下几方面进行了尝试。

教育引导。 就是教育引导学生树立正确的世界观、人生观、价值观，这是营造良好舆论氛围的决定性前提，没有这正确的"三观"，一个集体是不会有良好的舆论氛围的。当下，"毁三观"这个词时不时就在网络上露一脸，往往都是用于否定某人或某事的，人们发现这些人或事是有问题的，这很值得庆幸。 作为班主任，我们要做的是在"三观"被毁之前就引导学生警醒和改进。 当学生对人或事有了正确的看法，他们的舆论当然就会是积极的、向上的了。

明确标准。 要想形成正确的舆论导向，形成良好的舆论氛围，给学生一个做人做事的大致标准是非常必要的。 可是，日常学习生活中，并不是每件事都能有一个可以量化的标准，那又怎么办呢？ 我想，给学生们一个大概的标准总还是可以的吧？ 实在不行，我们就以"真、善、美"作为一个标准来判断事物的优劣，也是可以的。 我们还可以从结果的角度引导学生来思考舆论的作用，教学生想一想，发表看法之后所起的作用是怎样的：这议论会起积极的作用还是消极的作用？ 这议论有利于大家的团结，还是不利于大家的团结？ 等等。

利用美文展来引导
正确的舆论方向

如此一想，如果个人的议论能做到不是消极的，那么众人的议论——舆论，自然也就不会是不良的吧？

　　良好的舆论，就是兰芷所散发的幽幽馨香。这样的馨香，能以其特有的清纯，如幽幽地渗入心灵的泉水，慢慢地浸润思想的心田；然后，它化作高雅的气质，洋溢在无邪的脸上，让每个人都能享受到一种沁人心脾的快乐。

▌千虑一得

　　要想营造良好的舆论氛围，宣传是必不可少的。其中，要力争做到"面向全体、重点突出、形式多样、持之以恒"。

　　面向全体。 要做到"全知道，全认同，全支持"。即要让我们的各种宣传落实到位，全体学生对所宣传的内容全都了解清楚，并且不但能全都认同所宣传的内容，还要全都支持所宣传的内容。这一点如果做得好，宣传的基础就打牢了，舆论的方向就不会歪。

　　重点突出。 要做到"重是非，重品行，重当前"。既然叫重，那就是主要的、格外看重的地方，是非观念永远是第一位的。明辨是非，才能知道该做什么，不该做什么，此为其一。个人的品德和与品德相匹配的行为，这是人们非常关注的地方，人品不好，行为欠佳，往往就会被人们鄙弃，所以，这也是在舆论宣传方面要突出的重点，此为其二。其三，工作千头万绪，不能眉毛胡子一把抓，总要分个轻、重、缓、急才行，所以，在宣传上，要把当前急于解决的思想问题放在重中之重的位置上，这样，舆论的引导才能与班级的实际工作紧密联系起来。

　　形式多样。 要做到"看得到，听得见，想得起"。就是从视觉、听觉、思想等多方面入手，运用各种各样的形式来为舆论宣传服务。比如，我在舆论引导过程中就综合运用了"以班训导方向、以班徽彰荣誉、以班歌壮豪情、以班状增自信、以班会促理解、以日记写真心、以板报传思想、以班史鼓动力"等各种手段，这些手段的综合运用，很好地宣传了班级工作的核心思想，为班级形成良好的舆论氛围创造了有利条件。

　　持之以恒。 要做到"恒导向，恒重点，恒落实"。舆论的形成不是一朝一夕的事情，它需要连续持久地努力，这是一个过程，一个坚持正确的导向不偏离、坚持重点的突出不弱化、坚持落实的具体不空虚的过程。坚持久了，正确的舆论导向就会渐入人心，良好的舆论氛围就会逐步形成。

披沙拣金

努力形成正确的舆论，努力用正确的舆论引导学生，这是在教学生"学会辨识"。学会辨识，才能进行选择。从初中生的角度来讲，能够辨识下面几方面内容，应该是很重要的。

辨安危。 能够分辨和识别自己所处的环境是否安全，这是这个年龄段的孩子们应该具备的最基本的辨识能力。有了这种辨识的意识和能力，才能保障他们的人身安全。这方面，有对事物的辨识，如辨识垃圾食品对身体的不良影响；有对行为的辨识，如野浴的危害等；还有对所交往的人的辨识，如网友的品行优劣，等等。有了这样最基本的辨识意识和能力，就会帮助他们远离伤害。

辨是非。 什么是正确的，什么是错误的，对这个问题能有基本的辨识能力，这直接决定学生的人生之路是否会走得正确。什么是正确的？不违法、不违规、不缺德，这三点是最基本的，也是最简单的标准。掌握这三条标准，学生们就会有一条人生之路的底线。保住这条底线，他们才有希望更加健康地成长。

辨真假。 这也是学生健康成长所必备的辨识能力。这种真假，更多的是针对人们所说的话来讲的，就是需要学生具有清醒的、冷静的头脑，保持平稳的心态。不要轻信传言，不要传播传言，更不要因个人的好恶而不加思考地受传言的蛊惑，以致造成不必要的麻烦。

辨美丑。 青少年的可塑性比较强，如果没有一个美丑的概念，他们很容易会受到不良风气的污染，以致影响心灵的健康成长。在各种传播媒介和手段日益发达的今天，容易污染青少年的不良因素实在是不少，在这样的背景下，教会学生明辨什么是丑的，什么是美的，使他们具有一定的预防精神污染的意识和能力，就显得更加必要了。

他山之石

关键词：管理，评价

七年级 （初一）

下学期

SUYANGJIAOYU

29. 开学前的返校干点儿啥

> 工作中如果学会了助跑，往往就能跑出探索的长度，能跃出思考的高度，能跳出收获的深度。
>
> ——题记

▍春风化雨

"阳光六班"在初中的第一个假期就要结束了，开学前，我用心组织了这个班级的第一次返校活动。

这次返校，是分两个阶段来完成的。

培训与准备

学校安排的返校时间是 2010 年的 2 月 28 日，但为了更有利于班级工作的开展，我安排班干部 25 日提前到校进行卫生清扫。

规定的时间到了，班干部们都及时走进了教室。

第一关考核，他们都过了！ 我心里暗自高兴。

随后，这些班干部则立刻行动起来，他们打水的打水，擦灰的擦灰，扫地的扫地……而就在他们正忙得热火朝天的时候，我却制止了他们的劳动。

"老师为什么制止你们？"我问。

他们面面相觑，知道可能是出了什么问题，但不知道问题出在哪里。

这时，我先让他们观察杂乱无章的扫除场面，然后，请他们自己提出能够使本次扫除短时高效又不混乱的建议。

这些学生是何等的聪明，他们马上就提出了不少合理的建议。充分肯定了这些建议之后，我在工作方法上给了他们必要的引导：首先，明确目标；其次，明确程序；第三，明确分工……最后，我告诉他们：作为班干部，要学会做事，更要学会思考着去做事，特别要学会组织和协调大家去做事。

班干部们马上就对扫除工作重新进行了调整，不但提高了效率，扫除的质量也好了许多，而且，干起来秩序井然、有条不紊。

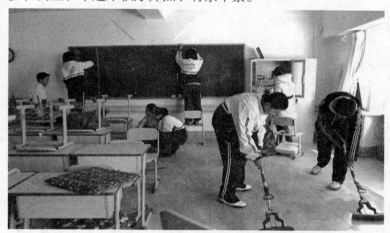

班干部提前返校扫除

扫除结束后，我又以"自己思考、众人补充"的方式，组织他们明确了正式返校日各自的工作内容。这样，返校的第一阶段算是告一段落了。

这次扫除活动，实际上是一个对班干部的培训会，特别是对班干部工作方法的培训现场会。而这个培训所产生的良好影响，不仅仅体现在这一次的扫除上，今后的工作，他们都将会从中受益。

总结与训练

28日，全体学生正式返校。

尽管已经对班干部进行了工作的安排，但我还是早早地来到班级。为什么呢？班干部是需要培养的，而对他们工作的观察、考核和指导，是培养班干部必不可少的手段。

不久，班长率先来到了学校。按照安排，她在黑板上写下了对学生们到校之后的要求，然后就静静地坐在讲桌后面自习了——这里，是班干部管理班级时的工作岗位。

接着，副班长来了，然后是学习委员、卫生委员、体育委员……班干部全都提前来到班级。按照分工，他们迅速进入工作状态，有的记载出勤情况，有的发放《作业自检表》，有的检查装束和仪容，有的收取假期活动资料……暂时没有工作任务的则迅速进入自习状态——他们用自己的实际行动在班级里带了个好头儿。

当每一位同学都坐进座位的时候，我走上讲台，先对全班同学的良好状态提出了表扬，特别对班干部的工作给予了充分的肯定。 然后，我提议全体同学为自己、也为班干部的出色表现而鼓掌！ 掌声响起来了，很热烈，很热情。

接下来，我做了一件可能有点儿"另类"的事：让学生们把教室的门窗关好，在不影响其他班级和学校整体秩序的前提下，请他们可以随意走动地相互问候、自由交流，限时5分钟。

为什么要安排这样一个环节呢？ 我想，班级是什么？ 班级是师生们的另一个家啊，既然是家，怎能不讲温情呢？ 温情从哪里来？ 从老师的引导中来、从学生的表现中来啊！ 而让他们自由交流，就是在浓厚着班级的温情啊！ 此后，在接下来每个学期里，"自由交流5分钟"一直成为我班返校时的一个"保留节目"。

如果说自由交流是"讲感情"的话，那么，接下来我要做的训练就是"讲规则"了。

首先是进行无声发书的训练。 新学期的教材已经领来了，发放的时候，一切由学委负责，但我有一条要求，就是要没有说话的声音。 这样，由刚才的自由交流，到现在的无声发书，这实际上是在进行自控能力的训练。

发完书之后，按照预定计划，学生们开始对假期文化课的作业进行检查。 为了做好这项工作，我事先印制了《作业自检表》，上面列出了所要检查的主要内容和标准，由学习小组按照分工相互检查。 这样做既能锻炼学生自主学习、自主负责、自主成长的能力，又可以减轻老师的负担。

作业检查完成之后，我安排学生们到操场自由活动了一会儿，然后进入到返校工作的下一道重要程序：状态训练。

返校时练习无声发书

这个状态训练分三个阶段来进行。

第一阶段：课间活动观察。

实际上，学生们在操场自由活动的时候，我正在观察他们的表现。 这个阶段的观察，我收获了很多：比如，我看到了原先一到下课就飞奔的男生跑起来不那么猛烈了，我看到了一个体态较胖的男生活动起来更加灵活了，我还看到一名原先很稳重的女生与几个比较活跃的女生玩在了一起……

第二阶段：整体强化训练。

"七年六班——集合！"

随着体委洪亮的口令声，学生们迅速集合，队列强化训练开始了。 稍息，立正，齐步走，跑步走……经过半节课时间的温习，学生们渐渐从松散的状态中走了出来。

第三阶段：放学自律巩固。

放学前，我布置了返校的最后一个任务：放学时加强自律，一切按平时上学的要求来做。 同时，安排相关班干部负责抽查。

……

返校的过程，就是为新学期工作开展的一个助跑的过程。 助跑到位了，正式的一跃就会跳出轻松的高度，跳出优美的弧度。

▌千虑一得

开学前的返校，除了收束假期工作，更重要的是要为新学期工作做些准备。 在哪些方面进行准备呢？

学情准备。 就是全面了解学生的状况，尤其注意他们的变化之处，以便为新学期工作的开展做好必要的准备。 每经过一个假期，学生都会或多或少地产生一些变化，这些变化往往会在他们的言谈举止、神态衣着、兴趣爱好、交流交往等方面表现出来。 通过观察、谈话、访问等方法了解这些变化，会为接下来的教育提供非常有价值的参考依据。

环境准备。 这里所说的环境有三种：自然环境，文化环境，心理环境。 我们说说后两者。

文化环境，这里专指在教室所进行的富有班级文化特色的各种布置和安排。 这种文化环境的创设，往往要通过一定的物理形式来表现。 比如，班级的班徽、班训、班歌、宣传语……这些班级文化的元素，用一定的文字和形象表现出来，并且很醒目地布置在教室里，让它们以较强的视觉冲击力来对学生产生影响。 这样，学期伊始，当学生们走进教室的时候，就会被这种浓重的班级文化所包围，从而激发他们对班级文化的认同感，进而增强班级的凝聚力。

心理环境，是指能对学生在心理上产生各种良好影响的因素。 这种心理环境，往往是自然环境、文化环境和师生行为共同作用的结果。 而良好的心理环境主要靠老师来营造，如何把握班级的舆论导向，如何调控学生的情绪行为，如何安排工作的内容节奏……这些，都是与营造心理环境密切相关的因素。

状态准备。 主要是指对学生的精神状态进行调整，使之尽快摆脱放假所产生的懈怠状态，投入到正常的学习生活中来。 这方面，"以动制怠、以紧克松"往往是行之有效的办法：让学生动起来，让他们精神状态通过运动的方式紧张起来，从而实现整体状态的调整。 要想达到这种状态的调整，能做到"守时、勤快、动手"是关键。 其中，"勤快"的"勤"指的是训练时的动作要多，"快"指的是训练时的动作要迅速；而"动手"就是让学生动手实践，给他们相应的工作任务。 通过这些办法，能够有效地帮助学生们把注意力集中起来，把主观能动性调动起来，从而实现精神状态的调整。

管理准备。 为班级新一学期的管理工作做些准备，这也是返校的工作内容之一。 这种准备，可从负责和守则两方面去思考。

负责，就是班级负有各项管理责任的同学要立刻担起责任来，要立刻启动班级正常运转的各项工作；守则，就是应该遵守规则，服从管理。 假期的生活很多是没有规则的，而上学之后的生活必然是有规则的。 这种有规律的生活，需要靠每个人去落实规则、去遵守规则。 进行负责和守则的训练，就是管理与被管理的训练，有了这种管理上的训练，就为恢复正常的学习生活状态做了组织上的准备。

▌披沙拣金

在卫生清扫时让学生解决杂乱无章的问题，这是教学生在劳动或工作时"学会协作"。 学会协作，要充分考虑目标的一致性和行动的协调性。

目标一致。 作为一个团队来讲，时刻不忘团队工作的整体目标，这才有可能取得最后的胜利。 而要想做到这一点，有两个环节值得重视。 一是团队的每个人都要具有共同目标的意识，知道大家奋斗的共同目标是什么，不能盲目做事，不能鲁莽行事；二是要努力完成自己所承担的工作，只有把自己的事情踏踏实实做好了，大家共同的目标才可能实现。

行动协调。 这种协调，一是事先的统筹能力，二是进程中的调整能力。 前者是做事之前的整体规划、统一布局能力，更多看的是思考；后者是行动中的应变调整，更多看的是行动。 具备了这两种能力，就基本具备了有条理做事的能力，就基本具备了组织协调的能力。 这对于学生学会协作，学会自主成长，是具有重要的实用价值的。

▌他山之石

关键词：合作，互助

1. 第 179 页《从从容容倒计时》
2. 第 202 页《好风凭借力》
3. 第 223 页《四个最温暖的相拥》
4. 第 273 页《"一堂累并快乐着的体育课"》
5. 第 291 页《"学习促进组"促进的不只是学习》
6. 第 313 页《男女搭配，成长不累》
7. 第 325 页《"说你，说我"说评价》

30. 众里寻"他"千百度

朔风凛冽，哪一缕能帮我吹开那待放的寒梅？ 乱石嶙峋，哪一方可助我磨砺那待光的浑钢？ 找寻，找寻，千百次地找寻……

——题记

▌春风化雨

新的学期开始了，如何对男生进行"做个男子汉"的教育，如何对他们搞几次有针对性的专项教育，摆在了我工作的重要位置。

寻找并利用那些真正能触动男生心灵的机会，更有利于这样的教育。 这样的机会，我一直在找，但始终未能如愿，直到这一天……2011 年 2 月 28 日。

返校的时候，我把学生带到操场，对他们进行"状态训练"。早春时节，正是乍暖还寒的时候，在体委的带领下，同学们训练得非常投入，表现出很强的纪律性。 可就在我满意地暗暗赞许的时候，突然发现一个奇怪的现象：天气虽然比较冷，但所有女生都没有戴帽子，尽管她们许多人的衣服上都有帽子；与之形成鲜明对比的是，男生中居然有五六个人用帽子把自己捂了个严严实实！

这情景既让我感到疑惑，也让我感到惊喜。 疑惑的是男生的这种表现：按理来讲，男生更应该是不怕寒冷的啊。 惊喜的是，我正在找机会对男生进行教育，现在，这机会不是已经来了吗？

不过，我当天并没有就此说些什么。 一是时间有点儿不够用，更重要的是我对他们这样表现的原因还没有进行调查，没有调查研究

女生们在"状态训练"中表现得十分坚强

就没有发言权啊，武断地教育永远是被动的教育——万一这几个戴帽子的男生都是因为身体不舒服，那在教育的时候可就应该是另一种说法了。

放学后，我对男生戴帽子的原因进行了调查，结果还真的是他们怕冷！ 这个结果令我不由得一阵窃喜：借题发挥的机会来啦，真是"踏破铁鞋无觅处，得来全不费工夫"啊！

第二天，做完眼保健操之后，我对全班同学说："昨天进行状态训练的时候，我班的女同学在寒冷的天气里没有一个戴帽子的，表现得非常坚强。 今天是正式开学的第一天，我希望我们班每个同学都能够表现得这样坚强！"

说这话的时候，我一边表扬着女同学，一边却笑着看全班的男同学。 这时，有的同学开始回过头去看那几名昨天训练时戴帽子的男生。 而这几个男生呢，他们有的露出了不好意思的表情，有的一个劲儿地拍大腿，嘴里还不停地叨咕着："我也没注意呀！"

见此情景，我暗自高兴：效果不错呀！

大课间的时候，班级的所有同学都没有再戴帽子。 天气尽管还是有些冷，但所有学生都在努力坚持着。

次日，全班同学都经受住了寒冷的考验

当天，我专门组织男生开了一个主动成长讨论会。 会上，男生们自主发言，重点讨论了如何增强主动性、如何自觉成长的问题。 而我，给他们的就是肯定和激励。

"男子汉，咱可不能输给女生们啊！"末了，我意味深长地说。

放学之前，我对全班同学都提出了表扬。

对女生的表扬，重点强调了她们主动战胜困难、坚强勇敢的精神。 当时，我没忘了说那句富有鼓动性的口头禅："咱班女生是最让老师放心的！"听到这儿，女同学们都自豪地笑了。

对男生的表扬，突出了他们主动调整、主动自强的精神。 其中，着重强调了两点内容：一是特意说明了前一天没戴帽子的男同学，他们并不是不坚强，他们并不是没有上进心，他们只是忽视了这个问题而已。 这样说更有利于他们尊严意识的自我觉醒和自我维护；二是表扬了男同学知过就改的精神。 我告诉他们，包括老师在内，我们每个人做事都不完美，但是，我们发现了自己存在的问题之后，如果能够及时调整和改正，就离完美更近了一些。 这种知过就改的精神，是全体同学都应该具备的，更是男同学应该具备的，这也是胸怀宽广的一种表现。

在整个表扬中，"主动"是个关键词，用这个词语的目的是为了激励学生们做任何事情都要有一个主动意识，这样才能让自己把事情做得更好。

最后，我提议全体同学为自己鼓掌：为女同学那样的让老师放心、为男同学踏上成为男子汉的奋起之路。

放学的时候，学生们都显得兴高采烈的——可也是呀，受到了表扬，谁会不高兴呢？

在我苦于没有机会对男生进行教育的时候，几顶平常的帽子满腔热情地帮助了我。

它们告诉我：戴帽子，有时是为了御寒，有时则是为了好看。

它们还告诉我：戴帽子，有时候是因为天冷；而不戴帽子，有时候却不是因为天热。

▌千虑一得

这次教育的成功，两个"抓"字功不可没。

抓机会。 这里的抓机会，有两个含义。 一是"抓出现"，就是抓住已经出现的机会来进行教育；二是"抓出来"，就是主动通过各种活动去创造出教育的机会。 我对男生的这次教育，就是发现并抓住他们状态训练时有人戴帽子这个机会来进行的。 敏锐地发现，合理地利用，这就叫抓住了已经出现的教育机会。 但是，这个男生戴帽子的机会是怎么来的呢？ 是我主动带领他们到操场进行状态训练的过程中生成出来的。 如果没有状态训练这个主动的安排，当天就不会出现部分男生戴帽子的现象。 所以，从这个角度来讲，教育的机会又是需要主动去"抓出来"才行。

抓激励。 这里的激励，也有两重意思。一方面，对全体同学，特别是女同学，进行了正面的表扬和调动；另一方面，对男同学还有点儿"旁敲侧击"的意思：对他们的缺点，没有批评，没有指责，甚至干脆都没有正面提醒，而是从表扬女生的角度来激励男生。这样的激励，有时候可能会起到此时无声胜有声的作用。改了就好，进步就行，对吧？

披沙拣金

引导男生们不怕寒冷，就是在教他们不怕困难，就是在教他们"学会阳刚"。学会阳刚，应在下面的几个"大"字上下点儿功夫。

大志。 就是要有远大的人生目标、要有高远的人生理想。我们的民族需要能仰望星空的思想者，需要敢于开拓进取的男子汉。而"两耳不闻窗外事，一心只读升学书"的教育，往往会使学生的视野狭窄，目光短浅而功利，这种短视与功利，使得有的学生把考上个好学校、找个好工作作为唯一目标。当然，立人生大志与上好学校并不矛盾，它们还可以是和谐统一的，关键在于我们怎样去引导。

大智。 大智就是大智慧。什么是大智慧呢？学会思想，这当然是大智慧；而学会务实，这也是一种大智慧。不管做什么，能够踏踏实实地去做，这是基础，没有这个基础，一切都不可靠。大智，还应该包括一种机智灵活的处事能力。男生应该讲纪律，同时，还应该具有灵活的头脑，这样，他们才能在千变万化的生活中灵活应对，立足于世。

大气。 就是向着大目标奋勇前行，不瞻前顾后，不患得患失，这是男子汉能够成就一番事业的必备品质之一。作为男子汉，一旦确立了远大的理想，就要义无反顾地向着这个目标奋勇前行，披荆斩棘，百折不回。要有这样的大气，才能成就大业。反过来，即便有远大理想，但在实现理想的过程中，总是被前进路上的小事、杂事所牵绊，担心这个，挂念那个，那么，他的精力势必会受到牵累，那么，他的远大理想恐怕就永远只能是一种理想了。

大量。 就是要有大胸怀，要有大肚量。这种大量，有两种含义。一是要能"容人"。就是要能容得下他人，要容得下他人的异见；二是要能"融人"，就是要能团结他人，能与他人合作，为实现远大的目标而共同奋斗。能聚集更多的力量为实现理想而奋斗，这也是男子汉有大量的重要内涵。

大义。 就是要讲究大道理，讲究大道德，讲究大道义。从初中生的角度来讲，对他们进行讲原则的教育，就是在教他们讲究大义。做事情总要有个标准，总要有个原则，总要有个底线。讲原则，不突破底线，这就是讲大义。比如，被人邀约去帮助打架斗殴，这时候，不去为朋友"两肋插刀"，而是帮助朋友用理性去解决问题，这就是讲大义。

他山之石

关键词：教育，机缘

31. 铸剑担大任

稚嫩和顽皮是最纯粹、最优质的原矿，把它们放进思想的熔炉里冶炼，当热情和智慧的火焰足够炽烈和长久，哪有炼不出好钢的道理？

——题记

▌春风化雨

2011 年 3 月 1 日，"阳光六班"召开了七年级下学期的第一个班会，班会的主题是——铸剑。

班会旨在对学生进行"能立志，敢吃苦，肯落实"的教育，由"主体"和"落实"两部分构成。

"主体"部分主要含"表奖仪式、班训班徽说明、感悟主题"这三个环节。 其中，"表奖仪式"是通过对先进分子的表彰来调动学生的积极性；"感悟主题"则是要引导学生明确方向、发现问题、讲究方法、落实行动；"班训班徽说明"旨在正式确立班级精神，为班级明确前进方向。

"落实"部分主要安排了一个"奖状签名"的环节，这既是对全体同学的激励，也是对本次班会效果的实际检验。

这里，重点来说说"感悟主题"的过程。 这个感悟过程是分成三个步骤来完成的。

第一步：观看视频。

这是一个介绍宝剑特点和铸造过程的视频。 视频最先出现的是宝剑削铁如泥的画面：叠放在一起的几枚铜钱，宝剑轻而易举地就把它们剁成两半，而剑刃毫无损伤。 接着，介绍的是宝剑柔韧的特点，画面上的宝剑被铸剑大师弯成了90°而不断裂，之后仍然能恢复到原来的样子。 展现宝剑刚柔并济的特点之后，片子才追根溯源，生动形象地介绍宝剑的铸造和加工过程：从冶炼、锻打，到淬火、磨砺……看到精彩之处，学生们会不由自主地发出一阵阵惊叹。

第二步：谈说感想。

这里，我对"感想"做了必要的限定：围绕宝剑刚柔并济的特点和铸剑的过程来谈。学生们紧扣主题，纷纷说出了自己的看法。 这些看法，归纳起来主要有以下几点：

1. 宝剑的刚柔并济是令人肃然起敬、令人神往的，我们应该追求这种境界。

2. 宝剑之美是千锤百炼的结果，要想达到这样的境界，就要不怕磨砺。

3. 我们应该做一个像宝剑那样的君子，刚柔并济，自强不息。

第三步：选择答题。

屏幕播放出如下的选择题，让学生根据自己的意愿选择：

1. 身体健康，生气勃勃，积极向上，开朗乐观。

2. 越来越近视，脊柱弯曲，老气横秋。

3. 经常发脾气，怨气冲天。

4. 扫除不迟到，不逃避劳动。

5. 不攀比穿用名牌，不浪费学习用品。

6. 做事磨磨蹭蹭，经常忘事，总让家长送东西。

7. 座位歪歪斜斜，垃圾成堆，尘土飞扬。

8. 指甲很长，经常咬手指。

9. 不剩饭剩菜，饭、汤洒出后立刻清理。

10. 不妨碍他人，懂得宽容。

11. 不跟家长、老师耍脾气。

12. 嘲笑他人，对有困难的同学视而不见。

13. 说话不算数，常说空话。

14. 知羞懂耻。

15. 异性同学友谊纯真、行为适当，不做与自己身份和年龄不相称的事。

16. 积极参加班级活动，如无特殊情况，不因个人原因而影响班级工作。

17. 穿戴整洁朴素。

18. 谈吐举止有修养，不起哄，不放肆，不粗野，不低俗。

19. 与老师或长辈同时走到门口时不懂礼让，径直向前冲。

20. 对自己的行为负责，有过失要主动想办法弥补。

21. 班务承担按时完成，积极为班级做好事。

22. 到食堂就餐时抢先入场，脱离队伍。

23. 站队等待盛饭时乱动，交头接耳，越位拿餐具。

24. 上学不及时进教室，放学不及时回家，四处闲逛。

25. 追逐打闹、喧哗尖叫。

26. 及时上交作业，不在早晨补作业。

27. 课前准备主动、及时。

28. 老师讲课或同学发言时不插话。

29. 室内交流嘻嘻哈哈，随心所欲，不顾他人感受和班级秩序。

30. 发言或研讨主动积极，不跑题，不搞笑。

31. 养成落笔的习惯，字迹整洁。

32. 遇到好菜好饭时不顾他人，多吃多占。

33. 好好学习，天天向上。

这些选择题，都是根据学生日常学习生活中的实际情况而拟制的。凡是正面的，就是要倡导的；凡是负面的，就是要改正的。

选择的结果是令人满意的。我高度赞赏了学生们的选择，并鼓励他们努力在实践中落实自己的选择，做一个守信的人。

至此，"感悟主题"的主要内容进行完毕。

班干部们正在
解释班训和班徽的
内涵

"铸剑"班会的程序结束了，但"铸剑"的工程才刚刚开始。经过一个学期的冶炼，"阳光六班"的原矿已经熔成流动的合金，利用这次班会，我们把这流动的合金倾倒进思想的铸范里，为它担当大任的未来铸出锋利而闪光的梦想。

▌千虑一得

学期之初的班会，除了事务性的要求，最好还能具备以下几个特点。

有深度。 就是班会要富有思想的启发性，要能够给学生带来深入的思考、感悟和启迪。 这种启发性的实现，有赖于对班会主题的深入思索，有赖于对学生的循循善诱，有赖于给学生创造思考和表达的机会，有赖于对学生的激励和鼓舞。 比如，在班会中安排学生观看宝剑的铸造过程、理解宝剑刚柔并济的特点，这就是在对学生进行有思想深度的教育。

有长度。 就是对班会的主题有一个整体的、全面的思考，最好是根据不同学期的教育需要，形成一个既有独立主题、又有内在联系的教育系列。 比如，我们以宝剑文化作为班会主题的载体，第一个学期的主题是"知剑"，后五个学期期初的班会主题分别为"铸剑""砺剑""仗剑""试剑""舞剑"，中考之前再"亮剑"。 有了这样一个整体的思考，在不同阶段，就可以各有侧重地进行教育，而最后，这些教育彼此呼应，形成一个系列的教育整体。

有强度。 是指在期初的班会里要包含一些需要落实的硬指标和强化落实的硬办法。 班会既是一种思想的引导，也是情感的熏陶，还是行动的落实。 从某种意义上来讲，没有行动的思想是空洞的思想，没有行动的决心是空虚的决心，所以，班会一定要有具体行动落实的内容和环节。 这样，这个班会就可以既有思想又有实效了。

▌披沙拣金

以选择题的形式引导学生在是与非、美与丑之间做出选择，这是教学生"学会择善"。 学会择善，可以从四个方面去思考。

择善心。 就是选择做一个善良的人，拥有一颗善良的心。 善良是人性中最根本、最普遍、最美好的部分，善良不仅仅是一种念头，更应该是一种追求。 从初中生的角度来讲，能将心比心，富有同情心，有正义感，这些都是最常见，也最容易实现的善良。

择善为。 就是能够选择善良的行为。 这种善为，既是对他人所做的善举，也是自己做正确的事、做该做的事。 对于成长中的青少年来讲，能够知道自己该做什么，不该做什么，能够对自己的行为有清醒的认识，能够做有利于健康成长的事，这是非常重要的。

择善友。 学会择友，这是青少年无论如何也避不开的话题，而学会如何选择朋友，也的确是一个相当困难的问题。 什么样的朋友是真正的朋友？ 怎样做才能交到真正的朋友？ 其实，对善友的选择，就是对善良的选择，就是对正直的选择，就是对正确的选择，就是对优秀的选择，就是对美好的选择……

择善物。 就是能够以正确的价值标准来衡量并选择所接触的事物。 学生在成长过程中，常常会面临各种各样的诱惑，这些诱惑往往会披着有趣的外衣，在不知不觉中把学生引入歧途。 比如，一些内容低俗的漫画书，很能吸引小孩子的眼球，但对他们的成长却有百害而无一益。 所以，具有选择正确事物的能力，这是最平常，也是最现实的择善。

他山之石

关键词：宝剑，班会

32. 盛开阳光的花朵——班状

有一种花，它需要用精神的土壤去栽培，用情感的甘露去润泽，用奋斗的阳光去照耀，用荣誉的双手去采摘。

——题记

▌春风化雨

2011年3月1日，新学期开学的第一天。

除了参加开学典礼，"阳光六班"的学生们还做了另外一件大事。

音乐课的时候，按照惯例，同学们走进音乐教室，依次坐好。与以往不同的是，他们的表现更加"规矩"，神情也有些"诡秘"。

正当音乐荀老师准备上课的时候，班干部走到她的面前，恭恭敬敬地向她献上了一束艳丽的鲜花。 同时，她们还手捧一张写有感谢文字的红纸。 这张写有感谢文字的红纸，我把它称为"班状"。

所谓"班状"，就是一种具有班级特色的、表现样式相对统一的，用来褒奖、致意、达情的纸质文件。 "班状"这个词是我自己硬造出来的，不一定合适，聊胜于无吧。

班状应该有一个基本的格式，这个基本格式就是最具有班级特色的文化符号及装饰。 在这个基础之上，再根据需要增加某种特定的内容。 "阳光六班"班状的基本格式由装饰框、班徽、班训、名头、寄语（说明文字、表彰词等）、落款几部分组成，有时，还可根据需要加入有特殊意义的照片。

班状有哪些种类，班状又是怎样来使用的呢?

奖状。 用于各种先进、优秀的表彰，多在期初的班会、专项总结会上使用，用于比较重大的活动表彰。 奖状样式可根据需要制成横式、纵式两种。

荣誉卡。 有类似勋章和胸标的双重功能。 上面标有姓名、曾获得的荣誉称号等内容，佩戴在胸前使用。 "阳光六班"曾以此为标志开展"值日明星"活动，这种方式能较好地激发学生的荣誉感，增强学生的自我约束力，从而达到激励学生积极进取、努力向上的目的。

胸前佩戴荣誉卡的刘懿同学正坐姿端正地候餐

祝愿卡。 向同学表达良好祝愿之用。 凡因病多日不能正常到校学习的同学，班级会以这种方式表达对他们的祝愿。

祝愿卡上印有统一的文字："美好的祝愿送给你——我们的同学、朋友和兄弟（姐妹），我们都在惦念着你！ 希望你安心疗养，祝愿你早日康复！"既表达关切之情，又表达祝福之意。

此外，祝愿卡还留有一定的空白，用于同学写下自己个性化的寄语。 这种寄语具有多种多样、热情洋溢、极富个性化的特点。 比如，在给一位同学的祝愿卡上，我们可以看到这样热情洋溢的文字：

一姐，你快点儿好啊，好回来考试，我还要超你呢！！！

我可以帮你解决一些问题哦，加油！

加油！ 我们组等着顶梁柱回来呢！

嘻嘻，快点儿好起来，听说太医治疗得不错，早日康复！

有我的祝福，原地满状态复活。

……

这些话或真诚祝愿，或诙谐幽默，或暗藏"玄机"，或高调"挑战"……看到这样的寄语，哪个被祝愿者会不忘了寂寞呢？　也许，看到这一句句滚烫话语的时候，他们的心已经飞回课堂了吧？

纪念卡。　向转离班级的同学表达祝福、留作纪念之用。　纪念卡上方正中印有醒目的"惜别"二字，其下方是转离同学的姓名。　接着印有依次错开排列的四个短语："永远的同学！　永远的伙伴！　永远的朋友！　永远的姐妹（兄弟）！"这四种称谓各有所指，情感逐层加深，表达了同学之间的真挚友谊。

同祝愿卡一样，纪念卡上也留有空白的地方，用于同学写下自己的话。　由于是要送给即将转走的同学的，具有较强的纪念意义，所以，制作的时候，还专门把纪念卡接收者的有代表性的照片和全班的集体照印在上面，为即将离开的同学留下珍贵的回忆（参见《落叶不是无情物》中送给高蕴晗的用落叶自制的纪念卡）。

感谢状。　用于向个人或团体表达感谢之情。　比如，本文开头提到的给音乐老师的感谢状就属于此类。

……

如果说班级精神是温暖的春风，那么，班状就是这春风吹开的花朵，它千姿百态，姹紫嫣红，无论何时，总会溢出沁人心脾的精神的芬芳，总会溢出历久弥新的情感的馨香。

▌ 千虑一得

为什么要制作班状呢？

是增强班级凝聚力的需要。　在班级管理中，为了调动学生的积极性，我们常常要对他们进行表彰。　表彰的方式有很多，其中，颁发奖状就是常用的方式之一。　这种方式最大的好处是可以把表彰的内容很醒目地用文字表述出来，从而彰显被表彰者某方面的先进和美好。　但是，我们使用的奖状往往都是买来的通用制品，形式上都一样，没有班级的特点。　如果班级自制一种奖状，使之具有浓浓的班级特色，不仅能起到表彰先进的作用，还能极大地增强同学们对班集体的认同感，这对增强集体的凝聚力是非常有用的。

是渗透宣传班级文化的需要。　班级文化的内涵是十分丰富的，班徽、班训都是重要的表现形式，怎样把它们融合在一起呢？　班状就能很好地解决这个问题。　在班状上，我们既可以印上班徽的图形，又可以印上班训的文字，这样，使用班状的时候，班级文化也就自然而然地渗透进去了。

▌披沙拣金

为生病的同学送祝愿卡，这是在教学生"学会关心"。学会关心，在日常的学习生活中主要有三种方式。

慰问。 就是以语言等方式向关心的对象表达慰问之意。这样的方式虽然简单，但往往会收到很好的效果。一句温暖的问候，一句亲切的安慰，都可能给对方带来心理的安慰。慰问还可以借用一定的物品来表情达意，比如送慰问卡、慰问品等。

排忧。 是指在心理层面为被关心者解除忧虑。很多时候，学生会面临这样那样的心理困扰，这些困扰使得他们心情不悦，甚至郁郁寡欢。那么，在同学面临这样心境的时候，如果能用恰当的方式帮助其化解内心的困扰，这可以说是最贴心的关心了。

解难。 就是在他人面临某种困难的时候，能够帮助其解决具体的困难。此种类型的关心，更多地体现在实际行动的帮助上。比如，在体力上施以援手，在物质上扶危济困，等等。

▌他山之石

关键词：班级文化

33. "七六版"的《学习雷锋好榜样》

如果说"好人"是一尊雕像，那么，善良就是这雕像的基座。 没有这个基座，"好人"永远立不起来。

——题记

▌ 春风化雨

2011 年 3 月 4 日，在学习雷锋纪念日的前一天，班级召开了以"学习雷锋好榜样"为主题的班会。

这次班会大致可分成三个部分。

走进雷锋的世界

安排学生查找有关雷锋及具有雷锋精神的人的先进事迹资料，然后以小组为单位进行交流。 这些要准备的材料，从六个方面进行了引导：

1. 雷锋们是如何对待本职工作的。
2. 雷锋们是如何对待需要帮助的人的。
3. 雷锋们是如何对待农民和工人的。
4. 雷锋们是如何对待学习的。
5. 雷锋们的人生态度是怎样的。
6. 雷锋们工作和学习的精神状态是怎样的。

为了使小组交流能够顺利进行，根据学生口头表达能力还不是很强的特点，我特意在口头表达方面做了具体要求：先说观点，后摆事实。 这就使学生在交流雷锋事迹的时候也锻炼了口头表达的能力。

寻找雷锋的身影

这部分内容分成两个环节。

先由学生根据查找的资料交流雷锋们的先进事迹。 交流的目的是促成大家对学雷锋活动有这样的认识：只要努力，人人都可以成为雷锋。

接下来，播放我为学生抓拍过的照片。 这些照片中的他们，都在某方面体现出了雷锋的精神：既有平平常常的助人为乐，又有本本分分的认真学习；既有默默无闻的尽职尽责，也有场面热烈的探究创造……每个学生都能在照片中得到展示。 每播放一张照片，我都会简要介绍一下照片的内容，并且对照片中的主人公进行表扬。 这样做的目的就是为了表达对每一位同学的重视，同时，通过对这些好人好事的点评，让他们都知道：这些好事，大家都能做！

唱响雷锋的精神

《学习雷锋好榜样》这首歌昂扬向上，催人奋进，很能激发正能量。 不过，歌曲中的有些歌词可能不大适合当前的形势。 为了能再唱响这首歌，我对歌词进行了修改，使之更适合当前的形势和我班的实际需要。 修改后的歌词是这样的：

学习雷锋好榜样

（七六版）

学习雷锋好榜样

热爱人民热爱党

敬爱农工不忘本

感恩报恩情义长

学习雷锋好榜样

好事好人好心肠

行善积德人敬爱

玫瑰送人有余香

> 学习雷锋好榜样
>
> 本分责任自图强
>
> 胸怀大志能刻苦
>
> 钉子精神放光芒

"敬爱农工不忘本"。 这是引导学生确立正确的价值观和学习榜样，特别是要给农民和工人这些最普通的劳动者和他们的劳动以足够的尊重。 引导学生对农民和工人的敬爱，其实隐含了我对当前某些青少年价值取向的隐忧：他们轻视农工，鄙视农工，贱视农工。 这种现象，实在是不能漠视。

"行善积德人敬爱"。 选用"行善积德"这样最民间的话来劝勉学生做好事，用最质朴的语言来告诉学生最朴素的道理：做好事能使自己品德更高尚。

"本分责任自图强"。 这句话强调了两点内容：第一，学雷锋要以尽自己的本分和责任为基础，不能抛开自己应尽的责任而专门去搞学雷锋的活动。 第二，"自图强"是我们班歌中的词句，这是在告诉大家，学雷锋活动也是我们践行班级精神的另一种形式，这二者是统一的。

"胸怀大志能刻苦，钉子精神放光芒"。 这两句是针对不能吃苦的现象而进行的正面引导。 一些青少年不能吃苦，没有韧劲，不能坚持。 引导学生们用踏踏实实的努力，坚持不懈地去实现理想，这也许是一个永远都不会过时的话题。

理解了歌词的意思之后，在《学习雷锋好榜样》旋律的伴奏下，学生们学唱起了自己班级版本的《学习雷锋好榜样》。 最后，在《学习雷锋好榜样》这铿锵有力、热情奔放的歌曲声中，这次班会拉上了帷幕。

一曲七六版的《学习雷锋好榜样》，让原本就平凡的雷锋回归平凡的原本，让雷锋走进学生当中，让他不遥远，不神秘，不高不可攀。 就像他那雕像的基座那样，坚实而亲切。

▌千虑一得

开展学雷锋活动，我遵循了"化高为低、化整为零"的原则。

化高为低。 这是从对雷锋精神理解的角度来讲的。 就是指把雷锋的高尚品格转化成具体可感的凡人善举，让学生懂得高尚不是空洞的，也不是神秘的，高尚是由许许多多低等的、平凡的小事累积而成的。 让学生懂得要想拥有高尚的品格其实并不难，只要我们把平凡的小事做好，就可以拥有高尚。

化整为零。 就是把学雷锋活动贯穿在日常的学习生活当中，把雷锋所拥有的伟大精神和高尚品格转化成"零散"的小事。 通过这些小事，小中见大，积小善而成大德。 要让学生学起雷锋来感觉能比得上、够得着，要让他们学有信心，学有所成。 这样，学雷锋就和班级的日常管理结合在一起了。 学雷锋活动促进了日常管理，日常管理强化了学雷锋活动，二者相辅相成，相得益彰。

披沙拣金

以"行善积德"的质朴观念来引导学生学习雷锋精神，这是从另一个角度来教学生"学会善良"。 学会善良，可从以下几方面来引导。

知善。 就是了解善良是什么，知道怎样做才是善良。 善良的内涵是很丰富的，而富有同情心，充满爱心，发自内心地帮助他人，这应该是善良的基本要义。 善良是源自心底的愿望，它不是做样子给人看的表演，也不是要换取什么回报的作秀。 教学生知善，要从培育他们的同情心和爱心开始。

行善。 就是以自己的实际行动来做善良的事。 行善并不是什么难事，任何人都可以做到行善。 比如，给人物质上的帮助：一掷千金是一种行善，给人一块干粮也是行善；比如，给人精神上的帮助：耐心地听人倾诉心曲是一种行善，给人一个鼓励的微笑也是行善；比如，给人行动上的帮助：扶起摔倒的路人是一种行善，帮同学捡起掉落的铅笔也是一种行善……行有大小，但善无高低；只要想做，我欲善，斯善至矣。

乐善。 就是愿意行善并且能从行善当中得到快乐。 快乐有三种境界：一种是建立在他人痛苦之上的快乐，这是恶之乐；一种是建立在自己得到满足基础上的快乐，这是独之乐；一种是建立在帮助他人基础上的快乐，这是善之乐。 毫无疑问，这善之乐是最高境界的快乐，也是最值得倡导的快乐。 如果学生们能不断地体验到这种快乐，那么，这对学生的健康成长和一生的幸福，都是具有积极意义的。

他山之石

关键词：品行

34. 冰块里握出的热度

> 　　磨砺就是磨掉精华以外的部分。　磨砺的过程必定痛苦，但痛苦之后必定是收获——收获坚强，收获勇敢，收获精华。
>
> ——题记

▌春风化雨

　　学习上缺乏主动的热情和坚忍的耐力，这是一个不容忽视的问题。

　　怎样让学生们具备迎难而上的勇气和持之以恒的耐力呢？　我的策略是：思想引导和行为训练并重。

　　为了促进这方面的思想引导，2011 年 3 月 11 日，班级召开了以"为了母亲的微笑"为主题的班会。　班会的主体由"光荣之路、握冰体验、感悟感言、教师寄语"这四部分组成。

　　第一部分：光荣之路。

　　安排这一部分内容的目的是在规范良好行为习惯的基础上促进良好学习习惯的养成。

　　根据"促进学习、代表全体"的原则，这一部分共安排了九名同学发言。　这些同学在学习层次、学习状态、学习成绩等方面都具有比较强的典型性，分别代表了九个方面的努力方向。　他们的发言，具有鼓舞自己、促进全体的双重作用。

　　第二部分：握冰体验。

　　这个环节由我亲自主持。

　　登上讲台之后，我指了指摆在讲台上的龙骨花，问道："大家还记得它的精神吗？"

"记得！"

就在前几天，我们专门就这盆"龙骨"历经一个假期的干旱而顽强活下来的事例写过一篇作文，他们当然不会忘记的。

"龙骨的精神有哪些？"我追问道。

"坚强！"

"顽强！"

"坚韧！"

……

"嗯，不错，不错！"我赞许地点点头，对大家说，"我们跟龙骨搞个比赛，看谁更顽强，好不好？"

"好——"也不管是什么，先答应了再说。

"怎么比呀？"喊完了"好"之后，才有学生提出疑问。

"做游戏！"我说。

"做游戏？"一开始，学生们竟然没有反应过来。

不过，他们立刻用更加热烈的掌声和七嘴八舌的叫好声回应了我。

在学生们期待的目光中，我拿出了两个塑料袋和一个保温杯。打开塑料袋，我从里面拿出来一个冰块："这就是我的'秘密武器'，我们的游戏名称就叫作'握冰挑战赛'！"

接着，我宣布了游戏规则：

1. 愿意挑战自我的同学，每人可以取一个冰块握在手里。

2. 冰块要一直握在同一只手里，中途不许松手。

3. 坚持握冰十分钟就算取胜，能坚持把冰块握化者更好。

4. 随时可以放弃比赛。

5. 第一个冰块握化后可再握一块。

6. 握冰整个过程中不得沾湿周围物品和地面。

听完规则之后，教室里立刻人声鼎沸，大家纷纷捋起袖管，跃跃欲试。

随后，由学生给每人都发放了冰块。我高兴地看到，每一位同学都抢着把冰块握进了手里。

刚开始，大家还有说有笑的，显得无比轻松。可是，没过几分钟，教室里渐渐安静下来。刚才还豪情万丈、打算"闲庭信步"的勇士们，这会儿却"淡定"起来……

他们都在坚持——好样的！

计时达到十分钟的时候，我告诉学生，可以松手了。可是，他们谁也没有要结束比赛的意思，大家都在努力争取更高级的胜利呢！有的同学已经握化了手里的冰块，但是，紧接着，他们又取了第二个冰块，其中，好几位还是女同学！

等到每一位同学都握化了第一个冰块之后，我宣布"游戏"结束。

第三部分：感悟感言。

学生们发言的角度不同，但都十分精彩——

王可民：很快乐，因为我坚持住了。

封嘉顺：（握冰）是从痛苦到平淡的过程。

张欣然：（握冰是）苦中有甜的感觉。 握冰需要耐力和磨炼，学习需要能力和磨炼。

李俊池：（握冰）是一种挑战。 我班同学从小到大没有人能够握这么长时间的冰。

任禹默：有点儿遗憾，没有握完两块冰。

陈沫澄：（握冰）快乐并痛苦着。 靠信念和毅力坚持了下来。

高蕴晗：世界上没有任何难的事情，只要你努力就能成功。

唐艺洧：学习需要握冰的精神，有些问题需要我们慢慢地去融化。

……

姜羽晗、张天乙主持"为了母亲的微笑"班会

第四部分：教师寄语。

我先引导学生们深入理解握冰游戏与本次班会主题的关系：他们的每一点进步，特别是在学习上的进步，他们的每一次成长，特别是在生存能力方面的成长，都会让家长，特别是让母亲的脸上荡漾出欣慰的、幸福的微笑。

最后，面对表现出色的学生们，我这样评价道："你们就像讲台上摆放的龙骨那样，具有积极向上的热情、不怕困难的勇气、战胜困难的韧劲和团结互助的美德。"

班会结束了，但学生们那握冰的"余温"却久久没有退去。 这余温，是握冰之后手掌上热热的感觉；这余温，是握冰之后情感上热热的亲切；这余温，是握冰之后思想上热热的感悟。 是的，握冰时的手是凉的，但握过冰之后的心却是热的。

▌ 千虑一得

这次班会，给学生们的锻炼是多方面的，主要有如下几点。

磨炼了意志。 这次班会可以理解成是开学"铸剑"班会这个大主题教育的延续，其主要意图就是让学生学会勇于面对困难，并且，要学会坚持，以持久的韧劲来战胜困难。在班会的过程中，学生们通过切切实实的感受，体会到磨砺的苦痛，而面对这种苦痛，他们顽强地坚持了下来，这靠的就是意志。

启迪了思想。 学生们开动脑筋，用心思考，积极回答。他们的许多思考都是比较深刻的。这些思考，有的是握冰的感受，有的是由握冰而引发的感悟，比如，对学习的感悟，比如，对握冰意义的思考，特别是有的思考已经跳出了握冰的本身，而是从更高的视角来审视人生。这种思想上的启迪，将使他们今后的成长越来越成熟。

增进了友谊。 以前，我曾在往届学生中开过一次握冰的班会，那次，我在准备工作中特意安排同学备好用来擦水的卫生纸和抹布，而本次我特意没有这样安排。为什么呢？根据平时的观察，我发现有一部分同学的手头备有常用的纸巾之类，而有的同学则没有。那么，握冰过程中，有纸巾的同学能不能主动把自己的纸巾送给同学使用，没有纸巾的同学能不能主动向有纸巾的同学借来纸巾使用，这些，不正好可以看一看他们的同学关系或是办事能力如何吗？结果，这个捎带考查的内容让我很是满意：学生们最后都有纸巾可用，在这一过程中，我看到了他们的友爱和善良——而就是在上学期，还曾发生过有同学遇到困难时默默赌气的事情……

▌ 披沙拣金

通过握冰来锻炼学生的耐力，这是在教学生"学会坚忍"。学会坚忍，可以从三个方面去引导。

能坚强。 就是面对困难和压力，绝不屈服。这是一种需要用勇气去支撑的毅力，有了这种毅力，就有了战胜困难的可能。在学生的成长过程中，能够让人痛苦万分的大灾大难未必会有、未必会常有，更多需要用坚强来应对的，则是日常生活中的小事。这就更需要他们平时就具备这种坚强的品格，能坚强地面对这些艰难困苦，他们的路就会越走越平坦。

能忍耐。 就是具有克服困难的耐力。如果说坚强是短时的态度的话，那么，忍耐则是长时间的坚持。在困难面前，不但不屈服，还能坚持长久的不屈服：忍受压力的考验，忍受痛苦的折磨，忍受心理的煎熬，忍受肉体的伤痛。具有了这样的忍耐力，就能够在与艰难困苦的较量中最终取胜。

能受屈。 就是能为了大计忍受委屈，甚至是屈辱。 委屈往往是最难让人忍受的，为什么？ 因为委屈是本不该有的、是本不该承受的屈辱或磨难。 所以，能忍受这本不该有的委屈，则恰恰是一个人更加成熟的表现。 具有坚忍品质的人，一定是个可以忍受委屈的人。 一些年轻人缺乏这种为了大计而忍受委屈的素质，他们极易冲动，常常会因为一点点的小事就大发雷霆，甚至大打出手。 结果呢？ 是逞了一时之勇，却也乱了大谋，伤了大德。

他山之石

关键词：坚忍

35. 拔河——拔的不是河

让失意硌厚脚上的老茧，让痛苦噬咬心头的稚嫩——就让自己默默地流泪吧！ 此时，也许听不到骨骼拔节的声响，但是，当再度站起，你定然发现，自己已经长高。

——题记

▌春风化雨

七年级的下学期，学校开展了拔河比赛活动。 在接连几场的比赛中，我班虽然也有胜利，但总体来看是输多赢少。

2011 年 3 月 21 日，在与另一个班级的比赛中，我班赢了。 这对于一个连输了几场的班级来讲，无疑是一针强心剂。 学生们兴高采烈，满脸是灿烂的阳光。

可是，好景不长，在第二天的比赛中，我班又输了。

一时间，昨日的喜悦一扫而空，学生们个个脸上阴云密布，有的甚至无比沮丧地说：咱们怎么使劲也白搭，下次干脆不比算了。

也许，这话只是随口说说而已，但是，看到他们萎靡不振的状态，我想，不能让这样的情绪蔓延开来，否则，对班级的影响、对他们的成长都是很不利的。

回教室的过程中，我迅速思考着对策。

当学生们都坐好的时候，我的对策已经有了基本的思路：通过转移学生注意力来调整情绪。 我安排两位体育委员主持一个总结会，让学生们讨论下一次比赛的技术改进问题。

会上，大家纷纷献言献策，对如何赢得比赛提出了自己的想法。

比赛失利后的讨论会上，同学们正踊跃地献计献策

有的同学提出，应该让身材敦实的队员站在前面，这样能稳住阵脚；有人提出我们的口号声可以早一点儿喊出来，这样既可以给自己加油打气，也可以先声夺人；还有的提出我们的握绳方式不对劲，应该保持水平方向……此时，所有学生都把注意力集中在如何赢得下一场的比赛上，他们的脸上已经看不见沮丧的表情了。

我暗暗舒了口气。

此时，另一个想法在我的头脑里形成了：借这次拔河比赛对学生进行一次面对挫折的教育。

整轮比赛下来，六个班级中，我班没有进入前三名的获奖行列。 颁奖仪式结束后，学生们走进教室，坐好，等着我讲话。 当时，面对情绪低落的学生，我只用平缓的语调说了一句话："该干什么干什么。"当时正是上自习的时间，所谓的该干什么干什么，就是要上好自习课。

我看到，面对我这没有教育的"教育"，学生们有点儿意外，他们觉得我应该会说点儿什么的。

但是，我没说。

我还看到，其实有些学生的眼神在告诉我，他们希望我说点儿什么。

但是，我还是没说。

为什么当时不讲话呢？ 我是有意让学生经历一次"熬"的过程，就像猎人的"熬鹰"那样——猎人在把捉到的野鹰训练成猎鹰的过程中，把野鹰蒙上双眼，故意不给吃饱、不让睡觉……这个过程就叫"熬鹰"。 我以为，现在的孩子要想成为展翅蓝天的雄鹰，也必须有个"熬"的过程。 我所说的"熬"，是指让他们在受到挫折的情况下，能够独自承受失败的痛苦，这是成长必有的经历。 通过这样"熬"的办法，能让他们具备足够坚韧的心理承受力。 有些青少年往往心理比较脆弱，原因固然有很多，但一遇到挫折马上就会得到安慰或帮助，使他们失去了独自承受压力和痛苦的磨炼机会，这也是一个不可忽视的原因。

所以，当时，我索性就什么都不说，让他们先自己承受，自己化解。

说到这里，还不得不啰唆一句。对学生的教育中，有的老师或家长太喜欢"说"，有事也说，没事也说；小事大说，大事海说。唉，怎么说呢？这种海说的做法，效果啊……实在没法说。

直到第二天放学前，我才找机会与学生们进行沟通。

我赞扬了他们为了集体的荣誉而奋勇拼搏的精神，赞扬了他们不怕苦、不怕累的顽强意志，赞扬了他们开动脑筋、合作互助的极大热情。并且提议，让他们为自己的出色表现而热烈鼓掌。

掌声响起了，但并不热烈。这是意料之中的事情——吃了败仗，何来热情鼓掌呢？

"同学们，大家昨天还有一个特别突出的表现令我非常欣慰，你们知道是什么吗？"我问道。

大家纷纷摇头。

"猜一猜吧！"我进一步鼓动道。

这一问、一猜都是为了转移他们注意力而临场发挥的问题。本来，我是想直奔主题对学生进行教育的，但是，学生的情绪调整不到位，直奔主题是不会有好效果的。

待大家的脸色不那么凝重之后，我才告诉他们：就在昨天，我对他们进行了另外一种考试，在这种考试中，他们都取得了很好的成绩！这种考试，就是心理素质的考试。他们在这种心理素质考试中取得的好成绩让老师倍感欣慰。

随后，我引导他们思考下面的问题：

1. 人生能不能总是一帆风顺？

2. 遇到不如意的时候，怎样做才能渡过难关？

3. 比赛失利可能会经常出现，我们怎么来对待各种比赛？

在广泛发言的基础上，最后大家达成了这样的共识：人生不可能总是一帆风顺，有些事情，可能永远也无法取胜，那么，面对挫折，最重要的是保持一种积极面对的勇气；即使失败了，但只要有这样的勇气，我们总会一往无前。不管是什么比赛，我们既要赢得起，也要输得起。

最后，我提醒他们：人生之路很宽广，前行的时候，如果沉溺于失败当中不能自拔，那么，对于这个人来讲，他的经历就只能有这一次，而且，是失败的这一次。所以，我们要学会"拿得起、放得下"，这样，才会轻装前进，才可能有下一次的成功眷顾我们。

当我再一次让大家为自己的出色表现而鼓掌的时候，这掌声明显地响亮了起来，而且，我听得出来，那掌声里已经开始跳跃出轻快的音符。

这次拔河比赛，对于"阳光六班"的学生们来讲，拔的其实不是河——他们拔的是意志，是成长，是成熟。

千虑一得

这次教育，收获了很多，这里只谈谈教育的机缘问题。 所有临时发生的、能激发教育灵感、能引发教育的机会，我都把它叫作教育的机缘。 机缘往往是可遇而不可求的，关键在于，机缘出现的时候，能够把它抓住。

怎样抓住这些教育的机缘呢？

时常看。 看什么呢？ 看学生，看学生的言谈举止，看学生的喜怒哀乐，看学生的进退得失。 只有看的功夫下到了，我们才知道学生需要什么样的教育；也只有时常地看，我们才能发现那些可以用来对学生进行教育的机缘。 一个不愿看、不会看的人，就算教育的机缘与他迎面而来，他也可能会与机缘失之交臂。

时常想。 想什么呢？ 想耳闻目睹的一切与教育之间的关系，想耳闻目睹的一切可用来进行教育的因素。 是的，一切，一切都有教育的因素存在，一切都可以用来进行教育。 当然，想归想，怎样选择，那还要根据学生成长的实际需要来进行，如果所有想到的都用上，那么，自己吃不消，学生们也受不了。 毕竟，耳闻目睹的一切太多了。

教育机缘往往会给我们的教育带来意外的惊喜，但它只青睐那些善于观察、善于思考和善于利用它的人。

披沙拣金

让学生在拔河失败的挫折中经受磨砺、感悟成长，这是在教学生"学会耐挫"。 如果把培养学生的耐挫力比作宝剑的制作过程的话，那么，下面的几道工序都是必不可少的。

熔铸。 就是对学生进行思想和心理等各方面综合素质的培养，如同把各种必需的矿石放在一起冶炼一样，最后形成一块高强度、高韧度的合金钢。 比如，远大的志向，宽广的胸怀，坚定的意志，等等。 当一个人具备了这些更高、更远、更广的目标和追求的时候，挫折就会变成他们砥砺自我的磨刀石。 面对挫折，他们不但不惧怕，反而会张开双臂，热情地迎接这挫折的到来。

淬火。 就是让学生经历大热大冷、大起大落的思想历练和心理起伏过程，如同把烧得通红的剑坯猝然浸入冰冷的雪水中一样，这样的骤热骤冷的过程，会使得剑身具有更高的强度和韧性。 有时候，淬火的过程，就是让学生独自感受磨难的过程，这一过程不需要我们去干预，让他们自己去痛，自己去哭，自己去喊，然后，一切归于平静。 这种痛过、哭过之后的平静，就是成长，就是刚强，就是坚韧。

锤锻。 就是经常性地让学生经历一些挫折，就像用铁锤不停地锻打初具剑形的剑身那样，让它的密度更高，让它的韧性更强。 只有不断地得到锻炼，学生的意志品质才能日益坚强。 这方面，无论是老师还是家长，我们未必要刻意地制造磨难去锤锻孩子，但我们至少要做到一点，那就是当磨难来临的时候，如果它并不会伤害孩子，那么，请不要用我们的身体"好心"地为孩子们遮挡这些磨难，只有这样，生活本身安排给孩子们的锤锻才会起到应起的作用。 甚至，有时候让他们受点儿小伤也都是必要的。

研磨。 从粗到细，研磨会使宝剑越来越锋利，越来越锋芒耀眼。 对于孩子们来讲，如果说锤锻是比较沉重的坎坷磨难的话，那么，研磨就是需要让孩子们反反复复去经历的日常的小困难、小挫折。 这种反反复复的磨炼，会给孩子们磨出心灵的坚韧，让他们不怕受伤。

教育不能太纯净，教育不能太呵护。 否则，我们培养出来的学生就很可能是弱不禁风的嫩苗，一旦离开温室的保护，自然界的风雨就会使它们遍体鳞伤，甚至一蹶不振。

他山之石

关键词：坚忍

36. 让学生讲课值不值

　　暗夜中的海面，一叶扁舟茫然飘荡。 此时，远处的一点灯光，对于漂泊者意味着什么？ 意味着希望，意味着力量。 我们能为学生的学习之海点亮一盏这样的灯吗？

——题记

▌ 春风化雨

　　由学生讲课，是培养学生综合素养的有效手段之一。 可是，实际工作中，很多人不愿意这样做。 他们认为，这样做浪费精力，得不偿失，非常不值。

　　到底值不值呢？

　　先请看下面这份学生自主学习的程序安排。

《爱莲说》自学程序

主持小组：第_____组　课时：第一课时　时间：2011 年　月　日

学习阶段	主持要点
一、提示	A：大家好，今天的语文课由我们第_____组同学跟大家一起来学习第_____课《爱莲说》。 首先，我向大家介绍一下本节课的学习要点： ①作者②全文重点字的读音③朗读课文④第一段重点词语的解释和句子翻译⑤对上述主要问题进行笔答验收
二、常识	B：下面，由我和大家一起来了解本课的文学常识。 请问，哪位同学能给大家介绍一下本课的作者呢？ ……谢谢！ （肯定、修正、补充）

学习阶段	主持要点
三、识字	C：下面，由我和同学们一起识字正音。 请问，哪位同学能给大家提醒一下本课需要掌握的生字、难字呢？ …… ①甚蕃（　　　）②淤泥（　　　）③濯清涟（　　　）④亵玩（　　　）⑤不蔓 （　　　）不枝⑥隐逸（　　　）⑦鲜有闻（　　　）
四、朗读	D：①下面，就让我们一起走进周敦颐的《爱莲说》，体会一下_____。 先请同学们自由朗读课文…… ②现在请大家齐读课文（一遍，全体）…… ③现在请大家一起背诵课文（一遍，全体）……
五、理解	E：①课文就读到这里，下面请大家以小组为单位研讨课文大意…… ②课文研讨就到这里，下面，我们来疏通课文大意。 首先，请（第_____组）同学为大家解释这句话的意思…… 重点词语： ①甚蕃②独爱菊③自李唐来④濯清涟而不妖⑤益清⑥亭亭净植⑦亵玩 重点句子： ①自李唐来，世人甚爱牡丹②予独爱莲之出淤泥而不染，濯清涟而不妖 ③中通外直，不蔓不枝④香远益清，亭亭净植，可远观而不可亵玩焉
六、答疑	F：现在，请大家再一起背诵一遍课文…… 下面，请老师为我们答疑解惑……
七、验收	G：现在，请大家笔答练习题。 （练习题根据学习要点事先备好；主讲小组也参加笔答）
八、批改	H：本组同学互相批改。 （检查各组情况：按顺序分工，每人检查一组，自己的验收题交给所检查的小组批改）

　　这份自学程序是为学习小组主持的课堂学习而设计的。 程序中既有主持顺序，也有学习要点及验收办法，还有人员分工，甚至连各环节之间主持人过渡的话都以简练的语言做了提示，这就避免了学生讲课可能出现的"混乱"状态，最大限度地节约了课堂时间。

　　程序中高度重视调动学生学习的主动性。 台上的"老师们"事先准备自不必说，台下的学生们也不是被动地听讲："介绍""提醒""背诵""研讨""疏通""笔答""批改"，这些动词无不提醒我们，每个学生都要主动学习、合作学习，才能适应这堂课的学习方式。

课堂上，学生们
正在热烈地研讨问题

　　按照这样的程序来操作的课堂学习，不但可以完成知识目标的学习和落实，还可以很好地激发学习的主动性，让每个学生都得到锻炼的机会：锻炼敢于表达、善于表达的能力，锻炼发现问题、解决问题的能力……

　　严格来讲，这个自学程序所呈现的教学方式还远远谈不上是真正意义上的教学改革，它充其量也就是对学习方式方法的一种探索而已。　但是，这种探索，对促进学生自主学习能力的增强无疑是有益的。

　　由学生讲课，对学生自主成长的激发意义远远大于对学科知识本身学习的价值，就如同那暗夜里随波飘荡的小船上的旅人，有了追求的方向和欲望，才有可能最终到达理想的彼岸。

▌千虑一得

　　让学生讲课，对这种学习方式的探索该注意哪些问题呢？

　　一、**选好课题。**　初始阶段的学生讲课，在课题的选择上，可以考虑选择那些篇幅短小、内容简单、易于操作的课程。　比如，语文课中的短篇课文、诗词赏析等。　这样的课题选择可能是保守了些，但这样的保守可以让初次尝试的老师和学生也同时多了一分"保险"：即使"搞砸"了，课程的主体也不会伤筋动骨，补救起来也相对容易。

　　二、**明确目标。**　课题选定之后，根据课程标准，教师要对课题中的教学目标有清清楚楚的梳理。　学哪些内容、学到什么程度、怎样检验，这些问题，教师不但要做到自己心中有数，还要把它们交代给学生，具有实实在在的可操作性。

　　三、**确定分工。**　课题选定之后，要对学生所承担的讲课任务进行分工。　这种分工的原则是全体参与、因能从"教"，让每一个学生都有机会参与到讲课活动中来，并且，这种参与要适合他们本人的实际能力。

　　四、**设计程序。**　教学程序的设计要充分考虑内容安排和时间分配这两大要素，在培养学生能力的基础上，高度重视知识目标的落实。　尽可能地简化环节、简化语言，通过程序来控制学生讲课的行为，力争实现既定目标。

五、及时调控。 让学生讲课，教师不是旁观者、评判者，而是引导者、合作者，所以，教师的临场调控就显得非常必要了。无论是学习过程中遇到难以解决的问题，或是临时生成的问题，还是学习过程中出现的组织课堂、行动协调的问题，都是需要教师来解决、来调控的。这种调控，最好随时进行，这样有利于提高课堂的学习效率。

六、弥补缺憾。 任何课堂都是有缺憾的，何况是学生讲课呢？这时候，就需要教师想办法弥补这种缺憾。当堂能弥补的最好在当堂就做，当堂做不了的，在课下通过答疑、测验等其他方式来弥补，不能让学习过程中出现的问题或错误溜之大吉。

▌披沙拣金

尝试让学生讲课，是从另一个角度教学生在学习上"学会灵活"。这里所说的学会灵活，专指教学生在课堂上具有积极的活跃的学习状态。要想做到这一点，需要从以下两方面去引导。

思维活跃。 课堂活跃的本质是学生思维的活跃，而学生思维的活跃关键还在于他们能够主动思考。要想学会主动思考，就需要教师从学习的内容和形式这两方面来引导。从内容上看，知识能力目标的适度性、问题设计的渐近性，都是促使学生主动思考的关键所在；而从形式上来看，学习任务的分配、合作学习等学习形式的安排、学习程序的设计等，也都是激发学生主动思考要考虑的因素。

表达灵活。 一是指表达的内容要集中。就是紧扣学习的目标来进行，不能随意，不能东拉西扯、节外生枝。二是表达的时机要恰当。这种时机，首要的是要经过思考，不能不假思索；同时，还要注意尽量不打断他人的正常表达（如教师的正常讲课、同学的正常发言等）。三是表达的方式要合适。该发言的时候，就用口头表达，该书写的时候就笔答，该操作的时候就动手。这样，才能从不同的角度提高自己的表达能力，收到应有的表达效果。

▌他山之石

关键词：学习

37. 初识"男子汉"

如果是女性具有了英雄行为，那么，我们通常可能会称之为"女英雄"。 如果有一天，我们的语言习惯里通行了"男英雄"的说法，那世界将会怎样？

——题记

▌春风化雨

2011 年 4 月 11 日，班级召开了以"做个男子汉"为主题的班会。

本次班会的内容大致可分为"认同男子汉、理解男子汉、感受男子汉、做个男子汉"这么四个部分。

第一部分：认同男子汉。

这一部分的目的是让全体学生对男子汉有个初步的理解，并以此为基点，为下一步深入理解男子汉的丰富内涵做好铺垫。

此处安排了两组成语，让男生们以自愿选择的方式来表达自己的愿望。

第一组成语：

花枝招展　气宇轩昂　亭亭玉立　威武雄壮

第二组成语：

仁人志士　壮志凌云　昂首挺胸

亡命之徒　玩物丧志　獐头鼠目

男生们选择的结果是：谁也不愿意做一个"花枝招展、亭亭玉立、玩物丧志、獐头鼠目"的"亡命之徒"。

第二部分：感受男子汉。

播放专题片《不平凡的童年》，它介绍的是当代青少年中不怕磨难、坚强进取的楷模。 点评的时候，我特殊强调了这些先进人物与我的学生们同龄，甚至低龄，却能够不怕困难、勇担责任的特点。

第三部分：理解男子汉。

为了让学生对男子汉的内涵有比较全面而又适合他们认知水平的了解，我从"男"这个汉字的解析入手，由浅入深地向他们介绍了男子汉"力量巨大、责任重大、形象高大"这几方面的特征。 讲稿的提纲如下：

（一）力量巨大

1. 体力

①重要特征：身体健康、强壮。

（例：项羽"力拔山兮气盖世"；毛主席"文明其精神，野蛮其体魄"；军人威武雄壮。）

②本班要求：锻炼身体，健康向上。 下课出教室活动，不懒洋洋。

2. 魄力

①重要特征：勇敢（无所畏惧，勇往直前，勇于开拓。）

热情（热血沸腾，挺身而出，雷厉风行。）

②本班要求：积极参加活动，运动会勇创佳绩。

3. 毅力

①重要特征：坚强（不怕困难与痛苦。 例：吉林市第五中学王昱权的故事。）

坚韧（持久忍耐。 例：卧薪尝胆。）

②本班要求：生活中坚强，学习上坚韧，面对难题不回避、不服输。

4. 智力

①重要特征：学业好，能力强。

②本班要求：努力学习。

（提示：所有力量必须用智慧去支配，有正确方向的力才是有用的力。）

（二）责任重大

1. 对自己的责任

①重要特征：生存（有本领，有志气。 例：洪占辉不愿接受救助。）

发展（有志向，有抱负。 例：男儿何不带吴钩。）

②本班要求：脚踏实地，学好本领，做好自己。

2. 对家庭的责任

①重要特征：孝养父母（例："感动中国·2004 年年度人物"田世国。）

②本班要求：不让父母操心，孝敬父母。

3. 对他人的责任

①朋友同学：学会分担，互相帮助。

②本班要求：宽广胸怀，绅士风度。

4. 对社会的责任

①重要特征：天下兴亡，匹夫有责；冲锋陷阵，勇于担当。

②本班要求：主动做好事，不做旁观者。

（三）形象高大

①重要特征：棱角分明，顶天立地。

②本班要求：每天高大一点点。

其中，对 "男" 字进行解析的时候，我从 "言男子力于田也" 入手，先讲耕田齐家、修身自立的小责，再谈治国平天下的大责。 为了更形象地突出 "男" 字责任的重大，我特意造了一个 "字"，用它来与男字对比，从而突出了男人要把责任作为 "头等" 大事的这层意思。

第四部分：做个男子汉。

先组织男生做选择题。 选择题共有十二个：

1. 面对家长和老师的教育，不虚心，不耐烦，表情抵触，态度不好。

2. 站排随意晃动，不管是否对齐。

3. 严于律己，宽以待人。

4. 自己总有理，他人总有错。

5. 明明知道课间莽撞追逐的不利之处，还是照玩不误。

6. 犯错后勇于承担责任，不给自己找借口。

7. 玩物丧志，不关心自己的责任。

8. 做事随心所欲，不顾及自己的学习和他人的感受。

9. 不心胸狭隘，不斤斤计较。

10. 脾气暴躁，不会克制。

11. 尊重女生，不以不恰当的言行对待女生。

12. 有责任感，关键时刻能挺身而出。

之后，安排男生记诵 "阳光六班" 的 "男子汉宣言"：

我是男生，如火如铁；

我是男生，有责有力。

我是男生，胸怀四海；

我是男生，顶天立地！

"做个男子汉"班会上，男生们正在积极发言

　　这个"男子汉宣言"是根据男生的特点和班级工作的实际需要而整理的。 宣言中的"如火"指的是热情和魄力；"如铁"指的是坚强和纪律； "有责"指的是责任和道义；"有力"指的是力量和智慧；"胸怀四海"指的是大度和风度；"顶天立地"指的是总体的高大形象，其中，"顶天"又特指志向、抱负远大，"立地"又特指脚踏实地、务实肯干。

　　这几句宣言，我安排男同学当场背诵，最后由男生班干部带领，所有男生一起高声呼号。 他们的呼号尽管还有些童音未泯，但稚嫩中已经可以听出那血管里奔涌的热情。 我知道，这群小家伙，将来都会成为响当当的男子汉，成为真真正正的男人。

　　什么是男人呢？ 男人是大海，是高山；是钢铁，是巨澜；是熊熊烈火，是地冻天寒；是金戈铁马，是大漠雄关；是铁肩担道义，是十年磨一剑；是八千里路云和月，是九万里鲲鹏上青天。 男人是坚强的意志，是顽强的毅力，是宽广的胸怀，是远大的目光，是冷静的思索，是火热的情怀，是坚定的信念，是强烈的责任，是绅士的风度，是战士的勇敢……

▌千虑一得

　　有一句成语叫"循循善诱"，指的是善于有步骤地引导别人进行学习。 这"循循"要循的次序有很多，教育实践中，我常用的有如下这么三种。

　　由浅入深。 就是按照逐层深入的次序对学生进行教育。 这样的教育有层次，有梯度，能使学生逐步理解，逐步接受，逐步提高。 比如，对学生进行"做个男子汉"教育的时候，先从外部形象入手，理解男子汉的外形特点，然后再深入理解男子汉"力量巨大、责任重大、形象高大"这几方面的特点。 这样循序渐进的认识过程，就是由浅入深的认识过程。

由象及理。 就是从事物的表象入手，抽丝剥茧，逐步挖掘出表象下面所蕴含的道理。这种顺序，往往生动形象，深入浅出，非常适合给正在成长中的中学生使用。比如，对学生进行"做个男子汉"的教育中，通过对"男"字的解析，从"田"在"男"字上部这一形象特征说起，指出"种田养家"是男子的"头顶"大事，然后再深入地探讨男子责任重大的特点。这就是由象及理的循循善诱。

由此及彼。 就是利用联想的方法，抓住某一教育的基点，让学生从这一个而想到那一个。这样的教育有利于开阔学生的视野，有利于拓展教育的空间。从而使教育的内容更加丰富，使教育的收获更加充实。在对学生进行"做个男子汉"教育过程中所举出的所有事例，多为这种方式的诱导。

▎披沙拣金

引导学生理解男子汉的责任，这是在教学生"学会担当"。学会担当，需具有以下的境界。

愿利群。 就是担当责任不是为自己，而是为他人、为大家、为集体、为社会。从这个意义上来说，要想做到担当，就应该有更高远的理想，有更宽广的胸怀，只有心里装着他人，只有心里想着奉献，才会有这份责任感。这时候，担当的意义更在于一个人对集体、对社会的态度。

愿舍己。 就是为了尽到所担当的责任而舍弃自己的利益。只要是担当，就必须有忘我的境界，就必须有抛却自身利益的准备。只有这样，才能够为尽那份责任而义无反顾。从学生的角度来讲，可能不需要那么轰轰烈烈地舍身忘我，但是，当努力尽责的时候，很可能也会需要一种舍己的境界。比如，主动担当卫生委员的工作，那就需要舍弃一些自己休息或活动的时间，多拿出精力去安排、去检查班级的卫生工作。

愿担危。 就是能够临危受命，勇于在关键时刻挺身而出。大凡提到担当，往往都是面临困局，甚至危局的关头，需要有人来承担某种责任，而这种责任的承担，往往又会冒着很大的风险，又会承受很大的压力。而也恰恰因为如此，担当才愈发显现出它无比恢宏的大气之美。

▎他山之石

关键词：男子汉

38. 最是一年春好处

　　"活动"的意思很有意思：活着要靠运动。 换个说法，活动其实就是活力。 对于成长中的青少年来讲，尤为如此。

——题记

▌春风化雨

　　2011 年 4 月 12 日，我这个班主任临时带着学生上了一次体育活动课（以下简称"体活课"）。 这一课，我的收获非常多。

　　第一，锻炼了不少班干部。

　　上课之前，体育委员许傲东问我体活课怎么上。 我说："男女生分开上，剩下的你们班干部自己做主吧！"

　　许傲东立刻组织队伍站好，他先传达了我的要求，接着指挥大家按体操队形散开，做了一些准备动作，然后又带领全班同学在操场放松跑了两圈，最后，才安排男女生分开活动。

　　许傲东工作有热情，有条理。 看到这些，我对他的工作感到很满意。

　　活动开始之后，男女生又分别自动分成了两个群体来活动。 男生两个群体的活动分别是打篮球和逮人游戏；女生两个群体的活动分别是老鹰捉小鸡和环场漫步。 我注意到，每个小群体都有核心人物，这些核心人物基本是我们的班干部。

　　"不错呀，这帮小家伙儿！"看到班干部们能如此具有凝聚力，我不由得暗自赞叹。

第二，了解了很多同学。

最初，我的想法就是打算在这次活动中检验一下班干部的工作能力，其他的并没有多想。但接下来的观察，却让我了解了更多的情况。我看到，那个平时文质彬彬的男生，奔跑起来一点儿也不逊色；我看到，那个在教室里老实巴交的女生，玩起老鹰捉小鸡来却比老鹰还"凶猛"；我看到，那个个头不高的男生，投篮时竟然有那么好的弹跳力；我看到，那个又高又大的体育"高手"，原来跑起来还真不太快……

我还看到，有一名同学愿意跟外班的同学在一起活动——为什么？我更看到，有一名同学本来很活跃，现在却闷闷地看着同学玩得热火朝天——什么原因？

……

第三，促进了重点工作。

"做个男子汉""做个好女生"，这是我要着力开展的两大专题工作。这次体活课，同样在这两项工作上给了我很大的帮助。看到男生们打篮球时生龙活虎的样子，我的心不由得一动：打篮球，也许……这个"也许"，后来成了我班男生"做个男子汉"活动展示的一项内容。

而女同学呢，她们或静或动，也给我留下了深刻的印象。其中，最让我欣慰的是这些女生能够"静是淑女，动如脱兔"，她们玩游戏时大方而活泼，完全不似在教室里那般沉静，这是多好的现象啊！此前，我曾经有一点儿担心，担心我对女生所进行的端庄、沉稳的教育会使她们变得毫无生气——我可不想把她们培养成封建时代那种行不动裙、笑不露齿的所谓大家闺秀。现在看起来，这种担心是多余的。

女生们正在
开心地游戏

第四，积累了精彩资料。

这一课，我一直在忙碌，忙碌着为学生们录像。我竭尽所能，为他们记录下他们的快乐时光：他们的举手投足，他们的一颦一笑，他们打篮球时胜利的欢呼，她们玩"老鹰捉小鸡"时尽情的欢笑，他们把同学背在背上的"孺子牛"精神，她们在操场上走来走去散步的"环形游"风采……这一切，都以一种骄傲和美好的姿态，扑进我的镜头，为将来——他们的将来，我们的将来，存储下最美的记忆。

这一课，我最大的收获就是对活力有了更深的理解。

你看那一丛一丛的绿色，它们欢笑着迎接春雨的眷顾，它们摇摆着享受春风的爱抚。这就是活力啊！我们要做的，就是把活力种进学生的心里，让他们的青春之河永远流动出快乐的歌声。

"最是一年春好处"，学生的活力四射，学生的欢乐时光，这就是最美的春色啊！

▌ 千虑一得

怎样能把体育活动课上好呢？我的经验是，要努力做到以下这四个"有"字。

有管理。 既然叫课，那就离不开老师的参与和管理，那就要符合我们现在班级授课制的管理要求。如果没有特定的教学内容，则可根据学生的实际情况和班级的实际需要来灵活安排相关的内容。但不管安排什么内容，管理是必不可少的。这种管理，不一定如上文化课那样步步紧跟、环环相扣，但有一点是确定的，这就是无论怎样，学生应该在老师的视线之内。这一方面是出于我们对学生安全负责的考虑；另一方面，也是我们观察学生、了解学生所必需的。

有锻炼。 既然叫体育活动课，那就要有体育的成分在内。反过来说，这一课如果没有体育活动、没有身体锻炼，那就不是体育活动课。这些锻炼活动，可以是体育方面的专项训练，也可以是学生们自愿选取的自由活动。反正，活动，活动，得让学生"活"起来，动起来，这才叫"活动"课。

有趣味。 体活课不同于体育课，相对来讲，趣味性、自主性应该更大些。在不违反相关规定和全局工作的前提下，这样的课可以尝试由学生自主选择他们喜闻乐见的活动项目，让他们在活动中既得到身体的锻炼，又获得愉悦的心情。作为初中生，他们完全有能力自主选择，自主管理，自主活动。我们当老师的，做个参与者或是欣赏者，看他们充满生机地运动，看他们开心放松地快乐，不也是乐在其中吗？

披沙拣金

作为老师，我们有必要引导学生"学会快乐"，学会健康地快乐。 怎样做到这一点呢？

动中取乐。 就是让学生们在运动中获得愉悦。 没有运动，就没有健康，就没有真正的快乐。 运动是青少年与生俱来的本能，是他们与生俱来的快乐之源，多给他们创造运动的机会，就是多给他们快乐的机会。

群中取乐。 就是在群体活动中获得快乐。 群体性的活动，能够增进友谊，能够产生更多快乐的机会，能够培养学生们交流的能力，这对于以独生子女为主体的学生群体来讲，不仅是获得快乐的需要，更是提高生存能力的需要。

趣中取乐。 就是让学生在趣味中获得快乐。 这种趣味，可以是统一组织的有趣味的活动，可以是学生自己感兴趣的、有益的活动。 组织活动的时候，要充分考虑到整体安排和个性化需要的关系，两者兼顾，各有所得。

得中取乐。 就是让学生通过有所得的成功来获得快乐。 这种成功，可以是游戏的，可以是学习的，可以是劳动的，可以是行为习惯的……它来自生活的方方面面，它不一定是具有什么伟大意义的"高层次"活动，哪怕只是在"石头剪子布"的游戏中获胜了，也足以使学生获得发自内心的快乐。

他山之石

关键词：快乐

39. 会负责的"大"字

> 　　一个"大"字，好像一个人肩上挑着一副扁担的样子。　这副扁担，一肩挑着家庭，一肩挑着社会——这就是责任。　负责任的人，就是高大的人。
>
> 　　　　　　　　　　　　　　　　　　　　　　　　　　　　——题记

▌ 春风化雨

　　2011 年 4 月 21 日，我告诉学生准备好铅笔、橡皮和一张白纸——第二天开班会要用。

　　第二天，班会如期举行，班会的主题是"学会负责"。

　　班会过程如下。

　　第一步：开场白。

　　主持人紧扣"对自己的责任，对他人的责任"这个主题开题。

　　第二步：表彰先进。

　　本次表彰的主要是"自习纪律先进分子"。　这样做的意图是引导大家要学会通过自控来对自己的行为负责，也对班级的秩序负责。

　　第三步：同学发言。

　　这部分共安排了十名男同学上台发言，要求他们的发言紧扣"我们应该担负什么责任"来进行。

　　第四步：感悟主题。

　　首先是副班主任山丽娜老师讲话。　她紧密结合学生们在学习方面的现状，恰到好处地肯定了班级负责任的良好现象，同时，也指出了怎样做才能做得更好。　山老师的讲话亲切、自然，深受学生的欢迎。

张诗琪、马铭辰主持"学会负责"班会

接下来，由我引导学生感悟责任的意义。

在对发言和受表彰的同学表示祝贺和赞赏后，我安排学生在准备好的白纸上写上一个"大"字。要求这个"大"字要写得端正；这个"大"字必须足够大，最好把纸张写满；如果发现什么地方写得不理想，可以用橡皮修改；限时三分钟。

在大部分同学写完之后。我问了如下几个问题：

1. 哪些同学对这个"大"字做过修改？

2. 为什么要对这个"大"字进行修改？

3. 写这个"大"字与本次班会的主题有什么关系？

第一个问题实际上是做个调查，大部分同学都做过修改。

第二个问题是大家七嘴八舌回答的，答案很简单：为了写得更好啊。

第三个问题的回答遇到了困难，大家一时有点儿摸不着头脑。

在他们思考片刻之后，我告诉他们，刚才所做的事情，实际上是我对他们进行的一次有关"负责"的考查。

看着他们不解的目光，我说道："负责首先是对自己的负责，对自己行为的负责。只要有行为，就存在一个对这种行为负责的问题。所谓负责，内涵之一就是做该做的事，并且把这该做的事做好。比如，刚才我们写这个'大'字，凡是修改过的同学，都是想把这个字写好，那么，你们就是在对自己写字的这个行为负责了。而把这个字写得好了，也是对自己的形象负责。为什么这么说呢？因为对这个字进行修改，说明你是个上进的人，是个做事认真的人。这样，你不就是一个形象美好的人了吗？"一听我这么说，那些刚才写字过程中修改过的同学都笑了。

"为什么让大家写这个'大'字，而不是别的字呢？"我继续说道，"除了笔画简单之外，还有一个象形的意思。一个'大'字，就像一个人舒展四肢立于天地之间一样，把这个'大'字写好，就像我们把自己这个人做好一样，做一个负责的人，我们就形象高大，顶天立地。"听到这儿，同学们若有所思地点着头。

我接着说道："请大家来看一看：你们这个字的修改部分，此处纸张的颜色与没有用橡皮擦过的地方的颜色一样吗？ 这里是不是显得颜色发暗，甚至污暗？"同学们观察之后，纷纷点头表示赞同。

"这就是了。 一个笔画，当我觉得不如意的时候可以用橡皮修改，这一笔写下去的时候只需要一个动作，可是，擦掉它，再修改，就会用上不止一个的，也可能要多几倍甚至十几倍的动作，而且，还会留下暗迹。 所以，写字的时候，如果想好了再写，或者有了很强的书写能力，那会省去很多的工夫。"

"人生也是如此啊，"我开始扣题了，"我们整个一生都是在写一个能让我们姿态舒展、形象美好的'大'字，我们写这个字所用的笔就是我们各种各样的行为。 对我们的行为负责，做事之前，如果能做到三思而行，那么，我们人生这个'大'字就会写得光彩、写得顺利、写得美好、写得舒心。"

接下来，针对有些学生在日常行为中存在的不负责任的现象，我又对他们进行了具体的引导……

同学们静静地听着，看着他们专注的表情，我知道，他们懂得了我所说的道理。

最后，我送给学生们三句话：

我思索，我选择；

我选择，我负责；

我负责，我尽责。

一个小小的"大"字，以其固有的大家风范，在我的教育词典里大展身手。 它让我和我的学生们小中见大，领悟到了成长的大责任，参悟到了人生的大境界。

▎千虑一得

教学生学会负责，可从"三思"和"三省"这两方面去思考。

"三思"。 指"思责任，思规则，思结果"。 让学生在行事之前先想想自己的责任，能使学生的行为更有动力，更有方向；让学生做事有规则意识，能使学生的行为更理性，能更有效地保护学生的身心健康；让学生做事之前能想一想做事的结果，不仅能使他们的行为取得更好的效果，更能有效增强他们的自控能力，从而避免一些不良后果的产生。

"三省"。 指"省效果，省不足，省改进"。 事情做完了，要引导孩子们想一想，这件事做得怎么样？ 是不是取得了很好的效果？ 还要让他们想一想，做这件事时有哪些地方还存在不足？ 下次再做这件事的时候，怎么做能做得更好些？ 这样，做过一件事，学生们就会有比较大的收获，那么，这对于提高学生承担责任的能力来讲，无疑会起到积极的促进作用。

▌披沙拣金

　　用一个简单的"大"字，教会了学生不简单的道理，这个道理就是要"学会负责"。学会负责，关键在于"学会承担"和"学会承受"。

　　学会承担。 人生在世，不管是对自己还是对他人，不管是主动还是被动，我们总要担负一定的责任。比如，任何一个人，从家庭来讲，你是家庭的一员，那么，你就要担负起作为子女或父母的责任；而从社会来讲，你就要担负起一个公民的责任。担负起对自己、对家庭、对群体、对社会的责任，这就是"承担"的含义。

　　学会承受。 什么是"承受"呢？生活中，我们总要有这样那样的行为，这种行为会产生这样那样的结果，不管这结果如何，我们都要认可，都要承担这结果所带来的影响。正面的、积极的结果，每个人当然都愿意去接受；而负面的、消极的后果，人们往往都不愿意接受——但是，谁能逃避得了呢？承受自己的不当行为带来的不良后果，这就是"承受"的含义。

　　"承担"与"承受"，这两个词在对青少年的教育中实在是大有必要。"承担"是倡导主动担负对自己、对家庭、对群体、对社会的责任，要培养学生成为有责任感的人；"承受"则意在教育学生，要学会对自己的行为负责，不能率性而为，不能鲁莽行事。

▌他山之石

关键词：责任

40. 从从容容倒计时

火箭发射前，总有个倒计时的读秒环节。 倒计时，读出的是秒针的跳动，展现的却是预备的充分，是计划的周密。

——题记

▌ 春风化雨

期末工作的繁杂性，凡是用心当过班主任的老师应该深有体会。有没有什么办法，能让我们在期末阶段不那么紧张、不那么劳累呢？

古语道："凡事豫（预）则立，不豫（预）则废。"意思是说，不论做什么事，事先有准备，就能得到成功，不然就会失败。 这句话同样适用于我们的班级管理工作，当然，事先没准备，不一定就失败，但至少比不上有备而为那样的效果好。

期末工作，需要准备些什么呢？

一、梳理

就是梳理一下都有哪些工作要做。 通常情况下，临近期末，我们要做的工作大致可从"本学期、假期、下学期"这三个时间段去思考。

本学期工作。 这无疑是期末工作的主要内容，除了日常性的工作之外，可能还包括操行评定、学生评优、档案资料整理、家长会、临时活动（如联欢会）、学校假期活动安排的落实、安全教育，等等。

假期工作。 这里专指本班需要在假期当中安排的工作。 比如，对学生家访的安排、对学生假期活动的督导、对学生假期学习生活的了解、对下学期一些工作的准备，等等。

下学期工作。许多工作，是需要我们有预案、做准备的。下学期的工作，尤其是下学期期初的工作，往往需要在假期，甚至在前一个学期就做一些准备，这样，才能保证它们能得到有效的落实。

这样，把要做的事情想清楚了，我们就可以试着去统筹它们，知道什么时候做什么、怎样去做。

二、放手

班级工作，能给学生的，就交给学生去做，这就是放手。

这种放手可不是干脆就撒手不管的"甩手"。给学生做事机会的同时，老师要承担起指导、监督和考核的责任来。我们要对学生承担的工作有个合理的预判：学生完全能够自己做得好的，我们可以大放手；学生不能够做得很好的，我们可以小放手。一般来讲，可以量化、学生又操作熟练的工作，我们可以大放手；而不好量化，或是即使能够量化，但学生操作不熟的工作，就不适合大放手。

三、提前

很多班主任在期末阶段会感到特别忙，常常有一种"脚打后脑勺"的感觉。这是由于我们在很短时间内要做太多工作的缘故。要想摆脱这种困境，其实也并不很难，有些工作，我们可以试试提前一点儿去做。比如，提前给学生写操行评语。

怎么做呢？首先，要把握好提前的时间。什么时间开始写比较合适呢？一般来讲，期末之前的一个月左右比较合适一些。这个时候，大半个学期已经过去，学生的基本表现已经接近稳定，此时的评语基本上能够反映出他们本学期操行的大体表现。其次，提前打草稿。操行评语要写的内容不止一面，但不是所有内容都是需要在期末的最后一天才去敲定的。所以，稳定性的内容先写完，变化性的内容留有余地，期末填空就可以了吧？这样，至少在期末把评语正式写入评定手册的时候可以不必用太多的时间去思考啊。

有些工作未必能全部提前去做，但它的某个环节是可以提前操作的。比如，期末对学生的评优工作，我们可以把评优申报和候选人的选定工作提前来做，这样，在期末规定评优的时候就可以节约一定的时间和精力了。

四、铺垫

要想提高工作的质量，做好充分的准备是非常必要的。一个用心的班主任，往往在期末的时候要为假期和下学期的工作做一些必要的准备。这种准备，既有具体事务上的筹备，也有思想心理上的铺垫。比如，下学期期初班会的主题是助人为乐，那么，放假前就要思考在假期中安排一些与这个主题密切相关的活动：做一件助人为乐的事，写一篇助人为乐的体会，拍摄一些助人为乐的照片，等等。这样，有了一定的铺垫，下一步的工作就好做多了。

……

工作的倒计时，可以让我们筹划得当，有条不紊。 试试倒计时，可以让我们的工作更从容，更舒心。

▌ 千虑一得

具有计划性，这是做好工作的必要前提。 从班主任角度来讲，如何制订自己的工作计划呢？ 我想，具有下面的几个"一"是很有必要的。

体现一种理念。 理念是计划的灵魂，计划中的所有内容都应该是在理念的指导下形成的。 举个例子来讲，如果我们的教育理念是"以学生为本"，那好，计划每一项工作的安排，我们就要体现这种理念：如果安排了一次活动，那么，这次活动的目的是不是为学生自主成长服务的？ 活动的具体内容能为学生的自主成长提供什么样的营养？ 活动的过程中，学生的主体地位能不能得到充分的体现？ 等等。

突出一个主题。 这里所说的主题，可分成不同的层面来理解。 有学段级的，有学年级的，有学期级的，有活动级的。 也就是说，整体上应该有一个大主题，然后，依次向下，根据不同教育的需要设置下一级别的专题，这样，教育的计划就形成了一个完整的体系，具有清晰的脉络，做到纲举目张、重点突出。

明确一个日程。 这个日程，应该包括两层意思：一是阶段的目标、内容和大致日期的"日程表"；二是对这个"日程表"的某项工作进行具体落实的"程序表"。 前者是任务层面的，后者是操作层面的。 在程序表里，要按照工作内容的先后，逐一列出诸如内容、责任人等具体要求，使之具有较强的可操作性。 这样，计划的落实就容易多了。

▌ 披沙拣金

放手让学生自己做事，引导他们进行自我考核、自我评价，这也是在教学生"学会自治"。 自治能力的形成，前提在于民主思想和主动意识的培养。

民主思想。 简单理解就是让学生树立起人人都是班级的主人、人人都是班级管理者的思想。 怎样才能做到这一点呢？ 在实际工作中，让每个人都承担一定的管理任务，让每个人都负有相应的责任，让每个人都担当相应的评价工作。 这样，人人都有建议权，人人都有发言权，人人都有评价权，"人人"，这就是"民"；"有权"，这就是"主"，"人人都有权"，这就是班级管理中"民主"最基本的内涵。 当然，这样做需要老师的指导，需要班级有一个良好的班风作为前提，需要这些主人具有与他们的民主行为相适应的基本素质和能力。

主动意识。 就是让学生具有自愿做好、主动做好的愿望和行动。 主动参与班级的管理，既是培养学生自主素养的过程，也是让学生增强社会活动能力的过程。 主动是一种意愿，是一种热情，这种意愿和热情会给学生带来更多锻炼的机会，会为他们积累更多活动的经验，会给他们带来更多成长的收获。 从这个角度来讲，学会了主动参与班级管理，就是学会了主动成长。

他山之石

关键词：教师自修

41. 笑着流泪的欢送会

　　笑着流泪，如果不是喜极而泣，那么，它就不仅是一种流泪的方式，往往更是一种处事的境界。有了这种境界的人生，必然会豁达而洒脱！

——题记

▌春风化雨

　　七年级的下学期，在我班就读的一名留学生就要转到外地去学习了。当时，恰逢期末，这件事如果处理不好，可能会给班级的正常秩序带来一些影响。处理此事有两种方案：一是低调道别，让学生悄无声息地离去；二是高调送别，给学生一次值得回味的经历。

　　我们选择了后者：班级要开一个欢送会，并且，还要在欢送会上送给那位同学一份特别的纪念卡。

　　欢送会的前几天，组织大家合影留念。不过，合影的时候，我没有透露合影的真实意图，即使是安排要转走的那名同学和她的好友站在中间的位置，在大家看起来，这也只是"无意"之举而已。

　　第二天，纪念卡制好了。纪念卡的上方正中是醒目的班徽，班徽两侧是班训。班徽的下方是大大的"惜别"二字。纪念卡的下半部分是全班同学的合影。合影和"惜别"二字的中间有足够的空白，是留给欢送会当天同学写寄语和签名用的。

　　欢送会的当天早晨，我把纪念卡交给了班干部，他们代表全班同学在纪念卡上写下了深深的祝福。之后，同学们在纪念卡上签上了自己的名字。

具有班级特色的纪念卡

欢送会开始了，我先简单说了几句开场白，目的是对大家有个方向性的引导：既珍惜友情，又能控制情绪。

接着，请即将转走的同学与大家道别，然后，班长和团支书走上讲台，她们代表全班师生向这名女生赠送了纪念卡，表达了深深的不舍和祝福。当这名同学接过纪念卡的时候，教室里已经弥漫了浓浓的伤感，有的女生已经开始抽泣。

接下来会是怎样的情景呢？如果不调整，很可能就是哭声一片。

表达感情不是不好，但是，紧接着班级还要完成学校交给的工作任务，如果让这样的状态持续下去，工作就难以为继了。

为了让学生懂得情感，并且懂得怎样更好地表达情感，这时，我提示大家回想曾经学过的《送杜少府之任蜀州》这首诗，建议大家以这首诗的更高境界来表达同学之间的依依别情。

于是，在高昂的声调里，"阳光六班"的教室里回荡起了一千三百多年前那高亢昂扬的道别：

……

海内存知己，

天涯若比邻。

无为在歧路，

儿女共沾巾！

此时，那名即将转走的同学早已是泪流满面，不过，泪水滑落的时候，她的嘴角含着笑。

最后，在全班热烈的掌声里，我安排这名同学的几个好友送她离开了教室……

"离而有情，别而不伤"，我想，这就是这次欢送会的特别之处吧！

▌千虑一得

这次欢送会的安排，突出了三个"重"字。

重情感。 人，说到底是情感动物。喜怒哀乐，悲欢离合，这是人生难以避免的情感经历。教学生重情感，这是我们为师者义不容辞的责任。忽视了情感教育，就是忽视了关于"人"的教育；忽视了这种脱离了人的本性的教育，我们教出来的学生很有可能就是冷冰冰的机器。这样的"机器"人，不管学习成绩有多好，他们所拥有的生活，终归也是没滋没味的生活。

重理性。 从班级管理的角度来讲，每当遇到重大的事件，特别是遇到变故的时候，班级的秩序总会多多少少地受到一些影响。那么，这个时候，班主任就必须有一个理性的大脑，有一个理性的安排。不能因这种变化而对班级正常的秩序产生不利的影响，至少要努力降低这种不利影响。比如这种送别活动，从实际情况来看，欢送会之后，班级紧接着还有不少工作要做，这些工作要想顺利完成，深度低落的情绪是难以适应的。

重教育。 重感情，不仅是重情谊，还要重这情谊所激扬的正能量，还要重这正能量所产生的教育效果。一方面，让学生体会生活的滋味，让他们懂得情感，也懂得表达情感，这样他们才是有血有肉的人；另一方面，在面临伤感的时候，也要教学生学会控制情绪，能够学会以昂扬的姿态去面对。教会他们既懂情感，又能振作，学会达观地对待生活，乐观地创造生活。

▌披沙拣金

送别，友爱，珍重，昂扬，这是在教学生"学会懂情"。懂情，可从以下几个角度去理解。

懂情态。 是指从情态中体会真情。要教学生懂得察言观色，要教学生懂得一些"无声的命令"。这一点，尤其适用于对亲情的观察和感悟上。父母的舐犊之情，往往是体现在细小的行为情态上，而孩子们可能常常忽略这一点；谁能从这些细小的情态中体味出亲情，那么，谁在懂感情上面就更进一步了。

懂情境。 对情感的体悟，往往要结合具体的境况来进行。同样一个动作、神态或语言，在不同的情境下，可能包含着不同的情感。引导孩子们根据具体的情境来读懂情感，对培养他们的感悟能力和交流素养都具有积极的促进作用。

懂情理。 是指懂得情感所具有的理性。 如果说情感是流水，那么，理性应该是约束这流水的堤坝。 青少年正是激情似火的年龄，特别是对于那些处于青春期的学生们来讲，如何引导他们学会用理智去控制情感，这应该是一个很有现实意义的工作。

对学生进行情感教育。 无须特意组织什么活动，只要我们注意观察，注意引导，就够了。 生活本身不就是由丰富多彩的情感编织而成的吗？

他山之石

关键词：关爱

42. 评价中的有价与无价

> 制度是冷的，但我们可以用真情使它变得暖意融融。 评价的标准是有价的，但评价中所蕴含的真情是无价的。
>
> ——题记

▌春风化雨

期末到了，对学生的评价纳入了议事日程。 不过，这个看似简单的工作，却让我犯了难。

怎么回事呢？

原来，有几个学生的几个评价项目，我并不想按照评价标准简单地评价了事。

比如，有的学生曾经有过违纪的情况，按照标准，他在某一大项的评价等级就是不及格。 直接给这个学生来个"不及格"，当老师的自然会很省事，然而，对学生的教育效果会是怎样的呢？ 也许会起到一定的"震慑"作用，让学生有所"收敛"，甚至可能还会从此变得规规矩矩、老老实实。 不过，如果效果恰恰相反呢？ 何况，在初中阶段，哪有那么多的学生需要这种"震慑型"的教育呢？

那么，干脆就来个模糊评价，就当什么也没发生过，行不行呢？ 也不行。 因为这样做的结果，很可能会使这几个学生失去对规则的敬畏感，不利于他们的健康成长。

有没有一种办法，既能让他们接受应有的警示教育，又能够有利于他们改正缺点、不断进步呢？

我调整了思路，决定用"五步期待法"来做这项工作。

第一步：访。

就是与被评价的学生交流，查访其当初违纪的原因及后来的改过效果，通过这样的过程，使他们对曾经的过失有深刻的认识，然后根据这些访的结果对他们进行有针对性的教育。 这个访的过程，就是让学生悔过的过程，就是让他们向上的过程。

第二步：知。

就是让当事学生知晓评价的相关规定，特别是让他们了解按这些规定来评价会对他们所产生的影响。 无所求就无所谓，学生对评价规定的理解也是一样的，只有真正懂得评价对自己将要产生的影响，他才能在意这个评价，才能在乎这个评价的结果。

第三步：探。

就是探求同学，尤其是同组同学对被评价者的评价意见。 一般情况下，同学们都愿意对违纪的同学"从轻发落"，这种"从轻"不是一种施舍，而是一种充满友爱的互助。不过，这样"从轻发落"的意思不能由老师来说，一定要由相关的同学们自己主动提出来。 只有这样，才能起到我所希望起到的作用：用同学的情感力量来感动和约束被评价的同学。

为什么非要多此一举呢？ 为了让学生们自主成长啊。 学生们要尊重的不仅仅是老师，更是他们自己。 能让学生自主管理、互助管理，这才是长久之计。

第四步：缓。

就是及时评价但暂缓评定。 什么意思呢？ 就是先以口头的形式对被评价者进行低等级评价，但暂缓写入评定手册。 同时，与之约定，如果在一定时间内有明显的改过表现和稳定性的进步，那么，在下学期对这个评价结果提高一个等级进行复评。 这从评价的操作上不过是个缓兵之计，但对于被评价的学生来讲，却是个努力上进、弥补过失的机会。 需要说明的是，尽管这个低等级评价暂缓写入评定手册，但它仍然影响被评价者本学期的优秀学生、优秀干部等相关的评比。 这样做的目的，就在于让他们懂得，一个人要学会为自己的行为负责，要学会承担不当行为的后果。 此外，这样做也是对那些没有过失的同学负责任，否则，对于他们来讲，就显得不公平了。

第五步：补。

按照缓评时的约定进行考核，最后形成复评的考核意见，写入评定手册。

使用"五步期待法"进行评价，要把握好两个基本原则。 第一，不误大局。 就是班主任要对班级的总体情况有个通盘的考虑，不能因为这个变通而使得班级整体的评比工作甚至其他工作受到不良的影响。 第二，不致误解。 如果引导不好，这种做法可能会在同学中间产生一些思想上的误解，比如，纪律和规则是不是可以不在乎？ 遵守纪律的同学会不会感到不公平？ 等等。

这"五步期待法"，操作起来当然是有些麻烦，但是，其积极的教育效果却是非常明显的。 凡是有过这样被评价经历的同学，他们的行为习惯、甚至性情气质都向着积极的方向发生了很大的变化，而且，这种变化，往往会从根本上改变一个人，改变一个人的人生轨迹。

我知道，这种变化与其说是变通了评价方式带来的，不如说是师生之间、同学之间的真情所浸润的。

让冰冷的制度发散出关爱的热量，那么，这制度将如和煦的春风，在它的吹拂下，所有顽劣的坚冰都将驯服地融化，然后，缓缓地渗入情感的心田，滋润起一株株向上的希望。

▌ 千虑一得

评价，是教育过程中必不可少的手段，有关评价性质、作用、过程之类的理论已经非常多了。 这里，只谈一谈在这方面的实际做法。

先知后行。 就是先让学生了解评价内容、方法和过程，之后再实施评价。 要先做好评价的宣讲工作，让大家知道评价的内容是什么，评价的标准是什么，评价的过程怎么样，从而做到心中有数，进而行有所循，为有所向。 "先知"还指在进行合作评价的操作过程中，先让承担评价任务的成员明确自己要负责的内容，以便他在日常学习生活中能够多观察、多了解，这样，在实施评价的时候才能有所依据。

化整为零。 就是把评价的内容和过程分散开来进行评价。 诸多的评价内容，如果在同一时间、由同一个人来完成，势必会因任务的繁杂而造成质量的下降。 解决这个问题的最好的办法就是分散：分散评价的内容，分散评价的时间。 这种化整为零的分散既包含了一些形成性评价的特点，更注重评价主体意识的树立和评价效率的追求。

重理重情。 就是在评价过程中既要注重用制度、用规则去衡量和评价，也注重满怀深情地去爱护学生。 制度是冷的，但我们可以用真情使它变得暖意融融。 这就要求我们在评价过程中要少讲几分规则，多含几分感情。 但少讲几分规则，不是不讲原则，而且，也不是在所有问题的评价上都可以少讲规则。 一般来讲，不是原则问题的问题，在对学生进行评价的时候，可以灵活地打折扣。 不过，这种打折扣可不是忽略不计，而是通过适当的方式促进学生改正缺点和错误，从而实现教育和引导的目的。

▌ 披沙拣金

组织学生互学互评，这是在教学生"学会融合"。 所谓融合，就是指学生之间彼此相融，能够团结合作，共同进步。 学会融合，关键之处在于融情理、合行为。

融情理。 就是让学生在情谊相融的基础上，在事理上也能达成共识。 一方面是情，一方面是理，既讲情感，又讲道理，那么，这样的同学关系就是既紧密又理性的。 情理相融，这是合作最好的基础，具有这最好的基础，合作的前景哪能不好呢？ 一般情况下，融情不太难，学生之间，都是讲感情的。 而融理相对就不那么容易。 这种理，一是懂道理，懂为人处世的道理；二是懂规则，就是能够理解并遵从相关的规章制度、行事规则，这样才能融合起来。

合行为。 就是让学生进行合作时要做到行为上的配合。 行为的相合，不一定是动作的协调一致，但一定是目标上的共同追求；行为的相合，更多的还是总目标下的分工协作，每个成员很好地尽到自己的责任，综合起来，整体工作就会很好地完成了。 这样，所谓相融，就要有配合意识，有互助意识，有补位意识。 具备这三种意识，行为的相合就会顺畅得多。

▌他山之石

关键词：管理，评价

43. 总结并不是"总算了结"

> 总结，是思想的温床，是进步的阶梯。学会总结，就是学会了思想，就是学会了进步。
>
> ——题记

▌ 春风化雨

这是期末的大型总结。为了做好这次总结工作，我事先给学生印制了一份统一格式的《自我总结表》。

这份《自我总结表》分为两大部分。

第一部分：以问卷的方式来总结，共设了六个问题，内容各有侧重。

1. 懂得了哪些做人、做事的道理？

2. 承担了什么班务？效果如何？

3. 为班级做了哪些好事（或贡献）？

4. 荣获哪些荣誉或奖励？受到哪些方面的表扬？

5. 在班级或学校开展的活动中表现如何（从参与态度、克服的困难、参与的效果等方面回答）？

6. 帮助过哪些同学？在哪些方面进行的帮助？

其中，第一个问题是从总体上来总结自己心智的成长情况；第二个问题是从个人责任意识培养的角度来设题的；第三、第四个问题其实是在激发学生的自豪感和荣誉感，并通过这样的方式进一步激励他们做得更好；第五个问题侧重从学生的综合素养来考虑，意在引导学生做一个全面发展的人；第六个问题是在进行一种引导，引导学生要懂友爱、乐助人。

第二部分：以表格的形式来总结，共设两个表格，所涉及的都是有关习惯养成方面的内容。

第一个表格分别从"卫生保健、遵守纪律、文明礼貌"三个方面来总结，意在引导学生要在这几方面养成良好的行为习惯。

	改变了哪些不好的习惯？	养成了哪些好的习惯？	存在哪些不足之处？
卫生保健			
遵守纪律			
文明礼貌 （对老师、同学、家长）			

第二个表格是从如何养成良好的学习习惯的角度来设的问题，其中，特别针对"语文、数学、外语"这三大工具学科来设问题，并且在第一个表格问题的基础上，特意增加了"了解、掌握了哪些学习方法"这么一条，意在引导学生学会学习的方法。

	改变了哪些不好的习惯？	养成了哪些好的习惯？	了解、掌握了哪些学习方法？	存在哪些不足之处？
语文				
数学				
外语				

这份自我总结有两个大的特点：一是总结的内容全面，具有既注重综合素养又突出重点素养的特点；第二个大的特点是总结的方式多样，尤其注重自我的反思和总结。

让学生进行自我总结，是对他们进行教育的非常有效的手段之一。可是，有时候，它却成了一种负担，或是一种不得不走的过场，操作中常常是马马虎虎，敷衍了事。这样对待它的人可能会想：啊，这个"总结"总算了结了。

如果真这么想，那么，这了结的，可不只是总结啊！

▌千虑一得

用心琢磨一下，总结的说道其实还真不少。先谈谈对总结特点的认识。

针对性。 总结的目的是什么？总体来看，当然是为了看到成绩，找出不足，以求得更好的进步。但是，如果就按这个总体目标来总结，不会达到理想的效果。为什么？目的太大、太空了。要想达到理想的效果，要把这大目标分解成小目标才好。目标具体了，总结就有了抓手，总结才会有实效。这种针对具体目标和内容的总结，我们就把它叫作有针对性。

激励性。 一些学生习惯于把总结写成各种问题和不足的大汇总，这样的总结不像是总结，倒更像是一个对自己全面的检讨书。 其实，我们说过，总结的目的是促进进步，那么，发现问题和不足并进行改进，这当然是一种进步；而找到自己的优点和长处，并且把这样的优点不断地发扬光大，这不更是一种进步吗？ 要我看，这还是更高层次的进步呢。

铺垫性。 总结不是目的，改进才是追求。 所以，学生的自我总结除了要发现自己的得失之外，还应该为下一步的改进工作做好铺垫。 这种铺垫的基础是对自己有客观、正确的评价，这是思想基础。 在这种认识和评价的基础上，最好有改进措施和方法。 这些措施和方法，可以通过口头或书面的形式表达出来，这会加深学生对这些问题的重视程度，从而为以后的改进做好铺垫。

反思性。 自我总结，从一定意义上来讲，就是学生对自己所作所为的一种自我反思。 这种反思，最好具有"比照、自省、具体"的特点。

所谓"比照"，就是要给自己的反思设立一种标准、一种参照。 要想知道自己做得怎么样，首先要把思考的参照拿出来，这个参照就是学校和老师为学生成长而设定的种种要求，学生守则、校纪班规之类，都是学生总结的参照。 对照这些要求，学生总结中的内容才有标准，他才能知道自己做得怎么样。 所谓"自省"，就是强调这种反思的自我内省性。 一个人，只有深刻地自我反思，对自己的行为有了真正发自内心的认识，才能达到修养心灵、不断进步的目的。 而所谓"具体"，指的是反思的内容不空洞，要具体，最好是可量化，这样，总结就会更有实效。

下面，再来谈一谈学生自我总结的类别。

从时段上来看，可分为日常式和阶段式两种。 前者是指日常学习和生活中，根据需要而进行的小范围或专题性的总结。 这种总结短小精悍、灵活性强、易于操作，便于随时解决一些具体问题。 后者是指根据学期或学年整体工作安排，在一定的时间节点对前一时段的表现进行比较大型的、综合性的总结。 这种总结内容丰富，覆盖面广，有利于对学生进行综合性的激励。 期末总结就属于这类形式的总结。

从内容上来看，可分为专题式和综合式两种。 顾名思义，专题式就是针对某一专题进行总结，这样的总结指向性强，便于集中解决某一项工作中存在的问题，便于学生在某一具体问题上有更大的进步。 而综合式总结，就是对某段时间内的表现进行比较全面的、系统性的总结，这样的总结有利于通过对学生个体的激励，进一步促进全班整体工作的开展。

从表现形式上来看，可分为问卷式、表格式、文稿式、讨论式等类型。 前三种都是书面形式的总结。 问卷式总结就是以调查问卷的方式，通过让学生回答一些问题或做选择题的形式来进行自我总结。 这种方式的好处是问题明确、具体、富有启发性，是一种适合让学生进行思考性的总结；而选择题式的问卷则简明扼要，简便易行。 表格式就是把总结制成表格，让学生根据表格填写相关内容。 这种形式的总结条理清楚，言简意赅，简便易行，是比较常见的总结形式。 文稿式总结就是用文章的形式来写的总结。 这种总结本身就是一篇以第一人称来写的文章，所以，更容易表达作者的主观感受和愿望，更适合进行心灵的交流。 讨论式总结就是通过互相讨论的方式来进行总结。 这种方式的总结灵活简便，有利于促进同学之间的交流与合作，是让他们增进情感、共同进步的不错的选择。

由此可见，"总结"远不是"总算了结"那么简单，还真是需要我们好好总结一下呢。

▌披沙拣金

在自我总结中引导学生懂得做人、做事的道理，意在教学生"学会明理"。 学会明理，大体可以从三个方面来考虑。

明为人之理。 就是明白与做人相关的道理。 做人是个大话题，我们不妨把这做人的道理归归类。 首先，要明白人的生存生活之理，这是人活着的基本需求，满足了这些基本需求，人才可能有更大的作为。 其次，要明白人的品德修养之理，这是关乎做个好人的问题。 能做个好人，不但使自己的人生更辉煌，也会给周围的人带来正能量。 再次，要明白人生的理想追求之理，这是做人的大道理，是关乎做个有更大价值的人的问题。 有理想有追求的人生，无疑是最灿烂、最美好的人生。

明处事之理。 就是明白与做事相关的道理。 一方面，从做事的主体来思考。 要明白自己独立做事的道理，其中，最关键的是要先学会思考，用自己的大脑做事，用自己的双手做事。 还要明白与他人相关的做事的道理，学会如何与他人交流与合作。 另一方面，从做事的技能来思考。 无论做什么事，总要学会做事的方式方法，这样，才能把事情做得合乎心意。

明事物之理。 就是明白与事物相关的道理。 这种道理，就是事物本身的性质和特点，就是事物之间的相互关系和内在规律。 明事物之理能使学生的知识积累不断增加，能使他们的认识水平和实践能力不断提高，能帮助学生们在学业方面不断进步。

▌他山之石

关键词：管理，评价

八年级（初二）

上学期

44. 男儿当自强

> "君子以自强不息"，当那位先哲说出这句话的时候，他也许不会想到，他的智慧之光会穿透两千多年的时间云层，照耀着他那一群来自"阳光六班"的子孙的灵魂。
>
> ——题记

▌春风化雨

2011 年 8 月 25 日，我安排了一次特殊的返校活动——全体男生返校进行卫生清扫。

这是专为男生创造的成长机会，意在通过这种为班级服务的方式，激发男生的群体荣誉感，从而促进他们的自主成长。

让每个人都能做得好，这是能产生群体荣誉感的关键。 要想实现这个目标，就需要在安排活动的时候细致周到。

怎样做呢?

预——目标明确评价卡

事先，我为这次返校活动专门设计了一个《男生返校活动自评卡》。

自评卡的上方正中位置是班徽，以此提醒大家：这是一次庄重的、高级别的集体活动。 班徽的两侧印有"我以班级为荣，班级以我为荣"的口号。 班徽和口号下方的正中位置用来书写姓名，意在突出每个男生独立的主体地位，强化他们个人的责任意识。

自评卡主体部分设计成两大栏目：左侧以"闪光的足迹"作为栏目名称，意在强调这次活动的光荣性。 其下列出了返校活动的具体内容，分别从"上学、开会、劳动、放学"几个环节列出了具体要求，以便学生行动时有所遵循。 右侧则是对左侧内容的自我评价，以"我做到了"作为栏目的名称，并加上一个重重的感叹号，意在激励他们努力实现自己的目标。

有了这个表格，学生来到学校之后，不用我说什么，他们就知道该做什么、该怎么做了。

果然，男生们走进教室之后，看到自评卡，首先就立刻按评价内容安安静静地坐起了军姿。

启——自主求上进

怎样让这次活动取得更好的效果呢？ 思想动员是必不可少的。

我先对大家能及时返校并按要求安静地坐军姿提出表扬。

"作为男同胞的一员，我真为你们高兴！"表扬之后，我补充了这么一句话。 我把自己融进这些男生当中，意在拉近与他们的关系，为接下来的动员奠定感情基础。

接着，我以提问的方式进行了思想的引导。

第一个问题："咱们男生愿不愿意优秀？"特意用"咱们"一词，表明我也是他们中的一员。

"愿意——"他们热情地回答了我。

不过，我要求他们重新回答一遍，理由是他们的声音不够响亮，没能体现出男子汉的气势和决心。

"愿意！"这一次的回答响亮，干脆，有力度。

"好！"我大声赞许道，"那么，咱们过去算不算得上优秀？"

这一问，刚才还挺胸抬头的他们不好意思地低下了头。

……

我因势利导，安排他们讨论以下几个问题：

1. 我们整体上的问题主要在哪里？

2. 我们个人的主要问题是什么？

3. 我们的希望在哪里？

这三个问题的设计是有所考虑的。 第一个问题意在强化男生的群体意识，以增强他们的群体荣誉感；第二个问题意在强调个人之于男生群体的责任；第三个问题意在激发他们的热情，给他们以希望和信心。

承——深意"吼"班歌

乍一看，唱班歌似乎是个多余之举，这个环节与前后似乎都有点儿不那么协调。 那么，为什么要安排这样一个环节呢？ 我的想法是，任何一次的活动都不是孤立的，它应该是整体教育中的一个有机组成部分。 这次男生的返校活动，也正是"做个男子汉"这个主题教育和班级整体教育工作的重要一环，而唱班歌恰恰是这种全面考虑的结果。

唱班歌的好处有很多，最直接的是感受班级文化，重温班级精神，增强男同学的群体意识和群体荣誉感，调动学生情绪，激发他们的行动热情。 而从长远的角度看，还有助于培养他们开朗大方、积极向上的良好素质。

刚一开口，他们一点儿也不在状态，精神不振作，声音不洪亮。 我立刻叫停，提示他们要用男子汉的火热激情来唱才行，然后，又给了他们几分钟自我练习的时间。 就在他们自我练习的时候，我暗中安排几个男生，让他们再唱班歌的时候搞一个小比赛：比音量、比气势，鼓励他们不必考虑音调准不准，只要大声"吼"出来就行。 于是，再次齐唱班歌的时候，有这几个男生带头大声"吼"歌，力量和气势一下子就出来了。

看着他们争相大"吼"的样子，我暗自高兴：嗯，劲头出来了，有点儿阳刚的意思了。

转——成长见行动

班歌把大家唱得热血沸腾，就在男生们浑身"冒火"的时候，我让他们安坐下来。 告诉他们：接下来，我们大扫除。 而且，我特殊提醒说，我是有意让他们在情绪高昂的状态下开始扫除的。 之所以这样安排，就是看他们能不能在情绪亢奋的时候迅速冷却下来，沉沉稳稳地、细致认真地做好扫除的工作。

我知道，这是一个考验，既是对学生的，也是对我自己的。

此时，我不动声色地用了一个激将法："我很担心大家情绪一高就毛手毛脚，控制不住自己，如果没把握，咱就冷静一会儿再干也行。"

"老师放心吧，我们能干好！"

他们是这样说的，也是这样做的。 一切都井井有条，一切都沉沉稳稳。

嗯——真不赖！

大扫除的同时，我还安排了两项工作：一是安排张洺齐同学在前黑板写下了"我以班级为荣，班级以我为荣"的标语。 同时，安排李俊池和杨钧杰在后黑板上给全班同学写了一封信，信中表达了全体男生对班级的热爱之情和努力上进的决心。

扫除后，男生们自豪地在黑板上写下自己的名字

合——签名彰荣耀

扫除完成了，很好！

标语写完了，很好！

书信写完了，很好！

此时，每个人的脸上都挂着笑。 为了表彰他们的出色表现，我请这些未来的男子汉们手持班徽和班训，留下了在班级具有历史意义的一次合影。 合影结束后，我又请他们每个人在前黑板标语的下方签上自己的名字，我的要求是：这个签名的字可以不漂亮，但必须足够大！

于是，在"我以班级为荣，班级以我为荣"的标语下面，男生们兴高采烈地签上自己的大名。 我知道，签上自己姓名的同时，他们也签上了内心的自豪与快乐，更签上了他们对明天的承诺与自信！ 这也正是我让他们把自己的名字写大的目的所在。

"多美的场景啊！"看着他们签名时满脸喜悦与自豪的样子，我这样想着。

离校的时候，这些未来的男子汉们是排着整齐的队伍走出去的。 看着他们意气风发而又整齐有序的背影，我若有所思：

"明天，就看明天的了……"

明天，总是值得期待的，只要你心中对它怀有梦想。 而今天，就是"阳光六班"全体男生播种梦想的日子。 他们用汗水和欢乐，把男子汉的责任感和荣誉感埋进了奉献的土壤。 我相信，在不久的将来，这片希望的田野上，定然会长出一棵棵响当当、硬朗朗的雄伟和豪壮的栋梁之材！

让我们共同期待！

▌千虑一得

借用群体荣誉感的力量，是促进男生向男子汉成长的有效手段。做好这项工作，"筹、真、全"这几个字很重要。

筹。是指要主动筹划，主动给这些男生创造发现自我、锻炼自我、展示自我的机会。要做到这一点，一要主动，主动能使我们有更多的教育机会。我们可根据工作的需要，创造出能够实现特定目的的机会，这样，教育的主动权就会牢牢掌握在我们自己的手中，而学生的成长也就会大受其益。二要细致，细致能使我们有更好的教育效果。对创造出来的教育机会要精心筹划，细致安排，使之能够达到最好的效果。

真。是指让学生引以为傲的荣誉感是建立在真真切切的事实基础之上的，而且是恰如其分的。这种荣誉感，应该是学生们通过自己切实努力而获取的成果，应该是他们靠自己的奋斗而取得的成功，而不应该是空洞的或是夸大了的事实。工作中，为了鼓励学生，会对他们进行表扬，但这种表扬如果不实在，让人听了感到很"虚"，这样的表扬就适得其反了。

全。是指要在男生群体的名义下，让他们每个人都为实现共同目标而努力，并且全体成员都有努力之后的收获。既然是要增强群体荣誉感，那就得让这些男生在整体上都有值得荣耀的地方，要让他们每个人都表现得优秀才行——不能是一个、两个，甚至大多数表现优秀都不行。要整体性的优秀，这样才能更好地激发群体荣誉感，才能借助群体的影响力来促进每个个体的成长。

▌披沙拣金

大声"吼"班歌，"吼"出了班歌的气势，"吼"出了阳刚之气，这是在教男生"学会阳刚"。阳刚之气当中，特别要具有"强"的元素。

强态。是指男生要具有阳刚的形态和状态。这种强态，是雄性所理应具有的天性，大大方方，开开朗朗，风风火火，有时候，甚至大大咧咧也无妨。男生嘛，不可以羞羞答答、扭扭捏捏的。不过，要做到具有阳刚的强态，需要老师和家长的引导才行。在青春期，学生们往往会越来越"内向"，往往会越来越不愿意"出头露面"。这种现象，一般在八年级（初中二年级）时就开始比较突出了，甚至，这个阶段实际上就是个分水岭，是个关键的节点。这个节点抓好了，可能会为今后的教育创造很多有利的条件。

强誉。是指男生要具有强烈的荣誉感。这种荣誉感，不是低级趣味的虚荣，不是逞强称霸的炫耀，而是实现美好愿望的自豪，是健康成长的满足，是助人悦己的快乐。引导学生具有这种荣誉感，要靠我们创造能够使他们获得成功的机会，要靠我们创造能激励他们竞争的机会，通过这样的机会，强化他们的荣誉意识，从而激发他们的上进心，并进一步给他们带来成功的自信和自豪。

　　强势。 是指男生要具有强大的气势。 这种气势，一方面来自个体的勇猛顽强和勇往直前，另一方面来自男生群体的冲锋陷阵、势不可当。 借用男生群体的力量，更有利于激发他们的奋斗热情，更有利于发挥他们相互促进的群体优势。 给他们一个追逐的目标，给他们一个奔跑的方向，给他们一个呐喊的旷野，这些男生，一定会还你一个排山倒海，一个地动山摇！

▌他山之石

关键词：男子汉

45. 好风凭借力

在同伴们期待的风力中翱翔，会让自己的翅膀更有力量。把那热烈的目光化作升腾的气流吧，然后，在它的托举中奋力地振翅，愉悦地飞翔，欢快地歌唱！

——题记

▌春风化雨

2011年8月26日，这是学校规定返校的日子。

学生们陆陆续续地走进干干净净的教室。按照惯例，我仍然先给他们五分钟自由交流的时间。

交流结束后，我问女同学：坐在这整洁如新的教室里，咱们女生有什么感受？

好女生们踊跃回答了我的问题，她们有说有新鲜感的，有说感到很洁净的，有说感到很奇怪的……

借着她们的回答，我介绍了男同学昨天提前到学校清扫、布置教室的经过。听了我的介绍之后，好女生们主动热情地为男生们热烈地鼓掌。

随后，我安排全体女生走到后面的黑板前，请她们赏读男同学写给班级的一封信。

如果是在以前，遇到类似场合的时候，有的男同学可能会比较随便一些，而今天，他们却都规规矩矩地坐着，没有一个乱动的，他们的脸上，悄悄地自豪着，悄悄地喜悦着，有的还悄悄地羞赧了一回。

李俊池、杨钧杰代表全体男生表达努力上进的决心

重新就座之后，李俊池和杨钧杰走上讲台，代表全体男同学发言。

在那写有"我以班级为荣，班级以我为荣"的标语和全体男生签名的背景下，这两位平时在篮球场上生龙活虎的灌篮高手，此时却显得有点儿拘谨，我知道，这拘谨的背后是他们发自内心的郑重。　他们代表全班男生表达了努力进取、力争早日做个合格男子汉的愿望和决心，全班同学用热烈的掌声回应了他们的表态。

接着，班长张欣然和团支书唐艺洧同学先后发言。　她们高度赞扬了男同学的进步，表达了对全体男同学的良好祝愿。　两位女生干部的讲话很真诚，很热情，很富有感染力。　又是一阵更热烈的掌声！

我知道，这掌声既是给她俩的，又是给他俩的，也是给全体男生的，更是给我们这个班级的！

此时此刻，这滚烫的发言、这热烈的掌声，在班级里激起了一股情绪的热浪，这股热浪在六班人心灵的原野上热烈地蔓延，它扑向这原野的四面八方，不断地翻涌，不断地升腾。　而黑板上那一个个男同学的名字，似乎正化作一只只张开羽翼的雏鹰，它们在那热浪的抬升下，正奋力振动着翅膀，向着更高、更远的天空，飞升，飞翔……

"好风凭借力，送我上青云。"古人的这两句诗忽然从我的脑海中满怀激情地跃出。

▎千虑一得

怎样把男生培养成男子汉？　有几种力是非借不可的。

升力。　就是男生本身的自强上进的自我提升之力。　任何人都是有上进心的，如果能够很好地激发这种上进心，就会很好地调动学生的积极性，从而促进他们不断地努力向上，不断地取得更大的进步。　而从男同学的角度来讲，这种升力更热烈、更强烈。　因为，充满活力、主动挑战几乎是他们与生俱来的性别特点，这种特点，会使得他们有更强的进取心，有更强的竞争意识，有更强的荣誉感。　把这些因素很好地利用起来，会非常有利于促进他们不断地从幼稚走向成熟。

悦力。 是指利用男生实现行动目标的愉悦感来促进他们进步的力量。 这种悦力，"兴趣"和"尊重"往往是核心、是关键。 "兴趣"，就是要让他们觉得"有意思"，这样他们就会乐于去做；而"尊重"则要让他们懂得"有意义"，这样他们就会甘愿去做。 如何使男生们获得尊重呢？ 除了要自尊自重之外，更要引导他们做能够赢得尊重的事情，特别是为集体去做这样的事情。 而且，这样的引导一定要做到他们的内心深处，让他们心甘情愿地、积极主动地去做这样的事情，这样，他们才能发自内心地体验到成功的喜悦。

示力。 示，就是展示，就是宣示。 示力，是指面对公众宣示承诺，进而努力去信守承诺的自我约束力。 在一个集体当中，能讲诚信，往往是一个人取得他人信任、获得尊重最基础的品质。 那么，在对学生的教育当中，我们就可以充分利用这一点来促进他们的成长。 对于男同学来讲，活泼好动的特点往往会使他们疏于自律，要想让他们改变这一点，就需要有一种来自自身的力量经常性地提醒他们、约束他们。 面对公众宣示自己的承诺往往就具有这种力量——人而无信，不知其可。 在众人面前说出去的承诺，怎么好意思不努力去实现呢？

赏力。 这里所说的赏力，是指从同学、老师和家长等方面借用来的赞赏力量。 在学生的成长过程中，不同身份的人具有不同的影响力，这些影响力，常常来自这些人的赞赏。 其中，来自同学群体本身的赞赏力往往更强大。 从学生的角度来讲，与他们在一起交流最多的是同学这个群体本身，所以，对学生加以引导，利用学生的力量去促进学生，利用学生的力量去带动学生，利用学生的力量去推动学生，往往会发挥更大的作用。 本次教育，请女生赞赏男生的进步，就是在借用赏力的力量。

女同学赏读男生
写给班级的信

披沙拣金

安排男生表达进步的愿望和决心，这也是在帮助男生"学会阳刚"。学会阳刚，要特别强化男生"强"的性别特质。

强志。 是指男生要具有努力进取、获得成功的志气。男同学一般发育比较晚，这样，他们在集体里就显得很"不立事"，这种"不立事"往往会给集体带来这样那样的麻烦，甚至是损害，而这种损害，也无疑会使男同学自己的形象受到损害，并进而使这些男生感到沮丧，以致影响他们的自信心。所以，一定要帮助男生强化志气意识，给他们创造成功的机会，让他们能够立得起来，让他们体验到成功的喜悦。这样，他们才可能树立起自信心，乐观、自信地成长。

强能。 是指男生要具有让自己立于人、立于家、立于群、立于世的能力。这种能力，不是空洞的口号，而是实实在在的本领。要想具有这种本领，就应该让他们踏踏实实做事，而且，要踏踏实实做成事。引导、训练、巩固、提高，这样的环节，一个都不能少。只有具备这样强的能力，他们才有可能安身立命，才有可能有所作为。

强烈。 是指男生要具有刚强的性格、决断的风格。刚强的性格，就是决不服输的态度，就是刚强不屈的骨气；决断的风格，就是毅然决然地直面艰难，就是雷厉风行地勇往直前。让自己的"烈"度更强，会使男生具有更强的爆发力、冲击力，用这样的爆发力和冲击力去迎难克艰，是男生应有的品质。不过，刚强不等于暴烈，不等于莽撞，更不等于野蛮，这一点，有必要让学生有清楚的认识。

他山之石

关键词：好女生

46. 朝阳伴我秋点兵

> 骨气，是人生的元气。 骨气就是铮铮铁骨，就是浩然正气。 朝阳烈烈，看我男子汉铮铮铁骨顶天立地；秋风猎猎，看我好女生浩然豪气飒爽英姿。 沙场秋点兵，青春铁血情！
>
> ——题记

█ 春风化雨

2011 年 8 月 29 日，八年级的军训开始了。

一年前的军训，六班曾一败涂地。 后来，在军训总结的时候，学生们曾立下誓言，一定要在八年级的军训中打个翻身仗。

为了这次的军训，他们期待了一年，他们准备了一年！

一年来，他们厉兵秣马，全面磨炼。 此时的六班，已今非昔比；此时六班的学生，更是已脱胎换骨。 他们将破茧成蝶，百炼成钢！

他们知道，这次军训，是对"阳光六班"每一位同学的一次大检阅，也是"阳光六班"每一位同学向自己、向他人的大展示。 他们知道，他们必须用自己杰出的表现，证明自己的进步，证明自己的实力！

他们做到了。

仅仅在第二天，"阳光六班"就受到了高度赞扬。 阅兵式训练中，当六班通过主席台的时候，主持训练的教官在广播中这样评价他们的状态："在他们的口号声中，我们能听出雄赳赳气昂昂的气势！ 动作非常规范！ 口号非常响亮！ 其他各方队在运行的过程中，所呼喊的口号像他们这支队伍这样响就可以了……"

"阳光六班"的同学们伴着朝阳参加军训

这段时间里，"阳光六班"的同学们用超乎寻常的自主性付出了超乎寻常的努力。风雨中，他们列队整齐地去参加开营式，没有人为了躲避风雨和地上的积水而打乱队形；清晨时，他们精神抖擞，伴着骄阳威武英姿，顶天立地；夜幕下，他们焕发精神，抓住每一次机会让自己的动作精益求精……

军训最后一天。

分列式表演开始了，各个班级依次入场，大家军容严整，口号声响亮，赢得了阵阵掌声。 每个班级都表现得十分出色，而"阳光六班"的同学们更是以高昂的姿态和舍我其谁的气概，令看过他们去年军训状态的人们刮目相看。

一入场，"阳光六班"就令人眼前一亮！ 亮在哪？ 亮在他们的精神，亮在他们的状态，亮在他们的气势！ 他们的"精气神"放射出强大的震撼力，不管是男生还是女生，不管是排前还是排后，他们每个人都那么的精神抖擞！ 他们每个人都那么的斗志昂扬！

踏步，齐步，正步，左转，右转，后转，跨列，敬礼……每一个动作都那么到位，每一个动作都那么标准，每一个动作都那么规范！ 他们的呼号声尤其有撼人心魄的穿透力：那么高亢！ 那么洪亮！ 那么震撼！ 直呼得惊天动地，群山回响，令人热血沸腾！此刻，全场响起了热烈的掌声。

这掌声，不仅仅是出于礼貌。

这一次，他们赢了！ 赢得实实在在，赢得酣畅淋漓！

面对骄傲的成功，他们不由得感慨万千，心潮澎湃！

还记得那"与尊严同行"的反思吗？

还记得那男生练习坐军姿的大扫除吗？

还记得那"做个好女生"的思考吗？

还记得那"纵虎归山"的运动会吗？

还记得那"我懂你的牵挂"的感悟吗？

还记得那刻记荣耀的自省日吗？

还记得那冰块里握出的热度吗？

还记得那"做个男子汉"的铮铮誓言吗？

还记得那"铸剑担大任"的决心吗？

……

所有努力，都是为了今天；

所有努力，又都不是为了今天。

归途中，车窗外的风景不停地在眼前闪过，每一片闪过的风景都幻作了参加阅兵式的一个个场景，那每一次汗水的挥洒，才是最美的风景。阅兵式时的我，没有在主席台上去检阅一个个方队，但是，此时此刻，我却站在教育的高台上，用心灵和情感检阅着"阳光六班"的一个个精彩的瞬间。

这每一个精彩的瞬间，都是一次灿烂的成长；这每一次灿烂的成长，都是一腔热烈的追求；这每一腔热烈的追求，都是一轮火红的太阳！

▌千虑一得

本次军训，"阳光六班"的收获具有"有骨气、受磨砺、能自立、重情义"的特点。

有骨气。 人不能有傲气，但不能无骨气。一个人是这样，一个集体也是如此。没有了骨气的集体，就是没有向心力的集体，就是没有向上力的集体，就是没有战斗力的集体。"阳光六班"的学生们以奋力的拼搏捍卫了自己的誓言，他们更用响当当的表现为自己、为班级争了这口气。这口气，为他们今后的成长注入了巨大的力量，帮他们在今后的人生之路上硬硬朗朗，铁骨铮铮！

受磨砺。 这次军训，学生们经受了比以往任何时候都要严格的考验，砥砺了品格，坚强了意志。他们不怕吃苦，不畏艰难，如同经历过七年级一年锻打的剑坯，如今又在八年级军训的砥石上反复磨砺，最后，成了一柄初具雏形的宝剑。更顽强的精神，更持久的韧劲，更坚强的意志，更向上的热情——这些，都在他们剑锋的风骨上闪闪发光。

能自立。 成功的自主管理，这既是这次军训成功的原因，也是这次军训的收获。经过一年的打磨，"阳光六班"的学生都具备了相当强的自主能力，这种自主能力，有两个基本意思：一是个人和群体自我成长的主动意识，二是个人和群体主动的自我管理的能力。 军训开始之前，他们每个人都承担了一定的任务分工，无论是内务管理，还是军事训练，都有人负责相应的工作。 主要工作都做到了责任到人，标准到位。 这样，整个军训过程中就做到了按部就班，忙而不乱。

去年军训时，有一位老师问我为什么总是站得离学生那么远，我告诉他，这样做是为了观察学生，培养他们的自我约束能力和自我管理能力——距离远了，学生才能离开我这个"拐棍"，这才有利于有针对性地去培养他们的自主意识和自主能力。 今年的军训，我依旧远离着学生，这是因为学生们已经具备了相当强的自主能力，他们完全可以自己去做他们该做的事情，而且，他们能做得很好。

所以，我只需欣赏。

重情义。 军训汇报表演结束后，各班立刻忙着整理行装，准备上车返程。

此时，"阳光六班"的学生们却在宿舍楼下整装肃立，他们正在举行一个特殊的离别仪式：由团支书代表全班同学向教官宣读感谢信。 感谢信并不长，可刚念了几句话，就有同学的眼里涌出了泪水，随后，不知是谁先抽泣起来，接着，一个，两个，三个……这些刚才还豪气冲天的钢铁勇士和巾帼英雄们，此时已是泪雨滂沱！

最后，由体育委员发出口令，全班同学一起向教官敬了一个最标准的军礼！

刚来到军营的时候，我就跟教官沟通：军训中不但要训练过硬的技术动作，更希望有深入的思想引导和情感熏陶。 非常幸运的是，负责我班训练的谭教官是个非常出色的军人，我们的配合非常默契，教育效果也非常好。

军训结束的前一天晚上，我安排团干部们代表全班同学给谭教官写一封感谢信。 她们不辱使命，为班级和每位同学的历史刻下了深深的一笔！

团支书代表"阳光六班"向教官宣读感谢信

披沙拣金

下定决心，努力要强，这就是教学生"学会争气"。学会争气，要努力争骨气，争豪气，争血气。

骨气。 就是上进、要强的壮志，就是奋力崛起的勇气。人不可有傲气，但不能无傲骨——骨气，就是一种傲骨。这种傲骨，能让懦弱变得坚强，能让畏惧变得勇敢，能让萎靡变得振作。骨气，就是为维护尊严而无所畏惧，骨气就是为赢得尊严而奋勇拼搏。骨气，就是人生的元气。有了这口元气，面对任何困难都会勇往直前，都会百折不回！

豪气。 就是豪壮之气，就是自豪之气。豪气从哪里来？从踏踏实实的努力中来，从坚韧不拔的意志中来，从藐视困难的态度中来，从当之无愧的成绩中来。争一口豪气，就是争一分真正的荣耀；争一分豪气，就是争一分纯粹的光彩；争一分豪气，就是争一分自信的力量。

血气。 就是钢一样的坚强，就是铁一般的意志。上进就一定面临困难，要强就必然不怕艰险。艰难险阻，需要用坚强的意志去战胜；困苦磨难，需要用顽强的精神去搏击。血气，就是被困苦磨得伤痕累累但决不倒下的身躯；血气，就是被艰难绊得踉踉跄跄但从不停下的脚步；血气，就是即使被艰难困苦撞倒后也要高高昂起高傲的头颅！

他山之石

关键词：向上

47. 砺剑笑冬雪

> 磨难是人生最好的砥石，有了它，我们就可以磨掉剑锋的稚嫩和软弱，而留下最锋利的成熟和刚毅。 磨砺之痛，永远值得我们笑着对它张开双臂。
>
> ——题记

▌春风化雨

进入八年级，对学生素养教育的着力点该在哪里呢？ 显然，这应该是一个巩固的阶段，也是一个发展的阶段，还是一个提升的阶段。

如果还拿宝剑文化来打比方的话，这就是磨砺宝剑的阶段，因此，我们把八年级的第一次班会的名称定为——砺剑。

为了开好这次班会，七年级下学期的期末，班级开展了一次班会方案的征集活动，还专门下发了一份《八年六班"砺剑"主题班会方案征集启事》。

这个启事大致由"导言、内容要求、程序设计"等三个部分构成。 其中，"内容要求"部分设了三个问题：

1. 为这次班会拟一个具有导向意义的副标题。

2. 为主持人写出富有文采的开场白。

3. 为主持人写出富有鼓动性的结束语。

这三个问题，与其说是班会设计的要求，不如说是语文写作的要求。 而这，恰恰就是我所追求的——既准备了班会的内容，又锻炼了学生的语文写作能力。

　　"程序设计"同样也是个语文的问题，不过，它更侧重对学生综合能力的训练。 比如，明确方向的训练，统筹能力的训练，等等。

　　班会于 2011 年 9 月 5 日举行，总体效果相当不错。 而最让我感到满意的是，学生们能够紧紧扣住"砺剑"这个主题来思考问题。

姜雨晗、李俊池主持
"砺剑"主题班会

　　请看主持人的一段开场白：

　　姜雨晗：同学们，也许你看过，寒梅在冰雪中傲然绽放的身姿；

　　李俊池：也许你见过，砺剑过程中铁坯终成大器的过程；

　　姜雨晗：也许你听说过，凤凰涅槃浴火重生的传说，这也正所谓"宝剑锋从磨砺出，梅花香自苦寒来"；

　　李俊池：如果说，铸剑是孕育生命的过程，那么，砺剑就是成长的过程。 这个过程固然艰辛，但又必不可少。

　　……

　　这些开场白，都是主持人自己撰写的。 或许，他们的语言还不够严谨；或许，他们的辞藻还不够华丽。 但是，他们却能够深刻理解砺剑的含义，他们却能够紧紧扣住"砺"字来引导同学今后的努力方向。 不简单吧？

　　再请看在理解"砺剑"主题时几位同学的发言——

　　陈沫澄：（砺剑）是把剑坯磨成宝剑的过程，用砺剑的"砺"字，是一个升华的过程，先铸后砺，代表着要传承铸剑的优良品质。 上学期做人做事的良好品格，这学期不但要发扬下去，还要有更好的提升。

　　张欣然：磨砺可以看成是一个煎熬的过程，我们一定要学会坚持，坚持下来一定会成为一把上好的宝剑，如果没有坚持下来，那只能成为一块废铁。

　　杨钧杰：铸剑要打好基础，砺剑是老师要我们细细打磨自身的缺点和不足，才能成为像宝剑那样优秀的人。

　　……

这次班会，学生们懂得了很多道理，而最主要的是，他们更深刻地懂得了磨砺的价值。

磨砺有什么价值呢？

无论脚下有多少荆棘坎坷，总能挺身向前；无论摔倒后有多少伤痛，总能挺身向前；无论前方的希望有多么渺茫，总能挺身向前！

——这就是磨砺的价值。

▌千虑一得

这次班会在教育管理上最大的收获是：自主。

自主意识。 自主，只有学会了自主，学生才能够真正地成长。 这也是开展班会方案征集活动的出发点。 其实，如果由我自己来设计，那么，一切会很简单。 但是，那样一来，这个班会就可能变成是老师的班会，而不会真正是学生的班会了。 只有是学生亲自思考的事情，只有是学生亲身实践的事情，这些事情才能是他们自己的事情，他们才能从这过程中获得真正的收益。 这次班会所以能成功，就在于它真正走进了学生的心里，使学生真正思考了，真正接受了。

自主能力。 班会从筹备到召开，学生们的自主能力得到了充分锻炼。 班会设计阶段，全班同学积极参与，而且，很多同学的设计方案都很精彩；方案统筹阶段，主持人根据大家的意见，恰到好处地统筹文稿，并且用精彩的串词把班会的各个环节有机地连在一起；班会召开阶段，主持，颁奖，领奖，发言，呼号……每一个环节，学生们都很好地做到了自觉进步、主动成长。

这次班会，不但为班级今后工作的开展进行了很好的舆论引导，让学生们对即将到来的磨炼生活有了必要的心理准备，更在这过程中激发了学生关心集体、主动参与的热情。这种积极向上的热情，更是他们今后学习和生活当中必不可少的。

▌披沙拣金

让学生谈自己对班会主题的认识，这是在教学生"学会感悟"。 学会感悟，就像打火机的火石，具有启动导引的作用。

启动思想。 感悟，就是深入感受、深入思考、深入领悟的过程。 正是由于有了深入的思考，学生们才能对所思考的问题有深层次的领悟，这种深层次的感悟，会有助于他们把教育目的和所思考的问题联系起来，从而实现教育目标的落实。 可以说，启动思想是实现教育落实的大前提。

启动情绪。 感悟的初期是理解，在理解的基础上，这种深入的感悟和思考会进一步激发学生的参与热情，使他们情绪高涨，愿意参与到教育活动中来。这种情绪的启动，会给接下来的行动带来强劲的动力和巨大的张力，为取得理想的教育效果创造良好的条件。

感悟是把教育内化为学生的愿望和行动的重要手段，学会了感悟，就如同打开了通向跑道的山门一样，剩下的，就是向着目标努力奔跑了。

他山之石

关键词：宝剑，班会

48. 英雄安泰的警示

> 　学习的田地，用笔挖出的埯更适合知识的发芽，用手犁出的垄更有利于能力的生长。
>
> ——题记

▌春风化雨

学习的赛道上，需要用落实去练跑。

为了对学生进行规范化学习落实的训练，我根据学生的实际情况，为他们编制了一套语文《研习手册》和《随堂练》。

这套《研习手册》是与语文教材配套使用的，以课题为单元来设置体例，每一课题设置的栏目如下：

栏目名称	栏目功能
学习指要	以简洁的文字提示每课时的学习要点，使学生的学习做到目标明确。
跬步千里	以填空、简介的形式梳理课文的基础知识，帮助学生进行基础知识的了解、积累与运用。
学而能思	以填空和简答的形式引发学生对课文内容的思考和理解。
三思而问	以自主问答的形式引发学生对课文内容的探究。
温故知新	以习题的形式对学过的文言诗文进行练习，是复习巩固的平台。
百炼成钢	以习题的形式根据本课的学习要点进行有针对性的能力训练。
更上层楼	以习题的形式对本课的学习要点进行深化、提高、拓展性的训练。

　　《研习手册》在使用上以课时为单位，基本按"预习—研讨—修正"的模式来运行。即先由学生独立完成预习的相关内容，这个环节在课前完成；上课的时候，以小组为单位研讨写过的预习内容，本小组解决不了的问题，上课过程中由其他学习小组的同学或老师来解决；最后，再由学生自己用红笔改正相关内容。

　　《随堂练》是与《研习手册》的内容相对应的练习册，对每课所学习的重点内容进行验收检测。　这样，就为规范学生的学习表达提供了一个平台，从而使学习变得更具有实效性。

　　这套《研习手册》具有如下几个特点。

　　明确的目的性。　《研习手册》中每一课时都在显要位置对本课时学习内容的要点进行了提示，使学生对学习要点一目了然，做到学习时心中有数。　从文科教学的角度来讲，每课时有一个明确的学习目标是非常必要的。　如果没有这一点，那么，老师的教学也好，学生的学习也好，可能会出现信马由缰的状况，最后的结果是满满当当的一堂课下来，老师讲了很多，学生听了不少，学习效果很可能是一笔糊涂账。　而对学习要点的提示，就为避免这种现象的发生提供了硬件基础。

　　较强的启发性。　这种启发性的特点，除了渗透在具体的启发性思考题当中之外，还专门设置了"三思而问"这样一个栏目，以"制式"的方式，给学生们提供了一个主动思考、主动发疑的平台。　这个发疑实际上是分成两个阶段来完成的。　刚开始是自由发疑，只要是课文所涉及的问题，都可以通过这个栏目提出来，这样做是为了激发学习和发疑的热情；后来，在此基础上，根据学习的实际需要，对发疑的内容进行了必要的限制，以使得这种发疑更规范，更有利于取得实际的效果，更有利于提高学习的效率。　比如，要求学生在"内容理解"和"表现形式"两方面来提问，而且，前者不能偏离课文的主题，后者则限定在修辞方法和表达方式上，等等。

　　简便的操作性。　《研习手册》以课时为单位来设置内容，具体内容又以填空、选择或简答题的形式来安排，这就使得学生使用起来非常简单，便于操作。　而且，为了便于使用，《研习手册》还分成两册来编辑，"（一）册"对应序号为奇数的课文，"（二）册"对应序号为偶数的课文。　这样，即使上一课的内容没有及时处理，也不会影响下一课的使用。

　　突出的实效性。　这种实效性，突出地表现在需要落笔书写这一点上。　在学习过程中，学生们往往比较愿意口头表达，而一落笔书写，有的就不大情愿了。　这种状态如果不及时调整，那么，对养成学习的严谨性、取得学习的实效性都是一种不小的威胁。　而这套学习资料从硬件上为这个问题的解决提供了可能：从课前对《研习手册》的预习，到学习过程中对《研习手册》的修改，到课末用《随堂练》的测验，再到对《随堂练》的修改——落笔，成了贯穿整个学习过程中最重要的落实方式。　这样，学中写，写中学，增强了学习的实效性。

动笔练习，动手操作，这是必备的学习素养。 尽管随着科学技术的发展，动手的含义已经在现代的生活方式中发生了很大的变化，但对于学习的落实来讲，它仍是不可替代的。

希腊神话中的英雄安泰，由于离开了大地母亲而无法获得力量，最终被对手打败。学习中，规范化的落实就是大地，离开了这个大地，学习就难以得到脚踏实地的力量，就难以取得实实在在的成绩。

▌千虑一得

无论是教育还是教学，我一直都坚持按"先放后收"的策略来实施。

先放。 放什么？ 放活力，放思想。 就是在前期教育中，放开思路，放开手脚。 不禁锢学生的思维，让他们尽可能地打开思路，尽可能地灵活思维。 这样，会使得学生的思维空间更广阔，成长视野更开阔，从而为今后的发展广泛积累，厚重积淀，这也可以说就是厚积薄发的厚积过程。 这就好比是植树取材一样，如果想在一棵树上裁取圆周是半米的栋梁之材，那么，这棵树的圆周就一定要超过半米。 这个道理是不言而喻的。

后收。 收什么？ 收规范，收实效。 就是在先放的基础上，在学生的思想活力和智能积累达到一定的程度之后，在方法技能上进行更规范的引导和训练，进而取得相应的实际成效。 这样，学生就会既有灵活的头脑，又有规范的落实。 学也有潜力，用也有实效。 而这种效果，恰恰就是我们的教学所需要的。 为了达到这"后收"的目的，我在《研习手册》的使用过程中还进行过相应的、多种形式的训练。 比如，我特意提醒学生，《研习手册》中会存在一定的错误，而努力发现、及时修正这些错误，是使用《研习手册》的首要任务。 这实际上是对学生进行辨识能力和落实能力的双重训练，而且能帮我发现问题、改正错误。 这是我的学生最擅长的一门绝技，他们有这个意识，也有这个能力。 这个意识和能力，就是"先放后收"的教学策略所取得的成效。

▌披沙拣金

利用研习册来辅助学习，是从学习素养的角度教学生"学会落实"。 学会落实，通常可以从两个方面去理解：一个是理解的落实，这是个"会答"的问题；一个是表达的落实，这是个"答会"的问题。

理解的落实。 是指在思维上理解了所学的知识，并且很深入，很充分，没有死角。这种理解的落实，更多地要靠从学习过程中的思路、方法等方面来考察。 理解落实了，就"会答"了。

表达的落实。 面对问题，不但要想得明白，还要把这想出来的答案表达得好。 而这表达又有两种基本方式，一种是口头表达，也就是"说"；一种是书面表达，也就是"写"。书面表达的落实，也有两个层次。第一，写对；第二，写好。写对，就是正确地写出了答案，但是欠规范，欠整洁；写好，就是除了问题要答得正确，在书写的规范性和整洁度上也要达到一定的标准。

此外，表达的落实还有一个"答精"的问题。就是要让书面的表达精益求精，它比"答好"的要求更高、更难。对于那些想要在选拔类的考试中取得更高成绩的学生来讲，这是个难以回避的话题。好了还要更好，精了还要更精，因为竞争是客观存在的，只有不断地精益求精，才能在选拔中立于不败之地。就像骑车一样，一般的学习是会骑车，而高端的竞争则是会骑独轮车，还要会骑独轮车演杂技。

▌他山之石

关键词：学习

49. 从"渐入'家'境"到"心灵筑家"

集体中，让共同的追求和关爱在每个人的血管里奔流，不管何时何地，都能从他们的精神和情感的血液中检测出这个集体所特有的基因，这就是血脉。 我们有着这样共同的血脉，这血脉的来源就是我们的"家"。

——题记

▌ 春风化雨

以情治班，这是我班集体管理中最重要的思考之一。 我以为，最成功的班集体，一定要有浓浓的家的味道。 什么是家的味道？ 浓浓的亲情，这就是家的味道。

早在学生入学报到的那一天，我跟学生初次见面讲话的主题就是"走进我的家"。 从那时起，在这个班级学生的心里，六班就不仅仅是个班集体，而是一个家，一个大家共同经营着的充满温情的家。

早在 2010 年 10 月 29 日，郝韵慈同学就曾在她的《日进录》里有这样的体会：

不知不觉间，我们的新家已经"登记"两个多月了。 不论哪一小分队值日，我只知道——我们每天都在重新"装"我们的新家。

"同学"已经不是我们之间的称呼了。 我们彼此叫起了我们亲爱又可爱的绰号，其乐融融……今天的体育课给了我一个家的概念。

近二十名女生围成一个大圈，两两一组的，笑着玩"贴人"游戏，好像那一刻的我们……是一群快乐的孩童。

数学老师说我们班"渐入佳境"，可我却更愿意理解成：渐入"家"境。

42 个单个体，终于像泥土一样，融合成一团，不能变回单个体了。

说得不错，在"阳光六班"这个家里，每个人不再仅仅是单独的个体，他们更是一个彼此紧密相融的整体，大家已经"融合成一团，不能变回单个体了"。

本学期发生的另一件事，让这个集体的"家香"更浓了。

2011 年 9 月 21 日，因为参加运动会的报名问题，一部分男生和女生之间产生了矛盾。他们在操场上发生了比较激烈的言语冲突，双方你不让我，我不让你，最后不欢而散。

当天，我听说了这件事，但是，得知并没有什么实质性的问题，而且，双方也已经"熄火"，我也就没太当回事。我想，还是让他们自己解决吧。学生的成长中，老师不要什么事都去干预，这更有利于他们的自主成长。

第二天批改《日进录》的时候，张宇涵同学对此事的思考文章引起了我的注意。文中，她简要记述了双方冲突的过程，更多的是对大家的心态的剖析，还有自己的感受，整篇文章饱含了对班级这个"家"的浓浓真情。其中，有一部分文字是这样的：

但是，毕竟我们是一个家，就像那样，不管吵得多凶，伤得多深，但还是会在一起。即便有千般万般的怨恨，都无法将我们分开。谁对谁错？你对我错，我对你错，目的是什么？把家搞得破碎，彼此都受伤？相信没有人会这么想……每个人心里都要有那个家，不是房子，而是心灵的家，那个有情有义、充满活力、又温暖和谐的家。

一个人，丢了什么，不能丢了灵魂，不能丢了家，心灵的家。让"新家"从此变成"心家"，筑起我们心灵的家。

看到这篇文章，我立刻敏锐地感觉到这是一次对同学进行懂感情、爱集体教育的绝好机会。所以，午检的时候，我高调表扬了张宇涵的思想境界和对班级的感情，并请她把她的文章读给大家听。听她文章的时候，那些曾参与"斗嘴"的同学不好意思地低下了头……

男生、女生友好合作，进行运动会比赛项目的训练

一次日常的矛盾，学生们能从"家"的角度来思考，来理解，来解决，这是多么的难能可贵啊！这说明，"家"的种子，已经在他们的心田中生根发芽；"家"的温情，已经成了学生心田中最肥沃的养分。

从"渐入'家'境"到"心灵筑家"，这是一个用情感筑基的过程，这是一个用理解垒墙的过程，这是一个用关爱覆瓦的过程。所有的暴风骤雨，所有的飞雪寒霜，在家的大厦面前，最终都会化为点缀温情的风景。

▌千虑一得

怎样对学生进行教育，才能使他们亲如家人呢？我的经验是要教会他们拥有"五心"：懂关心，知担心，会比心，能交心，多开心。

懂关心。 就是要懂得别人的关心，同时也要懂得关心别人。关心，是最让人温暖的行为，无论是关心别人还是被别人关心，都会在彼此心中传递出浓浓的温暖。这种温暖，就是心灵的黏合剂，会让双方的情感更深，距离更近。

知担心。 检验情感的厚薄，最简单也最有效的办法就是看彼此是否在互相担心。如果一个人能主动地担心他人，那么，就说明他把对方放在了心里非常重要的位置。这既是一种责任，更是一种深情，这是往往在亲人之间才有的、最真挚、最厚重、最贴心的情感。集体中，担心比关心更深刻、更高尚。担心的人知友爱，而被担心的人懂感激，那么，这个集体里又怎么能没有家的温情呢？

会比心。 就是能够做到将心比心，换位思考。一个集体里，同学之间难免会有摩擦，这时候，就需要有一种宽容和大度来调节彼此的关系。遇到问题，能够理性思考，能够换位思考，这样，即使有不理解的地方，也不会一直不理解；就算有矛盾，矛盾也会最终得到化解。

能交心。 就是能够彼此真诚相待，坦诚交流。师生之间也好，同学之间也好，大家的想法需要及时交流，需要诚恳沟通，而且，特别需要以严于律己、宽以待人的姿态来交流和沟通。遇到问题的时候，当我们首先想到的是自己的不足，并且能够主动、诚恳地向对方谈出自己的这种想法，那么，对方往往也一定会用他的坦诚回应我们，这样，结果就会是相逢一笑、皆大欢喜了。

多开心。 就是让学生具有更多的愉悦的时间和空间，让他们经历更多的开心的事情。如果说前三项都是需要师生共同努力、特别是需要教会学生去做的话，那么，这"多开心"则更要靠老师多做工作。用老师的智慧和努力，千方百计地给学生营造一个宽松的、愉悦的成长环境，让他们健健康康地成长、快快乐乐地学习，这样，学生之间、师生之间，就会有一个愉快相处、和谐共生的情感基础。那么，在这个集体中，人们所看到的，更多的就会是纯净真诚的相亲相爱，更多的就会是发自内心的其乐融融。

披沙拣金

"42 个单个体，终于像泥土一样，融合成一团，不能变回单个体了"，说得多好啊！这就是团结啊，这就是团结的最高境界啊。怎样教学生"学会团结"呢？学生这段话里的一个字道出了其中的妙诀，这个字就是——合。学会讲究这个"合"字，就是学会了团结。

讲合心。 就是教会学生有共同的目标，共同的追求。这是把集体中每个成员凝聚在一起的最根本的办法。目标一致了，追求相同了，大家才能心往一处想，劲往一处使。可以说，这个要合的"心"就是一块磁石，有它在，每一颗铁砂都不会离散。

讲合力。 就是教会学生向着共同的目标而努力。合心是思想，合力是行动。这种行动，是自愿的行动，是主动的行动，是自觉的行动。怎样确定这个力是不是我们所说的合力呢？用"合心"这把尺子量一量，如果所作所为是为"合心"服务的，这个力就是合力。

讲合情。 就是用情感的力量来凝聚人心，从而达到团结的目的。这种情感，是建立在一致追求、一致努力的基础之上的，要把同窗情、师生情与班集体紧密联系在一起，让学生懂得友谊与班级兴衰、个人荣辱的关系，有了这种情感的力量，团结就不是难事。

讲合声。 就是要发出对团结的号召声，要发出对团结行为的赞赏声。让团结的声音在班集体占据舆论的高点，通过号召去发声，通过评价去发声，通过赞赏去发声。让团结的声音成为一种引导的力量，一种推动的力量。

他山之石

关键词：关爱

50. 四个最温暖的相拥

> 　　用心灵拥抱彼此，那一刻，我们的温情足以驱散所有的寒冷。　从此，你我的世界再没有距离。
>
> ——题记

▌春风化雨

　　一场运动会报名的风波，一篇《心灵筑家》的美文，让"阳光六班"的同学们更深入地懂得了"家"的真正含义。　而紧接着到来的运动会，则让每一个六班人更深刻地感受到了"家"的温暖。

　　2011年9月30日，学校召开秋季运动会。

　　对于"阳光六班"的同学们来讲，这是第二个运动会了。　去年的运动会，我就只是指导性地参与了一下，如今，已经过去了一年，学生们成长了，干部们也越来越成熟了，我给自己的定位就是当个好观众，做个好记者——愉悦地去欣赏学生们的青春风采，努力去捕捉学生们的精彩瞬间。

　　这次运动会，最值得一提的是四个温暖的相拥。

相拥温暖

　　那天有点儿非同寻常的冷。

　　尽管学校事先已经发出了多穿衣物以保暖的通知，但还是有同学没有做好充分的准备，他们的衣物穿得并不够暖。

比赛刚开始的时候，观众席上的学生们还大声地呐喊助威，可过了不长时间，大家的热情就被冷风吹得七零八落了。其实，连我自己也冷得上下牙一个劲儿地打架呢。

这时，我看到，观众席上的孙圣达同学冷得有点儿发抖了，但是，非常自律的他没有因此而随意走动。我刚想拿起运动员放在地上的衣物给他递过去，就在这时，一幕让我深受感动的景象出现了：只见坐在小孙不远处的刘懿同学迅速地脱下了自己的棉袄，然后，把还带着自己体温的棉袄披在了小孙的身上。而小孙呢，自然要坚决推让。几番推让下来，最后，两个人共同披起了这件棉袄。那一刻，真是全世界最温暖的一刻！那一刻，感到温暖的，绝不仅仅是小孙同学自己！

这一情景被我尽收眼底，同时，我的相机也帮我忠实地记录下了这最温暖的一幕。

小刘与小孙共同披一件最温暖的棉袄

相拥友情

为了让衣着不够保暖的学生不至于感到过于寒冷，学生们是可以适当活动活动的。不过，我发现，佟岚彬同学虽然也冷得有些吃不消，但为了不影响集体秩序，她紧咬着嘴唇，一直在努力地坚持着，甚至，她连手中用来加油的手拍板都没有放下。没有对班集体的热爱，怎么会有这样自律的坚持呢？这时，她的好朋友张宇涵一只手扶着她的右臂，另一只手臂从她的身后绕过来，紧紧地拥住了她。这一对好朋友，谁也没有温暖的棉袄，但她们却用最温暖的友情传递着人世间最有热量的温度！

多温暖的一个动作啊！我相信，对于她们来讲，这一定是最自然的一个动作，但也就是这种最自然，才体现出了友情的最纯真与最深厚。

我想，她俩之间，彼此一定有过很多类似的动作！ 而她们之间、他们之间，彼此也一定有过很多类似的动作吧？

相拥关爱

每当一项赛事结束，选手们回到班级的时候，不管他们的成绩如何，也不管观众有多少人，选手们一定会得到最热烈的掌声。 而且，我惊喜地发现，学生们，特别是负责组织工作的班干部们还有一个令我十分欣慰的举动：选手归来的时候，她们一定会主动跑过去迎接。

这不，史斯文比赛回来了，为了集体的荣誉，她报名参加了一个十分艰苦的比赛项目。 现在，她虽然很疲惫，但仍然表现得非常坚强。 这时，团干部姜雨晗同学立即迎上前去，快速地把史斯文拥在怀中。 姜雨晗的这一拥，拥抱的不仅是本班归来的比赛选手，而且是一种班干部的责任感，更是这个班级互相关心的文化。 这一拥，让一切寒冷都化作春风，更让她胸前的团徽放射出夺目的光彩！

相拥鼓励

男子百米接力的比赛开始了，在急促的锣鼓声中，各班的参赛队员如离弦之箭飞奔而出。 这是最有看点的比赛，也是最引人注目的比赛。 我班最后一棒的选手是李俊池同学，在观众的呐喊声中，他率先冲过了终点。 远远地，我的摄像机捕捉到了这个夺冠的过程。

"好——"我身后，学生们在大声地叫好。

我知道，这项比赛的录像差不多该结束了。 我刚要把镜头移开，一个更为精彩的画面出现了：只见等候在终点的张天乙同学迅速迎上了刚冲过终点的李俊池，两人兴高采烈地拥抱了一下，然后，才有说有笑地向班级的方向走来。

如果说，前几个相拥令我感动的话，那么，这个相拥则更多地给我以震动：我知道，这一拥，拥的是喜悦，拥的是祝贺，拥的是自豪，拥的是自信，拥的是鼓励……

运动会的总结中，"成绩"和"成长"当仁不让地成了两个最火热的主题词。 学生们不但在体育比赛中取得了很好的成绩，更以自己心灵的成长为这次运动会描上了最靓丽的色调。 他们用自己最自然、最真实的行动，为"阳光六班"这个家浓厚了最温馨、最温暖的情谊。 这情谊，比所有的棉衣都更有温度；这情谊，比所有的金牌都更加闪光！

小张与小李获胜后相拥祝贺

▌ 千虑一得

学校教育中，各种各样的活动必不可少。 如何统筹这些活动，以便收到更好的教育效果呢？ 我有一个活动"三一律"：贯一线，顾一段，强一点。

贯一线。 就是对学段教育有整体了解，在落实国家和学校相关规定的基础上，对学生在整个初中教育阶段的总目标有比较明晰的规划。 有了这样的规划，无论搞什么活动，我们都会大致把握这个活动在整个教育体系中的地位和作用，我们都会自觉地用"规划"这个大方向、大目标来指导自己的教育实践，做到一以贯之。 这样，我们的教育就会心中有数，我们的教育就不会跑题。

顾一段。 是指综合考虑学校活动的要求和本班在这一阶段的教育目标，有侧重地开展活动，力争做到两者兼顾。 学校要开展的活动，是从学校整体工作的角度来安排的，作为班主任，我们理所当然地要很好地落实，这样才能完成学校教育的整体规划。 但是，这种活动有的时候可能未必完全能够符合班级自主教育的需要。 那么，我们一方面要实现学校整体教育的目标；另一方面，还要尽可能地实现自主教育的目标。 怎么办呢？ 在落实学校活动的过程中努力挖掘有利于本班自主教育的因素，这样就做到了既完成了学校的任务，也实现了自主教育的目标。

强一点。 应该说，每一次教育活动，能够挖掘的教育因素都有很多，在这众多的教育因素中，有选择地抓住最重要的一点强化落实，这就是"强一点"的意思。 至于这"一点"怎样确定，则必须根据学校活动和本班的实际需要来综合考虑。 二者应该是统一的，而不能是割裂开来的。 比如，我对八年级教育的整体规划就是让学生自主成长，这是我班八年级教育的"一线"；而在八年级上学期，尤其是刚刚开始这阶段，重点则落在如何更好地发挥学生群体自主教育的作用、如何强化班级"家"的影响力上面，这是这个学期的"一段"；同学之间互相关心，互相帮助，加深友谊，互相施加正面的影响，这是这一段中的"一点"。

▋披沙拣金

四个最温暖的相拥，每一个里面都深含着最温暖的情谊，这就是"学会友爱"的表现。 教学生"学会友爱"，要讲好几个"度"。

讲温度。 就是日常多关心、多体贴，让同学感受到情感的温暖。 友情的建立，也许只是一个偶然、一件小事，它的时间可能很短，但友情的维护，却是一个长久的过程。 从学生的角度来讲，引导他们不断地呵护这种情谊，不但会增进他们之间的情感，也非常有利于班级的整体团结。 日常的关心和体贴，就像源自地底的温泉一样，使友爱不会变凉。

讲热度。 是指在同学面临困难的时候，能够满腔热情地出手相助。 这种帮助，关键在一个"热"字。 主动发现、主动相助，这是热心；帮助的时候满腔热情，热情洋溢，这是热情。 热心加热情，会使被帮助的同学倍感温暖，倍感亲切，备受鼓舞，这就产生了热力。 热度，是友爱的沸点，有了热度，没有融不化的心冰。

讲凉度。 是指面临考验的时候，冷静地对待波折。 小孩子之间，往往会产生这样那样的矛盾，每当这时，他们之间的友情就可能面临着不同程度的考验。 冷静下来，不追究，不较真，凉一凉，等一等，想一想，最后，风雨过后是彩虹，友情依然，情感依旧。

讲寒度。 是指在交往中坚持原则，勇于拒绝不正当的要求。 学生成长过程中，有时会遇到需要朋友"两肋插刀"的事情，缺乏足够的理性，会使得他们把这种行为看成是讲义气，而这种所谓的讲义气，往往会害人害己。 所以，引导学生们以一种理性的态度来维护友情，这是非常必要的。 特别是对于男同学来讲，这种寒度尤显重要。 当有人头脑发热得要爆炸的时候，就需要用寒度去给他降温，也给事态降温，从而避免不良后果的产生。

他山之石

51. "小题大做" 与 "大题小做"

　　把 "细心" 键入学习生活的搜索引擎，班级的页面中总会弹出无数个叫作 "美丽" 的帖子。

—— 题记

▌春风化雨

　　2011 年 11 月 18 日，班级里发生了一件很大的小事。

　　午检之后，王可民同学跟我说，打算把一本物理练习册上的两道题抄写在黑板上，以便上课时用。 下午第一节是物理课，我看了一下表，时间应该还算够用，就点头同意了。

　　王可民向大家通报了抄题的事宜之后，就立刻忙开了。 而我，也继续埋头做我的事情。

　　几分钟之后，物理科代表、也是我们的副班长陈沫澄同学走到我身边，悄声对我说： "老师，照现在的速度，这两道题上课前恐怕抄不完。 我可不可以去帮王可民抄另一道题？"

　　我这才注意到，为了让同学看得清楚，王可民把字写得比较大，这样，进度自然就慢了下来。

　　看来，是我疏忽了。

　　"好啊，去吧！" 我立刻答应了她的请求。 每当同学提建议，只要合理，我都是无条件 "服从" 的。

　　陈沫澄马上快步走到黑板前面，抄写起另一道题来。 练习册只有一本，她只能先到小王那里去看题，然后再抄到黑板上。 虽然比较麻烦，但两人合作得很好，他们轮流拿着练习册，分工合作，终于在上课前把题抄完了。

看着两人忙碌的身影，我赶忙拿出相机，连续拍摄了多张照片，把他们合作的过程完整地记录了下来。

王可民和陈沫澄主动为大家抄写习题

后来，我特意找机会表扬了这两名同学，引导全体同学对这件事进行深入的理解。这件事还被写进了"班史"，成了值得纪念的闪光的一页。

可能有人会说，如此重视这么一件小事，是不是有点儿小题大做了呢？

小题大做，的确如此，我就是在借"小题"做大文章啊！这篇大文章，关键在于有三个"可贵"。

可贵的责任。 这个"小题"之所以能"大做"得起来，得益于两位同学令人赞赏的责任感：王可民的担责任，陈沫澄的负责任。本来，小王是不负责抄题的，但他欣然临时承担了这项工作；而小陈呢，作为物理科代表，负责的她细心地发现了抄题进度缓慢的问题，主动"出击"，主动提出解决办法。在整个过程中，两位同学都表现出了高度的责任感，这种责任感是何等的可贵！

可贵的合作。 这次抄题工作得以顺利完成，还得益于两位同学的密切合作。他们注重方法，分工合作，取得了堪称完美的效果。而对于学生们来讲，学会合作，学会主动地合作，这是他们必不可少的基本素养。

可贵的积累。 从学生的角度来看，陈沫澄之所以能够第一时间发现问题，并且提出解决问题的办法，这是她长期积累的结果。积累了什么？积累了对同学的关心，积累了对班级的热爱，积累了对责任的担当，积累了对问题的思考能力……没有这些有益的积累，就不会有这次的主动负责。

从老师的角度来讲，学生们之所以能够发现问题，并且能够主动向老师提出解决问题的建议和方法，这也是积累的结果。积累了什么？积累了学生主体意识的树立，积累了学生思考能力的培养，积累了班级民主氛围的营造……正是有了这种主动成长、主动成功的意识的积累，学生们才能主动发现问题，才能主动去解决问题；正是有了主动思考能力的积累，学生才能想出解决问题的办法；正是有了班级民主氛围的积累，学生才乐于主动向老师指出存在的问题，并提出解决问题的办法……

吴靖滢和史斯文为广播站服务的纪实也是"小题大做"的积累

小小的两道物理题，却给我们带来了这么好的教育机会，给我们带来了这么多的教育思考，它帮我表扬了先进的同学，又帮我启迪了同学的思想，更帮我激发了大家的热情。

——"小题"而"大做"，它的价值就在这里啊！

类似的小题大做，我可是没少做。而每一次这样的小题大做，留给学生的，一定是自豪和激励。

当然，小题大做的方法可用，但不可常用。否则，凡事都要"大做"起来，学生很容易会产生心理疲劳，那样的话，反倒不如不做了。

千虑一得

"小题大做"，会给我们创造教育的机会。而有的时候，为了取得更好的教育效果，我们还需要"大题小做"。

所谓"大题小做"，就是对一些比较严重的问题采取低调处理、低等级处理或暂缓处理的办法，以避免当时出现更不利的局面。一般情况下，可能出现以下几种情形的时候，比较适合用"大题小做"的方法来处理。

加重后果时。 如果我们要处理的问题，处理下去的结果，可能会出现激化矛盾的情况，那么，这时就可以试试用"大题小做"的方式来解决。比如，甲、乙两个同学产生了矛盾，甲同学有意制造机会找乙同学的麻烦，但是，乙同学对内幕并不知情。那么，面对甲同学有意制造麻烦的这种"大题"，老师可不告知乙同学，但对甲同学要采取适当的办法，指出问题的"大"处，严肃教育。并且，让甲同学不但能认识错误，还能主动诚恳地向乙同学坦陈真相，得到乙同学的原谅。 这样的"大题小做"，可能会取得更有利的教育效果。

干扰无辜时。 有的时候，班级出现了问题，尽管问题比较严重，但这些问题只是局部的、个别的问题，此时，"大题小做"也可以派上用场。 比如，某个同学把别人的贵重物品"拿"为己有，这的确是严重违纪的"大"问题。 怎么处理好呢？ 在班级大动干戈地批评吗？ 显然不合适。 毕竟，这是个别现象，在全班面前轰轰烈烈地说这种事情，既扰乱了班级的稳定局面，使得大家人心惶惶，也不利于对这名同学的下一步教育。 这个时候，不妨"大题小做"一下，不去声张，暗中解决。 这样，既避免了大多数同学受到干扰，也为以后的教育留有余地。

影响大局时。 有时候，面临出现的大问题，我们需要处理，但要学会把握时机，掌握技巧。 如果我们对这个"大题"的处理影响了整体的秩序，破坏了整体安定的局面，那么，这个大题不妨先"小做"一下，然后再从容图之。 比如，班级马上要开一个动员大会，这个动员会的目的是调动全体学生的热情，积极参与学校的某项活动。 但就在这时，班主任被告知某一课的时候全班整体的纪律不好。 全班整体纪律不好，这当然不能说不是"大题"，但是，将要参加的活动是需要集体热情的活动，将要召开的动员大会是需要调动集体热情的大会，那么，此时，我们可以先把"大题"小做一下，留待日后在进行相应的教育。

需要指出的是，"大题小做"，是指在处理问题的程度、范围、时间等方面做必要的调整，以取得更好的教育效果。 但"小做"不等于"不做"，如果明明出现了"大题"，我们却没有去"做"点儿什么，那么，很可能会养痈为患，甚至遗患无穷。

总之，"小题大做"也好，"大题小做"也罢，一切都不是机械的，一切都要根据实际情况灵活安排，以取得最佳的教育效果。

▌披沙拣金

表扬两位同学通过密切合作完成习题的抄写工作，是在从讲究方法的角度引导学生"学会巧做"。 这种巧做，巧在好一点儿，巧在少一点儿，巧在活一点儿。

好一点儿。 就是要引导学生有一个取得更好效果的目标。 质量更好，这是最基本的，但这还不够，还要充分考虑时间够不够，还要考虑总体效果好不好。 心里有了这个念头，才能想着如何去实现这个目标，才能找到实现这一目标的方法。

少一点儿。 就是引导学生学会用少一点儿的成本做效果好一点儿的事情。 事半功倍，这应该成为一种技术追求。 学习也好，劳动也好，无论做什么，都要讲究个效率，讲求个效益。 有人说，是"懒人"促进了社会的进步，这里的"懒"，就是巧做，就是创造性的巧做。 教学生学会这种巧做式的"懒"，就是教他们学会智慧地进步。

活一点儿。 就是学会用巧妙的办法灵活地解决问题。 这种巧妙的办法，来源于学生的积极主动的思维活动，来源于他们积极主动的解决问题的热情。 所以，激发这种热情，倡导这样的行为，是做到活一点儿的基础。

他山之石

关键词：教育，机缘

52. 家长会就是互助会

　　划一根鼓励的火柴，让每个学生的优点在家长的心烛上闪亮。这烛光并不光芒万丈，但它可以点亮家长的信心，燃起学生的希望。

——题记

▌春风化雨

　　2011 年 10 月 27 日，我们召开了进入八年级的第一次家长会。

　　这次家长会的内容大致分成"介绍教师情况、汇报学生成绩、分析改进工作、恳请家长配合"这四个部分。

　　第一部分：介绍教师情况。

　　这部分内容的目的是通过介绍，让家长们了解科任教师为学生所付出的辛苦，知道科任教师在工作中所面临的困难，为科任教师与家长的相互配合做铺垫、添力量。

　　第二部分：汇报学生成绩。

　　汇报是分两个步骤来完成的。

　　第一个步骤是观看视频。

　　为了更直观地介绍学生的成长历程，我选取了上次家长会之后，特别是进入八年级之后学生成长的相关影像，制作了一部专题片，从品德修养、学习状态、纪律卫生等不同方面，比较全面地展示了学生的成长和进步。

　　专题片的制作，牢牢把握了"人人有影像、人人有成长、人人有荣耀"的原则，目的就是让每一位家长都能直观地看到孩子在学校的良好表现，让每一位家长都能为自己孩子的成长而自豪。

郭佑邦水火箭比赛夺冠，
这也是一种才能

第二个步骤是口头汇报。

这部分内容分别从"有健康、有情感、有头脑、有责任、有能力、有成绩"等方面汇报了学生的成长情况。　其中，"有健康"是从身体和心理两方面来讲的，在"让每个学生有尊严、让每个学生都能挺起胸膛走路"的管理理念下，在"人人有事做，人人有地位，人人有热情，人人有快乐，人人有发展"的管理实践中，突出汇报了学生"阳光、快乐、热情、向上"的精神状态。

汇报这部分内容的时候，凡是能够点名表扬的，一律点名表扬。

第三部分：分析改进工作。

这部分首先向家长们通报了"积累—规范—拔高"这样的工作整体思路，然后，分别从德行素养、学习素养、健康素养等角度分析了存在的问题，提出了改进的思考。

交流的过程中，所有涉及具体同学的问题都没有公开点名。　这样，家长们只知道班级里存在着某方面的问题，却不知道自己的孩子是否存在这些问题，这就给接下来的教育带来了迷茫。

怎么来解决这个问题呢？

我事先给每位家长准备了一张成绩单，成绩单中除了学生本人的学习成绩之外，还标记了一些特殊的数字，这些数字，各自代表了我在汇报过程中所提到的问题。　比如，"3.33"就表示"课上闲话太多"的意思。　在进行分析的时候，每提到一种问题，我都会把这种问题的数字标识通报给家长，这样，就做到既让家长清楚地了解孩子的真实情况，又避免了其他方面的不良影响。

第四部分：恳请家长配合。

这部分内容是从"调整目标、讲究方法、具体安排"这三个方面来交流的。　其中，在目标的调整上，重点从德行目标和学习目标这两个角度向家长提出了相关的建议；在讲究方法上，分别从注重态度、注重细节、注重行动、注重反馈、注重持久这几点向家长提出了相关的建议；而具体的教育安排，则向家长提出了"五个一"的想法（谈一次话、写一封信、吃一次苦、纠一个毛病、练一次笔），给家长以具体的行动建议。

......

李俊池家长给孩子的寄语
起到了很好的激励作用

　　家长会应该取得什么样的效果？是把它开成大家都心情压抑的学生问题告状会，还是开成既充分沟通又充满希望的学生发展互助会？没人愿意选择前者吧？

　　要想把家长会开好，需要我们老师为家庭教育这艘船竖起尊重的桅杆，再用希望的风鼓起它的船帆，然后，用祝福的目光送它远航。

▎千虑一得

　　与入学第一次家长会的理念交流和目标引领不同，这次家长会更多的是要向家长汇报学生的进步，并提出以后的建议。这种汇报，常用的方法有如下这么几种。

　　学生展示法。 让学生在家长会上亲自展示他们的成就，这是最直观也最有感染力的方法。这种方法的优势在于能够激发学生的热情，调动他们成长的积极性，激发学生和家长的自豪感，使亲子关系更加亲密，从而促进学生的成长。

　　资料展览法。 利用板报等平台，把学生日常成长中具有代表性的成果展示出来，这也是不错的办法。这种办法简单易行，成本低、效率高、范围广，是老师们最常用的交流方法之一。

　　资料提供法。 就是把学生平时成长过程中的相关资料积累起来，家长会时集中提供给家长。这种方法信息全面，针对性强，能够给家长提供我们想提供的绝大部分信息。使用这种方法，需要我们做好充分的积累和准备工作，提供给家长的材料，要经过筛选，要有利于实现家长会所确定的目标，要有利于促进学生的进步和成长。

影像回放法。 利用平日所积累的影像资料来展示学生的成长过程和成绩。 把学生们平日在学校成长过程中的点点滴滴记录下来，然后选择美好的镜头回放给家长，这对家长来讲是个难得的礼物。 这种展示，覆盖的时间跨度大、范围广，能给家长提供大量的学生成长的资料。 当然，要使用这种办法，我们要付出更多的劳动，需要耐力，也需要体力。

谈话分析法。 这是最常用的交流方法，这种方法的好处是方便实用，具有明确的针对性和较强的情感色彩。 使用这种方法要注意两个问题：第一，不要把谈话变成训话。 既然是谈话，就要在地位上讲究个平等，在态度上讲究个平和。 站在平等的地位上，与家长进行平和的交流，这才叫谈话。 第二，不要把分析变成告状。 分析的过程是个明理的过程，而不是一个抒情的过程，更不是一个抒发恼怒之情的过程。 如果把分析的过程变成一个告状的过程，把对学生问题的分析演变成对学生不满的发泄，那么，开完家长会的结果会是怎样的呢？

▌披沙拣金

在成绩单中用特殊的数字代表相应的问题，"让每个学生都能挺起胸膛走路"，这是在对学生进行"学会护尊"的教育。 护尊，就是维护尊严，这是教学生学会尊重的重要手段。 护尊，有两个基本点：不护短，不揭短。

不护短。 就是不回避、不掩盖存在的问题。 只有直面问题，才有可能去解决问题。 学生有缺点、错误是难免的，教会他们坦诚面对，勇敢改正，这是解决问题、促进他们健康成长的根本所在。 也只有这样，才是维护了他们尊严的根本。

不揭短。 就是交流学生所存在的问题的时候，不使学生的尊严受到伤害。 要做到这一点，应该注重以下的问题。 第一，注意场合。 大庭广众的场合或是有学生比较在意的人存在的场合，都不大适合谈论学生的问题。 而隐私性的问题或有损学生形象的问题，更不适合在公众面前交流。 第二，注意方式。 说话的语气是强还是弱，音量是高还是低，表达是直白还是委婉，这些，都要有所考量。 第三，注意时机。 就是根据学生的心理境况来决定是否交流他的问题，如果这个学生正处于心理波动期，那还是另找时机为宜。

不护短，不揭短，学会了这两点，非常有助于维护尊严。 这尊严，既有他人的，也有自己的。 而维护尊严，是学生能够进步的基础，是他们不会沉沦的底线。

▌他山之石

关键词：家校配合

53. 雏鹰振翅 "放单飞"

> 把羽翼丰满的他们从筑在崖壁上的暖巢中推出去,让他们在兴奋的尖叫中拍打起不再稚嫩的翅膀,让他们在湍急的气流中翻转、沉浮、上升、翱翔。然后,你笑着说:不错,能飞了!
>
> ——题记

▌春风化雨

空军训练飞行员的时候,让经过训练的学员独立驾机飞行,而不用教练陪同,他们把这种情况叫作"放单飞"。当一个飞行学员可以放单飞的时候,意味着他已经是合格的飞行员了。

我们培养学生,也要学会"放单飞"。这种"放单飞",指的是经过一定的训练,当学生个体或群体具备了某种能力之后,让他们独立地去落实行为或开展活动,从而达到促进他们自主成长的目的。

"做个男子汉"的专题活动开展以来,男生们取得了很大的进步,早日让他们以群体的方式"放单飞",这是我最大的愿望。

如今,入学一年多了,各方面条件已经基本具备,是时候让他们单飞一次了!

2011 年 11 月 2 日,体育老师选用我班的女生上公开课。听到这个消息之后,我心中大喜:女生随老师上公开课;男生呢,我就让他们自己上体育课。

哈哈,让男生、女生分别放单飞的机会来啦!

女生的放单飞,我有十足的把握,所以,她们那里我干脆就没用操心：没有嘱咐，没有安排，没有动员……甚至，连她们整队出发时，我都没有过去看一眼。

——谁让她们是"最让老师放心的好女生"呢！

倒是男生这边，让我心里还是有点儿没底。今天，他们会表现得怎么样呢？

还是简单动员一下吧。我问了他们两个问题：

第一，在多个班级的女生中，我班女生被选中上公开课，这是什么原因？

第二，男生自己上体育课行不行？怎么才能上得好？

但是，我没让他们回答，而是随后就把一切交给了班干部。

刚开始是体育课的时间。男生们自己组织做预备动作，自己组织做操，自己组织跑步……一切都像模像样，一切都井然有序！

接下来是学校统一的大课间活动时间。在体育委员的组织下，这些平时常常要借女生之力才能显得更整齐的队伍，今天也相当"有型"：他们表情严肃，神态坚定，姿态挺拔，动作到位。跑步时精神昂扬向上，步伐整齐有力，口号响亮雄壮！这支十几人的"小分队"，人数虽少，却是那么的精悍强劲，简直是虎虎生威啊！

男生独立自主上大课间——高呼口号

看到这些，我心中暗喜：这次放单飞，他们"飞"上去了！

大课间结束的时候，我告诉他们：今天表现非常好，你们理应把最自豪的笑容尽情地挥洒出来！

"哈哈哈——"

他们笑得无比开心，笑得无比灿烂！（见彩页）

——守纪而不呆板，文明又有活力。这，就是首次放单飞的"阳光六班"的男生们，好样的！

至于女生，她们更是没有让我失望，她们的出色表现赢得了老师的好评。课后，陈沫澄主动向我汇报了她们的良好表现。

——让我放心的女生，这次"放单飞"，她们飞得更高！

飞翔，是学生成长中最优美的姿态。 它用奋斗的力量振动翅膀，它用自主的翅膀驾驭气流，它用思想的目光寻找方向。 于是，一切困难都在成长的俯视中变得渺小。

▍ 千虑一得

学生群体的"放单飞"，最关键的就是做好自主能力的铺垫。 做足了这种铺垫，"放单飞"才有实现的可能。 这里所说的自主能力，主要有如下几点。

向心力。 是指一个群体中每个成员对这个集体共同目标的趋同力，这种趋同，既是思想的认同，更是行为的向同。 大家的目标一致，心愿相同，才能去共同追求，共同努力。 一个群体，要想做到自主成长，就必须具备这样的共同追求，这是群体自主能力的思想基础，也是动力基础。

自治力。 是指一个群体通过积极的影响力而实现的自主管理的能力。 这种影响力主要来自两个方面：一方面是群体成员的个人魅力，一方面是群体成员的自治组织能力。前者的影响力，可以借助群体中每一个成员，特别是受到众人认可的优秀成员的力量来实现；后者的影响力，则要充分发挥班委会等群体自治组织的作用，特别是要通过发挥班干部的影响力来实现。 通过积极的影响力来进行自我组织，自我调度，自我协调，这是一个群体必不可少的自主成长力。

响应力。 是指群体成员为实现共同目标而表现出的行动响应能力。 这种响应力，可从态度、速度、程度等要素来调动。 面对共同目标，成员态度热情、积极、主动，那么，这个响应力就有了较强的基础；主观认可，还能以较快的速度去行动，这个响应力就有了较强的落实；行动踏实，目标得以实现，这个响应力就有了程度较深的良好效果。可以说，响应力是学生群体自主成长能力的关键要素，没有这一点，自主成长很可能就只是纸上谈兵。

▍ 披沙拣金

引导学生群体"放单飞"，是在教学生"学会独立"。 其中，独立意识、独立能力、独立成功是学会独立的三个支点。

独立意识。 独立的基础在于有自主的意识，这种自主意识，我们可以从"自我主体意识，自我主张意识，自我主动意识"这三个角度来理解。 自我主体意识，就是要让学生懂得自己是一切行为的主体，没有自己的努力，一切的成功都不可能实现，一切的成长都不可能成功；自我主张意识，就是让学生懂得自己的一切行为都要有独立的思考，而且，要有在主观上主动做事、主动成长的愿望；自我主动意识，是指学生不但要有主动成长的意识，还要具备为这种主动成长而采取具体行动的意识。 主体、主张和主动，这是学生能够具有独立意识的三驾马车。

独立能力。 就是把自主意识落实为独立行为的能力。 要想具备这种独立行为的能力，就需要学生们离开家长和老师这些 "拐棍"，自己去走路。 哪怕歪歪斜斜，哪怕跟跟跄跄，甚至，哪怕摔了不少的跟头，都要走下去。 独立，一定是要自己 "独自" 地 "立" 起来。 一定要勇于锻炼，一定要舍得失败，唯其如此，才能获得这种能力。

独立成功。 要想实现对学生教育的 "放单飞"，需要通过独立行为的落实，让学生体验到独立成功的愉悦，让独立行为的成就感深入他们的心灵，从而促进他们的自主成长。只有体验到了这种独立的成就感，学生们才会切实感受到自主意识和自主行为给他们带来的益处；而感受到了这种益处，他们才会具有更强的自主意识，才会更愿意通过自主的行为来做事。

他山之石

关键词：男子汉

54. 最尊贵的座位

> 最平凡的泥土烧制成砖，它就开始变得非凡；最平凡的砖石筑为长城，它就开始变得伟大。 教师的工作，就是把平凡变成非凡乃至伟大。
>
> ——题记

▌春风化雨

学生刚入学那一阵子，每一次换座，班级都要经历一次类似胜利大逃亡的"洗礼"：换座过程中大呼小叫，乱作一团；换完座之后则是满地垃圾，一片狼藉。

为了解决这个问题，我们开展了"无声换座"活动。

换座之前，我先对大家提出三点要求：不动桌椅；迅速无声；利落整洁。

这三点要求，看起来简单，可操作起来并不容易。 比如，不动桌椅的要求达到了，但迅速无声和利落整洁的落实效果就显得逊色不少。

怎样来改进这项工作呢?

第一次"无声换座"之后，我对学生们提出了表扬：与以前的换座相比，他们的确有了很大的进步。 之后，我让他们自己找出换座过程中出现的问题，并针对这些问题拿出改进办法来。

下一次换座之前，我又加了一项措施：自我表扬——凡是达到要求的，由学生在黑板上自己学号的前面画个"✓"。 这样要求其实就是激发学生的荣誉感，让他们在一种竞争中找到实现自我价值的机会。

这个措施一出台，学生们的情绪立刻被调动起来。 尤其是那些男同学，他们摩拳擦掌，跃跃欲试，定要比试个高低上下不可。

这一次，再也没有吵吵嚷嚷的声音，再也没有手忙脚乱的景象，再也没有一片狼藉的后果。 安安静静，井然有序，学生们的动作轻了又轻，甚至有的人连呼吸都在刻意地控制着。 而他们每换完一个，就走上讲台，在自己的学号前面画上一个醒目的"✓"。 我看到，走下讲台的时候，有些同学虽然低着头，但他们的嘴角分明有自豪的笑意。 最后，每个同学的学号前面都有了一个醒目的"✓"。

这时，我故意说："调查一下：哪些同学为自己画上了'✓'？ 请你们举起手臂，高高地举起手臂！"其实，我一直在观察他们，怎么会不知道他们都画过"✓"了呢？这样做的目的，就是让他们再一次展示自己的成功，让他们再一次在众人面前体验成功的荣誉感和自豪感啊！

最后，大家以热烈的掌声结束了这次"无声换座"。

成功了！

不过，这样的成功，还只是浅层次的。 在换座这种小事上，我还引导学生进行过更"高级"点儿的尝试呢。

我们不是在进行"做个男子汉"的教育吗？ 借换座的机会让男子汉的"绅士风度"露露脸，如何？

说做就做。 换座之前，我在班级讲了"绅士风度"的内涵，并且指出这是一个男子汉身上必不可少的一种高贵的品质，而且，"绅士风度"不一定成年人才可以有，青少年也是可以尝试修养这种风度的，比如，礼让女生，帮助女生，都是"绅士风度学生版"的具体体现……

说完这些话，我的目光从所有学生的脸上扫了一遍，我看到，女生在开心无邪地笑，而男生呢，则一边笑着点头，一边已经开始用目光搜索起来……

具有"绅士风度"的男生们正帮助女生换座位

新一次的换座开始了。 按照座位安排，几位女同学的桌椅需要挪动，理所当然地，一些临近的"绅士"们得到了这个"表现"的机会。 最后，在女生们真诚无邪的感谢声里，我看到了男生们大气无邪的自豪。

此后，在这个集体里，如果不是特意安排，女同学再也没有找到干重活的机会——哪怕稍重一点儿的！

那一天换座后，每个人的心情又都是别样的喜悦。

"这些'淘小子'（这是我对男生们的爱称），该是又向男子汉迈进了一步吧？"我想。

最平凡的座位，由于有了自我尊严的安坐，于是就变得超凡；最平凡的座位，由于有了绅士风度的照耀，于是就变得尊贵。

其实，每个人的心里，都可以有一席最超凡、最尊贵的座位。

▌千虑一得

换座，从闹闹哄哄到井然有序。 靠的是什么呢？ 是激励。 要想做到激励，可从荣誉的追求和要求的适度这两个角度去思考。

荣誉的追求。 就是充分利用学生追求荣誉感获得满足的心理，来激发他们自觉严格要求自己的愿望。 在换座的过程中，我提出要求之后，安排把每个同学的学号都写在黑板上。 这时候，荣誉感就毫不犹豫地来帮我工作了。 哪个学生没有上进心啊？ 哪个学生不想表现好啊？ 哪个学生愿意自己落后于他人啊？ 努力在自己的学号面前也画个表扬的"✓"，这就是他们最想实现的愿望了。 因为，这个"✓"，此时不再是一个简简单单的符号，它已经成了一种荣誉，一种尊严。

要求的适度。 要想让教育起到积极的激励作用，必须注重对学生所提出要求的适度性。 也就是说，我们所提的要求，学生通过努力能够达到，这个激励作用就起到了。 因为他们不但努力了，而且还能够取得努力的成果，这种成功的成就感会给他们信心，给他们力量。 反之，如果提出的要求学生达不到，或者说大部分学生达不到，那么，这个激励作用很可能大打折扣了。 试想，付出了努力，但收到的是失败，是挫败感，那么，激励又会在哪里呢？

▌披沙拣金

通过班级的日常工作，对男生进行"绅士风度"的教育。 这方面，可先从引导男生挑重担、不计较、会谦让做起。

挑重担。 就是在班级事务中敢于担当，勇挑重担。 艰难险重的工作，男子汉理应冲锋在前，而且，这种能为班级承担责任、能帮女生做点儿事情的行为，应该成为男生的一种骄傲。其实，这不就是责任感、这不就是助人为乐的教育吗？只不过，它的帮助对象是女生而已。

不计较。就是遇到问题的时候，要有胸怀，不要和女生斤斤计较。生活中，同学之间难免会产生一些分歧、矛盾，在这种情况下，男生理应具有更宽广的胸怀，不去和女生争高下、论短长。其实，这几乎应该是男生的一种与生俱来的大度。当然，不管是不是天性，它都需要维护，甚至培养。好在，这种绅士风度，在我们的传统文化里早就存在，"好男不和女斗"这句俗语，从积极的意义上来讲，也可以理解为是对绅士风度的某种诠释吧？

会谦让。就是要尊重女生，对女生要有礼貌、懂谦让。日常生活中，学会尊重女生，其实是一种人生境界的修养，它会让男生举止更文明，心灵更高贵。一个拥有高贵心灵的人，生活该是怎样的自豪！而作为一个向着男子汉成长的男生来讲，拥有了这样的高贵，从某种程度上来讲，几乎就是拥有了值得骄傲的自信。

他山之石

关键词：自主，激励

55. 打造诚信的名片

> 生活的海洋中，诚信是最坚实的码头。 不管怀疑的风浪如何狂躁，诚信永远是人们最愿意落脚的地方。
>
> ——题记

春风化雨

2011 年 11 月 11 日，班级召开了一次以"信"为主题的班会。 班会大致由三个阶段组成。

第一阶段：示诚信。

这部分内容主要是展示学生们讲究诚信的成果。 在这个环节当中，一张"诚信卡"的展示在学生们的心中引起了震动。

"诚信卡"的版面分为上、中、下三个部分，分别对应"知信""说信""守信"的小专题。

"知信"部分。 在班徽和班训的下方，赫然印着一个大大的"信"字，这个"信"字占了将近三分之一的版面，意在突出"信守承诺、讲究诚信"的主题，同时也在提醒"诚信卡"的持有者，不要忘记以实际行动来落实这个"信"字。

"说信"部分。 在"信"字的下方，印有"说'信'"二字，它们的下方留有几行空格，用来书写对"信"的认识和理解。

"守信"部分。 处于版面的下方，这部分印有"我＿＿＿＿＿是个守信的人"的小标题，标题中的空白处是用来写学生自己姓名的。以这样的方式来安排，意在提示学生不要忘记自己的承诺，调动他们信守承诺的积极性和主动性。

小标题下面是一个表格，表格的第一个栏目以"我承诺"来命名，列出了三项要完成的任务：

1. 把此"信"作为自己讲究诚信的一份答卷，开学后完好地展示给所有希望我优秀的人，让他们看到我诚信的美德。

2. 及时、认真地完成假期作业。

3. 及时、认真地完成所承担的假期活动任务。

表格的第二个栏目以"我守信"来命名，是对前面"我承诺"所列任务完成情况的评价。

设计这个表格的初衷有两个：第一，引导学生做信守承诺的人，这是首要的任务，其对应的是"我承诺"栏目中的第一项内容。第二，督促学生较好地完成假期作业和假期活动的任务，其对应的是"我承诺"栏目中的第二项和第三项的内容。

这份"诚信卡"，学生们并不陌生，它是上学期放假当天发给他们的，每个人都有一份。

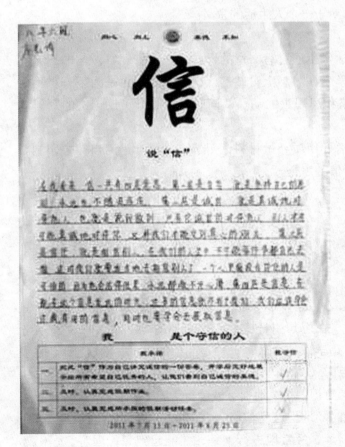

唐艺洧的"诚信卡"为她赢得了荣誉

那么，为什么出示这张卡片的时候，会在一些同学的心里引起震动了呢？因为，这些同学大多及时完成了作业，也很好地完成了假期活动所承担的任务，但是，就是忘记了完成他们的"诚信卡"的评价和展示——其实，这项工作极其简单，只要在卡片上画几个"√"，并把它拿给别人看看就行！

第二阶段：说诚信。

针对"诚信卡"没能完全"诚信"的问题，大家对如何能做到诚信进行了讨论。经过讨论，学生们对诚信有了进一步的认识。归结起来，大家的观点主要有：

1. 诚信要有主动性，要时刻提醒自己许下的诺言。
2. 诚信不是说说就行的，要有实际行动。
3. 讲诚信要有长性，不能半途而废。
4. 实现不了的诺言，就不要说出来。
5. 讲究诚信的关键在于把握住最后一关。
6. 如果因为最后一点儿的疏忽而没有做到诚信，实在太可惜。

听过学生们的发言之后，我表扬了他们有头脑、有办法，然后，又从"诚信"这两个汉字入手，引导他们进一步理解诚信对于一个人生活的意义。

第三阶段：写诚信。

这部分内容是在课后完成的。让学生通过写文章的形式，进一步理解诚信的意义和做法。安排这样的写作，既是促进学生在思想上对诚信认识的深化，更是为下一步不断进行的诚信行为落实做心理上的铺垫和思想上的动员；同时，也进行了议论文的写作练习。

诚信是人生的名片。这名片，需要用质朴做材料，用承诺来设计，用自律去印制。教会学生诚信，就是给了他们最有价值的声誉。

▍千虑一得

对学生进行诚信教育，要强化行为的训练，其中，很重要的就是抓好两个"常"字。

抓日常。就是紧密结合日常工作，有意识地对学生进行讲究诚信的训练。日常生活中，适用于诚信教育的机会数不胜数，只要用心，随时随地都可以找到诚信教育的机会。比如，对学生进行诚信考试的教育。在思想引导上，我们可以对学生讲，任何一次考试，都在同时进行着两种考试：一种是学识的考试，一种是品德的考试。我们要努力争取学识与品德双丰收，如果做不到，那么，宁可学识丢分，也不能品行失德。

抓经常。就是要持久地强化诚信意识，持久地训练诚信行为。要通过日常的各项工作，不间断地提醒学生讲究诚信，随时随地地鼓励他们的诚信行为。在这方面，要做到常宣传，常发现，常表扬。只有不断地、经常地进行训练，才能起到深化理解、强化行为的作用。 最后，才可能使讲究诚信逐步成为学生自觉的行为。

▌披沙拣金

无论是诚信的班会，还是假期的诚信卡，都是为了教学生"学会守信"。 守信，关键在一个"守"字。 关于这个守字，尚有"严守"与"宽守"之说。

严守。 就是严格信守承诺，一定要说到做到。 只要承诺的事情，就必须努力做到。这是守信的最基本的要求。 要想做到严守，可从想和做这两方面入手。 想，就是要经常想到自己的承诺，不忘记，这是守信的前提。 从小孩子的角度来讲，说了就忘，这实际上是他们难以守信最常见的问题。 做，就是经常对所承诺的事情进行实际的操作。 哪怕已经做到的，还可以再做一遍。 为什么？ 强化一种守信的意识，具有这种意识，有时比具体做到某件事的守信更重要。

宽守。 就是守信要灵活处理，不可僵化。 讲究诚信是美德，但是，在特殊情况下，守信未必就是美德。 正在成长中的青少年，他们的心智还不够成熟，这就需要我们对他们进行必要的引导，避免出现僵化的教育，否则，很有可能会给学生带来不利的影响。 比如，面对诈骗分子，我们还要不要守信？

▌他山之石

关键词：品行

56. 大鹏一日同风起

> 站立，是迈出人生第一步时最简单也最复杂的动作。它需要用愿望牵引，用自主驱动，用意志支撑，用毅力坚持……有时，还要用搀扶去扶助。
>
> ——题记

▌春风化雨

2011年12月9日，在"阳光六班"男同学的成长历史中，是个具有里程碑意义的日子。

就在这一天，男同学开始承担值日班长的工作，正式登上了班级自主管理的舞台。

这项工作的安排是按如下的步骤来操作的。

第一步：营造氛围。

自习课刚开始，我就走上讲台，告诉大家有重要的事情要说。

对于"阳光六班"的同学来讲，班主任在自习课讲话，这本身就说明事情很重要。因为，没有极特殊情况，这个班的自习课只能用来上自习，是不允许做其他事情的。

我先请大家以标准的军姿来听讲。其实，这时大家的坐姿并不凌乱，这样做只是为了强调讲话内容的重要，为接下来的安排营造一种郑重的氛围。

第二步：介绍背景。

待大家坐好之后，我与学生们一起回顾了男同学种种的进步：从第一学期大扫除时自我坚持的坐军姿，到第二学期体委带领的军训复习；从本学期返校的为班级服务，到前几天的独立上体育课……之后，我指出，男同学是班级里必不可少的组成部分，男同学理应参与到班级的日常管理工作当中来。现在，男生整体取得了非常大的进步，他们当中有的同学足以担当起值日班长的工作。

起用男生管理班级，这是"做个男子汉"整体教育计划的一部分，而现阶段，正是他们应该承担管理任务的时候。用男生当值日班长，还有一个原因，就是女生班干部在日常管理中遇到了一些来自男生的困扰。既要爱护这些女生干部，又要对班级进行有效的自主管理，这样，由男生来自主负责也就是情理之中的事情了。

第三步：亮相表态。

在热烈的掌声中，李俊池、张天乙、杨钧杰、吴梓铭这四位男生值日班长登上了讲台。我先介绍了他们所取得的进步，然后请他们向同学表态。在期待的目光中，他们先向全体同学鞠躬致谢，然后每个人都表达了自己要好好工作、不辜负老师和同学信任的决心。

参加值日班长工作的男生
表达努力工作的决心

第四步：明确要求。

几位同学发言之后，我又讲了几点要求。

首先是交代清楚值日班长与班长的工作关系，这样做是为了避免管理上出现混乱。接着，提出了对值日班长的要求，这样做是为了进一步促进这几位值日班长个人的进步，避免他们"自毁长城"。然后，又对全班同学提出了要求，这样做是帮助值日班长创造良好的工作环境，以保证日常管理工作的顺利进行。

安排男生担任值日班长的工作，迅速扭转了班级纪律下滑的局面，更促进了男生的自主成长，也为班级的下一步发展培养了骨干力量。

看到男生们越来越有样儿，我的心里充满了欣慰，也充满了期待，不由得想起一句诗："大鹏一日同风起。"

是的，我愿学子如大鹏，大鹏一日同风起。他日振翅翔云天，扶摇直上九万里！

▌千虑一得

由男生担任值日班长，这项工作能开展得比较顺利，得益于连续的、细化的操作。

制度保障。 不管是什么样的管理，都需要有制度作为保障。 给学生的制度，要做到时间明确、任务明确、程序明确、人员明确，要具有非常强的可操作性。 为了使值日班长这项工作顺利进行，我以表格的形式拟制了一份《值日班长常规管理工作程序》，表格按从上学到放学的时间顺序，列出了每个时间段值日班长的工作内容，使他们对什么时候做什么能够一目了然。

确定人选。 这些人选的确定，遵循了"双全"原则，即具有全面的代表性、能带动全体同学共同进步。 这是一个最基本的原则。 根据这一原则，我找一部分男生进行了谈话交流。 这种谈话，主要是征求这些同学对担任值日班长的意见及相关要求。

培养考察。 初步人选确定之后，我对这些同学进行了有针对性的考察。 根据谈话的内容，对他们提出了自我改进的具体要求，帮助他们立刻改正，并且通过连续几周的观察，随时与他们交流改进的状况。 直到基本达到要求，才在班级宣布他们上岗工作。

试用强化。 在班级宣布就任之前，我再次跟几位即将上任的值日班长谈话，要求他们坚定信心，一定要做好自己，做好工作。 而当众宣布他们任职的时候，还强调了"试用"这一点，要求全班同学配合、帮助他们，共同把班级建设好。 这样的"试用"，本质上其实是一种强化，一种对他们决心和行动的强化，一种对全体同学自主成长意识和能力的强化。

指导扶助。 在对值日班长进行试用的阶段，我一方面加强了在事先的指导；一方面密切观察他们的工作过程，看到优点随时表扬鼓励，发现问题及时纠正解决。 这样，这项工作终于得以比较顺利地开展起来。 最后，这几名同学本身都大有进步，班级整体面貌也越来越好。

需要强调的是，对班干部的培养，不能用对工作效果的评价来代替工作方法上的指导。 这样，才能使他们逐步成熟起来。

▌披沙拣金

由男同学承担班级的日常管理工作，这是从群体进步的角度来教学生"学会独立"。这种独立性的培养，重在能做好几个"带"字。

带头。 就是要加强先进分子的自我提高教育，发挥好他们自身的榜样示范作用。 重点促进他们在思想品德、工作能力、纪律表现、学习状态等方面的进步，并通过担当责任的办法对这些先进分子进行自我约束的教育，使他们用上进心和责任感严格要求自己。

这是群体学会独立的关键一环。

带动。　就是让先进分子在群体中从不同角度发挥带动他人的作用。　每个先进分子一定都有他们各自的长处，他们或纪律突出，或体育优秀，或学习用心，或努力上进。　而且，这些学生在各自的交往群体中都应该具有一定的影响力。　发挥他们上进的辐射作用，就能很好地带动他们周围的同学，而这种带动作用，有时是老师的教育力所不及的。

带领。　就是在努力促进学生群体独立成长的基础上，进一步发挥其辐射作用，使之具有带领全班共同进步的能力。　由个人的自我约束、独立进步，到他们把个人进步的正能量传递给周围的人，再到让男生具有群体独立进步的成就感、参与管理的自豪感，最后，再把这种自觉进步、自我完善、自主管理的影响扩大到整个班级。　这样，既促进了男生的群体进步，又实现了班级的日常管理工作。　从男生个人的自主进步，到男生群体的自主进步，再到班级全体的自主进步，这样，就实现了全体学生独立自主成长的良性循环。

他山之石

关键词：男子汉

57. 搭起人生的舞台

> 人生的舞台，随时都需要我们出场亮相。 此时，奋斗不息是最好的脚本，言谈举止是最好的台词。 而要把这些表演出来，最需要的是勇气，是敢于亮相的勇气。
>
> ——题记

▌春风化雨

2011 年 12 月 31 日，"阳光六班"举行了第一次新年联欢会。快乐和文明是这次联欢会的两大主题。

怎样把联欢会办好呢？

我想，对于这样一个综合素养很强的学生群体来讲，我所要做的，就是给原则、给方法。

"人人参与，准备有度"，这就是我给他们的原则。 临近期末，班级工作处于收尾阶段，而越是到收尾阶段，就越是需要一个稳定的自然环境和心理环境，所以，如何控制好联欢会准备的"度"是非常关键的。 管"紧"了，可能会了无生气、影响质量；管"松"了，则可能会造成乌烟瘴气、混乱无序的结果。

而给方法，更多地体现在具体的工作指导上。 在学生分工落实的过程中，根据具体情况进行具体指导，使他们既完成任务，又有工作方法上的收获。

于是，我再次把目光投向我的好搭档——自主。

先自主安排联欢会的节目吧。 文娱委员下发节目征集通知，由学生自主申报要演出的节目，最后汇总，再由我审定。

节目单确定之后，联欢会进入具体的筹备阶段，这阶段，同样突出了自主的作用。学生们分成两个小组来开展工作。"统筹组"负责联欢会整体的策划和主持以及各种物品的准备、会场的布置与清理、嘉宾的邀请和接待、现场活动的协调，等等。"节目组"负责节目的安排工作。我要求他们按"节目分块，主持分组"的形式来安排节目，即把审定之后的节目分成六个单元，每个单元安排一个小组来负责主持，这个小组同时还负责给表演者发放奖品来进行鼓励。

　　经过紧张而有序的准备，联欢会得以顺利举行。

　　联欢会，既是学生们展示才华的过程，也是我对他们才华展示的欣赏过程。我看到，总体主持人也好，小组主持人也好，演员也好，观众也好，大家都表现得非常出色。在这一过程中，很多同学向大家展示了他们鲜为人知的另一面——当然，是优秀的一面。比如，这次联欢会上表演了歌曲弹唱、器乐演奏、相声、小品、知识问答、成语接龙、歌曲接龙、谜语竞猜等类别的节目，这些节目形式多样，异彩纷呈，赢得了大家一阵阵热烈的掌声。

　　——学生们是多才多能的，只要给他们创造展示的机会。

　　而在节目表演的过程中，另一种表演则更加精彩，很多学生都以自己出色的表现赢得了大家的尊敬。比如，平时学习成绩不理想的同学，在成语接龙和谜语竞猜的时候却屡屡夺得头彩；平时不出头露面的同学，在演节目时却大大方方、挥洒自如；平时自己很节俭的同学，给同学买奖品却毫不吝啬；平时看起来似乎一心学习的同学，却能够让乐器在自己的手中展现魔力……这种"表演"，不是刻意的炫耀，不是粉饰的作秀，而是最自然、最质朴的展示。也正因为如此，它们才更值得欣赏。

　　其中，猜谜语的环节让我从另一个角度欣赏了学生们的可爱。

　　为了给大家助兴，我写了两首七律谜语诗——整体上是各有主题的七律诗，但每句诗又都是一个谜语的谜面，它的谜底就是班级一位同学的姓名。当我把这个意思说给大家的时候，学生们异口同声、非常夸张地"啊？"了一声，好像发现了什么宝藏似的，既充满好奇，又充满童趣，让人想不喜欢他们都不行。

　　这一声"啊"，至今一想起来还是那么的亲切、可爱！

　　联欢会结束之后，班干部和一部分热心的学生留下来清理教室。我对他们说："你们用闪光的行动，为自己的2011年画上了最光彩的一笔。这是本次联欢会中最精彩的演出！"

　　其实，当时还有好多同学想留下来，但是，出于提高效率的考虑，我安排他们先行离校了。从这个角度来讲，这2011年的最后一天，他们每个人都过得非常精彩！

　　联欢会，是个小舞台，它为每个同学表演节目提供了成功的机会。联欢会，又是一个大舞台，在这个舞台上，每个学生又以最主动、最生动的方式，展示了他们的品行和能力。 很庆幸，我有机会给他们搭建这样一个成长的舞台。 在这个舞台上，每个人都收获了更有意义的快乐。

——这快乐，既有欣赏的愉悦，更有表演的自豪。

最精彩的演出——联欢会后主动留下来清理教室

▋ 千虑一得

怎样开好联欢会呢？

有健康的引导。 学校当中，谁会不健康呢？ 别急，请看下面几种现象：联欢会的过程中，如果大家都兴高采烈地谈笑，而有的人却闷闷不乐，或低头只顾玩自己的游戏机，这恐怕不能算健康吧？ 如果有的人表演节目时言语粗俗，举止不雅，这也不能算健康吧？ 如果有的人拿其他同学起哄、戏耍，这当然更不能算健康……这些现象，哪怕只是个别的，也要努力避免它的出现，以使每个学生都能在健康向上的状态下参与到联欢会中来。

有文明的行为。 联欢会也许是最能够检验学生文明程度的时候，而这时候，学生的文明素养如何，也就会比较充分地表现出来了。 那么，我们就应该事先对学生进行相应的教育，并且有相应的落实措施。 当然，更多的工夫还应该下在平时，那才是真正的素养。

有自我的展示。 联欢会，少不了要表演节目。 如何利用这个机会，让更多的学生一展才华，这是老师要思考的问题。 有的学生可能多才多艺，也愿意表现，那么，对他们是不是就要控制一下表演的总量？ 而有的学生可能具有某方面的才华，甚至干脆就算不上是什么才华，只是一种能展现出来的行为、动作而已，那么，有没有可能鼓励他在众人面前"表演"一次，给他一次"风光"的机会？

有友谊的增进。 凡是有集体活动的时候，都是最能够增进同学友谊的时候。 因为这时他们能有更多的机会进行合作，而合作就需要互相信任，就需要互相配合，就需要互相帮助。如果能让那些没有合作过的同学合作一次，甚至让那些曾有过矛盾的同学合作一次，那么，又该是怎样的皆大欢喜呢？

有快乐的体验。联欢会，重点在一个"欢"字。欢乐，这应该是最突出的。它既是目标，也是结果；既是表象，也是本质。欢乐，是联欢会的一种氛围，是联欢会最美丽的表情，但是，这种氛围，这种表情，是以真正的快乐为基础的。什么是真正的快乐？有了健康的心灵，有了文明的行为，有了自我的展示和对他人的欣赏，有了通过联欢会而增进的友谊，这样的快乐，就是真正的快乐啊！

新年联欢会上，全体男生自我展示唱班歌

▌披沙拣金

让学生们都登上联欢会的舞台，实际上是在通过当众展示的方式教学生"学会自信"。这种自信，至少应该使学生在两方面得到锻炼。

不怯场。当众展示，这是谁也避不开的一种交流方式。学习也好，工作也好，生活也好，常常会遇到需要当众展示自己的情况。可是，在一门心思抓升学教育的状况下，这种展示的机会，对于有的学生来讲很可能几乎只是在梦里才能出现的事。而一旦需要当众展示的时候，他们往往由于缺乏这方面的锻炼而临阵退缩，甚至连在众人面前说话都语无伦次。所以，在日常教育中，借用各种机会让学生当众锻炼，这对提高他们的自信心会大有益处。

展技能。每个学生都有自己的一技之能。这种技能不同于特长，它不一定是某方面出众的长处，它也许只是每个学生自己的某方面技能而已，甚至连技能都谈不上。不过没关系，帮学生把它展示出来，不一定要赢得什么名次，但一定要帮他们赢得信心。给学生创造这种展示的机会，鼓励他们参加这样的展示，就是在帮助学生树立自信。

他山之石

关键词：大型活动

八年级（初二）

（初二）

下学期

58. 男儿何不带吴钩

> 泉水跟井水的出水方式有什么区别呢？ 泉水是自己涌出来的，而井水是靠外力汲取的。 老师有一种责任，那就是让井水能变成泉水。
>
> ——题记

春风化雨

八年级下学期开学前的返校，我依然打算让男同学提前来校开展活动。

放假之前，活动的思路已经理清，我把返校的事跟男生打了招呼。 但返校时间之类的具体要求，并没有进行细致的安排。

为什么呢？ 我要等。

等什么？ 等一个电话，一个打给我的电话。 这个电话，对于我、对于班级、对于男同学来讲，都有十分重要的意义，从某种意义上讲，它甚至可能决定班级下一阶段乃至今后的工作部署。

谁的电话如此重要呢？

是他的。

他是谁？ 不确定。 他是他，他是他们。

他，是我班任意一个男生，我在等任意一个男生打电话给我，主动问一问返校的活动安排。 是的，任意一个，只要是男生。

我能如愿吗？

春节过后没几天，班长张欣然就打电话给我，问我新学期返校如何安排。 我夸她是个主动工作的好干部，同时告诉她，我已经有了安排，她们正常返校就可以了。 末了，我又加了一句："如果有变化，再听我通知。"

这个电话，让我感到欣慰的同时，免不了又多了几分期待：男生，男生在哪里？

几天过去了，还是没有男生问我返校的事情。

又是几天过去了，依然没有。

返校的日子越来越近，看来，我要准备第二套方案了。 但是，我实在不甘心！

再等一天吧！

皇天不负有心人，就在第二天，就在我将要改变主意的那一天，我接连接到李俊池和吴梓铭的电话。 他们问了两个共同的问题：什么时候返校扫除？ 用不用通知其他男生？

——这两位同学，都是班干部，也都是男生的值日班长！

放下电话之后，我心里一阵欣喜：

成了！

为什么这两个男生的电话会让我如此欣喜呢？

这与我一直在开展的"做个男子汉"的主题教育密切相关。 经过几个学期的努力，这项活动已经取得很大的成效，但是，我觉得它应该再上一个台阶，应该让这些男生更主动地成长才好。 所以，在这次返校的安排上，我希望男同学能有更主动的表现，这种主动既是对班级、特别是对男生整体教育的需要，同时，也是我在男同学里选拔带头人的需要：能主动想事，主动做事，这是担当大任必不可少的品质啊。

所以，我此次才那么重视男生的"主动出击"。

好在，我的期待没有落空。

男生们成长了，主动地成长了！

2012 年 2 月 28 日，男生第二次返校活动开始了。

第一项任务还是卫生清扫。 这项工作没用我再操什么心。

男生第二次返校专题活动时进行卫生清扫

接下来，我从三方面做了进一步的工作。

第一，表扬鼓励。

这个表扬是以男生们的入学为起点开始的。我带领大家共同回顾了入学以来、主要是上学期所取得的进步，高度评价了他们的出色表现。最后，我特殊表扬了李俊池和吴梓铭同学，赞扬了他们在本次活动过程中所表现出的主动性。我借此告诉所有男生，要想成为顶天立地的男子汉，就应该学会主动成长。

第二，振奋士气。

先由几位同学在后面的板报上写下"戮力同心，共创未来"的美好心愿，之后，全体男生郑重地签上了自己的名字。这个签名还附上了一个特殊的落款："全体男生"。这样做的目的就是为了进一步增强男生的群体荣誉感，进一步增强他们的自信心，使他们以更加自豪的心态、更加饱满的热情去争取新的进步。

第三，促进提高。

我请男生们笔答了一份特殊的"试卷"。这份试卷由两部分内容构成。

一部分以"闪光的足迹"为标题，是对本次返校的自我总结。它以内心独白填空的形式让学生列出自己本次活动的进步之处，意在让他们体验努力成功之后的成就感和荣誉感，这是自我激励的过程。

另一部分以"男儿何不带吴钩"为标题，是对假期作业降低了难度的简要检验。之前，我特意给他们解释了这个标题的含义：吴钩在这里指的是作为男子汉所需要的各种本领，特别是学习方面的本领；有了这样的吴钩，我们才可能在知识能力的竞技场上冲锋陷阵、所向披靡。

这次男生返校活动，最大的亮点就是主动成长。主动的泉水，需要由思想做向导，引着那股青春的热情，向着理想的方向喷涌，然后，冲破那层叫作被动的泥土，去迎接阳光的欣赏。

▌千虑一得

同样是男生的返校活动，与上学期相比，本次活动的安排却有着明显的变化。这种变化的核心就在于，我把这次活动的目的定位在几个"提"字上了。

提高认识。 "做个男子汉"的教育已经有了较好的基础，接下来的教育，理应深化；而这种深化，关键是思想认识的提高。为了实现这一目标，我采取了"砌台阶"的办法来进行：第一级台阶是让学生通过扫除的良好表现而体验劳动后的成就感和自信心；第二级台阶是通过扫除体验到的成就感和自信心来进一步体验自己践行班训的成就感和自信心；第三级台阶是通过体验践行班训的成就感和自信心来树立更高层次的追求——提高个人的综合素养。　通过这样的办法，螺旋上升地让学生们懂得小事情可以做出大境界的道理，为以后的教育奠定更坚实的思想基础。

男生第二次
返校专题活动后
合影留念

提振士气。　提振士气，这应该是做好工作最基本的出发点。　这次返校中所采取的表扬鼓励、在板报上自写心愿、降低作业验收题的难度等措施，都是基于这样的考虑。　实际上，学生返校的表现虽然很好，但并不完美，不过，我并没有去指出这些问题。　我以为，开学初是不适合说问题的，因为那样会影响学生的士气。　同样，日常学习中，凡是属于一课之始、一日之始、一周之始这些初始类的时间段里，都不大适于说问题或是进行批评：试想啊，刚开始，正是精力充沛、准备大显身手的时候，结果，还没怎么着呢，先在心头压了一大堆石头，甚至先挨了一顿批评，多压抑啊，干什么能有情绪啊？　其实，成年人的工作也是一样的啊！

提升能力。　这次活动，我主要希望在两个方面提升学生的能力。　一是从男生群体上来看，提升他们的群体活动能力。　二是从男生个体来讲，提升每个人的主动响应能力，提升部分带头人的组织能力。　而这两方面的核心，又都是在根本上提升他们的自主成长能力。　事实证明，无论是活动之前的召集，还是活动当中的组织以及活动之后的效果，可以说，上述这几方面的能力都得到了很好的提升。

▎披沙拣金

　　从被动接受任务，到主动申请任务，从做好劳动工作，到提升思想境界，这些，都是在教学生"学会上进"。　上进，关键在于一个"上"字：求上标，求上升。

　　求上标。　就是对进步的要求要有更高的标准。　同样是一项工作，不同的标准，会有不同的收获。　对于学生来讲，不断地以更高的标准要求自己，这本身就是不断上进的过程。　比如，都是自习课，第一级的标准可能只是能坐得住就行；第二级的标准就是不仅要坐得住，还要能学得进；而第三级的标准呢，不但要能学得进，还要学得好才行；接下来，还有第四级的标准，还要学得精……不断高标准，逐步严要求，这就是上进。

　　求上升。 就是努力的效果越来越好，取得的成绩不断上升，这是从上进成效的角度来说的。 学会上进，仅有不断向上的心愿、目标、标准是不够的，还要善于取得不断上升的成绩。 这种成绩，不仅仅是学习的，它应该包括学生所有健康成长所努力的目标。 今天总比昨天高，明天更比今天强。 有了这样不断上升的成绩，才是具有生命力的上进。当然，这种成绩未必是显性的某种指标，思维能力更强了，情感更丰富了，交流更顺畅了……这些，都是上升的成绩。

他山之石

关键词：男子汉

59. 仗剑示豪杰

用思想来走路，脚下的路四通八达；用创造来走路，脚下的路四面八方。同时用思想和创造走路，脚下就不再需要有路。

——题记

▌ 春风化雨

2012年3月1日，"阳光六班"召开了八年级下学期的第一个班会。关于这次班会，主要说说下面几个问题。

一、关于班会的目的

根据学生的成长和班级工作的实际需要，我们把"提升德育、调控心理、强化学习"作为本学期工作的主要目标。在这个大方向之下，本次班会的主要目的则定为：紧紧扣住"强化学习"这个中心，强化宣传，强化措施，强化落实。而"提升德育、调控心理"则放在日常和以后的专题活动中去落实。

二、关于班会的主题

本次班会，依然是宝剑主题系列班会的一个组成部分，主题是——仗剑。

"仗剑"，就是拿起剑来，就是要具备赖以生存的本领，就是把这些赖以生存的本领展示出来，就是用这些本领去创造属于自己的天地。从学习的角度来讲，就是要更加强化学习过程中的落实环节，同时，更加注重能力的培养和运用。

"仗剑示豪杰"，就是执仗宝剑展示给英雄豪杰们看。 谁是英雄豪杰？ 每个同学都是。 这句话的言外之意就是：同学们，你们都是好样的，拿出你们的本领来，大家彼此欣赏，互相比试，共同提高吧！

三、关于班会的程序

这次班会的内容有观看孟佩杰先进事迹视频、上学期先进分子表彰、科任教师讲话等，而重头戏是新成立的"学习促进组"的登台亮相。

为了实现"强化学习"这一目标，我决定从个人优化和合作学习两方面来落实。 个人优化是指要不断优化学生个人的学习行为，努力提高学习的实效；而合作学习就是以自愿组合的方式，组建一种新型的"学习促进组"，以充分挖掘学生互相促进的巨大潜能，从而实现强化学习的目标。

同学们返校时自愿组合
"学习促进组"

为什么已经有了学习小组，还要另起炉灶，成立什么"学习促进组"呢？ 这不是多此一举吗？

之所以这样安排，主要是从稳定和激励两方面来考虑的。 原先的学习小组是以座位相邻为原则而组建的，主要是课堂研讨和日常管理时使用，依然保留它们，有利于班级整体秩序的稳定（这种稳定，既有行为的稳定，也有学习的稳定，还有心理的稳定）。 而"学习促进组"则是以自愿组合为原则来组建的，这样安排的目的就是充分利用学生之间的亲密关系来促进学习——好友之间学习起来，会更有兴趣、更有热情、更有劲头。 这种学习小组主要在课间开展活动，是原有小组合作学习的一种补充、促进和提高。

这次，学生们自由组合了七个学习促进组。 每个小组的成员基本都是组员亲密关系最佳的组合，而这些小组的名称也都独具特色，给人耳目一新的感觉："好！" "YLst" "Sunny Girl" "Up Everyday" "3456" "时间沙漏" "Anger Eagles"。 有的名称看似平常，但当你知道其中的内涵之后，就不能不佩服他们的创造力了。 比如"3456"组，这个小组的组长是这样解释她们小组名称的：

"3456"呢，代表着我们这四个人分别来自3、4、5、6这四个值日小组；这是一串向上的数字，代表我们组能蒸蒸日上，每天都有进步，每天都有发展；而且，它还是一组连续的数字，代表我们希望自己能一步一个脚印，能够踏实做事，踏实学习；另外，它不是从"1、2"开始的，也就是契合了老师在黑板上所写的那个分号的意思，也希望我们有更高的起点、更高的目标。

真是太有才啦！

这次班会，既是开展大学习的动员令，又是开展大学习的启动仪式。从这天起，学习之旅开始爬坡，而在这爬坡的过程中，学生们将以更高昂的热情，携着思想和创造的双手，你追我赶，互帮互助，向着更高的境界一路高歌！

▌千虑一得

为了开好这次班会，我们进行了必要的准备。

思想准备。 八年级下学期，可以说是学生成长的一个分水岭。这一学期中，他们在身体、心理、学业等方面都会产生比较明显的，甚至是巨大的变化。

如何引导学生对这个特殊时期有个理性的认识，对即将到来的紧张学习有必要的心理准备呢？

前一天返校的时候，我先对学生在思想上进行了必要的引导。我在黑板上画出了一个大大的"；"，然后请学生分析新学期返校时老师画这个"；"的意图。学生们从不同角度，深刻地理解了这个分号的内涵。有了这样的理解，班会的召开就有了一定的思想基础和心理铺垫。

行动准备。 有了设想，有了计划，还需要通过一定的行动来预热、来启动。为了促进学习这个中心工作，我采取的预热和启动工作就是让学生根据自己的实际情况，填写具有个性特点的《学业强能计划表》。表格中要求学生努力做到"听好每一堂课，上好每一节自习，写好每一次作业"，要把自己在这三个方面"好"的标准、问题不足、改进办法和自戒措施都写出来，这样，就为下一步学习活动的落实明确了具体的行动目标。

▌披沙拣金

让学生们交流对"；"的理解，让学生们自拟富有个性的学习小组的名称，从另一个角度来讲，是在引导学生在"学会创造"时处理好主题与主动的关系。

创造合主题。 就是教学生按照一定的方向、根据一定的要求去学会创造。创造，大体可以分为两种情况：一是自由地创造，二是按要求去创造。可是，有的人似乎忽略了后一种情况，一提到创造，以为就是让学生一切由着自己的意愿行事，而不需要什么规定或引导了。 这种想法显然是有失偏颇的——按要求办事，有方向地创造，这是永远都不过时的。 所以，教学生写好创造的"命题作文"，应该是引起我们足够重视的问题。

创造必主动。 就是让学生在遵照主题要求的前提下，充分地自由发挥，宽松地自主创造。 这种主动，更多的是创作过程中的主动思考，主动实践，主动求新。 这一点，与创造的合主题并不矛盾。 规定了创造的主题，就是规定了创造的方向，而具有创造的主动，才能更好地优化创造的过程，才会更好地实现创造的主题。

他山之石

关键词：宝剑，班会

60. 为有源头活水来

> 悦耳，是思想奔流的声音；腾跃，是激情奔跑的身影。　那，就是活力。
>
> ——题记

▌春风化雨

三月初，又一个学雷锋纪念日轰轰烈烈地走来。

一年前，我们通过学唱"七六版"的《学习雷锋好榜样》来理解雷锋精神的内涵。　今年的学雷锋纪念日，怎么用为好呢？

开展一次"身边雷锋我推荐"的活动吧。

通过民主推荐的方式，由学生自主推荐班级的学雷锋先进分子，把学雷锋活动与当前的日常学习生活紧密联系起来。　使这项活动能在充分展示先进人物、先进事迹的同时，更成为当前班级重点工作的大思考，大宣传，大学习，大接力，大推进。

这次活动，分三个阶段来操作落实。

第一阶段：宣传推荐。

推荐表含有被推荐人姓名、推荐理由、推荐人姓名、推荐日期等栏目。　操作的时候，我特意向学生强调，推荐理由不限，推荐人数不限，而且，可以推荐自己。

为什么要强调这几点内容呢？　我想，推荐的过程，就是对学生进行雷锋精神的教育过程，就是对他们进行人生观、价值观的引导过程。 而这两个"不限"，就是扩大了他们推荐的范围，其实，也就是拓展了他们对雷锋精神的认知。 这样一来，推荐的过程，就成了对雷锋精神理解的过程，就成了对雷锋精神引导的过程，就成了对雷锋精神认同的过程，就成了对雷锋精神学习的过程，就成了对学雷锋活动推进的过程。

第二阶段：表彰激励。

2012 年 3 月 5 日，在学雷锋纪念日当天，班级对学雷锋先进分子进行了表彰。 这些先进分子，被分成了"钉子精神、奉献精神、螺丝钉精神、助人为乐精神"这四个类别。

其中，"钉子精神类"是用来表彰在学习上刻苦钻研的学生的，这样安排，就是要重点突出本学期的工作重点，引导学生刻苦学习，在学业上勇攀高峰。 这样，在今后的工作中，就可以用这种钉子精神来引导、来要求更多的学生努力学习。 而"奉献精神"等其他三个类别则从不同角度表彰了为班级的建设和发展做出突出贡献的同学。 这样，表彰工作不但做到了全面鼓励、重点突出，比较充分地调动了学生的积极性，也为下一步重点工作的开展引导了方向，蓄积了力量。

郝韵慈、卢鑫昕、李琬平
正在精心布置学雷锋主题板报

第三阶段：巩固拓展。

这方面，我们采用了动态评比、常态突出的办法。 比如，本学期的重点工作是强化学习，那么，我们就在"钉子精神"的评比上不断强化，不断更新，让具有钉子精神的学生不断得到认可，不断得到表扬，不断得到宣传。 这样，学雷锋活动与"学习促进组"的活动合二为一，班级里很快就掀起了学习的热潮，从而促进重点工作不断取得新的成效。

……

"问渠那得清如许，为有源头活水来。"学雷锋活动也好，班级其他的重点工作也好，一方面要抓好常态化，使之稳步发展；另一方面，还要抓好动态化，要在日常学习中不断地发现新亮点，树立新典型，形成富有活力的流水，这样，它才能奔流不息，充满生机。

▊ 千虑一得

经济学中有一种现象叫"边际效应"。大意好像是说，新增加的投入达到一定限度之后，反倒会使产出下降。从教育的角度来讲，我们不妨把这种现象称为"教育感应疲劳症"。就是说，通过活动进行教育的时候，同一种形式的教育一成不变地重复，达到一定程度的时候，会使受教育者产生心理上的疲劳、反应上的迟钝，甚至会出现反应抑制状态。当出现"教育感应疲劳症"的时候，教育效果无疑就大打折扣了。

怎么来应对这种现象呢？通过变化形式、变换方式、调整内容等办法，给学生以新鲜感，或许可以有一定的成效。这方面，我想到了如下几个办法。

创新法。在教育形式上的完全创新，这是我们所大力提倡的。新鲜的事物总会最容易引起注意，最容易让人感兴趣，对于中小学生来讲更是如此。那么，我们就抓住这个规律，不断地创新教育形式，不断地给学生新的刺激、新的吸引力，这会大大增强教育的效果。在这方面，我们不妨充分利用一下现代的技术手段，把时代元素、时尚元素引入到教育当中来。

增减法。是指在教育内容上进行增加或减少，这样，也可以产生新的感觉。这种方法，一般以"减"法为主，减少了的内容会缩短感觉疲劳期，或者尚未到达疲劳期的时候，教育的内容已经进行完毕。如果采用"增"的办法要注意什么呢？"简"和"趣"是关键。"简"，就是所增加的内容要尽量简要，不要多、不要繁，否则，增加的就不是新鲜感，而是更多的疲劳感了；"趣"，就是所增加的内容有趣味、有意思，这样就能缓解疲劳感，增强吸引力。

换名法。就是把教育的内容换个名目，从而使之具有新鲜感。这一点，我们不妨向一些商家借鉴一下：同一件产品，本来"不名"，但是，换个名字，特别是换个新、奇、特的名字，就一下子一"名"惊人了。

重组法。就是把同样的内容进行新的排列组合，这样也会给人以新鲜感。比如班会吧，如果以往都是刚开始就宣布主题，那么，调整一下，让学生边开会边思考主题是什么，直到最后再公布主题，这样，不但具有了新鲜感，还增加了悬念，教育的吸引力不也就出来了吗？

▊ 披沙拣金

让学生自主推荐学雷锋先进分子，这就是在教学生"学会活力"。学会活力，可从以下几个"求"字做起。

　　求创新。 不满足于现状，永远希望与最新的事物打交道，这是活力最鲜明的特征。只有不断求新，才会不断探索，才有更高的追求，才有更多的收获。 如果安于现状，不思进取，那么，就根本谈不上有活力。

　　求活动。 就是要有行动，要有对过程的体验。 动起来，这是具有活力的最直接的行为表现。 而求动，就是要主动地动起来，要立刻动起来，要千方百计地动起来。 在动中去经历，在动中去学习，在动中去成长。 可以说，动是活力的源泉，有了动，就有了活力，而有了活力，就有了成长。

　　求灵活。 就是做事讲究变化，注重灵活。 活力的另一个鲜明特征就是灵活，这个灵活，首先就是身体的灵活，青年学生的身体本该是灵活的，必须是灵活的，但是，有的孩子可能就缺乏甚至没有这种灵活，这是个令人担忧的问题。 灵活，还指思想的灵活，思维的灵活，思路的灵活。 真正的年轻人，要勇于开拓，要善于变化，要善于变通，要努力开发利用自己灵活的大脑，为自己、为社会创造出更有用的东西。

他山之石

关键词：品行

61. "一堂累并快乐着的体育课"

> 与青春有个约定，携手爬上叫作快乐的峰顶。 当一切困难都已踩在脚下，才发现，如果没有它们，自己永远都吹不到高空那最爽快的风。
>
> ——题记

▌春风化雨

如果问一问学生，什么课最舍不得丢掉？ 我想，他们十有八九会回答：体育课。

可是，有一堂体育课，"阳光六班"的学生们虽然没有上成，他们却不但没有抱怨，反而还发自内心地十分快乐。

这是怎么回事呢？

快乐·付出

2012年3月6日下午，体育课的时间到了，可是，操场上满是积雪。 看样子，体育课是上不成了。 如果没有特殊通知，学生们很可能就要在教室里度过了。

我看到，有学生在不停地向窗外看——他们的心，早已飞到了操场上！

就在这时，通知来了——不过，不是去上课，而是去除雪。

除雪也行啊，学生们马上表示拥护。

于是，安全教育之后，下楼，领工具，除雪。

在班干部的带领下，男生和女生两支队伍很快就进入了良好的劳动状态。 女生们永远是让我最放心的，她们不但热情高，而且很沉稳，我把她们托付给其他老师，自己来到了男生的一边。

在"阳光六班"，劳动从来都不是什么难事，这些男生不但肯劳动，而且会劳动，更爱劳动。 这不，这活干起来还没有两分钟，他们的热情很快就到了烈焰腾腾的程度：大家争先恐后，奋力工作，此时的他们，仿佛不是在劳动，而是在游戏，他们说说笑笑地，前呼后应地，热烈而欢快地清扫着积雪。 有那么五六个男生临时搞了个"推土机组合"，他们把雪铲并成一排，然后齐头并进，一下子就推出了很多的雪。

男生边除雪边自发地高唱《团结就是力量》

"喔——"推到终点的时候，他们开心地高呼起来……

要是到了战场，还真是一股生力军呢！ 我心里赞叹道。

去看看女生吧。 女生们虽然相对柔弱，但她们干起活来却毫不示弱，同样的争先恐后，同样的说说笑笑，同样的开开心心……

忽然，身后传来了嘹亮的歌声："团结就是力量，团结就是力量……"

是男生队伍那边传过来的！

我转过身去一看，原来是那个"推土机组合"，他们正一起推着一大堆的积雪奋力向前，兴之所至，高亢昂扬、雄壮有力的歌声就从他们燃烧着烈火的胸膛里迸发出来了：

"团结就是力量，团结就是力量……"

这是怎样一幅动人的情景啊！ 我连忙举起相机，为他们留住这放射着夺目光彩的瞬间……

快乐·品味

第二天的语文课,我临时调整了教学计划,把上课内容改成了作文课。

我先交代了"对比写法、自然环境描写"等写作要求,这时候,学生的表现还很平静,但接下来,当他们听到作文的题目之后,立刻兴高采烈地跃跃欲试起来。

作文的题目是"一堂＿＿＿＿的体育课"。

……

好女生们同样获得发自内心的劳动的快乐

这次以前一天体育课除雪为素材的作文是非常成功的。 这种成功,不单单是写作技巧运用得好,更重要的是,他们能够运用这些写作技巧表达了美好的情感,提升了快乐的境界,有的同学还能推己及人,把关注的目光投向校园以外那更广阔的天地。 比如,唐艺洧在她的《一堂累并快乐着的体育课》中写道:"……我不由得敬佩起清洁工叔叔。 这个寒冷的冬天,他们到底为沈城挥洒了多少汗水呢?"作文讲评的时候,许多同学都交流了他们笔下的精彩片段,这些文章有一个共同的主题,那就是——快乐。

快乐·欣赏

这两天,我都是在愉悦的欣赏当中度过的。 我欣赏学生们劳动时的热情洋溢,我欣赏学生们劳动时的有条不紊,我欣赏学生们劳动时的欢声笑语,我欣赏学生们劳动时的愉快歌声,我欣赏学生们把这热情和歌声写进作文,我欣赏学生们把这经历和情感写进心灵……

一次看似简单的除雪劳动,带给"阳光六班"的却是发自心底的快乐:一开始,学生们因可以不在教室里闷着而快乐;接着,他们因体验到劳动的乐趣而快乐;后来,他们因看到自己的劳动成果而快乐；再后来，他们因抒写内心的快乐而快乐；再再后来，他们又因欣赏他人的快乐而快乐……

而我，则因欣赏这所有快乐而快乐！

一次除雪，可爱的学生们用他们的劳作和笑声演奏了一曲格调高昂的欢乐颂。

多美妙！ 多动听！

千虑一得

从某种意义上来讲，快乐来源于积淀。 比如，这一次的除雪。 这场"自然而然"的快乐"盛宴"，是"阳光六班"用一年半的积淀换来的。

观念的积淀。 快乐，本来就是人的心理感受，而人的心理感受，很大程度上取决于人的思想观念。 本次除雪的快乐，就来源于我班的两种观念：劳动光荣，助人快乐。 这两种观念，经过一年多的积淀，已经深深根植于学生的心里。 在"阳光六班"，没有人会贱视劳动；而送人玫瑰、手有余香的观念，更是让大家把主动帮助别人之后的快乐当成是更高境界的快乐。 也正是由于有了这两种观念作支撑，这次的除雪才自始至终充满了快乐和幸福。

情感的积淀。 这种情感，是彼此相助的真诚友爱，是心甘情愿的默契配合，是不甘落后的集体荣誉，是彼此关心的爱护体谅……在一个团结和谐的大家庭里，做任何一件事情，都是快乐的，都是美好的。 你说一句笑话，他唱一段歌曲，你帮我一把，我谢你一声，偶尔，哪个人不慎摔倒了，在一片善意的笑声中，赶紧上前去拉一把……这样的氛围，没有长期情感的积淀，哪里会营造得出来呢？

活力的积淀。 什么是活力？ 活力就是积极向上的精神状态，就是奋勇直前的冲天干劲，就是主动参与的满腔热情，就是不怕困难的进取态度。 "阳光六班"的学生，从来就不缺乏这样的活力，他们有充满活力的思想，他们有充满活力的精神，他们有充满活力的干劲，他们有充满活力的能量。 热情洋溢，热血沸腾，生龙活虎，活力四射……这样的词，在他们的身上，随便用去吧！

活力，是他们奋勇前行的动力之源！ 也是他们奋勇前行的快乐之源！

加油！

披沙拣金

一堂"累并快乐"的体育课告诉我们，"学会勤劳"可以有另一种境界。

勤劳是态度。 勤劳，首先是一种态度，一种热爱劳动的态度。 勤劳的态度，不仅仅是对劳动的热爱，其实在对劳动的热爱当中，蕴含着积极的人生态度。 为什么这么说呢？ 我们看：劳，就是劳作，它是创造财富的行为；动，就是活动，就是运动，它带给人的是活力。 那么，通过劳作创造财富，又通过劳动激发活力，这样的人生是不是一种积极的人生？ 这样的生活态度是不是积极的人生态度？

勤劳是行动。 学会勤劳，不是有个积极的态度就可以的，它需要的是实实在在的行动，所以，它才被叫作劳动。 那么，勤劳就需要有劳动的技术，勤劳就需要有劳动的技能，就需要有劳动的技巧。 懂得劳动技术，具备劳动技能，还能掌握劳动技巧，那么，这个勤劳就是更富有实效的勤劳。

勤劳是心情。 勤劳的人，不会把劳动看成是痛苦，反之，他们往往会从劳动中获得发自心底的快乐。 这种快乐，既有劳动过程中的欢声笑语，更有劳动收获后的幸福满足。 在劳动过程中感受得心应手的愉悦，又通过劳动的成果获得收获成功的喜悦，那是多么令人自豪的快乐。 所以，勤劳的人，应该是快乐的人。

他山之石

关键词：动手能力

62. "青春之丽"好女生

来自雪山的清纯，来自幽谷的清馨，汇聚成最清冽、最甜美的甘泉。 由这甘泉滋养出来的花朵，最清丽，最美好。

——题记

▋春风化雨

2012 年 3 月 8 日，我对女同学进行了一次以"做个好女生"为主题的教育谈话。

这次教育谈话的目的是：通过自尊自重的教育让女生学会健康成长；同时，通过好女生标准的明晰，对全体学生进行引导，使他们能够正确认识、恰当处理好与异性同学的关系，从而进一步促进他们的健康成长和班级的稳定发展。

整个谈话可分为"歧途之警、女生之美、自爱之律、青春之励"这四个阶段。

第一阶段：歧途之警。

谈话是由当时正在社会上引起广泛关注的某少女毁容案引入的。在案情分析的过程中，我引导大家对伤害者的行为进行了剖析，指出他这种行为既伤害了别人，也伤害了自己——都是令人痛心的！

为什么要分析这一点呢？ 这是在对男同学进行人生观的教育和青春期的心理疏导啊。 引导这些血气方刚的小伙子们学会理性、冷静地处理问题——对于正处于青春期的他们来讲，是非常必要的。同时，这也是在对学生进行必要的法制教育。

之后，我把话题引到了受害人的身上，在与大家一起分析可能会对女同学造成伤害的种种原因之后，我引导她们懂得：作为女生，如果对自己的行为不加注意、不加检点，那么，就可能会给自己带来不良的后果，甚至是伤害。

第二阶段：女生之美。

"怎样做才能成为一个好女生呢？"

在学生思考的时候，我播放了一个小女孩儿翩翩起舞的照片：照片上的小女孩儿双臂舒展，双腿交叉屈蹲，恰似一个汉字的"女"字。接着，一个大大的"女"字出现在屏幕上，同那个女孩的形象并列在一起。然后，我请女生们联想思考：从这个"女"字中，我们能发现好女生的哪些特点？

学生们的回答非常精彩。她们有的说"女"字"上面的笔画代表了我们女生的积极向上，最后一笔说明我们是脚踏实地的"，有的说这个"女"字的笔画"能刚能柔，'撇折'这两笔代表我们上顶天、下立地，巾帼不让须眉"，有的说这个"女"字的笔画"能屈能伸，凝重灵动，'横'的笔画象征女生的平静与宁静"……

好女生们正在听取"做个好女生"专题教育谈话

随后，我又给他们播放一个大大的"好"字。指出"好"这个字就是由"女子"构成的，女生理所应当就是"好"的，"好"就应该是女生的一个代名词……

在此基础上，我与大家一起归结了"女"字的特点："柔和但不柔弱，沉稳但不呆板，灵动但不轻浮，秀美但不妖冶。"

到这里，无论是女生还是男生，大家都已懂得：这四句话既是"女"字的特点，也应该是女子的特质，理所当然的，这应该是做个好女生的努力方向。

第三阶段：自爱之律。

"我们懂得了好女生的标准，怎样做才能达到这些标准呢？"

带着这样的疑问，我请女生通过做选择题的方式来深入、具体地理解好女生的标准。

具体的选择题如下：

1. 面对异性的不良言行，能凛然正色地拒绝。

2. 不打闹，尤其不和男生打闹。

3. 自尊自爱，不用庸俗甚至侮辱性语言称呼自己和他人。

4. 不留长指甲，不染指甲。

5. 不讲修养，毫无顾忌地高声说笑。

6. 举止沉稳，游戏时不狂跑，不尖叫。

7. 课堂或自习课上给男生写字条，帮别人传字条。

8. 衣着朴素，不穿戴奇装异服以避免招惹麻烦（甚至灾祸）。

9. 不霸道，不欺负其他人。

10. 上课发言声音很小，课下则大声说话，甚至大吵大喊。

11. 开朗大方，不忸怩作态。

12. 仪表端庄，发型整洁。

13. 举止稳重。

14. 学会拒绝不恰当的交友请求。

这些选择题由正、反两方面的选项构成。 正面的是引导，是激励；反面的是警醒，是告诫。 而反面的选项又可分为两种：一种是矫正性的问题，即根据已经发现的现象而设的问题，用来提醒相关同学，控制不适当的行为；另一种是预防性的问题，这是在未雨绸缪，防患于未然。

第四阶段：青春之励。

不管什么样的教育，激励总是最重要的环节。 谈话的结尾，是送给女生们的"好女生箴言"：

我是女生，端庄美好；

我是女生，沉稳秀丽。

我是女生，开朗大方；

我是女生，爱惜名誉！

然后，请四名女生干部分别带领女生呼诵这四句话。 以这样的形式再次强化好女生的标准，再次强化全体同学对好女生标准的认同。

之后，我又请所有男生起立背诵他们的"男子汉宣言"：

我是男生，如火如铁；

我是男生，有责有力。

我是男生，胸怀四海；

我是男生，顶天立地！

……

这次"做个好女生"的教育谈话，与其说是引导，不如说是总结。 因为，"阳光六班"的女生们整体上本来就是非常好的啊。 自这个班集体成立以来，她们就以自己独有的魅力阳光着这个集体，她们就以自己独有的美丽灿烂着这个集体。 "阳光六班"的哪一缕阳光，没有她们滋润出的彩虹呢？

█ 千虑一得

这次"做个好女生"的教育，具有几个"兼顾"的特点。

男女兼顾。 主题是"做个好女生"，教育的对象可不只是女同学。 与上次对男同学进行"做个男子汉"教育时让女生旁听一样，这次也特意安排了男同学旁听，并且，还请男同学发言。 这样的举措，就是让男生、女生彼此都了解对方正面的性别形象，从而在彼此心目中确立一个美好的标准。

导诫兼顾。 就是做到引导和警示、告诫的兼顾。 对学生的教育，当然要以引导为主，尤其是对一个优秀的群体来讲。 但是，以活生生的例子让他们懂得不当行为的后果，这也是必要的。 这种警示和告诫，会在他们心中留下深刻的印象，会对他们的行为起到一定的警醒作用。 这种作用，对他们的健康成长、对他们的避免伤害，都能起到积极的作用。

知行兼顾。 既有思想的引导，还有行动的落实，这就是本次谈话的知行兼顾。 所谓知，在这里就是指男生、女生美好的基本标准以及他们成长中面临的问题及解决的办法；所谓行，在这里就是指男生、女生用他们所知道的道理来引导自己健康成长的实际行动。比如，安排女生对日常行为取向的选择，就是把她们日常生活中已经出现或可能出现的问题列举出来，从而进行必要的引导，这就做到了知行兼顾。

█ 披沙拣金

"做个好女生"的教育，是在教女同学"学会美好"。 这种美好，都好在哪里呢？从初中阶段来讲，以下几方面都是非常重要的。

好在善良。 良好的道德品质，这永远是第一位的。 善良则是最基本的好品质，有了善良，就有了一切美好的基础。 好女生的善良，更有其独特之美。 这种善良之美，美在柔和，美在细腻，美在沉稳。

好在健康。 女生的健康，既是身体的健康，又在于一种充满活力的健康的状态。 这种健康的状态，是衣着朴素，是清纯质朴；这种健康的状态，更是一种洋溢着独特青春气息的朝气蓬勃，热情洋溢，开朗大方。

好在文雅。 文雅是一种独特的美，一种最能显示女生柔和特质的美。 柔和，端庄，沉静，有文化气息，有淑女气质。 行为举止不粗俗，有教养。

女生之好，是品质、健康、气质、形象、行为的综合之好，是一种端庄而灵性的秀美，"柔和但不柔弱，沉稳但不呆板，灵动但不轻浮，秀美但不妖冶"。

他山之石

关键词：好女生

63.男生轮流当"体委"的玄机

把负责的矿石熔铸成炽红的热情，再用胆气和艰难去猛力锻打，给未来的男子汉们造一副担当道义的铁臂铜肩。

——题记

▌春风化雨

我们先来看这张照片：

临时体委李新宇正在体委许傲东的帮助下开展工作

它展现的是"阳光六班"进行体育训练的情景。但是，这个场景中，组织队伍的"体育委员"竟然有两个人。

怎么回事呢？

这是我在班级开展的一项活动：男生轮流当体委。

轮流当体委？什么意思？想干什么？

调动男生的积极性，促进他们早日成为男子汉——这就是我要做的。

当体委，男子汉。这二者之间有关系吗？

有啊，而且关系还不小呢。 在我看来，能够担当是男子汉必须具备的一个素养，而当体委，是培养担当素养的一个手段。

亲身经历的一件事，促使我要通过当体委的方式来对男生进行学会担当的教育。

那天，我班的两位体委都因身体原因而无法带队领操，于是，我打算请一位男生来临时带队，但是，他没有做。 后来，另一位同学承担了这个任务。 这件事让我陷入了思索：看来，我对他们的培养还远远不够啊！ 不管什么时候，不管遇到什么问题，如果任何一个人都能挺身而出，而且能不辱使命，那该多好啊！

——要把男生培养成敢于担当的人，就从让他们试着当体委开始吧！

这项工作，我是这样来做的。

第一步：宣传动员。

上学期的期末，我先对学生们做了心理上的铺垫。 告诉他们要让男生轮流当体委的想法，而本学期具体操作之前，又特意做了宣传动员。

第二步：自愿报名。

主动和愿意，这是具有担当意识的两个层次。 能够主动担当，这是最高的境界；达不到这个境界，被安排时能做到愿意担当，这也不错。

能够让学生主动地、自愿地报名参加临时体委的训练工作，这是首要追求的目标。动员的时候，一些男生表示愿意参加这项活动，可到了实际操作的时候，主动站出来试当体委的人数还是明显减少了！ 我知道，那些没有站出来的同学，他们未必是不想，恐怕是不敢——他们缺乏必要的勇气，缺乏足够的信心。 而越是这样，越能显出我搞这个训练的必要性。

第三步：技术培训。

会发令，会引领，有了这些技术，工作才能进行下去。 为了使这项工作能够顺利操作下去，我先对主动参加训练的几位同学进行个人能力的培训和考核，确认他们在技术上能够过关，能正确地下达指令。

第四步：心理考验。

技术过关之后，我用体育活动课等时间对试当体委的男生进行心理过关的训练。 这种训练，既是针对临时体委的，也是针对全体同学的。 对于临时体委来讲，面对墙壁说话跟面对镜子说话，心理感觉是不一样的；而面对镜子说话跟面对一支队伍说话，而且还是发号施令地说话，那感觉就更是大不相同了。 而从全体同学的角度来讲，新体委所带来的新鲜感可能会让他们感到有趣，甚至会引得他们发笑，这也是对他们心理素质的考验。

第五步：实践体验。

做好以上工作之后，就要在实际活动中让他们真刀真枪地接受实实在在的考验了。那段时间的大课间，我班基本上是每周都更换一个体委。 有的同学在实际操作中出现了一些问题,在一定程度上影响了班级跑步的质量,有时甚至连大课间的红旗都丢掉了,然而,他们收获了更多的东西。

看着"体委"们在越来越自如地整理着班级的队伍,我知道,他们同时整理的,还有自己的勇气,还有自己的担当。 未来的某一天,当命运之神需要他们来承担大任的时候,这种勇气和担当定然会挺身而出,助他们抓住成功的机会。

▎千虑一得

这次男生轮流当体委的专项活动,收获很多。

收获担当。 从动员到报名、到训练、到任职,临时体委们、全体男同学、全班同学,都受到了担当的教育,都经历了担当的历练,都经受了担当的洗礼。 他们渐渐懂得,一个国家里,需要有人担当;一个集体里,也需要有人担当。 天下兴亡,匹夫有责,这是对国家的担当;集体有需,主动负责,这是对集体的担当。

收获勇敢。 对于所有人来讲,大家都经历了一次关于勇敢的教育。 主动承担体委任务的同学,他们用勇敢为自己树立了强大的自信,他们用勇敢为自己的将来开辟了更广阔的成长空间。 而对于其他同学来讲,他们则见证了勇敢的力量,他们受到了勇敢的激励,此后,会有更多的人变得越来越勇敢。 他们敢于挑战他人,敢于挑战自我。

收获成熟。 这次训练活动,每个同学都有自己的收获,每个同学都在这种收获中自主地成长。 尤其是那些担任临时体委的同学,他们在这个过程中的成长是更加明显的。他们充满激情、充满自信。 随着训练的深入,新体委们的胆子变大了,工作也得心应手了;而其他同学呢,也逐渐适应了不断更新的"指挥官",哪怕是从这些临时体委的口中听到错误的指令,甚至有几分滑稽的声调,他们也都能淡定如常,不会受负面的影响。这就是一种成熟,一种评价的成熟,一种心理的成熟,甚至,是一种思想的成熟。

▎披沙拣金

安排男生轮流当体委这项活动,比较突出地对学生进行了"学会担当"的教育。 学会担当,需要具有一颗心、两种力。

责任心。 就是要具有主动承担责任的使命感和主动为大家做事的责任心。 这种使命感和责任心,是一个担当大任的人所必须具备的素质。 这样的人胸怀广阔,追求高远,当公众面临困境的时候,富有责任心的人不会为个人利益而患得患失,他们会舍身忘我,奋不顾身。 学会担当,就是在这样的时候,主动出手,主动为大家服务。

号召力。 学会担当,还要具备一些基本的能力,而最基本的能力就是号召力,是能带领大家愿意与之共同努力的号召力。 这种号召力不是凭空而来的,它是一个人道德品质的吸引力，它是一个人专项能力的折服力，它是一个人行为举止的感染力。 这些力量凝聚于一身，就形成了强大的号召力。 当然，号召力还有来自外部的力量，比如，职位、名分也可以产生号召力。 利用这种有利的因素，培养学生的号召力，使他们通过这种号召力去勇于担当。

执行力。 就是能落实奋斗目标、能使得众人为实现理想而努力行动的力量。 学会担当，要有担当意识，还要有担当的行为，更要有担当的效果。 担当的效果哪里来？ 这就要靠执行力来获取。 执行力更多的是一种协调能力，一种善于调动每个人的力量的能力。 具有较强的执行力，担当就可能会取得较好的成效。

他山之石

关键词：责任

64.“‘平’字密码”的密码

　　睁开思想的双眼，无论周围有多昏暗，都能找得到出发的路。　迈开理智的双腿，不管路有多难走，总可保持身体的平衡。

——题记

▌春风化雨

　　近几天，我发现有的学生在学习方面出现了失衡的现象：或者是不重视，或者是畸形重视。　这种状况，须及早调整。

　　怎样调整呢？　既然是平衡失调，那就从这个“平”字入手吧。

　　2012年3月30日，从对“平”这个汉字的分析入手，我对学生进行了一次具有一定哲理启发的教育谈话。

　　第一步：吸引。

　　我给这次谈话起了个有点儿神秘色彩的题目：“‘平’字密码”。

　　一听说这个“平”字里藏着神秘的密码，学生们一下子就来了兴致！　他们紧紧盯着屏幕上大大的“平”字，双眼一个劲儿地发亮：什么密码呢？

　　第二步：引入。

　　“这个密码，就隐藏在含有‘平’字的词语中，所以，先用‘平’字组词吧！”我这样引导道。

　　片刻，学生们就说出了很多包含“平”字的词语。　他们每说一个，我都要把这个词与他们的成长教育联系在一起。　比如，有说

"平凡"的，那就要在平凡的学习中努力落实，把每个"平凡"积累在一起，就成了不"平凡"……直至有学生提到了"平衡"这个词，我才郑重其事地说：密码就藏在这个词里。

第三步：铺垫。

先请学生思考并回答他们所知道的与平衡有关的现象或事理，他们很快就说出不少答案。在这些答案的基础上，我从天体的平衡说起，引导学生由大到小、由生活到学业、由学习内容到学习方法，逐步启发他们思考平衡的重要。

第四步：观察。

观察一：看图说话。

为了能更好地说明问题，屏幕上打出了一个大大的"平"字。我请学生仔细观察这个字的形状，让他们从数学和物理的角度来思考这个字的特点。

学生们说出了许多理解，比较突出的有"轴对称图形的平衡""力的平衡"等观点，至此，他们对"平"字的理解已经进入更加理性的阶段了。

接着，我把这个"平"字做了点儿技术处理：左右两边分别去掉一个笔画，请他们根据这两个残缺的字再观察、再思考、再评说。对此，他们的观点主要有"重心不稳""难看""不完美"等。

观察二：观影知理。

我请学生们观看两段视频。

一段是电影《真实的谎言》中的镜头：某人驾车横在断裂的大桥桥沿上，车身晃来晃去，但由于正处于一个平衡点上，所以，并没有掉下去。就在驾车者以为摆脱危机的时候，一只鸟落到了车窗上，车子立刻失去平衡，一头栽进了大海里……

另一段视频是从文化纪录片《汉字五千年》中截取的片段：孔庙前立有一种"敧器"，在力的作用下，器中注水一半则不倾不覆，而一旦注满水，则立刻倾覆。它"虚则敧，中则正，满则覆"。

这两段视频都非常形象，都能增强趣味性，但它们的作用却各有侧重。前者颇具喜剧风格，使人在愉快的笑声中体会失衡后果的严重性；后者则更具哲理意味，使人在理性的思考中领悟深刻的道理，获得人生的启迪。二者由浅入深，共同诠释了平衡的内涵和意义。

第五步：感悟。

懂得了平衡的道理之后，我请值日班长李俊池给大家读了一篇题为"人生的沙果"的文章。这是我早年写的一篇小东西，文字并不算优美，但蕴含了生活的道理。此时推荐给学生，就是希望他们能够珍惜时光，不负青春，不要蹉跎了岁月。

经过以上的铺垫，学生们对平衡有了逐步深入的认识和理解，这时，我才在屏幕上打出下面的问题请大家思考：

1. 我的生活平衡吗?

（动静、劳逸）

2. 我的素养平衡吗?

（德行、学业）

3. 我的学法平衡吗?

（听看、说写）

4. 我的德行平衡吗?

（小我、大我）

这些问题,都是根据班级存在的具体现象提出来的,这些问题的提出,就是在帮助学生学会具有思想的深度,让他们学会深刻地思考问题,深刻地思考自己。

思考之后,我请同学找出自身与这些问题所对应的不平衡现象,以便在今后的学习生活中逐步改正……

感谢我们的祖先,感谢他们创造了汉字,感谢他们创造了汉字中的"平"字。 正是这个"平"字,以其无比简洁的笔画,结构出无比深刻的哲理。 而我,又从这简单的"平"字里感悟了哲理,再通过这简单的"平"字把这哲理传递给学生。

此时,"平"字仿佛笑着对我说:这实在是再平常不过的小事而已。 若要用心,你会在平凡之中发现更多的不平凡……

千虑一得

借汉字说理,我常用的方法有如下几种:

象形联想法。 就是借助汉字的外形特点,联想到人的某些特征,从而引发思考来进行教育。 比如,教育学生要具有人格尊严的时候,我在黑板上写出几个外形相异的"人"字:"**人**"、"**へ**",形象地说明做人要昂首挺胸,不能卑躬屈膝,丧失人格。 等等。

移位对比法。 就是把汉字的笔画部首移换位置,赋予这个字以新的形象,进而引发思考,达到教育的目的。 比如,在对男生进行"做个男子汉"主题教育的时候,通过把"男"字的两个部件"田"和"力"的位置进行移换,让学生体会"男"字之所以"田"在上部,就在于男人应该把责任看得高于一切,从而对学生进行男子汉责任感的教育。

拆分会意法。 就是把组成汉字的部件拆开来看,通过对其各个部件的分析演绎,达到为自己的教育服务的目的。 比如,在进行"做个好女生"教育的时候,通过"好"字的构成,引导女生要努力做个好"女子"。

增减比较法。 就是增加或减少汉字的笔画或部件,使汉字有了新的形象,从而达到为教育服务的目的。 本次教育中对"平"字笔画的删减,形象地突出了"平"字不平衡的视觉效果,进而引导学生理解平衡的意义。

当然，这些方法在使用的时候，要把它们与学术上的造字方法和内涵解说区别开来，不要引起学生在学术上的误解。

█ 披沙拣金

引导学生发现一个普通汉字里隐含着的"密码"，这是在对学生进行"学会明理"的教育。学会明理，通常要做到知理、探理。

知理。 就是被动遇到具体事件的时候，能够因事而发，明白事件当中所蕴含的道理。这样的事件由于是学生亲身所经历的，所以，他们由此而产生的感悟会更深刻，由此进行的教育也更有实效。其中，关键在于既要把事情本身的道理想清楚，又不能就事论事，要从对"这一个"的认识上升到对"这一类"的认识。

探理。 就是主动找到具有典型意义的事件，领悟事件中所蕴含的道理。如果说"临事知理"是被动迎战的话，那么，这"寻事探理"就是主动出击。教师的责任绝不仅仅是教学生文化课知识，更重要的是给他们的人生做好全方位的能力奠基，其中，明白事物的道理就是重要的内容。所以，我们要有计划地、有选择地让他们懂得一些基本的人生道理，这样，会有助于他们人生之路的方向更明晰，会有助于他们把人生之路的脚步踏得更坚实。寻事探理的教育，要紧密结合学生的学习生活实际来进行，不能遥远，不能空洞。

█ 他山之石

关键词：传统文化

65."学习促进组"促进的不只是学习

所谓潜力，就是还在学生心里休眠的活力。给它一个爆发的召唤，它将喷发出撼人心魄的力量。

——题记

▌春风化雨

请看下面几个场景。

场景一：课间，教室。

"哎哎哎，这道题怎么算？"

"我看看，我知道！"

"你看，这里……"

"哦——原来是这样啊！"

场景二：课间，教室。

"这副对联你能对上吗？"

"哦？'物理，雾里，雾里看物理，勿理物理'，这副对联把物理不大好学的意思表达得既含蓄又精练，还真挺有意思的啊！"

"不过，我觉得最后这个'勿理'还是改一下为好。"

"为什么呀？"

"你看哪，物理本来就难理解，你如果再不理它，那不更学不好了吗？"

"可也是。不过，怎么改才好呢？"

"是啊，既要表明意思，还得跟'物理'谐音才好。"

"有了！ 把表示否定的'勿'改成务必的'务'，变成'务必要学好物理'的意思，这不就行了吗？"

"对呀，真不错！"

场景三：课间，教室。

"下课了，快去操场活动活动！"

"知道了，老师。"

"哎哎，等一会儿，我这道题还没明白呢！"

……

这些，都是班级"学习促进组"开展活动以来出现的学习场面。 这段时间，学生们利用课余时间研讨学习已经蔚然成风，以至于我不得不常常督促他们下楼活动活动，哪怕是呼吸一下新鲜空气也好。

"学习促进组"活动的开展，对激发学习的热情、提高学习的成效起到了明显的促进作用，在学习心理、学习习惯、学习能力和学识积累等方面，都为即将到来的毕业年级的学习打下了很好的基础。 而在这样的学习活动中，学生们的收获远不止学习这一面，不少学生还展示了其他方面的能力和才华。 比如，有的同学对自己的工作特别认真负责，不把每个人的考核完成之后决不罢休；有的同学设计的学习小组图标形式新颖、很有创意，引得大家啧啧称赞……

"学习促进组"
在布置学习展板和
研讨

"学习促进组"以它特有的魅力，吸引着学生们的注意力，激发着他们满腔热情地投入到对知识的探索中来，为他们下一步的奔跑积累了必要的热力和耐力。 这种热力和耐力，如同风驰电掣中的列车，正带着呼啸的惯性，向着目的地热烈地奔驰。 到后来，即使想让它停下来，恐怕也是欲罢不能了。

千虑一得

综合来看，"学习促进组"活动具有如下的特点。

亲和性。 这是从学习促进组成员之间关系的角度来讲的。 由于这种小组的成员都是自愿组合的，这样，成员之间的关系相对就更加亲近，甚至可以说是亲密。 这样极具亲和性的关系，大家心甘情愿，同心同德，做起事情来不但会顺风顺水，还能心情愉悦。 通过这种自愿组合的小组来促进学习，是一个比较有益的，也是比较有意思的尝试。

责任性。 学习促进组就是要促进学习的，小组里人人都有任务，人人都要负责。 组长轮流做，学习共同抓，这样，不论是学习成绩高的，还是学习成绩低的，每个人都要承担一定的管理、主持、评价的责任。 为了达到这一目标，他们有的还制订了小组成员的《学习值日责任表》，以便能够按计划、有秩序地开展活动。

趣味性。 活动的内容让大多数成员有兴趣，这样，学习活动的开展就有了活力。 比如，前文提到的那副对联就充分体现了这一特点，后来，好几个同学都对了下联，而且对得饶有兴味。

上联：物理，雾里，雾里看物理，务理物理（董俊辰）

下联：化学，化雪，化雪学化学，话学化学（孙圣达）

　　　音乐，音悦，音乐听音悦，因乐音悦（张欣然）

　　　……

不同"学习促进组"的同学共同研讨的情景

激励性。 为了搞好这次活动，我们还引入了竞争机制。 号召各小组跨组评价，对其他小组的考核或展示提出意见或建议。 这样的措施使得各组成员首先要把自己的事情做好，然后再去评价他人，这无形中就激发了大家学习的积极性，同时，也促进了质量的提高——谁愿意被人家评价得不好呢？ 各小组还配发了专用的《学习促进组活动纪实》，上面含有小组名称、成员及负责人姓名、活动内容、活动日期等栏目，实际上是以这样责任到人、内容到位的形式来激励大家，促使每个人都主动、负责地参与到活动中来。

引导性。 这种引导性，是从学习积极性的调动和学习内容的选择两方面来体现的。"学习促进组"活动的目的，首先体现在促进大家学习热情的提高上面，这是基础；在此基础上，再考虑学习内容的选择。 这种内容的选择，初始阶段着重在"有趣"和"基础"，而当学生的积极性得到比较充分的调动之后，在内容的选择上则更要看重"有用"和"提高"。 这样，学习促进组的活动才是在"促学习"，而不是"搞活动"。

简易性。 由于有时空的限制，这样的活动不可能搞得场面很大，简便易行，这是它的基本特点。 所以，我们要求学生在活动的时候，采取口头研讨和书面测试（展示）两种方式。 口头研讨最实用、最简便、最受欢迎，但是，它缺乏知识的落实性，所以，采用书面测试的方式来弥补这一缺陷。 这样，二者互为补充，就使得这种学习活动有了实际的成效。 不过，书面测试要求精练、简要，不能影响正常的学习、运动和休息。

▌披沙拣金

以自愿组合的方式开展"学习促进组"活动，是在引导学生"学会优长"。 所谓"优长"，就是优化学习素养中的长处，从而促进学习的进步。 其中，如下两方面的优化是非常重要的。

优学业之长。 就是优化学习的知识结构，向薄弱学科迁移优势学科的学习积极性，从而促进学习的整体进步。 学习中，越不感兴趣或成绩越不理想的学科，往往就越没有劲头去学。 怎么办？ 把优势学科的优势转化、迁移到薄弱学科上面去，力争做到均衡发展，至少不要让薄弱学科更加薄弱才好。

优学情之长。 就是优化学生与学习合作者方面的情感态度，从而激发他们的学习热情。 情感态度在学生的学习过程中所起的作用是非同小可的，有时甚至是决定性的，而且，年龄越低，这方面的作用可能就越大。 亲其师信其道，说的就是这个道理吧？ 这种"亲劲儿"，还在于"亲其友"——努力挖掘同学之间的这种"亲劲儿"，利用他们之间的亲密关系，互相帮助，互相促进，共同提高。

▌他山之石

关键词：学习

1. 第 38 页《第一堂课怎么上》

2. 第 161 页《让学生讲课值不值》

66. "青春之问"问天路

思想的原野,何处挥洒火热的追求? 人生的道路,如何奔跑热烈的激情? 学会追问,为青春找准方向。

——题记

▌春风化雨

2012 年 4 月 9 日,班级召开了以"青春之问"为主题的班会。班会大致由四个阶段构成。

第一阶段:对比思辨。

安排这个环节的目的是引起学生对青春特质的思考。

屏幕上首先播放出"青春是什么"的醒目标题。 接着,通过对四组照片的选择,让学生理解"青春"的美好形象。

第一组照片的主体都是树木:一幅是秋日的无边落木萧萧下;一幅是春季的万紫千红总是春。

第二组照片的主体都是水:一幅是河流的千里冰封;一幅是大海的波涛汹涌。

第三组照片的主体都是一群青年:一幅是气势汹汹的团伙群殴;一幅是热情洋溢的活力群舞。

第四组照片的主体也是青年:一幅是大学生课堂上东倒西歪的睡相;一幅是小战士风雪中岿然不动的雄姿。

第二阶段:现实引导。

安排这个环节的目的是激发学生为青春添光彩的自豪感和自信心。

"我们每一位同学都曾以自己的良好表现，为'青春'二字描画过炫目的色彩。"用这样的话，我引出了对一组照片的展示。

　　这组照片都是平时抓拍到的学生们学校生活的镜头：男生返校、"做个好女生"、课堂上的自主学习、课间研讨、大课间高呼口号、快乐的除雪劳动……照片的具体内容各有不同，但相同的是，每一幅照片都展示了他们阳光向上的青春活力。 而且，每个人都能从这些照片中找到自己的身影，看到自己光彩照人的一面。

　　第三阶段：思考探求。

同学们踊跃写出自己对青春的理解

　　安排这个环节的目的是引导学生对青春进行更深入、更理性的思考，从而在更高层次上促进他们的成长。

　　屏幕上再次出现"青春是什么？"的醒目标题。

　　接着，请同学在黑板上用关键词写出自己对青春的理解。 不一会儿，黑板上就写满了含金量非常高的词语：

　　向上，乐观，活力，激情，热情，主动，解决，开朗，坚持，澎湃，有闯劲，有激情，勇气，自信，朝气蓬勃，尝试，阳光，努力，激昂，奔放，积极……

　　这些词语，语义凝练，内涵丰富，无不闪耀着青春的光辉，无不闪烁出热情的光芒。

　　随后，屏幕上播放出我事先想到的几个词语："活力、朝气、热情、勇敢、坚强……"

　　我对学生们说："老师想到的关键词，你们都想到了，而且，你们比老师想到的词语更多，更闪光！ 咱班同学的水平就是高！"听到这儿，他们情不自禁地鼓起掌来。

　　第四阶段：思想升华。

　　安排这个环节的目的是引导学生正确认识如何树立远大的理想，如何让自己的青春在更高更远的境界上放射光彩。

由学生所提炼的词语入手，我与学生共同分析了青春的特点，然后，把青春的特质高度概括成三句话呈献给他们：

青春是

充满活力的美好年华

积极向上的人生态度

图强爱国的实际行动

用这三句话来概括青春的本质，既是在思想内容上客观的理解，也是对学生实际教育的需要。

讲完这些道理之后，我请学生们观看了有关梁启超《少年中国说》的品读和朗诵视频。然后，每人发放了一份《少年中国说》的原文，要求大家背诵下来。

安排这样的环节，一方面是强化"青春自我"与"青春中国"的关系，让学生懂得"天下兴亡，匹夫有责"的道理，懂得把个人的荣辱与祖国的兴衰密切联系在一起；另一方面，让学生背诵这篇脍炙人口的千古名篇，也是我下一步开展活动所需要的。此外，学会这篇文章，对学生语文学习素养的积累也会有一定的帮助。

至此，这次班会高质量地实现了预期的教育目标。

"青春之问"，追问的是一方播种青春的热土，追问的是一片多彩年华的霞光，追问的是一条广阔生命的天路。这条路，需要用思考去寻觅，用思想去发现，用理想去奔跑。

▍千虑一得

对学生开展以"青春之美"为主题的系列教育活动，包括"青春之力""青春之丽""青春之问""青春之歌"等四个专题。此前开展的"做个男子汉""做个好女生"等活动，都是在落实这些专题，而本次的"青春之问"则是青春教育进一步深化的一个过渡。

此时来安排"青春之问"的主题班会，是由学生在这一时间段所体现出的特点和所面临的问题来决定的。八年级（初二年级）的下学期，这是学生在初中阶段比较特殊的时期。

心理躁动期。 这段时期，学生们的身体迅速成长发育，青春期的各种特征日益凸显，烦恼、困惑等各种心理问题会直接影响他们正常的学习和生活。如果我们在教育过程中能够关注这些问题，并且采取有效措施合理地疏导和解决，那么，不但有利于学生个人的身心健康，对整个班级的稳定也是大有益处的。

行为难控期。 身体与心理发育的不同步，使得学生们的行为往往会出现难以控制的现象。其他时期可能并不算问题的一点儿小事，在这一时段里可能就会演变成一个不可收拾的大问题。比如，某男生受到批评，以往他可能会虚心接受、立刻改正，可是，在这一时期他可能面带不满，甚至摔门而去！甚至没有任何理由，他也可能会发脾气。为什么？ 这就是青春期啊。 对于有些男生来讲，这一时期，他们的血管里奔涌的不是血，而是火，是烈火。

学习分化期。 学习能力和成绩本来就是有差异的，到了这个学期，这种差异会越来越明显，在这样的情况下，一部分学生的自信心就可能会逐渐动摇，而只要稍有懈怠，这种差距就会拉得更大。 这种现象一旦出现，他们很可能就到其他的地方去寻找"自信"，比如，玩网络游戏、结交不上进的朋友等。

披沙拣金

引导学生追问青春的含义，是从另一个角度教学生"学会思考"。 这个角度的思考，更侧重于思比照，思调整。

思比照。 就是把自己与他人进行比照思考，从而找到自己前进的方向，让自己的人生更加精彩。 有比较才有鉴别，在学生的成长过程中，比照是最容易使他们明白道理、做出选择的方法。 通过比照，是与非，美与丑，善与恶，优与劣，一切都会变得一目了然、清清楚楚。 让学生在比照中去选择，在选择中去进步，在进步中去成长。

思调整。 就是通过思考，找到自己成长中的问题，进行必要的调整。 思考是前提，调整是过程，进步是目的。 这种调整，是有意识地改进，是有目标地改进。 有意识，就是要主动；有目标，就是要实效。 人的进步，总是在这种不断调整中进行的，而作为学生，如果学会了这种调整，就像空中的雄鹰一样，不管气流怎样波动，不管风云如何变幻，它总会灵活地调整自己的翅膀，向着高远的目标飞翔。

他山之石

关键词：青春

67. "青春之歌"唱豪情

> 燃起青春的烈火，让昂扬在怒放的理想中升腾；迈开追求的步伐，让活力在广阔的天地间奔跑；放开豪迈的歌喉，让憧憬在灿烂的音符里飞扬。 这就是青春啊！
>
> ——题记

▌ 春风化雨

2012 年 5 月 17 日，"阳光六班"开展了一次以"青春之歌"为主题的歌咏活动。

清晨，一轮红日正蓬勃升起，树上的鸟儿欢快地歌唱，就在这阳光灿烂、鸟语花香的背景下，"阳光六班"的学生们正用他们满腔的热情，讴歌着他们的青春，炫耀着他们的活力！

如果说人生是五彩缤纷的，

那么青春必是其中最绚丽的一抹；

如果说人生是动静交融的，

那么青春必是其中最活力四射的一份；

如果说青年学生是这青春最绚丽、最活力的，

那么，我们八年六班的同学必是这最绚丽中的绚丽、最活力中的活力！

随着主持人热情洋溢的开场白，歌咏会正式拉开了帷幕。

歌咏会的主体由青春之歌、青春中国、青春"八·六"这三大部分组成。

青春之歌

设置这部分内容的意图是让学生在以往思考的基础上，进一步理解青春充满活力、色彩缤纷的特点，激发学生努力进取、积极上进的热情。

什么是青春？

我们曾发过这样的"青春之问"；

青春是什么？

我们曾有过这样的人生思考。

在这样的引导下，张欣然和陈沫澄满怀激情地朗诵了散文诗《青春的色彩》，这首诗是张欣然同学的原创作品，诗中赞美了青春的瑰丽多姿，表达了对美好青春的深入思考和热情讴歌。

随后，一句"青春不只是色彩，青春还是憧憬，是行动，是奋斗"的过渡，主持人把歌咏会引向下一个环节：诗朗诵——《青春万岁》。

这首诗由全体女同学来共同朗诵。她们以领诵、齐诵等各种形式，把王蒙这首诗的意境和精神演绎得非常到位，赢得了全班同学的热烈掌声。

青春中国

安排这部分内容的目的是引导学生树立天下兴亡、匹夫有责的理想，树立敢于担当、以身报国的抱负。而从表达效果的角度来看，《少年中国说》这篇千古奇文，气势豪迈，会很好地激发学生的热情，从而达到调动情绪的目的。

青春更是责任，

是天下兴亡、匹夫有责的责任；

青春更是担当，

是以身许国、挺身而出的担当。

随着主持人这富有激情的引导，全体男同学开始了对《少年中国说》的朗诵。他们的朗诵感情真挚、慷慨激昂，迸溅着奋发向上的青春力量，充满了粗犷豪放的阳刚之气，酣畅淋漓地抒发出热血青年的赤子之情。

青春"八·六"

设置这部分内容的主要意图是通过回顾班级的历史和文化，激发学生们的集体荣誉感和班级自豪感，让每一位成员都更加热爱自己的班级，更加热爱这个班级的老师和同学，从而进一步增强班级的凝聚力。

　　自古英雄出少年，

　　"八·六"少年尤自强。

　　"八·六"有火红的青春，

　　青春看昂扬的"八·六"！

　　这两句串词虽然简短，却语义凝练，重点突出，气势如虹地引出了富有鲜明特色的班级文化。

　　首先是诗朗诵《青春"八·六"》。 这是唐艺洧同学原创的一首诗歌，由唐艺洧和姜羽晗合作朗诵。

　　八面威风，六艺皆备是自信之源

　　我们的"八·六"就是自信的代言

　　我们是朝阳，是鲜花，是明亮的火焰

　　我们有时间，有力量，有燃烧的信念

　　八斗之才，流芳千古是德才之愿

　　我们的"八·六"就是刚柔并济的宝剑

　　我们是君子，是淑女，既谦恭又友善

　　我们有思考，有梦想，有原则和底线

　　合唱中我们是比赛的亮点

　　默契的配合缔造了记忆的经典

　　军训时我们是学校的旗舰

　　响亮的口号如音乐扣人心弦

　　我们共同经历过春雨的洗礼，烈日的挑战

　　面对过秋风的萧瑟和冬日的严寒

　　我们努力奋斗，始终在前线

　　我们精诚团结，有共同心愿

　　我们向着广阔的蓝天

　　浩瀚的大海

　　向前！

　　我们不怕困难的挑战

　　正望着成功

向前！　向前！

诗歌以"八面威风""六艺皆备"两个富有形象感和文化内涵的短语作为起句，巧妙地嵌入"八·六"这个班级的名称，突出了全面发展、意气风发的班级特色。诗中形象生动地列举了班级具有标志性意义的一些重大成绩，热情洋溢地抒发了无比自豪的情感，满怀信心地表达了对更加美好未来的热烈追求。这首诗尽管并不完美，有些地方还应该再斟酌雕琢，但是，瑕不掩瑜，强烈的抒情性和浓烈的班级文化气息，使得它在众多应征作品中脱颖而出。所以，没做修改，歌咏会上完全选用。

诗朗诵之后，歌咏会进入到第三部分的第二个环节，也是本次歌咏会的压轴环节：唱班歌。

"晨钟响，跃朝阳"，随着许傲东高亢的朗诵，全班同学再次走上了第一学期参加大合唱比赛时的舞台，班歌再一次响起，剑舞再一次飞旋，精神再一次昂扬，激情再一次澎湃，热血再一次沸腾！

……

今日埋头扫一室，

明朝挺身做栋梁。

嘿，做栋梁！

随着最后一句"做栋梁"这响彻云霄的呐喊，本次歌咏会圆满地画上了句号！

最后，同学们手持班徽和班训，以一种特有的庄严，表达了一种无比的自豪和无上的荣光，对班级，也对自己。

同学们正激情澎湃地朗诵班歌《少年当自强》

歌咏会结束了，但那歌咏会的誓言和歌声却将永远在每个人的心中回荡。这誓言，将昂扬起他们更高的骄傲；这歌声，将蓬勃起他们更烈的激情。他们的青春，将因这誓言而更加火红！ 他们的活力，将因这歌声而更加翠绿！

青春万岁！

"八·六"万岁！

▌千虑一得

关于本次活动，有几个问题需要说明一下。

第一，关于活动的准备。

这种准备，最关键的是情感铺垫和思想理解。

情感铺垫。 这是一个基本的情感素养问题，不是一朝一夕可以成就得了的；而且，这要靠多方面因素的综合才能形成。 比如，班级一直在开展的"做个男子汉""做个好女生"活动，就是本次"青春之歌"歌咏会最大的情感铺垫。 这两个主题活动，使得学生精神状态更加向上，使得他们的情感更加热烈，使得他们的情绪更加高昂。

思想理解。 对青春的深入理解，这是青春教育的关键之处，也可以说是根本之处。只有从本质上理解了青春的内涵，这种教育才会对学生产生有益的、较为深刻的影响。为了达到这个目的，班级开展了以"青春之歌""青春'八·六'"为主题的征文，又开展了以"'青春之歌'歌咏会"为主题的对联宣传语征集活动。 最后，我们综合大家的意见，拟制了下面的对联作为本次歌咏会的宣传语：

咏新词扬"八六"学子风采；

歌经典诵"五四"青春精神。

第二，关于活动的收获。

这次活动的收获是巨大的，是全面的。 综合来看，主要是增强了三个"力"。

同学们正在撰写歌咏会的对联宣传语

自信力。　本次活动，与其说是对青春之美的歌咏，不如说是对学生自信的展示。　每个学生在这次活动中都有自己的任务，都有自己的责任，都有自己的展示。　诗文的朗诵，征文的展览，歌曲的演唱，对联的征集……他们每个人都能从不同的角度展现出自己最青春、最活力、最闪光的一面。　而这些令他们自豪的展示，很好地促进了他们自信力的增强。　尤其是对于那些学习成绩不高的学生来讲，这次活动更使他们展现了令大家刮目相看的闪光形象。

自治力。　一切从学生的角度思考，一切以促进学生的自主成长为目标，这是我实施教育的原则。　这次的歌咏会，在组织和操作的过程中有个非常突出的特点，就是一个"自"字。　学生们自己写程序，自己写串词，自己写对联，自己搞排练。　比如，女生的集体诗朗诵完全是她们自己组织、自己排练的，我只是听了那么一两次，指导了那么一两句而已。　而表演的时候，她们表现出了很高的水平，很不简单！

向心力。　这种向心力，主要表现在全体学生的团结协作上。　通过这次活动，同学间互相配合，共同付出了自己的努力，当看到自己的努力所换来的成绩和荣耀，他们对自己的班级怎么会不更加热爱呢？　这方面，张天乙在"青春'八·六'"征文中写下了一句能让人感动得流泪的话：

"今日为六班人，一辈子流着六班的血液。"

披沙拣金

开展以"青春之歌"为主题的歌咏活动，是在以一种特殊的方式教学生"学会审美"。　对于青年学生来讲，他们的"美"，美在哪里呢？

美在有活力。　年轻，最美好的特质就是充满健康的活力。　让自己的青春在这种自然的活力中闪光，是青年人最值得骄傲的资本。　这种活力，当然不只是说身体上的有劲头、爱活动，更重要的是指那种昂扬向上的精神状态。　有了这种充满活力的精神状态，青春才可以称之为青春，青春才具有值得骄傲的价值。

美在有热情。　什么是热情呢？　热情就是主动地、满怀激情地去行动。　把自己的青春活力释放出来，让这种"主动"去寻找、去投入、去发光，乐于发现新事物，乐于寻找新方法，乐于解决新问题，乐于为任何有益的事贡献自己的力量。　这就是热情啊！　当然，热情是需要有个方向的，也需要把握一个度。　不过，这是以后的事，先要让热情涌出来。　这是青年学生独有的美。

美在有追求。　有的是活力，有的是热情，又能把这活力和热情放在对美好理想的追求上，这是青年学生最具价值的大美。　青春人人都有，但不一定人人的青春都闪光。　为什么？　追求不同。　追求美好、追求进步的，这样的青春就很美，美得光彩，美得灿烂；而胸无大志，甚至追求低级趣味的，青春就黯然失色，甚至毫无光彩。　所以，让自己的青春与美好的追求为伴，这样的青春，一定是最美的青春。

他山之石

关键词：青春

68. "青春之力"男子汉

有这样一种雕像：用粗壮构建它的躯体，用力量铸造它的筋骨，用刚强坚固它的脊梁，用火热奔流它的血管，用粗犷呐喊它的喉咙，用豪壮驰骋它的雄姿，用责任垒砌它的基座。　这种雕像的名字叫作——男子汉。

——题记

春风化雨

本学期，各班要开展一次面向学校的教育展示活动。

我决定，让我班的男同学来完成这个任务。

怎样来操作呢？

欲擒故纵的意见征求

先要向全体男生征求意见。

这是不是走过场呢？　不是。　那是什么？　是教育，是思想动员啊。　向学生征求意见，取得他们的认可，让他们自己心甘情愿、满腔热情地去做，这就是教育啊。

那好，开个会吧！

我介绍了学校的要求，指出了这项活动的重要性，然后，说出了打算让男生代表班级进行活动展示的想法。

"可是，我就是不知道你们愿意不愿意呀？　就算愿意，也不知道你们能做得怎么样……"末了，我似乎没有什么信心地说。

一听我这么说，他们的劲头一下子就蹿上来了：

"愿意！ 愿意！"

"这有啥说的？"

"老师，咱们已经不是从前的'淘小子'了！"

"老师，放心吧！"

"咱班男生——钢钢的！"

……

嗬，那气势，差点儿把房盖都给掀开！

唉，既然人家都这么愿意，那就干呗！

怎么干？ 先定方案。

"方案要紧密结合日常的学习生活，充分利用已经具有的活动内容，充分展示咱班男子汉的风采。 具体内容你们自己研究，不许影响正常的学习。 一天之后听汇报！"

我给出了这样的要求。

会议结束。

自力更生的精心准备

几天后，活动方案敲定。

男生再次集会，公布方案，分配任务。

展示活动共有五部分。 其中，"唱班歌、雄文朗诵、男子汉宣言、篮球表演赛"这四部分都是以往班级活动中的内容，根本无须准备。 只有"军体拳表演"需要学习。

佟岚彬、张宇涵两位"女教官"正在教男生练习军体拳

可是，男生们谁也没学过军体拳。 谁来教呢？

这项工作，完全可以请求外援。 事实上，当时已经有学生表达了家长想帮忙的意愿，但是，我婉言谢绝了。

为什么呢？ 我想到了我班的两名女同学——佟岚彬和张宇涵。

这两位女同学在军训期间曾参加过军体拳的学习，由她们来教男同学军体拳，不是更好吗？ 一切由学生自己来解决，这才符合自主成长的原则嘛。

我向两位女生表明了我的想法，请她们回顾一下军体拳的打法，看看能不能承担起这个任务。

第二天，两位女生肯定地答复我，她们能行！ 原来，为了把这个任务承担下来，并且完成好，她们特意上网查到了相关的视频，又自己仔细揣摩复习了一下。

多好的"教官"啊！

于是，中午活动或体活课的时候，人们就会发现，"阳光六班"的热血男儿，在两位英姿飒爽的"女教官"的指导下，有板有眼地打着军体拳……

壮美柔美的阳光展示

2012 年 5 月 22 日，学校后操场，"做个男子汉"活动展示如期举行。

第一个步骤是"报告开始"。 体委许傲东向副班主任山丽娜老师报告："报告老师：八年六班'做个男子汉'活动展示准备完毕，是否开始，请指示！"得到允许后，许傲东熟练地整理队伍：稍息，立正，散开……

第二、第三个步骤分别是"唱班歌"和"雄文朗诵"。 这两个环节中，每个男生都有单独的朗诵任务，他们声若洪钟，慷慨豪壮，表现出男子汉如钢似铁的阳刚之气！ 而对《少年中国说》的朗诵冠以"雄文朗诵"的名头，也是出于突出"做个男子汉"这个主题的考虑："雄文"之雄，是雄浑，是英雄，是雄壮！

第四个步骤是"军体拳表演"。 随着体委的口令，这些男生把军体拳表演得虎虎生威，那阵势，颇有些气吞万里如虎的气势（见彩页）。

第五个步骤是呼诵"男子汉宣言"。 它以"铁肩担道义，辣手著文章。 能文且能武，少年当自强"的引导词开始，在李俊池的引领下，这一群曾经的"淘小子"们用他们的铮铮呐喊发出了做个男子汉的最强音：

我是男生，如火如铁！

我是男生，有责有力！

我是男生，胸怀四海！

我是男生，顶天立地！

第六个步骤是"篮球表演赛"。 分成两队的男生们把篮球打得高潮迭起，不时赢来观众的热烈掌声。

这时，一幕我事先并没有安排的场景出现了：站在场外作为观众的女生们，在团支书唐艺洧同学的带领下为男同学呐喊助威起来："张天乙，加油！ 李俊池，加油！ 郭佑邦，加油……"立时，受到激励的男生们更加生龙活虎，篮球不断地飞进篮筐里，赛场周围又不断爆发出阵阵赞叹和欢呼声。

这个场面既在意料之外，又在情理之中。为什么？别忘了，我班女生"是最让老师放心的"啊，作为好女生的她们，表现得如此主动，如此大方，如此得体，又有什么好奇怪的呢？好女生，她们是"阳光六班"当之无愧的阳光之花！

此时，运动场上飞扬着的，不仅有男子汉的壮美，还有好女生的柔美，这两种美彼此呼应，共同辉映着"阳光六班"的青春大美！

鏖战正酣时，我果断示意结束了比赛。这对男生来讲可能有些意犹未尽，然而，能够做到令行禁止，这本身就是男子汉的素养之一。

最后一个步骤是"报告结束"，然后，全班回教室。

恰到好处的激励强化

回到教室后，山老师发表了热情洋溢的讲话，她高度赞扬了男生的男子汉风采，也高度赞扬了女生的好女生气质。在她的主持下，女同学们纷纷发表看法，表达了对男同学的热情赞美。这些赞美的语言还被荣耀地写在了黑板上："酷、超级帅、特有范儿、特给力、太完美了、太长脸了、威猛……"如此火热的赞美，每个字都是一记豪放的鼓点，重重地敲在每个六班人的心上，让他们热血沸腾，激励着他们向着更旷远的目标纵横驰骋。

最后，山老师提议让我也写一个词表达一下心情。略一思忖，我在黑板上写了一个大大的"美"字：男生展示成功，具有阳刚雄壮之美；女生主动助威，具有阳光柔丽之美；科任老师热心配合，具有同心同德之美……

当天，我提议学生们写一篇作文，题目就叫作——"'八·六'之阳"。

写作是自愿的，但几乎没人不写。同学们用燃烧着火焰的笔触，写出了男生的巨大转变，写出了"'八·六'之阳"的风采……

在山老师引导下，男生正把对女同学的赞美词写在黑板上

经历过早春干渴的吹打，经历过盛夏炽烈的灼烤，经历过深秋枯萎的冷落，经历过隆冬严寒的雕琢，一群闪烁着无限活力的阳刚少年终于在"阳光六班"的旷野中拔地而起！

挥挥手，他们潇洒地向稚嫩告别。

千虑一得

妙用"互补"是本次活动最大的收获。

学校活动与班级计划的互补。 把学校的教育要求与班级自己的教育计划有机地结合起来，是本次活动的特点之一。 作为一个班集体，我们一方面要按照学校的要求开展活动，一方面又要有自己本身的工作计划，做到二者兼顾，这是最好的选择。 本次活动就是把本班的教育计划进行必要的补充和调整，使之适合学校的要求，从而完成了内容更丰富的教育。

男同学与女同学的互补。 在活动的具体过程中，单从"做个男子汉"这个活动的主题来看，活动的主体似乎只是男生，但实际上，男生、女生都以各自特有的方式展示了这两个优秀群体独有的风采。 男同学的活动展示，阳刚、有力，充满了威武之美；而女同学主动、热情、密切配合，展示了她们的活力之美、纯洁之美。

主要活动与后续教育的互补。 本次教育活动，"做个男子汉"活动的现场展示部分无疑是最主要的，但教育并不局限于活动展示部分，后续的教育也发挥了其独特的、不可替代的作用。 无论是展示之后的总结，还是后来"'八·六'之阳"的作文，都是后续教育的过程。 这种主要活动与后续教育的互补，深化了教育的意义，拓展了教育的时空，丰厚了教育的成果。

班主任与科任教师的互补。 在整个教育活动中，山丽娜老师作为科任教师，主动承担了重要的任务，她不但直接参与到活动当中，还在活动之前对学生进行动员，活动之后又组织学生进行总结。 这个总结的环节完全是山老师主动"开发"的，它可以说是本次活动的点睛之笔，一下子把对学生的教育引入到更高的境界。 正是有了这种默契的配合，本次活动才能开展得非常成功。

披沙拣金

通过"做个男子汉"的活动展示，也是对学生进行"学会阳刚"的教育。 学会阳刚，要学会有三股气。

有力气。 雄性，就是力量的代名词，男生，理应有健壮的体魄，理应有刚劲的力量。 学会野蛮自己的体魄，让自己的身上充满力量，这是男生的基本特点。 不一定非要五大三粗，更无须"力拔山兮气盖世"，但是，努力健康，努力健壮，这种意识一定要有，这种努力一定要有。

有胆气。 就是要浑身是胆，要勇于"亮相"，要勇于表现自己。当今，有些男生是被宠大的，他们处于重重的"爱"的包围和"保护"之下，或者处于埋头苦读的"学习"环境里，就像一只只被圈养的老虎，空有虎之名，实无虎之威，以至于在众人面前亮亮相的勇气都没有，这就是没有胆气。鼓励他们，甚至逼迫他们勇于展示自我，勇于面对世界，使他们具有足够的胆气，这对于他们的成长和发展，都是具有非常重要的意义的。

有霸气。 就是要具有征服一切困难的意识和勇气。霸气就是主动地进攻，主动地开拓，主动地征服！有了霸气，就是有了男子汉的魂魄；有了霸气，就是拥有了更广阔的天地。从某种意义上讲，征服，就是生存。而作为男生来讲，更应该具备这种征服的意识和勇气，因为，更宽的路需要他们去开，更高的天需要他们去闯，没有征服的霸气，如何应对今后成长中的荆棘坎坷？男生们，霸气一点儿！

他山之石

关键词：男子汉

69.男女搭配，成长不累

"天行有常，不为尧存，不为桀亡"。人性有常，男赏女柔，女悦男刚。

　　　　　　　　　　　　　　　　　　　　　　　　——题记

▌春风化雨

　　有资料记载了这么一个有趣的现象：

　　在太空飞行中，超过一半的宇航员会出现失眠、情绪低落等症状。心理学家认为这是因为他们都是男性的缘故，于是，再执行太空任务的时候，挑选了一位女性加入。结果，宇航员先前的不适症状消失了，还大大提高了工作效率！

　　这个例子涉及一个有点儿神秘的话题：异性相吸。

　　异性相吸，阴阳相济，这是自然规律。异性之间相互的吸引力和激发力会对人的活动和学习产生积极的影响，在心理学上，这种现象被称为"异性效应"。

　　能不能把这种异性效应应用在教育当中，从而促进学生的健康成长呢？答案当然是肯定的。

　　早在七年级入学不久，我利用那次大扫除的机会，让男同学以群体的形式坐军姿，让女同学以群体的形式打扫卫生，之后，分别强化表扬这两个群体。这是第一次有意识地运用这种效应。以此为起点，在以后开展的"做个男子汉"和"做个好女生"的专题教育中，又多次请了异性效应来帮忙。

　　七年级下学期，召开"做个男子汉"的主题班会，班会上特意让

女生参加，让女生了解男子汉的真正含义；而到了八年级召开的"做个好女生"的主题班会，班会特意让男生参加，让男生了解好女生的真正含义。 这些安排，也都是在借用异性效应的力量来促进学生的健康成长。

在后来对男生的一系列教育活动当中，异性效应更是得到了最突出的应用。

八年级上学期，男生返校活动后，我有意识地利用异性效应做了两件事：一是让男生展示自己的进步，二是请女生鼓励男生的进步。

当时，男生的自我展示大致可分为三个部分：一是为大家清扫了教室，让全体女生都看到男生劳动的成果；二是劳动之后，安排男生在黑板上"我以班级为荣，班级以我为荣"标语的下方签名，颇有点儿"勒石记功"的意思；三是安排他们在后面板报上给全班同学写努力上进的祝愿信，目的是"利用"他们在女生面前的"不好意思"，来促进他们努力实现所说的那些"大话"。

而安排女生对男生的鼓励也可分成三个部分：一是介绍男生的出色表现后，请全体女生为男生的进步而热烈鼓掌；二是请全体女生赏读男生给班级所写的祝愿信；三是请班长和团支书这两名女干部代表女同学、也代表全班向男生表示祝贺、表达期望。

此后，男生值日班长活动的开展、男生独立上体育课等一系列活动，我都安排了女生的鼓励。 而本学期的"做个男子汉"活动展示的整个过程，更是突出体现出了异性效应的作用。 其中，军体拳的练习过程中，由于教练就是两名女生，所以，在训练过程中，男子汉们的表现是突出的好。 为什么？ 男子汉的称号可不能是浪得虚名的，谁好意思在"女教官"面前丢脸呢？ 谁好意思不好好配合这两个"弱势"的"女教官"呢？

至于活动展示的当天，女同学们那热情洋溢又柔美纯洁的呐喊助威，更是给男生们注入了巨大的力量。 而活动展示之后，回到教室里，女同学们毫不吝惜她们的溢美之词，把全世界最给力的赞美都赠给了男同胞们。 这时候，欣赏，愉悦，自豪，和谐，上进……这些充满阳光的词语充溢着教室的角角落落，更荡漾在每个人心房的角角落落。

团支书唐艺洧朗
读鼓励男生的作文
《"八·六"之阳》

再之后，女生们又把这种赞美用优美的文字表达出来，写出了一篇篇《"八·六"之阳》的美文，让这种赞赏更上了一个层次。

如今，男生用自己的阳刚证明了青春之力的壮美；而女生呢，则用她们一贯的美好诠释了青春之丽的柔美。看到这些，"异性效应"一定也在智慧地微笑吧?

▌千虑一得

利用"异性效应"来进行教育，要努力体现以下几个特点。

促进性。 异性效应的应用，必须把握一个大前提，就是要使其能起到促进学生成长的作用。应用这种效应之后，无论男生还是女生，他们的品行更端正了，学习更努力了，心智更成熟了，思想更进步了。这样，这异性效应的应用才是成功的。反之，如果我们用了这种效应之后，学生们的行为出现了偏差，他们举止失度，行为欠妥，甚至举止不端，互相骚扰，那么，这异性效应可趁早别用。

群体性。 就是在应用异性效应的时候，不是针对学生的个体，而是以男生、女生的群体为对象来进行教育。由于是两大群体之间的对话，彼此并不针对某个人，这样就会使这种效应的应用更宽泛，更简单，更阳光，更纯净，从而避免出现一些不必要的麻烦。

主动性。 这里所说的主动有两个含义：一是主动设计，二是主动利用。前者是指施教者运用"异性效应"的原理，主动设计某种活动，通过活动中男生、女生群体的正面表现，达到相互作用、相互促进的效果；后者是指施教者并没有主动设计，而是发现了可以利用异性效应的契机而主动加以利用，这也是一种主动。

▌披沙拣金

利用"异性效应"来引导男生和女生群体之间互相帮助，这是从一种独特的角度来教学生"学会友爱"。这种友谊和关爱有两个关键点。

讲赞赏。 是指用语言等方式对另一方表达赞赏、进行鼓励。这是男生、女生群体之间互相帮助的基本方式，以自己的赞赏给对方送去鼓励，会使得被鼓励者备受鼓舞，充满力量。赞赏的方式有很多，一句加油的呐喊，一个鼓励的手势，都足以使被鼓励者感受到强大的力量。这种力量，会给对方带来更大的动力，会使对方追求更高远的目标。

讲理性。 异性之间的友谊和关爱，需要用理智的框架去维护。这种理性，首先是纯洁性。就是思无邪，就是行有度，就是坦坦荡荡，就是真真诚诚。这种理性，能够使友谊更纯真、更美好，进而使友谊具有更旺盛的生命力，更巨大的生命力，更久远的生命力。这种理性，还体现在教育者运用"异性效应"的含蓄性上，也就是利用"异性效应"对学生进行教育的时候，不必说出、不必宣扬所运用的原理，只需不动声色、不留痕迹地去做就行了。

他山之石

关键词：异性，互助

70. 君子不贰过

> "君子之过也，如日月之食焉。 过也，人皆见之；更也，人皆仰之。"
>
> ——题记

▌春风化雨

对学生进行补过的教育，早在七年级就开始了。

所谓"补过"，就是在有了过失之后，能够主动采取行动弥补过失，从而实现自我主动地成长。 "补过"有两个关键的要点：一个是"主动"，主动想不足，主动改过失；一个是"行动"，行动在当下，行动见实效。

这项教育，大致分三个阶段来落实。

第一阶段：激发补过愿望。

就是引导学生在思想上主动产生弥补过失的意愿，在行为上自觉实施弥补过失的行动。 从小处入手，让学生通过弥补细小的过失树立补过的意识和信心，这是初期进行补过训练的关键。

要想做到补过，有两个重要的认识基础：第一，学生是可以（其实是必须）"有过"的；第二，产生的"过"是可以而且应该"补"的。 前者实际上是给学生的成长设置一个更宽松的心理环境，让他们能够主动成长，能够没有顾虑地成长。 否则，一个害怕有过失的人，往往不会得到最好的教育——要知道，经历才是最好的教育。

有了这样一个对"过"的认识，学生们在努力避免产生过失的前提下，不怕犯过，积极改过，努力补过。

第二阶段：征集补过办法。

为了促进这项工作的开展，班级进行了一次补过办法的征集活动。 为此，我们设计了一份《八年六班"补过办法"征集单》，它从"纪律、学习、卫生、劳动"等方面入手，让学生写出相应的"错误、过失的现象"及"改正、补救的办法"。 这样做的目的，一是通过思考，强化学生的补过意识；二是通过他们自己想到的办法，增强他们对自己行为的自控意识，增强他们对自己的行为负责的责任意识。 此外，这样的思考，还可以促使他们更主动地去避免过失，同时，也可以考查他们讲究诚信的能力。 需要强调的是，"补过办法"是针对某种现象提出相应的弥补过失的办法，而不是对自己的惩罚措施。

第三阶段：重点补过突破。

结合不同阶段的工作内容，有选择、有重点地进行补过训练，通过这种强化的补过训练，促进学生自觉进步能力的提高。 而且，不仅仅个人这样做，集体也需要互相帮助补过，以形成一个主动成长的良好环境。 这方面，有一个例子最能说明问题。

2012 年 5 月 24 日，午饭后。

我班两名男生在送还餐具箱的时候，不小心把菜汤洒在了走廊里。 团干部姜雨晗同学发现后，立刻带头找来工具，想把洒落的菜汤擦干净。 随后，得到消息的同学纷纷赶来帮忙：陈沫澄来了，张欣然来了，高蕴晗来了……所有得到消息的同学都主动加入清除污迹的队伍，那两名男生也很快赶回来参加劳动。 姜雨晗还特意买来洗衣粉，使得劳动的效果明显好了许多。 当时，走廊里人来人往，擦起来很不方便，但是，这些同学克服了许多困难，他们不怕脏，不怕累，很多同学都是蹲在地上，用抹布一点儿一点儿地反复擦拭，直到满意才停止。 最后，他们终于赶在上课之前完成了工作。

最值得称道的是，这些学生不但主动擦净了本班不慎弄脏了的地方，还主动把我班送还餐具箱所途经的走廊和楼梯地面全部擦拭了一遍，从二楼到一楼，擦得干干净净、亮亮堂堂。

我得知这件事的时候，学生们已经干了有一会儿了。 我连忙拿起相机，抓拍了几个镜头，遗憾的是，还没来得及拍到更多，他们的劳动就结束了。 不过，下午的时候，我请所有参加这次清扫的同学站在班徽下面，为他们留下了一张对他们来讲其实很平常的合影（见彩页）。 合影中，学生们开心地笑着，脸上满是幸福和自豪。

总结的时候，我夸他们"把最干净、最闪光的美德留在了校园里"。 听了我的话，学生们笑得更开心了。

这些同学是：郝韵慈、史斯文、卢鑫昕、陈沫澄、张欣然、高蕴晗、潘思佳、姜羽晗、李俊池、许傲东、郭佑邦、吴梓铭、王子淮、史双铭、李新宇、李晨溪。

君子不贰过。 过而能改，善莫大焉。

陈沫澄、姜羽晗正
在细心地清理楼梯

▍千虑一得

在我为学生们所抓拍的照片中，做好事的笑容简直是随处可见。 是什么让他们总是喜笑颜开的呢？ 原因有很多，这件事里，我只谈谈两个要点：改过之乐，奉献之乐。

改过之乐。 就是学生在这件事过程中主动改正缺点、弥补过失所体验到的快乐。 我们看，起初，那两名男生不慎把走廊弄脏，这是无心的过失，但是，学生们能主动去擦掉污迹，在这个过程中，他们有一种弥补过失之后欣慰的快乐；而从班级的角度来讲，一两位同学的无心之过，更多的同学共同及时采取了补救的措施，没有造成不良的影响，这是班集体用补过的实际行动挽回了影响。 那么，整个班级也获得了这种补过的快乐。

奉献之乐。 就是为了集体甘愿付出而获得的愉悦感、幸福感。 为了班级、为了集体而付出努力，这几乎已经成了"阳光六班"学生的一种习惯。 他们当中的任何一个人，在班级里，只要发现有需要，都会挺身而出。 在这件事中，所有主动帮忙擦地的同学都是在奉献，此其一；其二，在后来的清理中，他们已经不仅仅局限于把班级不慎弄脏的地面擦干净，又额外大大地扩大了清理的范围，从这个角度来讲，班级又是在奉献。 这两个层面的奉献，都使他们体验到手有余香的快乐，哪怕是那两名不慎弄脏地面的同学，也在后来的卫生清理中体验到了这种更高层次的快乐。

▍披沙拣金

"人恒过，然后能改。"教学生"学会补过"，重在做到"四有"。

有认识。 即对过失有明确的认识，知道问题出在哪里，知道造成过失的原因是什么。 找到原因所在，解决起来也就容易得多了。 这里，特殊强调一下主观原因的重要性，教会学生主要"从自身找原因"，这是能够知过的必要条件。

　　有行动。　补过教育的关键就是要有改过的行动，要引导学生针对已有的过失，采取实实在在的行动去改正，去弥补；如果可能，第一时间就去行动。这样，过失所造成的损失才会降到最低，也更有利于树立补过的意识。

　　有效果。　就是针对过失所采取的弥补行动应该是有实际效果的，而不是走过场。实践中，我们常可以听到学生说这样的话："老师，我做了呀！"这时，要对学生讲明白，做了不等于做成了，不等于做好了，不等于做精了。就好像吃饭一样，"吃了"，这是行动，但是，吃饱了，吃好了，那才是效果。从这个意义上来讲，补过的教育，就是一个要"效果"的教育。

　　有警诫。　大约就是"吃一堑、长一智"的意思。经历了一次过失，那么，下次再遇到相同、相类似情况的时候，还会不会重新再"吃一堑"呢？要想不会，那好，从这次的过失中找到教训，记住它，那么，下次，就不会"被同一块石头绊倒"了。

他山之石

　　关键词：自我修养

71. 一场 "六班专场" 的及时雨

> 　　一场暴雨，可以浇灭一个愿望，但它同时又会浇醒一个思考，浇灌一个希望。 教学生活得智慧，学会智慧地生活，这也是我们的教育内容。
>
> 　　　　　　　　　　　　　　　　　　　　　　　　　　——题记

▌春风化雨

　　2012 年 6 月 12 日，上天曾专门为 "阳光六班" 下了一场大雨。怎么回事呢？

　　原来，这天的下午，班级有一节体育活动课。 要知道，这是学生最喜欢的课了。

　　可是，老天偏偏就这么折磨人——快要上课的时候，空中霎时乌云密布，而上课的铃声又仿佛变成下雨的号令，一时间，满世界的风雨交加，电闪雷鸣！

　　——没办法，回教室吧。

　　学生们快快不乐地蹭回了教室。 看着他们那失望的样子，我真想带他们在教室里搞些娱乐性的活动，但是，这种想法随后被我自己否决了。

　　促使我自我否决的决定性因素，是当时一些男生的 "突出表现"：从上一节课下课开始，他们就表现出十分焦虑的状态，一会儿看看天上越来越浓的乌云，一会儿又来问我如果下雨了体活课还能不能上，一会儿又急切地互相打听今天的天气预报……那样子，好像这体活课如果上不了，人就非崩溃不可啦！

这怎么行呢？ 他们如此焦虑的状态，引起了我的警觉。 我意识到，我的教育是有缺陷的，这是我的教育之过。

——我自己也要"补过"！

我决定，借此开展一次特殊的教育。

我先跟大家讲了自己的心情：理解大家，希望大家能够上成这次体活课。 但是，现在的问题是：下雨了，上不了。

接着，我讲了我对他们这种焦躁状态的担心：一个人如果不懂得敬畏自然，不懂得顺其自然，那么，他很有可能就会受到自然的惩罚。 比如，这个时候，如果我们一定要出去上课，那么，重重的危险就可能如影相随：雷电的危险，因雨淋而生病的危险，因湿滑而摔倒的危险……

我讲话的过程中，雨一直在下，我的话数度被震耳的雷声打断。

当雷声再次响过，我笑着对学生们说："你们看，上天都一直在配合我的讲话！"学生们也会意地笑了。

然后，我借势而上，讲了第三层意思：生活中，我们经常会面临自己左右不了的境况，这时候怎么办？ "君子当借力而行"，根据具体情况，化不利为有利，借不利之力求有利之力，让世界万物为我所用。 比如，此时此刻，那些"动感十足"的同学可以借机会练一练静坐的耐力，那些上午学习有漏洞的同学可以借机会补习自己的功课……而对全体同学来讲，今天，我们有了一个学会控制自己强烈欲望、让自己做自己主人的机会。 一个人，最可贵的是能够做自己的主人，最可贵的是能用大脑控制自己的行为……

"从这个角度来讲，今天的雨是上天专门给咱们六班下的……"刚说到这里，又是一连串的惊雷，学生们禁不住哈哈大笑起来。

我借机说："你看看，你看看，如果你们不从这场雷雨中学点什么，老天爷都不同意！"这时，学生们早没了先前的烦躁，而是满脸轻松和愉悦了。

学生们借背诵《生于忧患，死于安乐》来练习自控力

随后，我提议他们一起背诵孟子的《生于忧患，死于安乐》，以这篇文章的思想深度来强化他们对借力的理解。

接下来，就是上自习了。尽管还有那么一两个同学有点儿不够沉稳，但绝大多数学生能够做到很好地控制自己。看到这里，我的心里暗自舒了口气：这场雨，对于我和学生们来讲，真是一场"及时雨"啊！

这天，我还留了一个半命题的作文让学生们自愿去写，作文的题目是"一场＿＿＿＿的雨"。

次日，作文收上来之后，我简直被小伙伴们惊呆了：他们的文章或细腻生动，或风趣幽默，不仅形象生动地叙述了这次因雷雨而没有上成体育活动课的经历，更从不同的角度谈了自己心灵的、思想的收获。

就这样，一场大雨，浇灭了有可能不受控制的欲望之火；而一阵惊雷，则振聋发聩，开启了学生思想和智慧的大门。

这场雨，真透！

这阵雷，真响！

▌千虑一得

借用外力来教育学生，这对于老师来讲是个省力高效的好办法。这里，谈谈我日常所用的几种借力教育法。

事物启示借力法。 根据日常生活中常见事物的某种特点，通过一定的联想等方式，把这种特点与要进行教育的某个内容有机地联系起来，给学生以启迪。这种方法往往浅显易懂，易于为学生所接受。

情境感悟借力法。 是指根据某种情境，让学生通过这种亲身经历的情境来感悟某种道理，从而达到教育的目的。本次让学生通过不能上体育活动课的经历去感悟道理的教育就是这样的例子。

时事关联借力法。 是指根据新近发生的引人关注的重大事件而对学生进行教育和引导的方法。这种方法往往具有很强的时效性，同时也具有强烈的震撼效果，相信很多老师和家长都用过。

学科渗透借力法。 这是最常见的借力之法，教学过程中，我们经常会遇到很好的教育素材，文质兼美的美文，德才兼备的名人，发人深思的故事……利用这些素材对学生进行德育渗透，一举两得，不用白不用，用了不白用。如果忽略这一点，那真是可惜，可惜！

教育中，我们更多地还要借助人的力量，比如，可以借学生自己之力，借学生家长之力，借科任老师之力，借他人乃至社会之力，这里就不赘述了。

　　教学生"学会借力"，就是在教他们学习生活的智慧，就是在教他们学习智慧地生活。

披沙拣金

　　利用不期而遇的雷雨让学生练习借力，这也是在教学生"学会自控"。这时的自控，重在控欲念，控行为。

　　控欲念。欲念，就是要去做什么事情的强烈念头。这种欲念所涵盖的范围当然非常广，但是，从学生的角度来讲，多数情况下无非就是图个宽松、好玩而已，偶尔还来点儿争强好胜什么的。我们要做的，就是引导他们用正面的欲念代替负面的欲念，使他们对负面欲念可能产生的后果有比较清楚的认识，这样，思想和心理的问题解决了，学会自控就有了基础。

　　控行为。懂道理，这似乎并不是特别困难的事情，而如何在行为上做得到，才是学会自控的关键。明白归明白，实际做起来往往就是另一个样子，这就是初中生的一大特点吧？怎么办呢？转移注意力，这应该是个不错的选择。用另一个行为吸引学生的注意力，把他们关注的目光从难以自控的行为上引开，往往会起到帮助他们自控的作用。

他山之石

关键词：自控

72.“说你，说我”说评价

> “众”之所以为众，就在于几个人在彼此支撑，相互扶持，然后，大家各得其所，各得其乐。 班集体中的评价，就是大家互相支撑的过程。
>
> ——题记

▎春风化雨

怎样使评价工作更好地服务于教育的需要呢？

在评价的内容和评价方式上，我曾进行过一定的探索，也收获了许多思考。

关于评价的内容

根据学生不同阶段的成长需要，我制定了各有侧重的评价内容，有些阶段还制成了相应的文本。 这个对评价的探索过程大致可分为两个阶段。

基础阶段——七年级。

七年级下学期，根据学生的发展需要，我制作了一份《素养评价手册》。 这本手册以促进学生的综合发展为目标，以日常工作为内容，以养成评价为手段，对学生进行促进式的评价。

《素养评价手册》评价的内容分三个层级：第一层级为“身心素养、生活素养、德行素养、学习素养”这四个维度；第二层级共分“学会健体”等十七个方面的素养，分别对应第一层级的四个维度；

第三个层级是与第二层级的素养相对应的具体行为目标。

《素养评价手册》设有自评、互评和师评三个栏目，分别对各种素养的行为目标进行评价。 每天评价一次，每周为一个评价周期。

《素养评价手册》还设计了一个每周进行文字描述性总结的栏目，分为四个专题："我收获"专题用来简述"所懂得的做人做事的道理，所学会或运用的学习方法（以英语、数学、语文为试点学科）"等； "我光彩"专题用来简述"受到的表扬，获得的奖励，令自己自豪的事"等； "我努力"专题用来简述"下周的努力目标"； "我倾听"专题"主要写家长的教导、建议和想法"。

基础性、全面性和自励性，是这本《素养评价手册》的基本特点。

发展阶段——八年级。

根据学生成长和发展的实际需要，八年级上学期，我把《素养评价手册》改成了《素养自我述评表》。

这个《素养自我述评表》其实是《素养评价手册》的精简和改进版：减掉了学生们已经或基本养成的素养项目和要求，保留还需要继续养成的素养项目，而有些要求则根据实际需要进行了必要的调整。

在评价的操作上，《素养自我述评表》也进行了必要的调整。 由《素养评价手册》的每天一评价、每周一小结改成周期更长的阶段评价和小结的形式，这样做一是由于学生的进步很大，用那么密集的频次评价已显得没有太大的必要。 另外，还要保质保量地完成学校各项工作的安排。 所以，评价的时段间隔就灵活安排了，刚开始是一月一评，后来改成了两月一评。

到了八年级的下学期，《素养自我述评表》在评价内容上又进一步做了比较大的调整：取消了对各级目标的具体评价，而是让它们以提示的形式出现，只保留"我收获""我光彩""我努力"这几个专题的文字总结栏目。 这样做也完全是出于学生已经成长和精简操作的考量。

需要说明的是，以上所说的评价探索，只是班级内部的探索，正式的评价都是以教育行政部门下发的相关文件来进行的。

进入九年级之后，我没有再另行设计评价手册，而是完全用教育行政部门的评价文件去操作了。 这样做主要是考虑学生已经进入毕业年级，学生档案的积累和整理必须与教育管理部门的要求保持一致才行，否则，学生的升学就要受到影响。

关于评价的方式

学生是主体，教师是主导；成长是目的，评价是手段。 利用评价这个手段把学生成长的能动性调动起来，促进他们自觉成长、自主成长，这是我一直在探索的。

怎样做才能实现这个构想呢？

有一首英文歌曲的名字叫"说你，说我"（Say You, Say Me），借用一下这种说法，我觉得，如果老师和学生在评价中既会"说你"，又会"说我"，那么，这项工作就好办多了。

一般情况下，我们的评价是按照"自评—互评—师评"的顺序来进行的。

自评——说我。

自评，无论是评价等级，还是撰写评语，其实都是学生自我反思、自我赏识、自我促进的过程。 让学生在这一过程中尽可能客观地、理性地认识自我，对自己的思想行为有个清醒的认识，并通过这种认识促进自己在各方面取得更大的进步，这才是自我评价的意义所在。

教会学生"说我"，最重要的是要做到客观。 而要做到客观，需要在三个方面去思考：一是充分发现自己的优点和长处，这样做能够让他们树立足够的自信心；二是要正确认识自己的不足，找到需要改进的地方；三是要在前两项的基础上，努力挖掘进步的潜力，让自己有更高的进步目标。

互评——说你，说我。

操作的时候，我采取了小组集中、分工评说的办法。

第一步，小组分工：每个组员分担一定的考评项目并负责考评，这项工作多在期初开始操作；第二步，集中评价：组员对自己负责的项目进行评价，给出参考等级；第三步，评说表决：小组成员对评价等级进行表决，被评价者有意见的，小组当场进行解释或修正；第四步，教师协助：小组解决不了的，由教师协助解决。

要想顺利地完成互评这个环节的评价，应该事先打好思想和情感这两个基础。 思想基础的关键是引导学生正确认识评价的目的和意义，使学生能正确面对来自他人的评价，而不至于因对自己的评价不如意而产生不满情绪。 情感基础就是在同学之间营造团结的氛围，这样，即便评价过程中出现不同的意见，大家也会以平和的心态去面对，以良好的态度去解决。

为了做好这方面的工作，刚开始操作的时候，我曾经问过学生下面这几个问题：

1. 别人帮助你擦掉脸上的污迹，你是感谢还是埋怨？

2. 你愿不愿意自己更进步、更优秀？

3. 你自身如果有缺点、有问题，这能不能叫作更进步、更优秀？

4. 你自身如果有缺点、有问题，但自己又发现不了怎么办？

5. 如果别人指出你的缺点和问题，你是感谢还是埋怨？

这样一问，思想自然就打通了。 在这个基础上，我还引导他们进一步主动出击，评价操作的时候主动请他人给自己指出缺点和不足，要主动向别人说一句"求你帮我找缺点"。 我告诉他们，这样做是积极上进的表现，更是谦虚和有胸怀的表现。

这样，这项互评的工作就得以很顺利地操作了。

师评——说你。

这里的"你"，指的是学生。说你，就是老师对学生进行评价。不过，"说你"的前提是"你说"，是"你们说"。就是说，老师对学生的评价，应该是建立在学生的"自我表现"和"自我评价"基础之上的。这样，才能比较全面、比较客观地给学生一个恰当的评价。

在这一环节中，我还通过让学生替我给他们自己写操行评语草稿的方式来激励和促进他们的成长。他们的草稿完成之后，我会对这些草稿进行修改，最后再形成对他们的综合评语。让学生们以我的视角和口吻，给他们自己写操行评语，既修炼了品行，也练习了文笔。

对学生的教育中，有三种力量往往是最强大的：一种是思想；一种是情感；一种是评价。如果说思想是刚性的，情感是柔性的，那么，评价则是刚柔并济的。

评价的力量，就像那奇妙的水。它可以如冰雪般有强硬的严肃，又可以如温泉般给人以柔软的温和；它可以如洪水般强硬地冲击，又可如雨露般和缓地浸润。

让评价走进每个学生的心里吧，它既会引领这些幼稚的心灵一路走向成熟，又会在这行走的一路中给他们以小心的呵护……

▌千虑一得

总体来看，对学生的评价，关键要抓住学生这个主体做文章。从这个意义上来讲，对他们的评价最好具有如下的特点。

具体性。 这是从评价内容的角度来讲的，既然是为了促进学生进步，那就要从学生的角度来想问题。初中阶段的学生有什么特点？正在成长，半懂不懂，半能不能，这是他们最大的特点。所以，针对他们的评价内容务虚的要有，但更多的还要务实，还要具体。内容具体了，他们才能有所遵循，才能明白该做什么，该怎样做，该做到什么程度。

养成性。 初中阶段，很多良好的品行是要通过良好的习惯来养成的，而习惯的养成，关键在于一个"养"字，只有不断地培养，不断地强化，不断地重复，进而不断地修养，才能得到"成"的结果。所以，评价的过程，就是针对某一品行、按照一定的标准不断重复和强化的过程。

渐进性。 对学生的评价应该是渐进的过程，也就是要通过评价内容的逐层深入来达到学生的逐渐进步。要想做到这一点，除了按照循序渐进的规律安排内容之外，还应该在评价的进程中对这些内容有所选择、有所取舍，这样才能突出重点，形成不断进步的局面。

自励性。 评价的根本是要促进学生本身能够自主健康地成长，所以，无论是评价的内容，还是评价的方式，一定要充分考虑怎样激励学生自身的上进心，让他们通过评价而更有热情，更有力量，更有奔头！要做到这一点，有必要抓住两个要点。一是深入做好思想工作，引导到位了，思想打通了，工作就顺畅了；另一个是要灵活把握评价标准，根据不同的学生，给他们最适合的评价结果和前进动力。

互助性。通过评价来促进学生的互相帮助、共同提高，这也是评价的一个原则。互相促进，彼此激励，让学生群体的力量发挥作用，这往往是老师和家长替代不了的。要想实现这一点，我们要做好足够的铺垫和准备，给学生们创造良好的心理环境和便利条件，而且，在他们的相互评价过程中要随时指导，提供必要的帮助，避免出现因相互评价而产生矛盾。

简易性。这主要是从日常评价的操作层面来说的。对学生和老师来讲，评价只是一种促进学生成长的手段，评价本身只是一种工具，那么，这个工具就应该是简便易行的。内容好理解，过程不烦琐，操作用时少，这应该是最基本的要求，达到这三点，评价就简易许多。

▌披沙拣金

通过不同的评价方式来促进成长，这是从另一个角度在教学生"学会上进"。这种上进，可从两个方面来认识。

自励式上进。就是通过自我评价，发现长处，发扬优点，不断进步。这是一种自我赏识的教育，一个人一定要善于发现自己的长处，这样，他才能够有信心、有发展。作为学生来讲，更需要这种自我赏识的肯定与鼓励，学会自励，就是学会上进。这种自我赏识和鼓励，不能只在阶段评价中搞那么几次而已，而应该在日常的学习生活中经常去做，让学生经常处于一种主动自励、积极向上的状态当中。

促进式上进。就是通过他人的评价，发现自己的不足之处，进而改进，从而达到促进进步的目的。要做到这一点，首先要引导学生具有正确的思想认识，要做到闻过则喜；如果做不到这一点，至少做到闻过不恼才行，否则，谁还愿意给你一个中肯的建议呢？其次，还要有真诚的态度，要虚心求教，要争取做到请别人为自己找问题才好。再次，对他人所给的评价要理性地认识，要结合自己的实际情况灵活决定如何借力而行。只有这样，才能达到上进的目的。

他山之石

关键词：管理

九年级 （初三）

上学期

73. "小喇叭"开始广播啦

　　所谓欣赏，就是通过赏识而获得欣悦——对他人，也对自己。 欣赏永远是最飘逸、最洒脱的琴曲，能奏出欣赏的人，他的世界定然时常缥缈着空灵至纯的大美之音。

——题记

▌春风化雨

　　先请大家看几个场景。

　　场景一：2011 年 3 月 1 日，放学前的教室。

　　班长张欣然走上讲台，她手里拿着一份名单，面向全体同学大声宣读起来："今天，大家的表现非常好，进步很大。 其中，军姿坐得好的同学有：张友岩、朱慧婷、任禹默、徐天姿、佟岚彬、马明辰、王可民、李晨溪、张洺齐……自习状态好的同学有：唐艺洧、康峻宁……"几乎每个同学都出现在表扬的名单里，于是，几乎每个同学的身上也都激发出更加上进的热情。

　　场景二：2011 年 4 月 28 日，学校后操场。

　　趣味运动会正在举行，班级队伍前，副班长陈沫澄正在手持喇叭整理秩序。

　　"大家注意啦，我们现在开始坐军姿。 大家听我口令：坐军姿——开始！"

　　随着她的口令，同学们立刻挺直身子，坐起了标准的军姿。

　　几分钟后，陈沫澄开始对同学提出表扬。

　　"现在，表现好的同学有：孙圣达、吴梓铭、董俊辰、聂佳昊、王子淮、李新宇、姜雅珊、封嘉顺……"

　　被表扬的同学，立刻把身子坐得更加挺拔；没有得到表扬的同学，则立刻努力坐得更好，力争得到表扬，有的还一边使劲地挺直身子，一边一个劲地用眼睛"追踪"陈沫澄，力求受到关注，得到表扬……

副班长陈沫澄
用"小喇叭"表扬
坐姿端正的同学

　　场景三：2012 年 3 月 22 日，教室。

　　学委唐艺洧同学正在组织朗读活动。

　　"接下来呢，我们来进行一次朗读比赛。我们临时分成两个组……"

　　"刚才这个小组表现得非常好。大家声音洪亮，感情呢，也很充沛。下面，第二组能不能超过他们啊？"

　　"能——"回答很有力量……

　　像唐艺洧这样，班干部工作中最常用的办法就是表扬。他们都能主动地想到这一点，并且做得很好。

　　场景四：2012 年 9 月初的一天。

　　开学后不久，李民老师找到我，表扬我班的李俊池同学在假期参加航模比赛活动中表现出色。李老师告诉我，李俊池不但能严格要求自己，还负责我校其他参赛男同学的整体管理工作，而且把这个男生团队带得相当好。末了，李老师赞赏李俊池是个"特别懂事、特别拿事"的学生。

　　当我把李老师的表扬转达给李俊池的时候，李俊池谦虚地笑了笑，说："是我那些学弟们太好了，他们都不用我操心。"

　　听了这句话，我的心里很是高兴！为什么？谦逊，大气，这就是胸怀，这就是修养，这就是成长啊！

　　……

上面的几个场景，只是学生日常生活中学会表扬、学会欣赏的几个平常的例子而已。私下里，我把这种表扬都看成是陈沫澄组织观众队伍时用的"小喇叭"。每当他们通过表扬来工作的时候，我心里就响起早年从广播里听到的那纯真而令人欢愉的声音："'小喇叭'开始广播啦！"

是的，让学生表扬学生，就相当于班集体的小喇叭广播。这个"小喇叭"，能鼓励先进，能鼓舞士气，能倡导方向，能和谐关系，能激浊扬清，能促进团结……听到"小喇叭"的声音，就会有人喜笑颜开，就会有人兴高采烈，就会有人干劲倍增！

表扬是最美的音乐，它能用欣赏的琴弦演奏出最清扬、最优美的丁丁雅乐，让每一个听众从心底与之谐振，与之共鸣！

▌千虑一得

充分发挥表扬的作用，这是我高度重视的工作方法。

从表扬的时机上来看，主要可分为随机型和预期型两种。

随机型。 就是随时随地对学生提出表扬。这种表扬形式具有灵活实用的特点，不必大张旗鼓，不必精心设计，不必长篇大论，随随便便的一句夸奖，就会让学生感到很高兴，很受鼓舞，而且，还那么亲切自然。

预期型。 就是根据需要，给学生一个预期的目标，然后通过表扬进行鼓励。比如，一次开学典礼上，优秀班级的名单里没有我班。回到班级之后，面对情绪低落的学生们，我告诉他们，等大家进步之后再谈这个事情。几周之后，我重提了没有获得优秀班级的事情，但是，我的谈话重点放在开学之后学生们的进步上面，对每个学生都提出了表扬。之后，我又告诉他们，以后还要有这样的表扬，而且，要请同学来表扬同学。这个教育的过程中，一开始的"等大家进步之后再谈"和后来的"要请同学来表扬同学"，都是预期型的表扬方式。这样的表扬，方向更明确，目标更具体，对学生的激励作用更有针对性。

从表扬的主体上看，可分为自主型和互助型两种。

自主型。 自主型表扬是指学生个体或群体主动对自己所进行的表扬。这种做法，需要学生对荣誉有正确的认识，通过这种自主型的表扬，自知所长，提振信心，同时，也让他人了解自己。这种自主型的表扬，既可以是口头的，也可以是书面的。比如，让学生把自己的名字写进公开表扬的名单，这就是我对学生常用的自我表扬方式之一。

互助型。 主要指同学之间的互相表扬，这是最常用的表扬方式。互助型表扬能使学生更多地获得他人的赞许，这种赞许，会给他们提供很大的、甚至是强大的前进动力。受到鼓舞的他们，往往因为这些来自同学的鼓励而勇气大增，干劲倍增！这种方式的表扬，收获的还不仅仅是学生的自信心，更有他们相互之间的和谐关系，更有他们的亲密感情。

披沙拣金

　　让学生奏起互相表扬的"小喇叭"，这是在教学生"学会欣赏"。 学会欣赏，以下两点很重要。

　　谦虚的胸怀。 从地位同等的角度来看，能够欣赏他人的人，一定会有谦虚的胸怀。唯有谦虚，才能看到他人的长处，而看到他人的长处，这是欣赏他人的前提。 只有具备这种谦虚的胸怀，才能够主动地找到他人的优点，然后，以学习或赞赏的态度去欣赏这些优点。 如果满脑子想的都是自己天下第一，那么，他怎么会欣赏到别人的长处呢？

　　得体的表达。 学会欣赏，还要懂得如何得体地表达这种欣赏。 所谓得体，主要可从表达的态度、方式、场合等方面来考虑。 从表达欣赏的态度上来讲，要真诚、诚恳、虚心、热情；从表达欣赏的方式上来看，可以通过口头欣赏，也可以用书面或广播、图像等方式来欣赏；从表达欣赏的场合来看，可以单独欣赏，也可以当众欣赏，而当众欣赏还可以有小群体和大庭广众之分，如果能在被欣赏者在乎的人面前去欣赏他，那么，这个效果可能会更好。

他山之石

关键词：自主，激励

74. 试剑做栋梁

理想的圣坛上，把一路的追求高高地矗立。 然后，向着它庄严地敬礼，用以澎湃心中的热情。

——题记

▌春风化雨

九年级的第一个班会，我们决定以班级成立两周年为契机，把它开成一个"回顾历史、鼓舞干劲"的班会。

这次班会的主题是——试剑。

试剑，是指让学习素养精益求精，就像宝剑那样在各种实战训练中频试锋芒，越战越强。 试剑的精髓在于引导学生在学习的精度上下功夫，为一年之后的中考选拔做准备。 毕竟，中考是选拔性的考试，不经过高精度的训练是无法在竞争中取得一席之地的。 而从另一个角度来讲，进行这种高精度的学习训练，也是培养一丝不苟的科学精神的需要。

为了开好这次班会，我们有计划、分步骤地做了比较充分的准备。

准备一：征集方案。

班级下发了《九年六班"试剑"主题班会方案征集启事》，面向全体学生征集班会方案。 启事中，"学习""规范""提高"成了基本的关键词，具有明显的毕业年级特点。

准备二：筹备评优。

进行"纪念'阳光六班'成立两周年活动"先进分子的评选及颁

奖，这是班会的重头戏之一。

本次班会，共设立十二个奖项。 这些奖项的设立，充分体现"面向全体，覆盖全面，突出重点，注重引导"的原则，目的就是更好地调动学生各方面的积极性。 比如"阳光之星"的评选标准是："身心健康，阳光，向上，能自控，会自省，不赌气，不发火，不怨天尤人，不自怨自艾"，把它放在第一位，除了"阳光"二字契合"阳光六班"的名称之外，更多考虑的是引导大家具有健康的心理状态和积极向上的精神状态。 这种心理和精神状态，无论在人生的哪一个阶段，都应该是最重要的；而在学习任务日益繁重的毕业年级，这种阳光状态显得尤为重要。

准备三：安排发言。

为了突出本次班会对学习的导引作用，班会安排了一部分同学上台发言。 这些发言的人选和发言稿的命题也是经过慎重考虑才确定的，发言稿的具体命题是：

1. 每一次都最重要。

2. 打破砂锅问到底。

3. 态度决定成绩。

4. 我的未来不是梦。

5. 有目标才有成功。

6. 蹲下身子有多重要。

7. 学如逆水行舟。

8. 给自己一份信心。

9. 振作，振作，再振作！

10. "遵从"很重要。

11. 偏科就是偏废。

准备四：专题征文。

为了开好这次班会，更好地激发同学对班级的热爱之情，增强班级的凝聚力，我们专门举办了一次以"那一天，我走进六班"为主题的征文活动。 这次征文取得了极大的成功，同学们以自己的切身经历和深刻感受，热情洋溢地抒写了对班级、对老师、对同学的深情厚谊。 最后，康峻宁、史斯文、佟岚彬、封嘉顺同学的文章被选中在班会上朗诵。

准备五：安排颁奖。

哪些同学来颁奖呢？ 没有上台发言的同学，尽可能优先安排一次颁奖的机会，这样做的目的是让他们也受到鼓励。 有发言任务的同学，有的也安排了颁奖的任务，这样做多半是为了有针对性地激励他们。 比如，一个同学很上进，他本来有能力答出某项问题的满分却没有答出，那么，就安排他给答出满分的同学颁奖。 让他受点儿这样的"刺激"，也许会促进他这方面的学习。 当然，所有事情都不能一概而论，采用这样的办法，一定要综合考虑，否则很可能适得其反。

准备六：制作视频。

这次班会，我们特意安排了一个观看上学期"青春之歌"歌咏会专题片的环节，以学生们的光荣经历来激励他们更加优秀。专题片由序曲、"青春之歌""青春中国""青春'八·六'""尾声"等几部分构成，从不同侧面展现了"阳光六班"学子的风采。

此外，准备工作还包括主持人、奖品的准备等事宜。主持人都是身经百战的老队员了，我只是简单交代一下主题和注意事项、任务分工和串词等工作，他们自己都可以完成，不用我操什么心了。

2012年8月27日，"试剑"主题班会如期举行，一切如愿，收获多多，不再赘述。

我们常说，机会往往属于那些有准备的人。反过来说，有准备的人，才会有更多成功的机会。从教育的角度来讲，更是如此。这次班会的成功，就是来源于充分的准备。

教育当中的准备，就是为造一个教育的理想之塔而不断垒砌砖石的过程。不管需要多少块这样的砖石，它们都要按照你心中的蓝图去垒砌。只有这样，最后才会听得到悦耳的风铃在宝塔的飞檐翘角上悠扬地吟唱。

▌千虑一得

这次班会，实际上既是对两年来工作的一次大回顾、大总结，更是对毕业年级学习这个主题的大宣传、大动员，还是对同学们新学期精神状态的大鼓舞、大激励。

班会开得十分成功，收获也很多，其中，几个比较特殊的感受值得一提。

"不听话"值得鼓励。鼓励是创造的不竭动力，抓住一切机会，给学生以创造的鼓励，他们会在自主成长的道路上踏出一串串闪光的足印。比如，这次班会上，史斯文同学是班会上朗诵"那一天，我走进六班"主题征文的学生之一，开班会之前，她做出了一个"不听话"的举动：拿着一张自己亲手制作的大大的纪念卡找到我，请求在朗诵结束后展示给同学们——一个学生对班集体的火热的心，哪个老师能把她拒之门外呢？

史斯文同学
展示她为班级自
主制作的纪念卡

"附加值"值得开发。 许多教育，都有其连带的附加值。 学会开发、利用这些附加值，往往会取得事半功倍的效果。 比如，我们八年级时所开展的"青春之歌"歌咏会活动，除了其本身所具有的教育效果之外，更有了进一步的作用：通过观看根据这个歌咏会所制作的纪录片，学生们的自豪感被强烈地激发出来，从而促使他们以更上进的状态面对新的挑战。 这就是开发了教育的附加值。 在观看纪录片的过程中，学生们时而热烈地鼓掌，时而露出会心的微笑，脸上写满了骄傲和自豪！

　　"正能量"值得持续。 最大限度地发挥正能量的持续影响力，这是教育过程中值得尝试的方法。 班会开完了，但班会的积极影响不能完结。 不久，我们对这次班会的主要内容进行了细致的整理，最后制作了一幅宣传板，粘贴在教室的墙壁上。 让它跨越时空，继续发挥鼓舞和激励的作用。 其中，"剑光闪烁"版以宝剑文化为线索，除了本学期"试剑"的内容之外，还精选了相关的具有代表性的照片，按"知剑、铸剑、砺剑、仗剑"几个小专题的先后顺序，由浅入深、层次分明地回顾了以往四个学期里班级和班级精神的成长历程，具有较强的鼓舞作用。

▌披沙拣金

　　安排学生听取发言，从他人的得失中借鉴、提高，这是在教学生"学会借力"。 这种借力，可从三方面来考虑。

　　借经验之力。 就是善于向他人学习，学习借鉴他人正面的经验，从而促进自己的进步。 三人行，必有我师，这其实是思想认识和个人修养的问题。 从思想认识的角度来讲，懂得向别人学习可以促进自我进步的道理，自然就不会故步自封；从个人修养的角度来讲，具有谦逊的品格，定然会虚怀若谷，定然不会妄自尊大，那么，自然也就会主动学习借鉴他人的经验了。

　　借警醒之力。 是指能从他人的挫折、失败当中吸取教训，做到自我警醒、自我约束。 这种借力，如果能得到充分的重视，会使心智还不成熟的学生们少走弯路、少摔跟头、少吃苦头。 要做到这一点，及时发现、及时剖析、及时引领是非常必要的，尤其是要善于从身边的人和事当中发现问题，引以为鉴。

　　借启示之力。 是指善于主动思索，积极地从人、事、物当中发现对自己成长具有积极意义的启迪。 要做到这一点，需要具有主动思考的意识，还需要有善于挖掘的能力。其中，关键在于两点：一是明事理，二是用事理。 领悟了道理，受到了启示，还要自觉地在自己的实践当中去运用，这样的启示才是具有实际价值的启示。

他山之石

关键词： 宝剑，班会

75. "不合时宜" 的感恩卡

　　用人格过滤弥漫的尘沙，用圣洁擦拭遮蔽的尊严。 浣洗心灵，掬一泉幽远的清澈，捧起纯净，洗出纯洁。

——题记

▎春风化雨

　　2012 年的教师节，我们开展了一次自制"教师节感恩卡"的活动，用一种似乎"不合时宜"的方式表达了对老师们的感恩之情。

　　这项工作，是经过三个阶段完成的。

　　第一阶段：资料征集。

　　本次资料的征集分两个层面来进行：第一个层面是面向全体同学的，征集的内容包括感恩卡封面文字征集、祝颂语征集、封面图案设计等三个部分。 第二个层面是面向全体科代表的，由他们写出对每位任课老师的祝颂语。

　　这项活动得到了学生们的热烈响应，他们以饱含真情的笔触写出了对老师的理解，抒发了对老师真挚而浓烈的感激之情。 而科代表们所写的祝颂语，更是从细微之处深情地回顾了任课老师的辛勤工作，表达了对老师深深的感恩和美好的祝愿。

　　第二阶段：感恩卡制作。

　　感恩卡的封面以阳光照射下的广阔天空和大地为背景。 最上方是班徽和班训，班徽和班训的下方是感恩卡的标题："阳光六班的祝福"。 标题的下方是郝韵慈同学原创的祝颂语，祝颂语下方是全班同学"青春之歌"歌咏会时的合影。

封底由康峻宁、姜羽晗同学的祝颂语和高蕴晗同学设计的"心"形图案组成。 他们以优美的文笔和精美的图画表达了对老师的一片真情。

感恩卡内页主要由四部分内容构成：一是老师正在上课的照片，这些照片都是我平时抓拍的；二是科代表为这位老师所写的祝颂语；三是史斯文同学写给全体老师的祝颂语；四是全班同学的签名。

每一份感恩卡都充满深情，每一份感恩卡都独一无二。

"阳光六班"富有班级
特色的教师节感恩卡

第三阶段：佳作交流。

2012 年 9 月 10 日，教师节。 学生们恭恭敬敬地把一张张感恩卡送给老师们，那一刻，送给他们的，还有我和学生们的感激，更有我们发自心底的尊重。

这天，我们还进行了感恩卡祝颂语的交流欣赏。 部分同学朗诵了他们所撰写的祝颂语，这些祝颂语不但感情真挚，而且语言优美，受到大家的普遍赞赏。

教师是人类灵魂的工程师，所以，学生们的感恩卡不仅是送给老师，更是送给他们灵魂的塑造者；而老师们收下的，也不是花花绿绿的纸片，而是学生们浓墨重彩的情感和敬重。

翻开感恩卡的时候，不知道老师们是否看到那一笔一画的尊重，是否感受到来自幽谷的清新？

▌ 千虑一得

利用教师节对学生进行教育，我的体会是要做到"计、真、融、特"这五个字。

计。 是计划，是设计。 就是要利用教师节这个机会，主动思考，主动设计，让教师节不单单是一个纪念日，还是一个教育日，还是一个思考日，还是一个感恩日。借教师节这个契机，好好设计，让教师在自己的节日里不光享受鲜花和掌声，更享受一种达到更高境界之后所带来的快慰。

真。是真心，是真情。就是要对学生进行必要的引导，让他们动真心，发真情。生活中的教师节，有时候教师收到的其实不是感恩，而是感谢——通过礼物、贺卡或其他方式所表达的感谢。教会学生从内心深处真正地理解老师，敬重老师，不让对老师的感恩停留在表层的感谢上，这需要我们用心思考。

融。是融合，是融化。这种融合，既是专题教育与日常教育的融合，也是做人教育与做事教育的融合，还是德育工作与教学工作的融合。比如，感恩与尊师，这是专题教育与日常教育的融合；以恰当的方式表达真情实感，这是做事教育与做人教育的融合；教学生通过写祝颂语的作文形式表达对老师的敬爱感激之情，这是教学工作与德育工作的融合……努力提高自己的教育能力，能够自如地把教育思考融化在日常的工作中，这样所取得的成效，往往会更大。

特。是独特，是特色。就是在教育活动中，恰到好处地体现出本班的独特之处，要有自己特色的东西。其实，这一点并不难做到，哪个班级能没有自己的独特之处呢？你的班级文化，你的班级符号，甚至你的班级与老师们独特的交流语言，等等。只要稍加用心，你会找到很多只有你这个班级自己才会有的东西，那么，就把它用适当的形式表现出来，让你班级的老师们分享这种独特的魅力，分享这种独特魅力所带来的美感和愉悦吧！

▌披沙拣金

组织学生写教师节感恩卡的祝颂语，这是教学生"学会感恩"。学会感恩，大体要有"知恩、谢恩、报恩"这三个层次。

知恩。就是在心里要真正懂得所受的恩德，要常怀感恩之心。什么叫真正懂得呢？关键在于，要知道这恩德的来之不易，知道施恩者的善良和无私，尤其是对自己的亲人，更要知道他们的艰辛，要懂得他们的苦心。

念恩。就是不但心里充满感恩之情，还要学会以恰当的方式把这种情感表达出来。有的人似乎不大重视表达情感，他们认为只要心存感激，并且实实在在地做点儿事情来回报就可以了。其实，表达情感本身就是一种报恩的形式，学会表达这种感恩之情，同样是值得称道的。

报恩。就是通过立刻做力所能及的、具体实在的事情来回报恩德。人们常说："受人滴水之恩，定将涌泉相报。"这一方面是表达了报恩的决心，另一方面也有一个要等到将来有更大能力才报恩的意思在里面。其实，立刻就做点儿什么，比将来的涌泉相报更有意义。 尤其是对于现在的学生们来讲，他们对家长和老师的报恩，完全不必等到将来有了"涌泉"再去做，现在就可以。 报恩在当下，报恩在日常，报恩在细微，这才是报恩的正确之路。

他山之石

关键词：感恩

76. 摆正反光的"太阳板"

> 成长的原野上，每个学生的心里都有一伞蒲公英的种子。 吹起一阵鼓励的风吧，让每一伞希望都能当空舞出自己的精彩，谁也不做观众。
>
> ——题记

▌ 春风化雨

曾看过一个与太阳能发电有关的电视节目，摆满了太阳能电池板的巨大阵势给我留下了深刻的印象。 那些数不清的太阳板不停地吸收着太阳的能量，为人类贡献着取之不尽、用之不竭的清洁能源。

在班级的管理中，我也布置了一些"太阳板"，同样，它们不只能吸收能量，还能散发能量。 这些"太阳板"，就是班级专门在九年级上学期使用的板报。

这些板报，分成如下几个版块。

"阳光足迹"版。 这一版相当于思想品行方面的展示台和光荣榜。 它主要以班级的日常管理为基点，从学会做人、学会做事方面树立典型，表彰先进，给学生传递一种积极向上的正能量。

"锋芒初露"版。 这一版相当于学习状态方面的光荣榜，"锋芒初露"取初步具备较好学习状态之意。 它根据学习的主动性、刻苦态度、认真程度、执着精神等方面的表现，分两个层级来表彰先进的同学。 第一个层级是"学习状态标兵"，上述各方面都表现很好的同学方可当选；第二个层级是"学习状态先进分子"，评选的是上述各方面表现尚好，但某一方面存在明显不足的同学。

学习状态良好的同学在展有自己照片的展板前合影

"谁与争锋"版。 这一版相当于学习成绩特别突出者的光荣榜，"谁与争锋"就是要以比赛的形式激发学生的学习热情——既比试一种结果，更比试一种豪情。

"会凌绝顶"版。 这一版是学习综合成绩或单科成绩进步同学的光荣榜。"会凌绝顶"取"会当凌绝顶"之意，意在激励每个同学都在学习上不断努力，不断进步。实际上，这是扩大了激励的范围，有的同学可能没有机会入选前面的几个光荣榜，只要学有所进，他们就能在这里找到自己的自信。

"剑纠偏锋"版。 这一版是用来帮助纠正学习过程中的突出问题的。这种问题，可能是学习态度方面的，也可能是学习方法方面的，也可能是学习内容方面的。使用过程中，要在专用签上标明所解决的问题，以便做到目标明确，学有实效。

"剑指朝阳"版。 这一版是学习成果的展示和交流的平台。它的使用，具有"短、平、快"的特点。所谓"短"，就是指周期短，多则一两周，短则一两天，随时展示，不断更新。"平"，就是指展示要紧密结合平时的学习内容和进度来进行，不论学科，不管高低，不分数量，只要有利于学习积极性的调动，只要有利于学习氛围的形成，只要有利于学习成果的推广，都可以随时在展板上展示、交流。

"书山论剑"版。 这是一块讨论学习方法、交流心得体会的园地。无论是学习还是其他方面的，只要有所得，只要愿意表达，都可以在这里展示、交流。这一版可以看成是对"剑指朝阳"版的补充。

值得一提的是，"锋芒初露""谁与争锋""会凌绝顶""剑纠偏锋"这四个版块都设置了照片插入装置：这个装置可以把受表彰同学的照片插入透明的封皮，可根据需要随时更换。

不难看出，这些板报的版块名称突出体现了宝剑文化的特点，它们在体现班级整体文化大主题的基础上，引导学生在学习中要具备的几种"气"质：

受到激励的
同学们正在热烈
地讨论问题

必有作为的志气!

不甘落后的骨气!

奋勇争先的勇气!

没有私心的大气!

舍我其谁的霸气!

一飞冲天的豪气!

……

这些板报,对促进学生的全面进步、特别是对学习氛围的营造起到了积极的作用。这时的板报已不是板报,而是一块块会反光的太阳板。 它们从每个学生的身上接收向上的光芒,然后再把这种向上的能量反射给学生,反射给班级。 这样,每个学生,整个班级,就都笼罩在一片暖洋洋、亮闪闪的阳光里了。

▌千虑一得

总结一下,这些板报具有如下几方面的特点。

激励性。 让我们的板报具有激励学生健康发展的作用,这是使用板报的基本原则。从学生的成长和班级的发展来看,不同的阶段有不同的重点内容,而板报所起的作用,就是及时有力地配合班级当前的重点工作。 前两年,在促进学生全面发展的前提下,板报侧重为培养学生良好的思想品德、行为习惯和学习习惯等内容服务。 如今,进入毕业年级,在巩固上述成果的基础上,板报的设置和使用则理应为学习这个重点工作来服务。

全面性。 这种全面,一是指班级日常管理工作的全面,即要兼顾班级工作和学生发展的各方面需要,而不能只有学习这"一枝独秀";全面的第二层意思是指要从学习态度、学习方法、学习过程、学习成绩等多个角度对学习进行全面评价和鼓励,而不能只看成绩和名次。 事实上,学习成绩和名次只是个结果,而这个结果的取得,要靠学习的态度、方法、过程发挥积极的作用才行。

形象性。 这是专门从表现形式上来说的。 如何让板报更富有鼓动性，让它们给人以激动人心的力量，甚至能让人心潮澎湃、热血沸腾呢？ 形象性的注重是很有必要的。 这种形象性可以从板报的色彩、图像、位置等因素去考虑。 比如，板报用大红的色彩做背景，嵌以"光荣榜""学习状态""标兵先进"等醒目的字样，再把受表彰学生的大幅照片展示在大红的背景当中，这本身就能起到振奋人心的作用。

需要说明的是，这些板报进入九年级下学期后，就没有再进行实际的操作落实，这是出于不给学生造成心理压力的考虑。 不过，板报并没有撤掉——让它们提醒每个学生，这里，曾经有过，而且必将再有他们美丽的光彩。

▌披沙拣金

板报中设"剑纠偏锋"版块来帮助纠正学习过程中的突出问题，这是教学生在学习上"学会补短"。 这种补短，可从以下几方面考虑。

补学业之短。 指弥补学科知识、能力方面的欠缺。 这些短处，可能是宏观角度的某一学科的短处，也可能是某一学科内部的某一类、某一项、某一个知识点的短处。 补这方面的短处，首先要清清楚楚地找到这些短处，然后再有针对性地想办法去补救。

补学态之短。 就是弥补在学习态度、状态上的不足之处。 如果说学业之短的弥补还需要一个过程的话，那么，补学态之短则几乎是可以立竿见影的事情。 比如，听课不专注，只要用心，几乎立刻就可以做到专注。 不过，学态之短的弥补更需要具有坚持的毅力，更需要有不断强化的过程。 从这个意义上来说，它是既容易，又困难。

补学法之短。 就是弥补学习方式、方法、技巧上的不足之处。 有的学生成绩不理想，能力不够强，可能是学习方式方法的问题。 比如，相关知识只满足于听懂了，而没有具体的演练，那么，这所谓的懂可能就是假懂；或者是真懂了，但没有练习巩固的过程，真懂的东西也模糊了、忘掉了。 这样，找到了问题所在，改进了学法，学习取得较好的效果就一定不是很困难的事了。

▌他山之石

关键词：自主，激励

77. 做学问，怎么问

> 学习需要有一种刨根问底的精神。 刨什么根？ 刨知识的根；问什么底？ 问规律的底。 刨根问底，既是态度，也是能力。
>
> ——题记

▌春风化雨

为了教学生学会提问，我也没少费心思。

刚入学的那段时间，学生不大敢提问。 于是，我就先从给他们提问的胆量开始训练。

怎么练？ 拿自己开刀吧！

给我这个语文老师找毛病，这是最简单的办法。 这种训练，关键是要培养一种高度关注的意识和勇于挑错的意识。 比如，一次训练的时候，我把"地壳"一词中"壳"字的读音"qiào"读成了"ké"，当时，尽管有老师听课，但我还是照训不误。 事后，我专门用这个例子"说事"，引导学生们学会专注，勇于质疑。

经过一段时间的训练，学生们开始有了胆量，给我的课挑毛病也成了他们学习的一种习惯。

敢于提问的问题得到解决之后，接下来，就要对提问的内容进行调整了。 这方面，最重要的是教学生学会疑问。

刚开始，我对学生的疑问没有任何限制，只要问就行。 我还在学生的语文学习预习本上设置了几个栏目，其中就有"我提问"这一项，以此提示学生提出自己的疑问，或者提出问题让他人来解答。

这个安排的意义在于，课堂上没有机会提问，或是不愿意提问的同学，就可以通过预习本把自己的问题写出来，之后再由自己或他人解答这个问题。 这样，就使得每个学生都有了思考、提问和解答的机会。

学生提问的意识逐步增强了，但新的问题也出现了：他们所提的问题不规范，常常是五花八门，甚至完全不着边际。

怎么办？ 调整吧。

于是，引导学生学会比较规范地疑问成了新的努力目标。 比如，语文课的学习，我要求从"内容理解、概括大意、重要写法"这三个方面去疑问，这个要求，到了八年级还以统一的格式写进了《研习手册》，进一步规范了学生的提问行为。 后来，我还通过让学生自主命题的方式来训练他们，使他们的思考和发疑能力得到进一步规范与提高。

经过一年左右的训练，学生的问题意识和提问能力都有了一定的提高。 而这种提高的本质则是思考素养和思维能力的提高，这才是最重要的。

在不断的修正中，学生们逐渐学会了以刨根问底的态度来学习，学习也就越来越深入了。 不过，这种刨根问底，有时候也会出现"胡刨乱问"的现象。 比如，有的学生提问的时机把握不好，经常出现没有经过思考就急于提问等现象……于是，调整，再调整。

张友岩等同学抓住课间时机提问，刘辉老师正耐心解答

现在，进入了九年级，班级的学习氛围越来越浓，学生们的疑问能力也越来越强。 就是原先不大愿意提问题的同学也加入了提问的队伍。 为了一个问题，他们往往会争论不休，甚至会达到面红耳赤的地步。 这种提问和研讨的热情越来越高，课上课下，室内室外，随时随地都可以看到学生们在研讨问题。 有时候，连食堂都成了研讨争论的地方，以至于我都很为难：因为就餐时是要求安静的。

在学习上的刨根问底，学生们不但敢刨，还要能刨得准、刨得深，问得对、问得好。 值得欣慰的是，他们渐渐学会了在学习的田地里挥舞思考的镐头，刨出一个又一个深入的探索，然后，心满意足地收获这里埋藏着的惊喜。

千虑一得

如何教学生提问？　关键在如下几点。

多方配合。　这个多方配合，首先是不同方面素养的多方配合。　也就是说，学生学会提问，不仅仅是个学习的问题，它更是学生综合素养的问题。　思维能力强是能够提问的大前提，不会思考的人，怎么可能会提问呢？　而这种思维和提问的训练，就需要从学生生活的方方面面来考虑，来培养，来训练。　这种训练的机会，来自学习生活中的任何时间、任何地点、任何事物、任何人物、任何事情。　这个多方配合，还有一个教育者的合作问题，特别是班主任与科任教师的配合，等等。

形式多样。　提问可以是书面形式的，也可以是口头形式的。　最常用的就是口头形式的提问，这种方式简便易行，最适于日常的学习交流，具有极强的实效性。　不过，它也有自己的弱点，就是缺乏稳定性。　这时，书面形式的提问就可以大显身手了。　写出来，展出来，自然就解决这个问题了。　形式多样，还可以从组织形式的角度来考虑。　比如，独立提问训练，自我提问训练，合作提问训练，等等。　现代信息技术的应用也应该引起足够的重视，网络之类的交流手段，都可以用来帮助训练学生的提问能力。

披沙拣金

从鼓励学生给老师挑毛病，到最后从提问中获得收益，这是在教学生"学会疑问"。学会疑问，大致要经过敢疑问、能疑问、善疑问这三个阶段。

敢疑问。　就是要具有敢于发疑的意识和态度。　一是"质疑"，就是对已知的事物要敢于怀疑、勇于质疑。　敢于怀疑，这是进步的基础，能够打破已有成规，这本身就是进步；而在怀疑的基础上，能够拿出自己的根据去质疑，去否定，去改进，这无疑又是更大的进步。　敢疑问的另一层意思是"发疑"，就是要能对未知的事物提出自己的问题，这是一种创造性的提问，需要更高的思考能力才行。

能疑问。　就是能够按照相应的规律来提问题。　日常学习中，我们当然可以天马行空地去思考、去想象、去发疑，也只有这样，才能有所发展、有所创新。　但是，在课堂的学习活动中，提问就需要有一定的要求了。　在这方面，关键要把握好疑问的大方向，要做到不偏离主题。　紧紧扣住所学内容的主题来提问，所提出的问题要与所学习的中心内容有直接的联系，这样，才能提高提问的效益。

善疑问。　这是从提问的方式方法的角度来说的。　其中，讲究提问效益和把握提问时机尤为重要。　什么时机去提问呢？　老师讲课的过程中，并不适合，因为这不仅会打断老师讲课，还可能是自己问得早了；有了问题立即就问显然也不合适，因为这样做自己并没有经过思考，得不到锻炼；一般性的问题，立刻就问老师也不大合适，因为问老师比不上问同学更简便易行。

敢疑问是态度心理问题，能疑问是能力问题，善疑问是讲究方法、把握时机、提高效益的问题。这三个问题解决好了，疑问的能力就有了提高的可能。

他山之石

关键词：学习

78. 体育活动课的魅力

> 什么是和谐呢？ 和谐就是把亲和的大门打开，让和乐的春风拥裹着和美的花香飘进心园。 然后，仰起脸来，闭上双眼，用心听取这和风在耳边的窃窃私语，惬意地晒着理想的太阳。
>
> ——题记

▎春风化雨

　　九年级的时候，我承担起了带领学生上体育活动课（以下简称"体活课"）的任务。 作为班主任，怎样做能把体活课上得更好呢？

　　我的基本思路是：在确保活动的基础上，努力增大体活课的附加值，求得更多的教育收获。

　　请看几个体活课上发生的小故事。

最光明的"黑暗"

　　2012 年 9 月 21 日，体活课上，我安排班干部组织了一次"盲行比赛"。 比赛的规则是：以小组为单位参赛，比赛时须闭起双眼，以跑道的白线为基准线前行，走到尽头而没有偏离基准线者即为成功。 比赛时，一个小组比赛，另一个小组在一旁保护，以免参赛者摔倒。 比赛开始了，大家有的小心翼翼，有的大胆跨步，有的缓慢移动，有的快速前行，有的张开双臂，有的握紧双拳，有的跟跟跄跄，有的东倒西歪……

体活课上，同学们正在进行"盲行比赛"

比赛的结果是在双目紧闭的情况下前行，大部分人距离稍长就很难保持笔直的方向。

"有什么感受或启示呢？"我问他们。

同学们各抒己见，有谈珍惜的，有说艰难的，有讲恐惧的，有感到震撼的……最后达成的共识是：睁开眼睛，才能辨明方向，才不会走偏路，走歪路。

"我们很幸运，因为我们能看得见世界。所以，我们应该更珍惜这一份幸运。但是，看得见不等于看得清，无论是人生，还是学习，我们都需要睁大眼睛，看准方向。心灵的眼睛让我们在人生之路上避免误入歧途，思考的眼睛让我们在学习之路上少走弯路，找到捷径。"最后，我这样总结道。

这堂体活课，学生们在黑暗中摸索着走了一段很短的路，然而，这一小段在黑暗中的摸索，也许会帮助他们更好地在人生的长路中找到光明的方向。

最友爱的关心

体活课，是我采集学生影像素材最好的时机之一。学生们搞活动的时候，往往就是他们的美德频频闪光的时候。

取景框中，我发现班长张欣然、团支书唐艺洧和副班长陈沫澄的举止有些异样，本来说说笑笑的她们忽然停止了说笑，她们的目光不约而同地投向操场的另一端，还用手在指点着什么，神情似乎有几分疑惑和担心。

我回头望去，只见几个男生正把另一名男生从地上扶起来。过去一看，原来，是小康在训练运动会比赛项目时摔倒，还把胳膊蹭破了。我连忙跑过去，打算带他去医院处置一下，可是，小康却表示："男子汉，这点儿伤算什么？"坚决不肯去医院。周围的男生也一个劲儿地附和："老师，这事我们负责了，您放心吧！"

于是，呼啦啦地，这帮男子汉们，坦克战群一般地拥往学校的卫生室，把操场的地面踏得轰隆隆地山响……

最默契的合作

运动会可是学生们一展身手的好机会，备战运动会，理所当然地成了体活课的主要内容。大家热情高涨，训练非常投入。请看：那边的赛道上，张宇涵和潘思佳两名女生正奋力奔跑，而就在她们的身边，姜雨晗同学正抬起手腕，专注地盯着手表的秒针，当两名选手从身旁闪过的一瞬间，她立刻大声喊出了秒针的读数……原来，她们这是在合作练习长跑的参赛项目。

体活课上，这样和谐的合作随处可见，女生之间的，男生之间的，男生、女生之间的，所有同学都行动起来，为了运动会，为了班级的荣誉……

健康，活力，阳光，向上……一个个最美好的词语在学生们的身上跳跃着，炫耀着。

多美好啊！

再平常不过的体活课，再平常不过的几个片断，却能让我发现那么多美丽的画面。这一个个画面，就是记忆夜空中一颗颗耀眼的流星，它挥舞着最璀璨的精彩，在深邃的天幕中优雅地划过，闪出一道道炫目的靓丽！

▌千虑一得

体活课上，总会收获更多的快乐，这全在于重视几个"心"。

上心。 就是要主动思考，用心行动。任何一件事情，要想多有收获，都离不开主动的思考、设计和行动，体活课也是如此。上课之前，我们总要有点儿打算，总要想着做点儿什么，就相当于备课吧：教学目标是什么？教学的重点和难点在哪里？教学过程怎么设计？等等。体活课也许不必有过于精细的教学计划，但是，大体上有个思路还是必要的。对这些问题上心了，就会多有收获。

赏心。 就是带着一颗欣赏的心去看待学生。当我们不是以挑剔的眼神去看待学生、不是以管理者的心态去面对学生的时候，一切都会发生奇妙的变化。以赏心去看学生，不单是体活课，任何时候，它都能帮助我们收获更多的教育成果，获得更多的平和与快乐。

慧心。 用智慧之心去带领学生上体活课，想方设法利用今天的收获为明天的教育服务，这就是我所说的慧心的含义。从教育的角度来讲，没有什么是没有用的，只要我们善于挖掘。体活课上，学生的种种表现都可以作为教育的素材：正面的，用来激励；负面的，用来警醒。 用心为明天的教育积累素材，为今后的教育打基础。

小心。 俗话说，小心行得万年船。 要想把体活课上得好，大前提是保障安全。 所以，相关的安全教育、周到的安全管理是必要的，否则，一旦出了问题，一切成绩就都会黯然失色。

▍披沙拣金

组织"盲行比赛"，让学生在黑暗中摸索前行，这也是在教学生"学会思考"。 这种思考，有三大要点。

思考方向。 青年学生是最有活力的，是最有精力的，但是，这种活力和精力如果用不好，往往会产生令人遗憾的结果。 所以，学会思考，学会通过思考找到自己的人生方向，这是每一个年轻人都应该认真对待的问题。 方向找得准，人生之路就不会偏，人生之路就会充满欢声笑语。 反之，如果误入歧途，那带给自己的就往往是叹息和泪水。

思考幸福。 身在福中不知福，这是我们常听到的一句话。 每个人都有自己正在拥有的幸福，引导学生体会这些幸福，有助于他们珍惜生活，有助于他们健康成长。 从某种意义上来讲，懂得幸福，就是懂得了珍惜。 比如，教学生学会思考拥有看得见光明的幸福，还要思考该如何珍惜所拥有的这些幸福。 有了这样的思考，就会获得更多的、更大的幸福。

思考价值。 思考谁的价值呢？ 思考自己存在的价值。 人的价值有很多种，我们不一定都要用一种如何高尚的标准去衡量。 但是，对于学生来讲，他们理应思考自己的价值绝不应该只是一种存在，更不应该是一种索取、一种享乐、一种消费。 他们理应为自己思考一种更有价值的价值，比如说创造，比如说奉献，比如说友爱……

▍他山之石

关键词：思考

79. 一枝一叶总关情

快乐，是青春最亲密的伙伴。有了快乐的陪伴，青春的色彩将永远润泽，永远鲜亮！

——题记

▍春风化雨

孩童时曾有一种游戏：对阵的双方，各拿一片落叶，把叶柄十字交叉地勒在一起比试韧性，没有勒断者为胜。听人说，这种游戏的名称好像叫作"勒树狗（根）儿"，查一查，似乎没有一个什么规范的名目，姑且就叫它"勒树狗儿"吧！

2012年10月24日，我把这种游戏引入了体育活动课，组织学生们开展了一次特殊的勒树狗儿比赛。

说它特殊，主要有两方面原因：一是这种游戏似乎是少年儿童们才玩的游戏，组织初中毕业年级的"大学生"来玩这个，似乎有点儿"低级趣味"了；另一方面，我还有特殊要求，比赛过后，学生要立即在操场上就地进入学习状态，而且，学习的内容必须是文科识记类的。

比赛之前，我先宣布了比赛的要求："比赛对手——自由选择；比赛目的——快乐就好！"

听完我宣布的"要求"，学生们立刻乐翻了天，大家飞到树下，转眼间就找到了自认为很顺手的"比武利器"。接着，不分男生女生，不论大个儿小个儿，大家马上陷入一场"混战"之中。立时，操场上呼声不断，笑声不断。

学生们正在开心地进行"勒树狗儿"比赛

"哈哈，我赢啦！"

"我无敌！ 我无敌！"

"哎呀，我怎么这么倒霉啊！"

"哎，谁来跟我勒——"

"哈哈——哈哈哈——"

……

半节课的时间，学生们都在无比开心的"鏖战"中度过，有的就是把手勒得发红也不肯罢休，就连那些平时非常文静的小女生们，也在这场混战中大显身手了呢！

看看时间差不多了，我发出了"停战令"。 同学们立刻放下"武器"，清理战场，尽管还颇有些余兴未尽，但他们能马上拿出学习所用的资料，开始记诵起来。 于是，刚才还是你争我夺的比拼沙场，转眼就变成了书声琅琅的露天课堂……

我这个班主任，是不是有点儿不务正业呀？ 为什么在九年级学习这么紧张的时候，还带着学生玩这种似乎连小学生都不屑一顾的"低级"游戏呢？

我的目的主要有两个：一是缓解学生的心理压力，二是训练学生的学习"定力"。

先来说说心理调节的问题。 进入毕业年级之后，随着学习内容的拓展、学习难度的增大、学习标准的提高，一些学习有困难的学生压力越来越大。 但是，学习的列车是不会为了哪个人而能停止前行的。 在这种情况下，让他们玩"勒树狗儿"这种低级的游戏，就是想通过这种办法缓解他们的心理压力，从而为下一步的学习创造更有利的条件。

训练学习的"定力"又是怎么回事呢？

原来，我班一部分学生，尤其是男同学的学习有个明显的不足，就是缺乏定力和耐力。 具体表现就是创造性思考的能力比较强，而识记性的积累能力则相对较弱，尤其是对文科的记诵缺乏耐心。 针对这种现象，我采取了一些办法来调整，本次游戏过程中的

"先玩后学"就是这样的一个强化训练，让他们在高度兴奋的游戏状态下立刻转入相当沉静的学习状态，以此来训练他们的定力和耐力。

所以，这次的"勒树狗儿"游戏，玩的是游戏，收获的却远不止游戏。

色彩斑斓的一枝一叶，灿烂无比的一颦一笑，当这两种影像叠映在一起的时候，智慧之神悄悄地告诉我：有一种关心叫体贴入微，有一种转化叫不动声色，有一种教育叫大教无痕。

▍千虑一得

这次游戏活动具有如下几个特点：

目的性。 每次体活课都应该有明确的目的性，而我开展本次活动的目的性尤其明显：缓解压力，训练定力。 不过，这两大目的的实现方式是不同的：缓解压力，要做到不动声色地"软着陆"，而训练定力则需要棱角分明地"硬覆盖"。 为什么要这样安排呢？ 心理调节，本来就是需要大雪无痕型的，不知不觉中，学生的压力缓解了，心情愉悦了，这就达到了目的。 而对学习的定力训练为什么要来"硬"的呢？ 进入九年级，快节奏是最突出的特点，而干脆利落的"硬覆盖"，会有助于学生适应这种快节奏的学习方式。

趣味性。 让学生觉得有意思，让他们能在愉快的情绪中去活动，这就是活动的趣味性。 其实，我班的男同学平时是最喜欢打篮球的，有那么几个"球迷"，可能一天不碰篮球都睡不着觉！ 可是，"勒树狗儿"游戏的时候，没有任何一个人想到要去打篮球。这就是趣味的魅力吧？ 此外，学生们对"勒树狗儿"能如此感兴趣，也许与熟悉和简单不无关系，而这两点，也可以作为开展活动的原则来参考。

互动性。 互动，就是相互呼应地活动。 它的含义有两点：一是"活动"，二是"呼应地活动"。 活泼好动是学生的天性，让他们动起来，就是顺应了他们的天性，活动就有了活力。 而这种活动如果以相互呼应的方式出现，则能更大程度地激发学生的活动热情，更多地激发他们的创造力，从而使得这样的活动取得更多的成果。 当然，这种活动是要有导向的，这样才能让活动更有价值。

▍披沙拣金

组织学生们搞"勒树狗儿"比赛，这也是在教学生"学会快乐"。 这种快乐，追求的是天人合一的快乐，培养的是亲近自然、热爱自然的情感。 这种快乐，乐的是自然之美，乐的是自然之魅，乐的是自然之媒。

自然之美。 大自然的美，无所不在，为什么人们往往视而不见，因为他们没有去欣赏美的心情，或者，他们没有能发现美的能力。 而对于学生来讲，引导他们发现这大自然的美丽与美好，就是在培养他们具有发现美的能力，就是培育他们具有欣赏美的心境。 有了这种能力和心境，就可以有快乐。

自然之魅。 大自然给学生们带来的快乐，绝不仅仅在于外表的美丽，还在于它内部所蕴藏着的无穷的魅力。 这种魅力，蕴含在一草一木的萌发中，蕴含在一花一叶的凋落里，蕴含在一河一川的奔流中，蕴含在一山一峰的挺拔里……观察自然的现象，探索自然的奥秘，这个过程，就是体验快乐的过程。

自然之媒。 大自然的一草一木、一山一石，往往会在学生的成长中起到某种媒介的作用。 也许只是一片小小的落叶，但这落叶与书中的那页记忆相关，那么，这落叶就成了满载书香的扁舟。 也许只是一根细细的枝条，但就是这细细的枝条，就可能幻化成一座无比坚实的桥梁，把他们飞扬的思想与未来的创造紧紧连接在一起，给他们带来更高境界的快乐。 巧借自然，引发联想和创造，同样会获得快乐，而且，还可能是更高境界的快乐。

他山之石

关键词：快乐

80. 落叶不是无情物

> 每一片树叶，都泛着教育的光泽；每一滴雨点，都闪着教育的灵性；每一丝清风，都飘着教育的契机。　与自然为伴，就是与教育为伴。
>
> ——题记

▌春风化雨

2012 年 10 月 24 日，"勒树狗儿"的游戏正在热热闹闹地进行，可是，开心的人群中却少了一个活跃的身影——高蕴晗。 此时，她正在家里做着出国学习的准备；而明天，她将回到班级来跟同学道别。

大家庭中的一员即将远行，当然要举行一个道别的仪式。

怎么办呢？ 我思索着。

一阵风吹过。

飘飘荡荡地，一片秋叶热情地飞到我的面前，好像在说：有啥事？ 找我呀！

我笑了：好吧……

空闲的时候，我通报了高蕴晗即将出国学习和明天来道别的情况，并且告诉大家，我们要送给高蕴晗一个具有母校特色的纪念品：在校园中选一片美丽的落叶，每个人在上面写一句简短的话，然后，把这片树叶制成纪念卡送给高蕴晗。

于是，一片最美的树叶开始在同学手中一个接一个地传递，最后，树叶上写满了最美的祝福。

当晚，给高蕴晗的纪念卡就赶制出来了。

纪念卡的正面保持了"班状"的基本结构：上端正中是班徽，班徽两侧是班训；班徽和班训的下方是"惜别"二字和高蕴晗的名字。

纪念卡主体部分的右侧是高蕴晗在指挥大合唱比赛时的照片，左侧是寄语："永远的同学！ 永远的伙伴！ 永远的朋友！ 永远的姐妹！"

这部分内容的下方是全班同学八年级"青春之歌"歌咏会时的合影。 合影下面是"九年六班全体同学"的字样和日期。

第二天，高蕴晗回到了班级。 为了不影响同学正常的学习秩序，她特意选择在中午来探望大家。

在滚烫的掌声中，高蕴晗噙着泪水表达了惜别之情，班干部代表全体同学表达了衷心的祝愿，并向高蕴晗赠送了特殊的纪念卡。 之后，史斯文同学还向高蕴晗"颁发"了一张特殊的"奖状"，"奖状"的正面写着"高蕴晗童鞋：荣获二十一世纪面部瑜伽金奖"这样的文字，接下来是我所写的一个大大的"好"字，之后是加盖的班徽和日期。 奖状的背面还有老师们的签名和祝语。

一接到这张"奖状"，一听到史斯文所宣读的"颁奖词"，满眼含泪的高蕴晗立刻破涕为笑，全班同学也跟着欢快地笑了起来。

随后，全班同学合影留念，在大家的簇拥下，高蕴晗手捧"奖状"，笑得无比开心。这离别虽然弥漫着浓浓的惜别之情，这惜别虽然透着深深的依依不舍，但是，大家没有感伤，他们以一种更阔远的境界诠释了彼此的真情！

永远阳光！ 这就是"阳光六班"的风貌！

关于向高蕴晗颁发的"奖状"，我还得多说两句。

送给高蕴晗的用落叶自制的纪念卡
（双面）

即将出国的高
蕴晗开心地与全班
同学合影

先说说"奖状"的"奖项"。 "面部瑜伽金奖"，这是哪门子奖励嘛？ 分明是她们用只有她们自己才知道的"小秘密"在表达一种友爱的情感啊！ 至今，我也没去问清楚这到底是怎么回事，不过，我知道，那"奖项"里一定珍藏着善意的、快乐的、美好的记忆。

再来说说我写下的那个"好"字。 发"奖状"完全是学生们自发的"奖励"活动，我原先毫不知情，直到当天接近中午的时候，几个女生请我在"奖状"上写几句话，我才发现，他们已经把任课老师们的签名和祝语都征集到了。 当时，我心里是既感到高兴，又有点儿暗暗叫苦：高兴的是，我的学生们如此重感情，如此有办事能力，如此有创造力。 为什么又暗暗叫苦呢？ 要知道，当时的老师们都在全力以赴为学生们的中考备战，这个"插曲"会不会影响老师们的工作啊？

面对这个"奖状"，我不假思索地在上面写下一个大大的"好"字。 当这个"好"字出现在高蕴晗面前的时候，她会不会想起那"做个好女生"的班会呢？ 这个"好"字，既是对高蕴晗"童鞋"的赞扬和祝愿，也是对"阳光六班"全体"女童鞋"的赞扬，她们无愧于这个"好"字；当然，这个"好"字也表达了对全班"童鞋"的美好祝愿。

一个简简单单的"好"字，其中所蕴含的丰富内涵，只有六班人才真正明白。

……

写着同学们殷殷寄语的那片落叶，随着高蕴晗漂洋过海去了。 而它的小伙伴们则留了下来，它们抖擞精神，帮助"阳光六班"的同学们开启了又一扇学习的大门。

2012年10月26日，班级开展了以"落叶不是无情物"为主题的生命感悟和语文写作活动。

活动分为两个阶段。

第一阶段：秋日思语。

由学生每人采集一片落叶，在叶子上写下自己的感悟。 之后，再把这些写有感悟的落叶粘贴在板报上，用来展示与交流。 这些工作是利用课间和体活课的时间完成的，用来展示的落叶被设计成两片树叶的图案，两片"叶子"中间是我给拟的题目："秋日思语。"

第二阶段：秋日寄语。

这种寄语，就是把片断的、零碎的思想情愫连缀成文，用散文的形式来表达对秋日、对自然、对生命的感悟。 学生们从不同的角度写出了对"秋"的理解，不但感情真挚，而且文字表达也相当出色，不少文章很有水平。 后来，学生们又把这些文章展览出来，做到了美文共赏，情意相悦。

就这样，一向被人们所忽略的落叶，在"阳光六班"的学生手里却富有了灵性，它们用自己最平常却炫目的色彩，把一间最普通的教室装饰得朴素而高雅、简单而深刻。

▌ 千虑一得

大自然是人类最伟大的母亲，她给了我们生命，和这生命生长所需要的一切。 仅仅是那飘落一地的、丝毫不引人注目的落叶，就给我和我的学生们带来了那么多的收获。

收获友谊。 我们用落叶制作纪念卡，把故园的记忆连同师生的关切一同封在回味的书签里，让远行的游子看到它，就会读到故乡的惦念，就会读到曾经的欢声笑语。 这份友谊，深厚而浓重。

收获思想。 学生们把一片片飘落的叶子捡回来，化腐朽为神奇，就在那看似早已没有了活力的枯叶上，写下了一句句闪光的话语：每句话都有哲理，每句话都有思想，每句话都有情感。 一群富有思想活力的青年，用自己的智慧燃烧了败叶的枯黄，让它们在重生的烈焰中跳跃、飞升，于是，它们重新拥有了生命，于是，它们拥有了更辉煌的活力。

收获能力。 做卡片，书寄语，写散文，布展览，哪一个环节，不是对能力的锻炼呢？ 感谢那些落叶，它给了我们这样的机会，这样从不同方面锻炼自己的机会，这样从不同角度促进学生成长的机会。 这种机会，对于一片落叶来讲只是这一次，但是，这一次已经足够，因为这一次的经历已经在学生们的心田里铺满色彩斑斓的底色，今后，他们的成长将会因这些底色而永远丰富多彩。

▌ 披沙拣金

用校园里的落叶制作纪念卡送给远行的学子，这是以一种特殊的方式教学生"学会友爱"。 友爱之于离别，该怎样表达？ 要会"友群"，要会"友乐"。

友群。 就是用群体的行为表达友爱，就是让友爱的表达成为集体的自觉行为。 能做到这一点，必定有一个情感的基础，那就是集体中要有一种氛围，一种重情感、惜情谊的氛围。 这种氛围不是某个人的力量可以形成的，它是这个集体全体成员共同努力的结果。 大家互相帮助，互相关心，互相珍重，每个人都懂感情，每个人都重感情，这样，这个集体就是一个最温暖的集体，就是一个最温情的家庭。

友乐。 就是要表达的友情虽然满是惜别的不舍，但格调上乐观昂扬。 离别总是与伤感为伴，这很正常，也应该，但是，能跳出这种伤感，以更达观、更乐观的心态来对待离别，绝对是一种更高的境界。 这一点，古人早给我们树立了精神的榜样。 而今天，从学生们的角度来讲，学会乐观地表达友谊，学会乐观地去面对生活中种种可能使人情绪低落的境况，会更有利于他们以积极的状态去面对生活，会更有利于他们的健康成长。

▌他山之石

关键词：关爱

81. 最有高度的第二跳

跳跃，有时候是自然的动作，有时候却是人生的追求。 如果能在自然的动作里跳出人生的追求，那么，这个跳跃无疑是最有高度的。

——题记

春风化雨

2012 年 10 月 12 日，校秋季运动会。

跳高比赛的场地上，正上演着一场女子"跳高王"争霸赛。 各路好手纷纷亮相，大家你争我夺，向着最高的目标腾跃。

六班派出的选手是潘思佳同学，她有实力，有热情，应该能取得比较好的名次。 果然，几个回合下来，赛场上的选手越来越少，而潘思佳却一直在坚持着。

班级的位置距离赛场不远，每当潘思佳越过一个新的高度，全班同学都会为她呐喊，给她助威。

最后的争夺开始了！ 在同学们一浪又一浪"加油"的呐喊声中，只见潘思佳深吸了一口气，然后助跑，加速，起跳，飞跃，落下，动作一气呵成：冠军到手了！

同学们欢呼起来！

潘思佳脸上挂着胜利的喜悦，快步向班级的位置走回来。 同学们都挥舞起手板，呐喊着欢迎她的凯旋。

就在这时，我分明听到了另一种声音：

"回去！"

"潘思佳，回去！"

这声音是男生先喊出来的。

潘思佳愣了一下，我也感到有些意外：是不是出了什么问题，成绩无效了？

这时，那声音再次响起来了：

"回去，破纪录！"

"对！回去，破纪录！"

一开始，只是一个人在喊，紧接着，是几个人在喊，再后来，是全班在喊！

我恍然大悟：原来，他们有更高的追求！

潘思佳迟疑了一下，她用目光向我征询意见，我笑着点了点头。她也笑了，转身跑回赛场！

班级的队伍里立刻爆发出雷鸣般的掌声和高八度的叫好声！

正在准备撤离的裁判老师们对潘思佳的去而复返颇感意外，不过，他们立刻做好了再次裁判的准备。他们不知道，正是他们如此尽责和敬业，才成就了"阳光六班"的又一段教育传奇。

在众人期盼的目光中，潘思佳走到了比赛的起点，只见她甩一甩双手，又抻一抻腿，做了几下准备活动后，立刻起跑，向着横杆奔去！

"喔——"同学们欢呼起来，大喊着为她加油。

潘思佳的身影飞速向横杆接近，三步，两步，一步……转眼间，她已经来到起跳的位置，可是，就在大家都以为她就要腾空而起的时候，潘思佳却出人意料地慢下了脚步，向一边跑开了。

她没有跳！

潘思佳在以自己破纪录为内容的照片和美文展板前

大家的心不由得一沉，底气十足的呐喊声戛然而止。 同学们不知道发生了什么！ 而我则更担心她是不是身体出了什么状况。

然而，随后的情形打消了我的疑虑。 只见潘思佳把身子一转，似乎低头思考了一下，紧接着又回到了起点。

"加油！"

"加油！"

……

学生们立刻又爆发出热烈的掌声和呐喊声，这一次，比以往任何一次都更加响亮，都更有力量！

潘思佳似乎并没有听到这些，她继续做她的准备活动，甩甩手，抻抻腿，深吸一口气，然后起跑，加速，起跳，腾跃！ 只见她的身影在半空中画了一个完美的弧线，然后，安稳地落地。

横杆纹丝未动！

"好！ ——"全班同学几乎都跳了起来！ 他们震耳欲聋地欢呼，互相拥抱地祝贺……

安定好队伍后，我了解到潘思佳第一次没有起跳的原因：她感觉步伐有点儿不合适，所以灵活地调整了一下。

——原来如此啊，没事就好！

看着喜笑颜开的潘思佳，看着兴奋不已的学生们，我想到教室里还没有撤掉的板报，又有了新的打算。

放学前，我给学生留了一篇写作文的作业，作文题目就叫"从潘思佳破纪录说起"。

于是，一次运动会的破纪录，又变成了一次人生追求的引导，又变成了一次语文学科的写作练习。 学生们所写的作文，与潘思佳的破纪录同样有高度。 他们观察细致，思考缜密，见解深刻，行文流畅，许多文章都相当精彩。

同学们正在欣赏以潘思佳破纪录为内容的感悟文章

接下来，选出一些好文章，在板报上展示出来。之后，再引领学生们对文章进行赏析、借鉴……

"春种一粒粟，秋收万颗子。"这是一种跨越时空的追求和收获。种下一粒思考和上进的种子，这粒种子就可以孕育并收获下一颗种子，而下一颗还可以收获再下一颗……

这次运动会，潘思佳的第二跳——不，是"阳光六班"的第二跳，就是这个班级上进的种子所结出的另一颗种子，而且，这颗种子，还将在今后的成长中，不断地收获更多……

▎千虑一得

这次运动会，带给我的思考是多方面的，从教育的角度来讲，"做起来"和"做下去"是很突出的收获。

做起来。就是先努力把一件事做起来，做得好，而这件事，还可能会为以后的教育创造条件。做起来，需要一种主动的意识，要主动思考，主动行动，主动创造。有了这样的主动性，就可以创造出比较好的教育形式，取得比较好的教育效果。而这个成果，往往会为下一个创造埋下发芽的种子。

做下去。就是借已经做过的事情，因势而发，渐进发展，不断创造新的成果。比如，一片片秋日的落叶，就给我的教育、给我学生的成长带来一连串的收获：刚开始的"勒树狗儿"，学生们借落叶为紧张的学习生活放飞了欢声笑语；随后，这落叶变成了故园的纪念卡，赠予游子慰乡愁；接下来，有更多的落叶飞到学生的手里，成了他们吟咏"秋日思语"的彩笺；后来，这"秋日思语"又化成学生们一篇篇优美的散文，抒写着对生活的感悟；再后来，"秋日思语"又从散文跃升一个高度，引发大家对潘思佳破纪录的理性的思考；而最后，它又以美文赏析的形式，引导学生们认识美，欣赏美，创造美。

龙应台说："人生中一个决定牵动另一个决定。"的确如此，当初，我带着学生们玩"勒树狗儿"游戏的时候，何曾想到后来又会由这落叶生发出一个又一个的教育机会？反过来讲，之所以有后来一个又一个与"秋"有关的教育构思，不又都始于一开始对落叶的那个"低级"的"勒树狗儿"游戏吗？

▎披沙拣金

已经取得了冠军，还要向着破纪录的目标奋斗，这就是在"学会上进"。这是更高层次的上进，这种上进，关键在求促进、求善进。

求促进。是指集体的力量能对上进起到巨大的促进作用。积极进取，这并不仅仅是学生个体的精神状态，更应该是一个集体所具有的精神特质。这种特质会洋溢在集体的每一个角落，会渗透在集体每一个成员的精神血液里，时机来临的时候，这种上进的力量会自然而然地迸发出来，去驱使他们向着更高的目标腾空跃进。学会互相鼓励，学会互相促进，当一个集体具有这种动力的时候，它的每一位成员，就都会从这种动力中获取巨大的力量。

求善进。是指在进取过程中善于思考，掌握方法，理性进步。进步既需要热情，还需要勇气，更需要智慧。要想学会上进，要想取得进步，就要在迈向进步的过程中把握好方向，积累好经验，铺垫好步伐，掌握好技巧，把握好时机，使用好力量，调整好呼吸……这些，都是善进的智慧。

他山之石

关键词：思考

82. 品味 "阳光灿烂的日子"

> 踏着时光的地毯，沐浴着曾经的霞光，采撷起回眸的灿烂，我们品味过去。 此时，心间飘荡的，满是红彤彤的醇厚。
>
> ——题记

春风化雨

九年级上学期已经过去了一半，随着学习生活越来越紧张，有的同学开始出现倦怠、焦躁的状态。 怎样帮助学生调整状态，使他们能积极、主动、愉悦地投入到学习当中来呢？

我想到了我给学生们拍摄的那些照片——让学生通过欣赏具有正能量的照片来愉悦心情，同时也对班史进行一些必要的整理。

对，就这么办！

第一步：订计划。

这个计划，已经不再是单纯的学生心理调节的计划了，而是集心理调节、积极性调动、班史整理、语文练笔于一身的综合性活动计划。

班史的整理拟按六个子集来进行。 一个学期作为一个子集，每个子集以时间的先后为经线，以班级具有特殊意义的历史事件为纬线，配以相关照片，由学生来写照片说明及感受，做到图文并茂。

第二步：选照片。

这项工作由我来完成。 筛选的照片分两部分：一部分是抒写班史用的，一部分是开班会用的。 尽管平时对照片进行过一定的整理，但是，现在要对那么多的照片进行筛选，工作量还是非常大的。

第三步：印册页。

班史的册页基本上是以日期为单位，一日一份，每份由对开的两页 A4 纸组成。 左面一页主要是"图"，用来印制当日的照片，并为撰写照片的说明文字留下空白。 这些册页的照片都是彩色打印的，由我亲自完成。

右面的一页主要是"文"，在"阳光灿烂的日子"这个标题下，分成"阳光心语"和"阳光心情"两个栏目，分别给学生提供抒写感受和表达心情的园地；班史日期栏和姓名栏的名称分别是"阳光岁月"和"阳光之星"。 这样，这一页的页面就到处都洒满"阳光"，让人心境开朗，精神愉悦。

为了突出班级的特点，册页上端醒目的位置还印有班徽和班训，时刻激发着学生们作为"阳光六班"一员的自豪感。

第四步：开班会。

2012 年 11 月 2 日，周五的班会时间，我们召开了以"阳光灿烂的日子"为主题的班会。

"谁能知道，一年前的今天，你们都做了些什么吗？"我问道。

学生们纷纷摇头。 是啊，谁能记得住一年前自己的所作所为呢？

"同学们，一年前的 11 月 2 日，你们曾经用自己无比光彩的行动，让那一天成了一个阳光灿烂的日子！"学生们专注地听着，他们似乎已有所悟。

"想知道那天你们的样子吗？"我问。

"想——"充满期待的回答。

"我也不知道！"我开了句玩笑。

学生们立刻都笑了："老师骗人！"

我也笑了，用手点了点他们："你们哪——"

接下来，我播放了一组他们一年前的照片。 在"一年前的今天"的标题下，依次映出了他们接受老师辅导、到讲台前讲题、课堂学习、大课间跳绳、男生自主上体育课的照片……每播放一幅，我都进行简要的说明。

整个播放过程是在惊喜和欢笑中度过的。 播放之后，我对学生们在这些照片中的美好形象进行了简要的概括：阳光乐观，积极向上，努力学习。

接下来，我问他们想不想看到更多的照片，学生更来劲儿了，哪个不想啊？

于是，我提出了班史的抒写要求。

班史抒写开始了，悠扬而舒缓的轻音乐在教室里飘荡起来，学生们的心境也随着悠扬的音乐而沉静，而安宁，而愉悦……

这一天，窗外已有几分寒意，但"阳光六班"的教室里却荡漾着幸福的春光。 这春光从色彩斑斓的照片中笑盈盈地扑入学生们的眼帘，然后，化作美美的温馨飘进他们的心房，再化作微笑的涓涓细流，从他们的笔尖欢快地流淌出一段段波光摇曳的历史……

孙圣达和全班
同学一起在认真抒
写班史

千虑一得

这次班会的整个过程中，"积累"都在发挥着它不可替代的作用。

积累素材。 平日里，我为学生积累了大量的照片和视频资料，这些素材涵盖了他们学校生活的方方面面、角角落落。 也正是由于有了这样的积累，本次班会的选材才那么得心应手，此时此刻，所有以前所付出的辛苦都得到了回报，而且是加倍的回报。

积累情感。 每一幅照片，都是一个精彩的瞬间；每一幅照片，都印着一个精彩的故事；每一个故事当中，都渗透着浓烈的情感。 这情感，有师生情，有同窗情，当这些情感以光和影的姿态再现于学生面前的时候，会再次拨动他们的心弦，让他们情感的音乐重新美妙地奏响。

积累力量。 我所选取的照片，都是具有正能量的照片。 每幅照片当中的主人公，都是带着笑容的，都是充满着力量的，都是焕发着青春活力的。 看到这样的照片，他们心底充溢着的，满是开心愉悦，满是精神抖擞，满是热血沸腾。

披沙拣金

引导学生品味"阳光灿烂的日子"，意在教学生"学会自豪"。 学会自豪有什么好处呢？ 能自悦，能自信，能自强。

能自悦。 就是通过自豪达到愉悦心情的目的。 看到自己曾经光荣的过去，看到自己曾经引以为傲的历史，看到自己曾经取得过的成绩，哪个人能不发自内心地愉悦呢？ 再大的烦恼，再烦的心境，在曾经美丽的过去面前，都会烟消云散的。 学会用自己值得自豪的事情来舒畅心情，愉悦心境，这是学生调整心理的不错的办法。

能自信。 就是通过自豪达到增强自信心的目的。 自信，就是要对自己说：我可以！过去，曾经自豪的历史，就是曾经"我可以"的历史。 过去可以，现在依然能行。 回顾自豪的历史，可以有效地激发学生的自信心，让他们有勇气、有信心在当下的艰难困苦中勇往直前，奋勇拼搏。

能自强。 就是通过自豪达到振奋精神、自强不息的效果。 自豪，往往属于历史，学会自豪，绝不等于回到历史的成绩中睡大觉，而是通过这自豪的历史，激励自己不辜负这自豪的历史，激励自己奋起前行，努力创造新的自豪的历史。 学会自豪，一定要做到让今天成为明天自豪的资本，这就是自强。

▍他山之石

关键词：班级文化

83. 公开课 "公开" 的秘密

　　拆除名为 "爱护" 的栅栏，打开叫作 "保护" 的大门，把被书卷围困的生灵放到原野中去奔跑，让他们去秀一秀野性的活力，去闯一闯陌生的天空。在大千世界中生存，需要这样的历练。

——题记

▌春风化雨

　　2012 年 11 月 30 日，上完大课间之后，教物理的于雯老师笑容满面地来到班级，连连对学生提出 "强烈" 的表扬。

　　是什么样的表现让物理老师如此的赞不绝口呢？

　　原来，就在这天的第一节课，于老师用六班的学生上了一节公开课。由于需要学生们在课上当场观察现象，并当场设计出自己的实验方案，所以，这堂课能否成功，关键就看学生们当场的表现了。尽管老师对学生们的自主能力很有信心，但终归还是有一点儿不放心——毕竟，课还没有上嘛。

　　不过，公开课上完之后，老师不但终于放下心来，而且还大喜过望——学生们表现得实在是太出色了，特别是他们临场发挥而设计出来的实验方案，思路开阔，科学巧妙，赢得了老师的高度赞赏。正因为如此，于老师才特意来到班级，她高度评价了学生们的良好表现，鼓励他们继续努力，不断进步。其实，也正是由于有了老师们这样细心而及时的鼓励，学生们才能不断地取得进步。

　　说到上公开课，六班曾有过一段 "黯淡" 的历史。

七年级的时候，一些老师不大愿意在我班上公开课，为什么？主要原因是纪律不好。学生表现得很不"乖"：他们总想自己说点儿什么，总想自己做点儿什么，这种说和做，有的是学习方面的，但也有不少是脱离课堂学习的。最让人难以忍受的是，他们往往对问题有自己的"歪理邪说"，甚至能"没事找事"地造出一些旁门左道的问题来。这样，老师上课时要拿出一部分精力放在管理上面：管理没有约束的行为，管理天马行空的思维。如此一来，老师设计的教学方案很可能就会落实不了——多耽误事啊！

面对这种局面，我一方面感到惭愧：为自己没能尽快地让学生做到收放自如而惭愧，为不能迅速地替科任老师排忧解难而惭愧；但另一方面，学生们能主动思考、能勇于表达、能创造性地学习，这也正是我所追求的。

我知道，我的路子没有错，应该坚持走下去！

随着教育的不断深入和强化，老师们不大敢用我班上公开课的状况逐渐改变了，而到了八年级，这种状况的改变就更加明显了。

为什么呢？

初中阶段，往往会出现这样的现象：年级越高，学生越不爱发言，越不爱当众表现。而在公开课的课堂上，学生们如果不说话、不表现，那么，这个课堂该是怎样的死气沉沉呢？而"阳光六班"的学生却并不这样，在八年级至九年级的学段里，他们课堂上主动思考，主动提问，主动回答……而且，在保持参与热情和活跃思维的基础上，行为习惯、学习习惯也越来越规范，这样，老师们不必再为学生的"纪律"不理想而担心了。

学生们在公开课上的被认可，说到底，是学生们综合素养的被认可。这种综合素养，不仅仅体现在课堂上，更体现在他们成长的方方面面。比如，大型集会的时候，如果有学生自主上台交流的机会，那么，"阳光六班"的学生往往是最主动、最突出的。

从公开课的主动创造，到集会时的主动交流，无不体现出对学生进行素养教育的价值。而这种价值，绝不仅仅体现在小小的几堂公开课或集会上，将来，它们定会帮助学生在人生的大舞台上一显身手，为他们的进步、为他们的成功创造更多的机会。

什么是综合素养呢？

一对孪生的小猎豹，一只留在了大草原，一只送给了动物园。成年后，在动物园中长大的，体态肥硕，但它只会吃别人送来的肉；而留在大草原的，体态健美，饥饿的时候，它随时都会自己捕猎。

草原豹，就是综合素养。

▎千虑一得

怎样做才能使学生具备必要的综合素养呢？教师的追求和心态是大前提。下面的几个"点"，或许能提供一些思考。

目光远一点儿。　要想培养出具有综合素养的学生，首先需要教师具有长远的目光。这种长远的目光，就是要想到为学生的终身发展打基础，这种基础应该是全方位的，而不仅仅是文化课的学习及成绩。　如果我们把目光只盯住眼下的学习成绩，那么，具体实施教育的时候，当然就不会关注到学习以外的素养，那么，包括主动性在内的综合素养的培养，自然也就难有一席之地了。

耐心强一点儿。　教育永远是一个漫长的过程，而综合素养的培养，更不是一朝一夕的事。　它不像一首诗的背诵那么简单，也不像学一个公式的推演那么顺畅。　它需要有足够的思想认识，还需要有不断的引导培训和一次又一次的强化。　在这一过程中，需要教师具有足够的耐心，丢掉立竿见影的想法，丢掉一蹴而就的念头，踏踏实实，稳稳当当，这样才能有所成就。

功利少一点儿。　目光之远，耐心之强，都需要老师有一个平和的心态底线，这就是不要存有功利之心，尤其不能有急功近利之心。　没有功利之心，就会心态平和。　心态平和，就可以稳住心神，耐心求索，潜心研究。　这样，学生综合素养的培养就大有希望了。

当然，要想真正做到综合素养的广泛培养，更关键的在于行政部门出台与综合素养的培养相适应的评价。　那才是素养教育最根本，也最有效的推动力量。

▌披沙拣金

公开课的主动发言、集会时的互动交流，它们都有一个共同的特点：学生有主动成长的竞争意识和能力，通俗点儿说就是有"闯劲"。　有闯劲，就是"学会上进"。　这种闯劲，关键在"五有"。

有头脑。　让学生具有自己的想法，让他们用自己的大脑思考，这是有"闯劲"的大前提。　一个人只有有了自己的想法，才能够分辨是非，才能够独立行事，才能够有所作为。如果他心里想的是别人的想法，手上做的是别人想做的事情，那么，这个人只是一个工具。

有愿望。　要想做到有"闯劲"，还需要有去闯的愿望。　有的人有头脑，有才能，但是，或甘于平淡，或耽于墨守，或乐于平庸。　这样的人，也不是在主动成长，也难以形成"闯劲"。　有闯的愿望，有闯的意识，有闯的冲动，才可能有闯的行动和成功。

有胆气。　勇于竞争，勇于进取，不怕困难，不惧艰险，这就是胆气。　有了这股胆气，才有可能战胜困难，才有可能达到无限风光在险峰的境界。　反之，就算有头脑，有愿望，但畏首畏尾，前怕狼后怕虎，那么，一切还只能是空中楼阁，最好的结果恐怕也不过是纸上谈兵而已。　天生牛犊不怕虎，作为青年学生，"胆气豪"应该是他们的天性。

有技能。　学生的胆气哪里来？　除了思想意识，除了情绪愿望，还要有一定的技能做基础。就拿上台互动交流来说吧：学生有思想，想交流，也走上了讲台，但是，他不会说话，交流起来前言不搭后语，磕磕巴巴，不知所云，那么，这也不行。闯劲是需要一定的技能作支撑的。不管是思想的闯，还是行为的闯，要教学生具备一些闯的基本技能，才能使他们闯得起，闯得顺，闯得成。否则，如果志大才疏，不学无术，那么，"闯"的结果很可能是一事无成。

有训练。学生的"闯劲"不是与生俱来的，它是学习和锻炼的结果。无论是思想意识，还是主观愿望，无论是胆气豪气，还是基础技能，都需要一个培养的过程，一个训练的过程，一个强化的过程，一个熟练的过程，一个提高的过程。不断地让学生用自己的大脑思考，不断地让他们有自主行动的自由，不断地给他们创造实现自主愿望的机会，不断地激励他们勇敢地探索，不断地训练他们的基本技能，学生才想闯，才愿闯，才敢闯，才能闯。

他山之石

关键词：综合素养

84. "此时此刻" 不寻常

> "文以载道"，文以达情，文以养德。　作文，怎可以不懂情？　怎可以不动情？
>
> ——题记

▎春风化雨

2012 年 12 月 3 日，上班的时候，外面正下着雪。

此时，天还没有亮，可马路上已有人正热火朝天地忙忙碌碌，那是环卫工人们正在清除积雪。　看着他们奋力工作的身影，我忽然感到一种荣耀——顶风冒雪，跟他们一样，我也是一个辛勤的劳动者。甚至，我就是他们当中的一员，我也在为我生活着的这座城市做着自己的贡献。

雪花扑到脸上，带来的不是寒冷，而是清爽。

真好！

就这样，我一路前行着，一路自豪着，一路快乐着。

这种劳动着的愉快，这种奋斗着的豪情，是那些还在梦乡中的人所体会不到的。

我的愉悦，还有一个原因，就是我曾设计好的一次特殊的作文课今天应该可以落实了。　现在，我最大的愿望是，这场雪先不要停，最好十一点之后再停。　这个愿望，对于环卫工人来讲，可能是一种负担，但是，对于我的作文课来讲，却是非常必要的。

来到学校，赶忙打开电脑，完善作文要求……

第三节是语文课。　我迫不及待地站到讲台上："同学们，请大家向窗外看……"

窗外，雪还在下着，纷纷扬扬的，看起来很美。 对于学生们来讲，下雪，更多的就是一种风景——也许，只是一种风景。

他们想到过这风景当中还有无数艰难的故事吗？ 他们想到过风雪中曾有个小女孩在悲苦中卖过火柴吗？ 他们想到过风雪中曾有保家卫国的战士被冻成一尊尊雕像吗？ 他们想到过风雪中环卫工人正在挥汗如雨地清除积雪吗？ 他们想到过风雪中还有他们的同龄人在教室里靠搓手跺脚来取暖吗……

也许，他们没有想到，但是，他们理应想到。

于是，就有了下面的"作文提示"：

现在是 2012 年 12 月 3 日的上午_____时，此时此刻，窗外正风雪交加，你坐在温暖的教室里学习。 可是，此时此刻，与你相关的人们都在做些什么？ 比如，你的亲人正在做什么？ 比如，为你刚才上学清扫路上积雪的环卫工人正在做什么？ 比如，生活在农村或无法上学的你的同龄人正在做什么……设想一下他们此时此刻的生活情景，你一定会有别样的感受。 请以"此时此刻……"为题写一篇叙事抒情类的文章。

学生们先是观察窗外的雪景，然后，他们陷入了深思，不久，他们开始动起笔来……

此时此刻，外面的雪还在下着。

安静的教室里，我分明听到了笔尖在纸上滑动的唰唰声，还有那雪花飘落在心头的沙沙声，这两种声音交织在一起，那么清纯，那么圣洁，那么美妙。 我知道，那是人世间最美的知心之音、大美之乐。

▌千虑一得

如何在毕业年级调动学生的学习积极性？ 这方面，我曾试过如下几种做法。

合情法。 就是通过情感的牵动，激励学生学习的方法。 本次作文训练就是这种方法。 这样的方法最大的好处就是不但促进学习，更促进成长，可以让学生从多个角度懂得情感的真挚，懂得对情感的珍惜。 而这种懂得和珍惜，会是他们一生的财富。

合理法。 就是用理性来约束学生的行为，让他们能够用意志控制自己去努力学习。我们知道，学习的动力大致有两种：一是兴趣力，即学生喜欢，他们对所学的知识感兴趣，觉得有意思；二是意志力，学生可能未必喜欢，甚至是不喜欢，但是，某种需要（比如中考）使得他们必须去学。 事实上，到了毕业年级，靠意志力来学习的时候可能会越来越多。

示优法。 就是通过各种形式，让学生把自己学习的优点展示出来，从而达到促进学习的目的。 这种示优法，是从学生对具体知识的学习和掌握的角度来讲的。 比如，我们常用的优秀试卷展等，运用的就是示优法。 示优法能较好地激发学生自主学习的积极性，使学生的学习变被动为主动，是从根本上进行调动的好方法。

示错法。 就是把学习过程中出现的具有典型性的知识或方法的错误展示出来，让更多的人引以为鉴，从中受益。 运用这种方法，要把握几个要点：一是普遍性强，也就是我们要展示的错误是具有一定普遍性的，而不是个别现象，这样，才值得我们"大动干戈"。 二是针对性强，就是要针对具体现象，既解决具体的问题，又能够起到具有规律性的引导作用。

互补法。 这是一种互相帮助、互为补充的学习方式。 互补的内容，可以是学习方面的互补，也可以是学习与其他方面的互补。 比如，我班有几个学习伙伴曾开展过"喊口号与背课文"的互助互补活动。 这种互补，除了要在具体问题上取得成效外，更多的是要在学习状态上进行调整，要做到互相督促，各有所进。

披沙拣金

在风雪交加的"此时此刻"，让坐在温暖教室里学习的学生写作文，去理解相关者的生活，这是在教学生"学会懂情"。 要想学会懂情，往往需要设身处地的教育，而设身处地，关键在于给经历、给感悟。

给经历。 就是给学生经受艰难的过程。 现在的青少年，许多人是在比较优越的环境中长大的，正因为如此，他们觉得优越的条件是天经地义的；也正因为如此，他们不会懂得艰难是什么，他们当然也就不会懂得家长们的艰难。 所以，要让他们适当接触一些生活的艰难，让他们对艰难能感同身受，这样，他们才能真正学会懂情。

给感悟。 就是给学生创造经历艰难过程的同时，更要引导他们从思想感情上有所感悟。 这种感悟，是对亲人不容易的感悟，是对生活艰辛的感悟，是对自己身在福中的感悟。 要引导学生把这种感悟想清楚、说出来，这样，他们才会更深入地懂得情的真谛，他们才会更深切地懂得爱的内涵。

经历是用感受去懂情，感悟是用思考去懂情。 有了这种设身处地的经历和感悟，学生们对情感就会懂得更深刻，更厚重。

他山之石

关键词：学习

85. "三思"而行"每一次"

> 仰望星空的人，能用深邃的目光穿透世俗的浮云，去与无数的智者交会思想。要想学会仰望，请先从低头开始。
>
> ——题记

▌春风化雨

临近期末，随着身体进入疲劳期，再加上学习难度的增加等各种原因，有的学生学习状态开始发生变化，出现了没精神、没劲头、没兴趣、没热情、没信心等现象。

2012年12月19日，我对学生开展了一次以"每一次……"为话题的教育谈话，以调整学生的学习状态。这次谈话，以"每一次"为线索，分三个小专题来进行。

每一次都是"这一次"

设置这个专题的意图是让学生懂得任何一次行为都会产生一定的结果。这结果可能是好的，也可能是不好的。所以，每一次都要高度重视，并且要努力争取好的结果。

在"这一次，很光彩"这个小标题的提领下，我播放了一组学生的照片。这些照片，紧紧围绕"光彩"的主题，从不同角度展示了学生的良好行为，特别是专注学习的良好表现。

正当学生们为自己的良好表现而兴奋自豪的时候，我启发他们思考："这些照片拍摄之后的时间里，是不是自己的每一次行为都能做到这么好？"

刘懿、王可民、李俊池珍惜时间的"每一次"

学生们思考了一下，纷纷摇头。

我对他们的摇头表示赞赏："我展示的都是大家良好表现时的情景。而生活中，我们不可能每时每刻都能够表现得特别出色，任何人都是如此，包括老师。所以，从这个意义上来讲，每一次的光彩只代表光彩了这一次，而不会代表下一次。"

学生们若有所思，纷纷点头。

每一次都是"前一次"

设置这个专题的意图是让学生理解前后行为的关联性，懂得每一次行为都与之前的行为存在一定的因果关系，侧重强调"前一次"的不当行为会对"这一次"产生不利的影响。

首先，我表扬本学期上学没有迟到的同学，并请他们起立。这样做表面看起来是表扬没有迟到的同学，但其实是对最近数次迟到的同学进行提醒。

接着，我借驾驶员经常不遵守交通规则就容易造成交通事故进行类比，讲解"每一次祸患，皆因前一次放纵"的道理，并进一步引出"天欲其亡，必令其狂"的古训。以此引导他们学会约束自己的行为，以便能更好地成长。

然后，用"积少成多，积小成大，积错成恶，积懒成惰"这四句话提示要注重细节的自控，从小处着手，防微杜渐，防患未然。其中，我特意提到了以前说过的某少女毁容案，提示他们要学会控制自己的行为，不要冲动，不能做违纪的事，更不要做违法的事。

马上就要进入九年级的下学期，在学生最容易出现行为偏差的阶段，法制教育理应得到足够的重视。

"每一次落后，皆因前一次懒惰；每一次收获，皆因前一次付出。"最后，我这样结束了第二个专题的谈话。

每一次都是 "下一次"

设置这个专题的意图是让学生进一步理解前后行为之间的因果关系，但更侧重从正面强调当下的良好行为会为下一个良好行为和良好收获创造条件。

我先通过日常行为的结果列举了三组对比，让学生自我分析判断行为与结果的关系。

接着，播放包括跳绳比赛获得第二名后合影在内的一组正面行为与良好成果的照片。其中，特别展示了一部分学习成绩好和学习成绩进步明显的同学的相关照片，突出他们的学习成绩与学习状态之间的对应关系。

之后，屏幕上出现了下面醒目的四句话：

每一次，都自尊自立！

每一次，都倍加努力！

每一次，都脚踏实地！

每一次，都力争佳绩！

接下来，我又提出了班级的期末学习目标，鼓励大家"人人都能放下'上一次'的功过，抓住'这一次'的努力，取得'下一次'的佳绩"。

最后，我送给学生几句简练的"人生诫语"：

重视每一次，

告别上一次，

垫好下一次，

做好这一次！

这一次的教育，不过是教育当中的"每一次"而已。 但愿，它能在学生们的记忆中留有一抹淡淡的印痕。 将来的某一刻，需要的时候，它能闪出一次思考的星光。

跳绳比赛获得第二名是群体上进的"每一次"

千虑一得

本次教育谈话，与以往相比，具有如下几个特点：

哲理性强。 让学生从简单的现象中明白一定的哲理，这是本次教育谈话的出发点之一。 毕竟，现在已经是九年级的学生，他们对事物的认识已经具备了从感性上升到理性的能力。 让学生通过老师的分析，能够由浅入深、由小到大地明白一些事理，这种教育是必要的。

启发性强。 本次教育谈话，多以让学生从分析现象入手，通过思考来认识事物的本质，使教育更具有启发性。 这种启发性最大的好处是把老师的教育变成学生的教育，让学生通过思考，把问题内化为自己的认识，从而使教育触动心灵，更有实效。

警示性强。 本次教育谈话总体上是为了调动学生们的积极性，鼓励大家主动学习，完善自我。 但相对来讲，有关不当行为及其不利后果的理解所占的内容居多，其实是做出了更有分量的提示，甚至是警醒。 通过这样的方式及时警醒可能出现不当行为的学生，这实际上既是对个别学生的爱护，也是对全体学生的保护。

披沙拣金

挖掘"每一次"的内涵，再一次借某少女毁容案对学生进行法制教育，这既是在教学生"学会自控"，也是在引导学生"学会守法"。 学会守法，要懂得"三思"而行：能思前、能想后、能审时。

能思前。 就是做事之前，先想一想前一次的得失与这一次的关系，以便做好这一次。 引以为鉴是"思前"的核心，理性对待过往。 是非功过，既要引以为戒，又不要把它当成负担，这样才能轻装前进，把当下的"这一次"做好、做得更好。

能想后。 就是想一想这一次会给下一次带来什么样的结果，从而做好这一次。 如果可能，则向着最有利于下一次的方向努力，这样，就会最大限度地发挥每一次行为的正能量，并且能够让这种正能量延续下去。

能审时。 就是对当前要做的事情有一个清醒的认识，并且在这个清醒的认识之下再去采取实际行动。 学会审时度势，学会灵活取舍，学会趋利避害，这也是学生们应该逐步学习的。 对当前面临的形势有一个基本的判断，会有利于把事情做得更好。 而对于血气方刚的青年学生来讲，能够冷静地判断，能够理性地选择，这更是他们在这个成长期所需要的。 学会了审时，可以使他们少做或不做冲动的事情，可以使他们少走不少的弯路。

▌他山之石

关键词：思考

86. 玛雅预言与"阳光秘诀"

> 传说中的玛雅预言，传递的也许是些许的不安；而现实中的"阳光秘诀"，释放的却无疑是无限的温情。
>
> ——题记

▎春风化雨

2012年12月21日，关于玛雅预言的这个所谓"世界末日"，各种传闻曾闹得沸沸扬扬。碰巧，就在这一天，我拍摄到了一张有意义的照片，并且用它对学生进行了有意义的教育。

这天中午，吃过午饭的学生们或出去活动，或在教室里休息。这时，郭佑邦同学走过来，向我请求去为班级换一桶新水。

我本心不打算让他去：一是前几天他身体不大好，现在正处于恢复期；再有，负责换水的同学过一会儿就会回来尽自己的责任，不会有什么大的影响。

"你的身体……"我担心地说。

"老师，我能行！"语气虽然很坚决，但听得出来，声音没有往常那么有力。

我犹豫了一下，但此时他已经把空桶从饮水机上拿下来，向我笑了一下，往门外走去。不久，许傲东走了进来，他看了一眼饮水机，见没有了水桶，就又打开储物柜寻找。我知道，他在找空水桶以便去换水——按规定，换水的时候要把用过的空桶拿过去才行。于是，我告诉他，郭佑邦已经去换水了。

"哦——谢谢老师！"许傲东谢过我，也转身走了出去。

午休时间到了，学生们开始休息，教室里静悄悄的，没有一点儿杂音。

过了一会儿，教室的后门轻轻地推开了，出现在门口的是许傲东和郭佑邦两名同学，而许傲东的双手正搬着沉甸甸的水桶。我没来得及多想，立刻下意识地按下了快门。

随后，我了解到，当许傲东听说郭佑邦去换水之后，马上前去接应，在郭佑邦回来的途中，他硬是把水桶抢到了自己的手里……

一次看似普通的换水行为，其中却闪烁着那么多光彩照人的地方：郭佑邦主动换水，这是热爱集体的思想在闪光，他在身体还没有完全复原的情况下去换水，这是顽强的意志和不怕困难的精神在闪光；许傲东主动要去换水，这也是热爱集体的思想在闪光，他主动帮助郭佑邦完成换水工作，这是友爱的精神在闪光；他们都不是负责换水工作的，却都能主动为集体担当，而且是克服困难、团结互助地担当，这更是男子汉精神在闪光；他们推门的动作轻而又轻，是为了不影响同学的休息，这又是关心他人的精神在闪光……

看着他俩轻轻地把水桶安放在饮水机上，又轻轻地回到自己的座位，再看看那些正按部就班休整的学生们，我的心里不由得充满感动：有一群这么好的学生，我这个老师真是好福气！打开相机，查看刚才所拍的照片，我惊奇地发现，我给许傲东和郭佑邦拍下的这张照片的时间非常有意思：

2012 年 12 月 21 日 12 时 21 分！

"这究竟是个巧合呢，还是玛雅预言在冥冥之中要对我有什么启示呢？"我心里这样跟自己开了个玩笑。

午休之后，我故作神秘地告诉大家，就在玛雅预言传说的那个神秘的时间点上，我找到了我们"阳光六班"的"阳光秘诀"。

在一个特别的时刻，许傲东、郭佑邦为班级换水归来

在学生们疑惑的目光中，我通报了郭佑邦和许傲东为大家换水的事，赞扬了他们身上所具有的热爱班级的精神。同学们热烈的掌声过后，我还特意通报了刚才这张照片拍摄

的时间，并借题发挥，告诉他们"玛雅预言"只是一个传说，它在今天并没有变为现实，但我们"阳光六班"的秘诀却是一种真实存在的能量，而且，它每一天都在产生着积极、向上的力量……

是的，"阳光六班"的确有着自己成功的秘诀，这个秘诀也的确每一天都在产生着巨大的正面力量。从入学的第一天开始，这个"阳光秘诀"就在发挥着作用，此后的两年里，它无时无刻不以它巨大的生命力为六班人注入无限的生机与活力。特别是进入九年级之后，这秘诀更是以其前所未有的神秘力量，令"阳光六班"进步的每时每刻都光彩照人！

那么，这个"阳光秘诀"究竟是什么呢？让我们从以下的镜头中去寻觅它那夺目的光彩吧。

众多同学主动协同清理讲桌

——2012 年 11 月 8 日。

发现讲台上有粉笔灰之后，附近的学生们立刻围拢在一起，七手八脚地忙碌起来，他们有的用抹布仔细擦拭，有的把自己的纸巾献出来，还有的干脆就直接用手擦来擦去……

——2012 年 11 月 27 日。

课间，物理老师走进教室，打算把放在作业柜上方的作业当场批改完成。董俊辰同学发现后，主动给老师搬过去座椅……

——2012 年 12 月 6 日。

早晨，我正在批改作业，孙圣达同学刚刚走进教室就来到我的身边，把一盒红墨笔送给了我。原来，他发现我批改作业有时找不到红墨笔（我总是丢三落四的），就特意给我买来一盒……

——2012 年 12 月 11 日。

扫除结束后，夜幕已经降临，天气也比较冷，可是，我班有几名同学却还在操场上，没有立刻离开校园。他们在等待另两个去送垃圾袋的同学一起退校。其实，他们回家并不一路，出了校门就要分开。那么，为什么还要等呢？他们只是要通过这种方式给同伴一种同甘共苦的温情。 原来，他们的心是一路的啊！

……

这样的镜头太多太多了，我实在无法一一把它们列举出来！ 但是，我能把它们共同的特点说出来，这个特点就是——"爱"。 这种爱，是老师对学生的爱，是学生对老师的爱，是同学对同学的爱，是大家对班级的爱。

这纯真而深厚的"爱"，就是我们"阳光六班"总能无比阳光灿烂的秘诀啊！

用爱的阳光去照耀大地，大地上就没有冰雪；用爱的阳光去照耀心灵，心田里就没有冷漠；用爱的阳光去照耀灵魂，灵魂就不会迷失；用爱的阳光去照耀情感，情感就永远炽热……

"阳光六班"的"阳光秘诀"谁都能破解，但，谁都不能破除。 因为，它已经融入六班人的血液之中了。

█ 千虑一得

怎样教学生学会用爱的阳光温暖自己，也温暖他人呢？ 我的做法是要做到几个"导"字。

引导。 就是思想情感上的引导。 要给学生一个正确的认识导向，一个正确的情感方向，一个正确的行为导向。 要引导学生懂感情，让他们懂得他人为自己的付出，懂得他人对自己的厚爱，要让学生们能感受到这种关心和爱护。 这样，他们才能以感恩之心去体会这份爱，去珍惜这份爱。 既要满腔热情地关心和爱护学生，还要想方设法让学生体会和感受这种关心和爱护，这样，学生们才能逐渐学会懂得爱、付出爱。

倡导。 就是教会学生懂得别人的爱，并且倡导他们用实际行动去爱别人。 这种倡导，要以实际行动的训练为起点，要不断地引导，要把初始的响应性的行动逐步内化为学生的自觉行为、自愿行为、自悦行为。 我曾在这方面对学生进行过专项的倡导，经过一段时间的倡导，"六班的学生最懂感情""六班的学生情商最高"，这已经成了老师们对"阳光六班"共同的褒扬。 家长会的时候，我还特意把这个"倡导"的教育过程向家长们汇报，与他们共同探讨相关的教育方法。

指导。 这是从教会学生懂得爱、付出爱的方法的角度来讲的。 学生怎样做才是懂感情？ 怎样做才能懂感恩？ 怎样做才能把握好这种关心的尺度？ 一系列的问题，都需要我们老师去指导。 比如，我在做这项工作的时候，对学生提出了两个细节性的指导：第一，方便的时候，主动帮助老师拿物品；第二，方便的时候，主动帮助有困难的同学。经过这样的指导，学生们很快就能做到从小事入手关心别人了。

疏导。 学生心情愉快，心理健康，他们的行为才能是阳光向上的。 要做到这一点，一是创设良好的心理环境，就是通过老师们主动的教育，为学生创造健康、愉悦的心理环境，使他们能够爱得出来，能够阳光得起来。 二是干预心理问题，就是教师主动解决学生出现的心理问题。 这方面，需要老师，尤其是班主任老师给学生创设一条心理疏通的通道，让学生有机会把内心的想法倾诉出来。 要做到这些，就要放下架子，真正走进学生的心里，让他们有意愿、有勇气与我们交流。 同时，还要给学生一个正确的认识方法，让他们学会辩证地看问题。

▌ 披沙拣金

一次普通的换水，被探出了爱的秘诀，这也是在教学生"学会懂情"。 要想让学生学会这种以关爱为主题的懂情，可从重细察、重亲为入手来培养。

重细察。 就是引导学生细心观察、细心发现能够表达关爱之情的地方。 怎么才叫重感情呢？ 仅仅心里有是不够的，感情需要表达出来，让对方看得见、感受得到，这个重感情的过程才算完成。 而要想做到这一点，就需要找到能够表达情感的机会。 这些机会，只有细心观察，才能找得到；而且，只要细心观察，就一定能够找得到。 生活之中，可以表达情感的机会随处可见，用心就可以了。

重亲为。 就是注重以自身亲力亲为的行动来表达关爱之情，而不是靠物质寄托。 这种亲力亲为的行动，不需要什么大汗淋漓，不需要什么气喘吁吁，动了就好，做了就行。 对于学生来讲，最真诚的情感，就是以自己的亲力亲为来表达的情感，因为这才是真正为学生所有的。 这种靠自己的力量表达出来的关爱，最真诚，最纯真，最美好，最可贵。

亲为，关键要注重从日常的小事做起。 举手之劳，随口之言，点头之礼，都是表达这种情感的主角。 其实，也正是由于细小，才越显得体贴，才越显得真诚。 所谓的细微之处见精神，就是这个道理吧？

▌ 他山之石

关键词：关爱

九年级（初三）

下学期

87. 舞剑唱春光

和风中舞一段追求的从容，骤雨里弄一弦奋斗的清雅。 进取而内敛，拼搏而淡定，这就是修炼。 自如也。

——题记

▌春风化雨

2013 年 2 月 27 日，"阳光六班"召开了初中阶段最后一个期初的班会。 这个班会，既是新学期工作的大启动，也是初中教育整体收束的总动员。

关于班会的主题

这次班会的主题是——舞剑。

所谓"舞剑"，就是以无比的自信和高超的"剑法"，让学习不但追求到一种成功，还要在这个过程中体验到一种快乐。 让这个包括备战中考在内的收束过程既紧张又从容，既全力以赴又不如临大敌。 一个"舞"字，舞的是从容，舞的是快乐，舞的是享受。

为了有助于达到这个效果，班级还设计了一块宣传板，宣传板上除了具有鼓舞作用的旭日等形象，还配了一副对联形式的宣传语：

九霄壮志，知剑识君子，铸剑担大任，砺剑三载淡然笑冬雪；

六艺雄才，仗剑示豪杰，试剑做栋梁，舞剑一路快哉唱春光。

这个宣传语以句首嵌字的方式点出了九年六班的意思，它上联书壮志，这是精神追求，下联展雄才，这是能力展示。 整副对联以宝剑为线索，高度提炼了"阳光六班"六个学期的班会主题和学期的工作中心——知剑、铸剑、砺剑、仗剑、试剑、舞剑，较好地体现了本次班会的主题。

班会中先进分子正在接受表彰

关于班会的内容

这次班会的目的是：鼓舞士气，健康心理；备战中考，务实具体。

班会的程序分成"剑光闪烁""光彩足迹""奋勇前行""殷殷寄语""剑舞之快"等五个步骤。

其中，"奋勇前行"的环节是请一部分同学上台发言，他们或谈感想，或讲方法，或鼓干劲，从不同角度引起大家的思考，激发上进心，调动积极性。

这些发言的题目是：

1. 坚持就是胜利。

2. 信心是胜利的前提。

3. 要学得清清楚楚。

4. 我的木桶无短板。

5. 轻装前进才能跑得更快。

6. 目标远才能跑得远。

7. 沉稳决定分数，拼搏决定未来。

8. 不分神，不丢分。

9. 高分在于准确。

10. 数学满分的启示。

11. 活跃与持重。

12. 先思考，再回答。

13. 默写满分不是梦。

14. 一分耕耘，一分收获。

而"殷殷寄语"环节则是通过让学生观察照片、口头作文的方式，启发思考，增强信心，调节心理。

其中，口头作文是让学生观察一些照片的内容，然后按学号的顺序、以第一人称连续叙事，最后，每个人的叙述合成一个相对完整的故事。这种方式有点儿类似成语接龙，不过，这里接叙的是同一个事件的不同阶段。

用来口头作文的照片都是我前几年上班途中所拍摄的，这些图片完整地记录了一棵小树从栽种到成活、到新枝发芽、到长叶、再到开花、到花萎花落直至结出如笑脸一般红果的过程。在最后"花开艳艳"和"红果笑颜"的两幅照片中，特意嵌入了冰心那著名的诗句："成功的花，人们只惊羡她现时的明艳！然而当初她的芽儿，浸透了奋斗的泪泉，洒遍了牺牲的血雨。"这既激励了干劲，也复习了名著的阅读。这些照片共有45幅，我们就把这个口头作文的题目叫作"共同讲述关于成长的45个瞬间"。

班会的最后，学生们通过练呼"冲锋号"来鼓舞士气。随着两位学习委员的领呼，男生、女生分别响亮地呼出了备战中考的冲锋号：

晨钟响，跃朝阳；你最强，我更强！

……

"羽扇纶巾，谈笑间，樯橹灰飞烟灭"，这是何等的大从容！又是何等的大气魄！而这大从容、大气魄来自哪里呢？来自那发自心底的大追求、大胸怀。生活中，我们需要这种从容和胸怀，而要想做到这一点，需要我们跳出思想的蛙井，以更高的视角来审视自己，来审视自己的作为。当懂得现在之你不过是一生之你的一个小小瞬间的时候，还有什么不从容的呢？

千虑一得

这次班会突出了如下几个特点：

鼓励性。 让学生们学有信心，充满力量和勇气，这是本次班会的核心任务。所以，班会的各个环节都注重了对学生的鼓励。比如，本次表奖设立了"书写字迹工整、单科（项）进步、单科满分……学习先进互助组"等十个奖项，既有学习态度的，也有学习方法的，还有学习成绩的；既有学生个人的，也有学习小组的。这些奖项的设立，确保了每个学生都有机会获奖，确保了不同层面的学生都能得到鼓励。

悦心性。 心理调整是本次班会的目的之一，所以，无论是通过激励给信心，还是通过表彰给自豪，抑或是通过口头作文给笑声，都是在不动声色地进行心理调整。面临中考，真正想学习的学生都会面临很大的压力。在这样的背景下，学生会是怎样的一种心境呢？ 恐怕是怎一个"烦"字了得吧？ 所以，在班会的设计中精心安排，力争让学生在每个环节都不但不沉重、不压抑，还要乐起来、笑起来。

█ 披沙拣金

　　"沉稳决定分数，拼搏决定未来""活跃与持重"，这些让学生在班会上交流的专题，是在引导学生学习中"学会沉稳"：沉下心，稳住身。

　　沉下心。 就是要有沉静的心态。 以一种平和的心态去对待学习，以一种沉静的心态去思考问题，学习中不急不躁，不温不火，不忙不乱。 有了这样的心态，思考问题就能深入进去，思考问题就能全面起来。 而要做到这一点，把关注的目光投入到知识的本身就显得非常重要了。 当心无旁骛、一门心思研究学问本身的时候，心态也就会沉静下来。

　　稳住身。 这句话有两层意思，首先是行为举止的稳重。 这一点，不仅直接关系到能否具有沉稳的学习状态，从某种意义上来说，还关乎着身体的健康。 行为举止的稳重，会使身体受到意外伤害的可能性大大减少。 "稳住身"的另一层意思是书写表达的稳妥，这是学习技能的问题。 有时候，学习不仅是脑力劳动，也是一种体力劳动，而且还是一种具有相当"技术含量"的体力劳动。 比如书写——书写的整洁度，书写的格式规范性，都具有一定的技术含量。 具备良好的书写技能，就可以把学会的知识清楚地、高质量地表达出来。

█ 他山之石

　　关键词：宝剑，班会

88. 日月同辉笑春风

> 霞光荡金，月华流银。 精神的画板上，我们从不缺少这两种闪光的色彩；心灵的相框里，我们总能镶进这两样色彩的美丽。 日月同辉，那是天空最美的风景。

> ——题记

春风化雨

向大家隆重介绍两张照片。 这两张照片看起来似乎很平常，然而，它们的背后却都隐藏着无比闪光的故事。

第一张照片是"阳光六班"全体男同学的合影。

2013 年 3 月 4 日，下午。

学校后操场上还覆盖着一层冰雪，这些冰雪给学生的活动带来了许多不便。 大概是自习课吧，几个班级接受了清除冰雪的任务，其中，就有我们"阳光六班"。

接到通知之后，我班的男生们立刻行动起来，他们没有让女生参加除雪，而是由他们自己承担起班级的全部任务。 在李俊池等男生班干部的带领下，他们靠自己的组织和管理高质量地完成了任务。 而整个过程，我这个班主任不知道，没参与，完全被"晾"在了一边。

第二天，几位同事无意中跟我谈起了我班男生除雪的情况，她们对我班男生的表现大加赞赏。

我知道这些"淘小子"们（其实，他们早都不是淘小子了）会表现得很好，但是，没想到他们能表现得那么好！

"阳光之阳"——
长大的男子汉们在
独立除雪后的操场
上自豪地合影

男子汉了，男子汉了啊！

听了老师们的夸奖，我想，我还应该做点儿什么。 于是，体育活动课的时候，我让体委把男同学集中到一起，向他们通报了学校的表扬。 之后，我告诉他们，在他们的身上，我看到了男子汉的光辉。 最后，我请他们站在自己昨天刚刚清理得干干净净的操场上，给他们留下了一张既平凡又特殊的纪念照。

你看，他们紧密相拥，笑得多么开心，笑得多么灿烂！ 这种笑，是阳刚的笑；这种笑，是自豪的笑；这种笑，是向上的笑；这种笑，是成长的笑……

这一天是 2013 年 3 月 5 日，恰巧是一年一度的"学雷锋纪念日"。

第二张照片是"阳光六班"女同学的合影。

体育活动课上，男同学在热火朝天地打篮球。 女生们呢，或是开开心心地玩着不知名的游戏，或是专心致志地研讨着问题。 一贯的柔和，一贯的温婉，一贯的活泼，一贯的美好。

"阳光之花"——
从来都让老师放心
的好女生们灿烂地
合影

我常说，六班的女生是最让我放心的。 这不仅仅是表扬，也是期待，更是事实。 两年多来，我班女生的的确确让我非常省心，她们稳重而不失活泼，文雅而不失活力，表现出好女生所应有的好气质。 可是，我忽然发现，我竟然几乎没有专门给她们照过几次集体照！ 因为放心，所以专门跟她们在一起的时间就少了很多，那么，专门给她们照相的机会自然也就少了。

今天，我要弥补这个缺憾。

我请班干部把女生召集起来，告诉她们，就在她们站着的地方，前几天曾留下过"阳光六班"男子汉的风采。 接着，由男生的显著进步引出了女同学的令我放心，我高度评价了女同学两年多来为班级做出的巨大贡献，高度赞扬了她们身上所具备的优秀品质和美好气质。 其间，我特意提到了她们入学不久就独立进行的大扫除等几个具有代表性的事例，听得大家喜笑颜开。

于是，就在这自豪的快乐中，我给她们留下了这张同样具有特殊意义的女生集体照。你看，她们笑得多么开心，笑得多么灿烂！ 这种笑，是柔美的笑；这种笑，是自豪的笑；这种笑，是向上的笑；这种笑，是成长的笑……

这一天，是 2013 年 3 月 7 日，是"三八"妇女节的前一天。

要不，就把它定为"阳光六班"的"美好女生节"吧！

这两张照片，各有各的故事，各有各的美好。 "好女生"让我放心，"男子汉"让我开心——都是那么令人舒心！

这种舒心的感觉可以说是由来已久的。 它起于七年，形于八年，盛于九年。 而从上个学期开始，这种舒心已经成了我日常生活最常经历的情感体验，随时随地，我都可以看到这种舒心的图画；随时随地，我都可以听到这种舒心的乐音。

我知道，这舒心的图画，是这些可爱的学生们用他们的上进画出来的；这种舒心的乐音，是这些向上的学生们用他们的真情演奏的。

"做个男子汉""做个好女生"，这两项专题教育已经开展两年多，刚开始的小顽童们，正用最出色的表现证明他们已经成了男子汉，已经成了好女生。 他们，不愧是"阳光六班"的"阳光之阳"！ 她们，不愧是"阳光六班"的"阳光之花"！

是时候总结一下了。

2013 年 3 月 8 日，星期五班会的时候，我以"成功的一半"为主题进行了一次教育谈话。

谈话的方式依然是以照片展览配现场解说的方式来进行。 谈话的主要内容分成"我爱我家、努力学习、更上层楼"这三个专题。 其中，第一个专题以热爱班级为主线，按"男子汉风采"和"好女生气质"这两个部分，从不同的角度展示了每一位同学的闪光之处。

班会的最后，分别从男生和女生当中找出学习状态具有带动性的几位同学，以他们的姓名来给当前所必需的学习状态命名，并用这些命名形成一个"七种劲儿公式"，以此激励大家努力学习：

刘懿的跟劲 +张宇涵的韧劲 +张欣然的追劲 +郝韵慈的稳劲 +唐艺洧的钻劲 +马铭辰的准劲 +杨钧杰的抢劲 =最好成绩

这次教育谈话，相当于是对"做个男子汉"和"做个好女生"这两项专题教育的一次概要的总结，不但让每个学生都从不同角度看到了个人的进步，更从整体上对男生和女生这两个群体的进步进行了形象化的展示。

好女生，男子汉，这是两个各具特点的光辉形象，他们共同构成了一个"阳光六班"的春光全景图：一个是冰清玉洁的月亮，一个是火红热情的太阳。 蔚蓝高远的天空中，它们交相辉映，让春天的日子散发着最本真、最纯洁、最美丽的光辉，把六班的世界照得清亮亮、暖洋洋。

▌千虑一得

男生独立除雪这件事，我用如下几个"有"来评价它。

有担当。 接到任务后，男同学们没有躲避，没有退缩，没有推诿，他们毫不犹豫地担当起这份责任，而且满腔热情地去落实这份责任；甚至连我这个班主任都没有报告，也没有请科任老师帮忙，他们自己就直接承担起这份责任。 这种责任意识，这种担当意识，在今后的人生当中会为他们创造更多的发展空间，会给他们赢来更多成功的机会。

有能力。 这种能力，首先是全体同学的劳动能力和团结一心的合作能力。 大家不但肯干活、会干活，而且能把活干好。 具备这种劳动能力的前提是不鄙视劳动，是热爱劳动，这是一种难能可贵的品质。 在"阳光六班"学生身上（包括女生），总能看到这种优良的品质在闪光，了不起！

这种能力，还包括男生干部们的组织能力。 在没有本班老师在场的情况下，班干部们独自担当起组织管理的责任，他们要组织协调所有此时需要做的工作，比如，整理队伍，领取工具，分配任务，提示安全，等等。 这种组织协调的能力，这种把握全局的能力，这种团结合作的能力，不是随随便便就能练得出来的，但是，我们的班干部做到了，了不起！

有风度。 没有让女生参加除雪，我班的男同学绝对具有这种照顾女同胞的"绅士风度"。 平时，碰到难、险、重的工作，只要有男生在场，那就轮不到女生去做。 这是"阳光六班"的一个规矩，也是一种风尚，一种让男生更男子汉的风尚。

披沙拣金

没用老师管理，没让女生参加，男生独自承担除雪任务，并且高质量、高效率地完成了任务，这就是做到了"学会独立"。学会独立，有两个重要的标志：独立承担，独立成事。

独立承担。 就是有主见，有担当意识，能够主动承担责任。能够独立承担，必须有自主独立的想法，必须有勇于担当的意愿。独立承担，还要有责任感，知道承担的责任是什么，知道承担责任所需要的能力有哪些，这样，才能立得起来。

独立成事。 就是有能力独立做成事情。独立成事的含义有两方面，一是把要独立做的事情做完，二是要把事情做好。把事情做完，相对来讲也许不是十分困难，但是，要把事情做好，就不那么容易了。做好就是好效果，做好就是高质量，而对于学生来讲，要达到这一点，非经历一定的历练和积累不可。这就需要日常学习生活中经常放手，让他们得到锻炼，具有这方面的素养才行。

他山之石

关键词：男子汉

89. 以健康的名义

健康，是一种状态，也是一种心态，更是一种态度。

——题记

▎春风化雨

临近中考，体育活动课怎么上？ 有两个问题，不能不引起思考。

首先，是身体安全问题。 不适当的活动，很可能会给身体带来意外伤害，这种伤害无论什么时候都应该尽量避免，而在这个时期更是要极力避免才好。 其次，从应考的角度来看，学生此时需要一种相对沉稳的状态，而剧烈的大运动量的活动，不利于他们这种状态的形成和保持。 这有点儿像射击运动员参加比赛的情形：赛前要尽量保持一种沉稳、宁静的状态，这样才能发挥得好；如果赛前蹦来蹦去、又跑又跳的，多半不会是射击运动员，除非他参加比赛只是为了玩玩而已。

在这样的背景下，体活课怎么上更合适些呢？ 先了解情况、征求意见吧。

通过了解，学生们的想法大致可分成这么几类：

第一类是"激进派"。 他们主张体活课大玩特玩，不累得个爬不起来决不罢休。 这类学生也就那么一两个。

第二类是"保守派"。 他们觉得体活课的时间还是完全用来学习为好，毕竟临近中考，时间太紧，任务太重。 这类学生大约三四个，都是极端重视学习的学生。

第三类是"改革派"。他们觉得学习和运动应该并重，哪方面都不能偏废。所以，在体活课上要适当运动，保持活力，同时也要适当学习，为中考做准备。这部分学生占了大多数。

第四类是"从众派"。他们没有什么明确的想法，大家做什么就跟着做什么。这部分学生多为对学习也重视，但也不放弃活动的那种。

根据这个调查，再考虑到当前工作的实际需要，我对这一阶段的体活课提出了以下的建议：

1. 体活课要上，尤其是不爱运动的同学。

2. 活动时间的长短灵活安排，不必（也不能）一直活动。

3. 活动项目有限制，优先练习中考体育加试项目，不剧烈运动（如踢球等）。

4. 活动之余可以进行适当的研讨学习。

这几项要求具有强制性和鼓励性的特点。这种强制一是确保学生都参加活动，以使身心得到调整，充满活力，避免出现死气沉沉的无效学习状态；二是把中考体育加试项目放在活动的优先地位上，确保中考时此项不受影响；三是确保参加活动的学生不出现意外伤害，避免影响健康和中考的事件发生。而鼓励性主要体现在对闲散时间的充分利用上，不活动的时候，学生一边休息一边适当地学习，一举两得。

中考前夕，人们可能更关注如何取得最好的成绩，这是必然的，也是必要的，但是，在这过程中，学生的健康更需要得到格外的关注。因为，没有健康，就没有一切。

有时候，学习和学生就像空气和气球。空气充得足够，会使得气球更加圆满。但过于"圆满"未必就是好事——空气充得多了，还可能让气球变得脆弱，搞不好，一粒微小的沙子都可能让它崩溃！即使没有崩溃，但球壁也已经薄得弱不禁风，那么，将来，它还怎么能飞得更高更远呢？

请保护好被充气的气球吧

——以健康的名义！

▌千虑一得

中考前夕，学生们体育活动与学习研讨相结合的方式主要有这么几种。

动主学辅式。就是把活动课分成体育活动和学习研讨两个阶段。这种方式的学习时间一般都不长，往往在正式体育活动之前进行，完成之后大家就可以进行体育活动了。

这时的学习研讨，往往会以问答检测的方式进行。由于是在体育活动的场地上进行，没有教室里上课的种种要求，学生们可以随意说，随意笑，随意动，所以，这种对学习的检测本身就是另一种形式的体育活动，常常充满欢声笑语。

自由协作式。就是通过自愿组合、自由选取学习内容，互相协作的方式。这种方式比较灵活，随时随地，随心随意，通常情况都是边活动、边学习。比如，几位同学自愿组合，先做些适当的体育活动，然后互助研究一些问题，研究的时候，可以边走边说，边说边走，不受任何严格的限制。

动学互促式。 这是一种完全由学生自己创造出来的活动和学习方式。他们把学习和运动比较完美地结合在一起，创造出运动型学习方式的新模式。比如，姜雅珊、徐天姿、封嘉顺、潘思佳这几位女同学，她们创造出一种"踢毽背题式"的运动学习方式：轮流踢毽子，谁的毽子落地，谁就回答一个某学科的问题，其他人负责考核，过关后再往下进行。这样，玩中有学，学中有乐，乐中有进，也算是体育活动课的新境界吧？

姜雅珊等几位女同学正在"踢毽背题式"地运动

▌披沙拣金

中考之前的体活课，对学生提出"不剧烈运动"的要求，是在教学生"学会避患"。学校生活中，以下几方面的避患不可忽视。

避物患。 是指学会避免受到各种物品的意外伤害。这方面，"尖、角、电、化"是四大隐患。尖，是指带有尖锐部分的物品，比如，笔尖、圆规、笔刀、碎玻璃、树枝之类；角，就是带有硬角的物体，比如，课桌的棱角、楼梯扶手的拐角、各种建筑墙体的拐角之类；电，是指所有与电有关的物品；化，是指化学课使用的器材、药品之类。

避动患。 就是学会避免活动所造成的伤害。要做到这一点，须谨守"合理"和"适度"这两个规条。所谓合理，就是合乎科学规律，合乎人情道理；所谓适度，就是即便是合乎科学规律和人情道理，也应该掌握好一个度的问题，不可过度。比如，课间活动中，很多男生都喜欢追逐跑跳，正在长身体的时候，多运动绝对不是坏事，这就是"合理"。但是，如何把握这个度呢？如果在追逐中拼尽全力，横冲直撞，那就很可能会造成自己或他人的意外伤害，这就是没有做到"适度"。

避心患。 是指学会避免因心理问题而造成的伤害。初中阶段，正是学生们进入青春期的关键时期，如果这个阶段的心理问题得不到很好的解决，往往会对学生造成伤害。这方面，"争""比""孤""霸"是比较突出的几个问题。争，是指学习等方面的相互竞争；比，是指学生之间在物质生活、家境等方面的相互攀比（比如拼爹）；孤，是指性格孤僻等原因造成的个别学生的边缘化、被孤立；霸，是指学生群体中恃强凌弱的霸道行为。"争""比""孤""霸"都会给相关学生带来一定的心理问题，其中，"争、比、霸"所带来的心理伤害绝不仅仅是其中的弱者，从另一个角度看，那些所谓的强者其实也是这种不当行为的心理受害者。

他山之石

关键词：健康，体育活动

90. 推开心中的"阳光之门"

推开心墙的那道门，展现在眼前的，必然是一条豁然开朗的大路。这条路也许并不平坦，但它必定一直通向更加宽广的前方。

——题记

▌春风化雨

近来，有学生出现对家长的教育不理解的现象，有的还跟家长闹别扭，发脾气。

我知道，这其实不能全怪学生。但是，作为老师，我要做的，更主要的是努力帮助学生正确认识家长的良苦用心，至少，能做到不逆反。

怎样做既能让学生明白道理，调整心态，又能心悦诚服地欣然接受呢？

那天早晨，我靠在教室后面的窗台上，眼睛无意识地看着正对面的教室后门，心里却在想着帮学生调整心态的事。

一会儿，门开了，有学生走了进来，向我行礼后，又把门关上。一会儿，门再打开，再关上；一会儿，门又打开，又关上……门不断地开来关去，我的思考也是断断续续，就像那电压不稳的灯光一样，闪来闪去，总觉得有点儿思维的光亮，但总是模模糊糊地转瞬即逝，没有什么明晰的想法。

晚上，打开我的"百宝囊"，想从那里找到点儿灵感。"百宝囊"，这是我对我的移动硬盘的爱称——这里面存储着我给学生们所拍摄的所有影像资料，需要的时候，打开它，里面应有尽有。

毫无目的地翻看，看到了七年级"一举多得的大扫除"学生擦门的照片……看到了我教一个小男生学习锁门的照片……又看到了玛雅预言地球毁灭那天学生换水回来推开门的照片……看到这些与门有关的照片，早晨教室里后门不断开来关去的景象再次在头脑中闪现，门？ 对，就是它了！

我的头脑中忽然灵光一现，一下子有了主意。

接下来，立刻动手，构思程序，制作课件……第二天早上，我又专门照了几张教室前后门的照片，把它们补充进课件里。

这天是 2013 年 3 月 15 日，星期五，恰好有一节班会课。 班会课之前，一切已准备妥当。 班会的主题是："阳光之门。"

这次班会，共分三个阶段。

观察光彩之门

首先播放了精选的几张七年级至九年级的照片，这些照片都有一个共同的形象：门。

与这些门紧密相关的，是每幅照片里学生们正在发散着正能量的光彩形象：他们遵守规则，认真学习，助人为乐……所以，看到这些照片的时候，学生们都是在回顾光荣和自豪，都是在经历愉悦的情感体验。

思考内涵之门

屏幕上播放了五个字——门外，門，门里。

其实，与其说它们是五个字，不如说是由这五个字构成的象形画。 这五个字里，中间的"門"字特意选用了繁体字，并且十分高大；这个"門"字的左边是"门外"二字，右边是"门里"二字。 这样安排，就是为了增加说理的形象性和趣味性。

"大家请看，假如中间的这个'門'就是我班教室的门，那么，请你们想一想：在这扇门的门外和门里，都有些什么呢？"我问道。

我请学生们用关键词把自己的理解写在黑板上，不长时间，黑板上已经密密麻麻地写满了各种各样的理解。 对"门外"的理解有"阳光、阴雨、篮球、操场、清风徐徐、月黑风高、大汗淋漓、精彩、足球门、低年级的小豆包"等等，对"门里"的理解有"讨论、无奈、阳光、展板、书声琅琅、亲切、向上、温暖、热情、积极、家、家人、活泼、团结、乐观、所有好的、变化的人、友善的同学、发言、听讲、青春、老师、阳光灿烂的幸福、天天长大的我们"等等。

同学们在黑板上写出自己对 "门里" 和 "门外" 的理解

　　写完之后，我请全班同学都认真观看他们所写的内容，然后，对大家说道："同学们的理解都动了脑筋，都很有道理。我们看，这些理解，从情感色彩上来看，无论是门里，还是门外，都有肯定和积极的赞赏，也都有否定和消极的评价。那么，究竟应该怎样理解这门里和门外的一切呢？"

感悟阳光之门

　　首先，播放出本次班会的标题——阳光之門。

　　这个标题当中，依然选用繁体的 "門" 字，而且把它设计成彩色立体的形象，这个 "門" 字当中还嵌入了我班教室后门的照片。整个 "門" 的形象色彩鲜亮，与 "阳光" 的内涵相契合。

　　我引导学生重点理解门的两大特点：屏障作用和规则意义。

　　我告诉他们，门是一道屏障，它可以保护我们，把危险隔绝在外；但同时，门也是一条界线，在受到这屏障保护的同时，就要遵守这屏障的规则。

　　然后，我列举出与门外和门里相关的几组关键词："随意与守则、游戏与学习、活跃与安稳、喧嚣与宁静、寒冷与温暖、陌生与熟悉、孤独与关爱"，通过这些词语的对照，帮助学生理解事物的两面性，让他们自己取舍，自主选择。

　　接下来，我依次播放了下面的文字：

　　门是一道屏障，这扇门由爱护铸造；

　　门是一道界限，这扇门由规则制成。

　　……

我们该怎样对待这扇门?

走近它的时候,我们满怀温暖:因为它是关心;

走进它的时候,我们满怀感激:因为它是保护;

关上它的时候,我们满怀珍惜:因为它是宁静;

离开它的时候,我们满怀幸福:因为它是护佑;

……

损害这扇门,它可能会把你拒之门外,把你扫地出门,最后让你求告无门;

爱护这扇门,它就会开门揖客,为你大开方便之门,让你鲤鱼跃龙门!

说到这里,我把话题自然过渡到如何理解家长的教育上面:"班级的门是这样,那么,我们自己家里的'门'不更是如此吗? 每天都出出入入的家里的那道门,它给了我们每个人多得多的温暖,多得多的庇护,多得多的关爱。 可是,我们又何曾关注过、理解过、关心过它!"

接着,我引导学生们学会正确理解家长的教育,做一个懂感情、有境界的人。

……

制作课件的时候,我只是把自己的思考一条一条地嵌进了画面,并没有考虑到这些思考的整体构思问题。 直到整理这个课件文字的时候,才发现把这些文字连缀在一起,居然也可以看成是一篇还算凑合的感悟性的小短文,这是个意外的收获。

其实,没有哪一次收获是上天白白送你的。 意外的收获,往往来自你曾经努力的播种,来自你现在的细心收割。 就像这扇门,它只不过是把平时的果实储存起来,需要的时候,再把门打开,取出曾经的耕耘而已。

▌千虑一得

这次"阳光之门"的教育,有这么几点"门道"值得一提。

推开心门。 所谓心门,就是指一门心思要把教育落实的想法。 不管是什么事情,不管是要进行什么样的教育,如果能做到心里想着,口里念着,时时刻刻把这件事放在心上,时时刻刻想着推开思索的大门,那么,我们总能找到解决的办法,总能找到合适的教育方式。 在这个教育案例中,从一开始有个念头,到后来的产生灵感,再到后来的理顺思路,这是一个专注思索的过程,是个努力探寻的过程。 这个过程可能会很长,但经过思考的历练,我们不但会解决具体问题,还会让自己的大脑更加灵活,让自己的专业素养得到更大的提升。

找到窍门。 这里所说的窍门,是指能巧借万物为教育所用的思路和方法。 这个窍门,首先是"发凡"——开发平凡,挖掘平凡。 从最常见的事物中挖掘其不平凡之处,让学生在对平凡事物的深入思考中体会深刻的道理。 其次是"取巧"——巧妙联想,为我所用。　在这个案例中，巧借门的形象性和象征性特点，从 "门" 字的外形特征入手，再紧密结合学生的实际生活，深入浅出地引发学生思考，从而达到教育的目的。

巧走旁门。　这里所说的 "旁门"，就是指那些不直入主题、通过在侧面起作用来达到目的的教育方法。　本次教育，目的是要解决学生对家长的教育不理解的问题，但是，整个的教育过程大部分内容都与家长 "无关"，直到把教室的 "门" 反反复复地研究透了，最后才提到家长这道 "门"。　这样，走 "旁门左道"，搞 "旁敲侧击"，有了足够的铺垫，直至水到而渠成。

守住法门。　一切从学生出发，让学生动脑，让学生动口，让学生动心，让学生动情。　这是对学生进行教育的不二法门。　守住这道法门，教育才会真正落实，才会真正有用。　本次的案例，始终以学生为根本，让他们以各种方式进行自我教育，自主成长。　一开始所选的照片，都是他们自己良好表现的照片；接着，让他们观察这些照片，找出共同点，这是让他们学会观察和思考；然后，在观察的基础上，写出对门外和门内的理解，这更是进行思想的培养；接下来，在对门深入理解的基础上，引发他们对自己行为的反思；最后，在对门的理性认识的基础上，引发他们对家长的理解，从而进行情感的教育。　所有环节，无不尊重学生的主体地位，无不发挥学生的主体作用。

打开闸门。　这是从教育积累和运用的角度来说的。　教育是需要积累的，这种积累，是经历的积累，是素材的积累，是经验的积累，是思考的积累，是情感的积累……这些积累，最后形成一座教育的水库。　需要的时候，打开这座水库的闸门，那些教育的资源之水就会奔涌而出，给我们带来取之不尽的灵感和力量。　比如，这次的教育，如果没有以往那么多照片和思考的积累，我就很难会产生以门为突破口的教育灵感。

教育学生，有时候会让我们摸不着门，但只要我们推开心门，守住法门，试试打开闸门，再学会走走旁门，那么，命运之神一定会为我们开启一扇通向海阔天空的智慧之门。

▍披沙拣金

从理解班级的门，到理解家里的门；从理解家里的门，到理解亲人的护佑和关爱，这是从另一个角度教学生 "学会孝敬"。　从学生当前的状况来讲，学会孝敬主要可从 "能善己" 和 "能事亲" 这两方面去努力。

能善己。　就是努力做好自己。　怎么，做好自己也是孝敬吗？　没错。　家长的心愿是什么？　是希望自己的孩子好。　这个好是多方面的，是全方位的。　为了实现这个心愿，家长们含辛茹苦，全力以赴。　所以，作为正在成长中的学生来讲，能懂事，能自立，能把自己的事情做好，能让家长少操心、不操心，这就是最基本的孝敬。

能事亲。　就是学会主动以实际行动去敬爱亲长。　这种敬爱，关键体现在态度、语言和行为上，而态度又最重要。　温和而恭敬，这是最起码的孝敬之态，但是，现实生活中，有的孩子根本不懂、不会、不能以这样的态度对待家长，而对家长耍脾气、使性子的现象，倒是常常见得到。 这一点，我们不妨试一试"以客情待亲人，以亲情待客人"，没准会收到一定的效果。

学会孝敬，有一点值得特别注意，那就是理清"孝敬"与"孝顺"的区别。 孝敬不等于孝顺，孝敬不等于对父母、对长辈百依百顺，因为，父母长辈不是全才全能、全会全对的神，如果要求当代的孩子对父母、对长辈百依百顺，那么，就等于让这些孩子永远长不大，永远没有活力，永远没有创新，那样的话，几乎就等于是让社会停止进步。

▌他山之石

关键词：感恩

91. "百日动员"为哪般

把骏马牵到战壕的前沿,让它听那急促震耳的鼓角争鸣,让它看那遮天蔽日的烽火狼烟。让它腾空奋蹄,让它昂首嘶鸣,让它热血沸腾,让它冲锋陷阵……然后,它才叫作战马。

——题记

▌春风化雨

距离中考一百天左右的时候,会对学生有一个动员活动,人们把这项活动称为"百日动员"。除了学校的统一动员,我在百日动员的当日还组织本班学生做了三件事。

第一件事:观看专题片。 我给学生播放了两段视频和一部专题片。

第一段视频是"虾虎鱼"逆流攀爬绝壁的纪录片片断。这种虾虎鱼有一种奇特的本领,它们能在奔腾而下的瀑布当中,紧贴着悬崖绝壁的表面逆流而上,最终爬上悬崖顶端,再逆流而上,游到某处水域去。看到这段视频,学生们被深深地震撼了,从他们专注的表情和啧啧的赞叹声中,不难发现他们内心所引起的震动。

第二段视频是我所带的另一届毕业班学生回校给老师送花的情景。这段视频给学生们带来更大的信心——只要努力,他们也可以取得很好的成绩。

专题片的题目叫作"阳光之路"。这部专题片实际上是"阳光六班"学生的成长简史,或者叫作经典瞬间回顾。专题片由"我们用梦想装点家园、我们用太阳装载理想、我们用行动再攀高峰、我们用青春书写历史、我们用执着珍惜时光"这五个小专题构成，从不同角度对学生进行激励和引导。

第二件事：练习冲锋号。 看完专题片之后，男生和女生分别练习了中考冲锋号："晨钟响，跃朝阳。 你最强！ 我更强！"这四句话，前两句是班歌的歌词，象征着学生们的虎虎生气和蓬勃朝气；后两句先鼓励同伴，再表志向和决心，而且还有一定的挑战、竞赛意味，起到了鼓舞同伴、激励自我的双重作用。

同学们在中考
"自励板"上签名

第三件事：签名自励板。 所谓自励板，就是用来表达心愿、鼓舞士气的宣传板。 它其实就是开学初放在后黑板上的"舞剑"主题背景板，前几天，我请同学把班级中考冲锋号以标语的形式贴在了上面。 今天，就在中午休息的时候，由同学自己在这块宣传板上签上自己的姓名，以这种形式激励自我，寄托美好的心愿。

情绪是需要调动的，调动是需要技巧的。 当"晨钟响，跃朝阳。 你最强！ 我更强"的冲锋号在"阳光六班"的教室里震天动地地响起的时候，同时响起的更有学生们勇往直前的精神。 这种极具穿透力的呐喊，会裹挟着这些年轻人的青春之火，呼啦啦地向着前进的方向形成燎原之势，把未来的天空烧得红霞满天、光芒万丈！

▎千虑一得

百日动员，能不能既让学生受到激励和鼓舞，又不至于产生很大的心理压力呢？ 从下面几个方面去探索，也许会收到这样的效果。

亲切化。 就是把动员的内容拉下神坛，除去过重的严肃感和神秘感，让学生们受鼓舞而不受催逼，受激励而不受刺激。 试一试把冲锋陷阵的杀声震天改成勇往直前的细语叮咛，把你死我活的残酷拼抢化成你帮我助的亲切合作。 用学生熟悉的事物去感染他们，这样，或许就不会产生如临大敌的惊恐感了。

形象化。 用形象生动的形式来寄寓深刻的道理，这也许是最好的动员方式之一。 在这方面，图形图像、视频资料都是不错的选择。 一个个小小的虾虎鱼为什么能让学生们深受震动，以致念念不忘？ 就因为它虽然小，但它会动，它会以自己顶着瀑布而顽强攀爬的形象化画面征服学生们的心。

彰显化。 让学生通过某种形式的自我展示来彰显决心，这也是使百日动员更具良好效果的办法之一。 为什么这么说呢？ 试想，学生们自我展示的本质是什么？ 是优点和决心的张扬啊！ 当他们展示自我的时候，也就是展示自己优点的时候，也就是展示自己决心的时候。 有了优点和决心，心理压力恐怕就没有多少了吧?

▌披沙拣金

对学生进行百日动员，让学生在一种比较大的压力面前经受锻炼，这是教学生"学会历练"。 学会历练，主要练的是心态，一种不惧、不乱的心态。

不惧。 就是不害怕、不畏惧，这练的是胆量，练的是态度。 经历本身就是对勇气最好的历练，经历得多了，心中的畏惧就少了。 学生的成长需要这种越来越多的历练，这种历练的过程，会使他们逐步增强面临陌生、面对压力的承受能力，这种能力，就是直面困难的勇气。

不乱。 就是不紧张、不慌乱，这练的是心态，练的是行动。 见多识广心不慌，见识就是经验，经历就是镇定。 历练多了，心慌的状态就会逐步消失，而这心不慌，正是做好一切事情的心理基础。 镇定，稳妥，临危不乱，这样，才能把事情做好。 不乱，还练的是行为，还练的是效果。 这实际上是与心态的历练密切相关的，临大事而心不慌，这是基础，心不慌而行不乱，这才是关键。 不乱，就是按部就班；不乱，就是稳中取胜。

▌他山之石

关键词：坚忍

92. 追逐阳光的脚步

> 奔跑，是最伟大的运动。它需要有力量，有技巧，还需要有方向，有勇气，有决心，有意志。让我们努力奔跑，向着光明的方向。
>
> ——题记

▌春风化雨

这里，向大家展示三幅照片。

第一幅照片：

同学们正参加中考体育加试项目的练习

这是"阳光六班"练习跑步的情景。

体育活动课上，学生们除了必要的活动，还经常进行中考体育加试项目的练习。这幅照片就是一次这种练习的场景，从学生们的状态不难看出，她们都在努力地向着目标奔跑，特别请大家看最后一位同学，她已经被远远地甩在后面了。　她是小唐，当时，正赶上腿痛，尽管大家劝她不要跑了，但她还是坚持着跑完了全程；更重要的，她是带着笑跑到终点的。　在终点，同学们用最热烈的掌声迎接了她和她的笑容。

　　"不放弃，不抛弃"，我常用这句话来夸赞我的学生们。　的确，不怕困难，勇往直前，这是"阳光六班"的一种品质，就像他们的跑步一样。

　　第二幅照片：

夏日里班级的
"追逐阳光"活动

　　这是"阳光六班"上体育活动课的情景，时间是 2013 年 5 月 17 日。

　　中考的日子越来越近了，学生的学习已很是繁忙，通过活动来调节学生的心理和学习状态，这是我巧用体育活动课的方法之一。　这堂体育活动课是分专题活动和自由活动两个阶段来上的，其中，专题活动安排了两个活动项目。

　　第一个项目可称之为"豪情亮剑"。　组织全班同学集体合影，在同学手捧班徽和班训的背景下，班长张欣然英姿飒爽地亮出宝剑。　安排这个环节的目的就是鼓舞斗志，而让班长亮剑，就是激励大家在即将到来的中考面前不怕困难，以勇于亮剑的精神和豪气去迎接挑战。　同时，这样做也能增强学生们的集体意识，强化"阳光六班"的班级形象在每一位成员心中的位置。

　　第二个项目可称之为"追逐阳光"。　实际上就是搞个小游戏：在保证安全的前提下，先请同学把篮球向队伍的前方抛起，然后全班同学向着篮球的方向追逐，再把篮球向队伍的上方抛起，然后全班同学向着篮球的方向跳跃。　就在这追逐和跳跃中，学生们跑出了笑声不断，跳出了精神抖擞。

　　第三幅照片：

"阳光六班"临近中考的大课间跑步

这是"阳光六班"的学生大课间活动的情景。

从初中生的精神状态来讲，往往会呈现"逆向上"的现象：七年级时的状态最好，精神抖擞，积极向上；八年级时会保持一段向上的状态，虽然可能有所懈怠，但还说得过去；进入九年级之后，学生们的状态往往就会比较懈怠了，而到了九年级的下学期，这种懈怠恐怕就有更严重的趋势。这似乎是个"规律性"的过程。

不过，"阳光六班"的状态却是逆这种"潮流"而动的，随着时间的推移，他们的精神状态是"正向上"地发展，年级越高，状态越好。尤其是到了九年级，他们的表现比以往任何时候都更加上进。大课间的时候，精气神十足，口号声响亮，越是严寒酷暑，越是表现顽强，决不懈怠，决不散漫，决不松垮，决不萎靡！每天都是如此！而这些，又都是他们自主自愿的行为，没有丝毫的强制。

最后一张照片拍摄于2013年6月14日，当时，天气已很是炎热，一次大课间下来，学生们无不满头大汗。但是，这个阶段，"阳光六班"的学生们无论活动还是学习，都能自觉迎难而上，决不退缩。

"夏热我担当"，这是我们班歌里的一句歌词。此时此刻，学生们这不畏暑热、坚强勇敢的状态，不就是一种最自然、最本真的担当吗？

像夸父一样，永远追逐阳光的脚步，永远向着太阳的方向奔跑，这就是"阳光六班"！

这三幅照片，都有一个共同的行动，那就是奔跑！

这三幅照片，都有一个共同的方向，那就是前进！

这三幅照片，都有一个共同的姿态，那就是向上！

这三幅照片，都有一个共同的状态，那就是热烈！

这三幅照片，都有一个共同的形象，那就是活力！

这三幅照片，都有一个共同的主题，那就是进取！

这三幅照片，都有一个共同的名字，那就是阳光！

……

"春暖歌雨露，夏热我担当，秋凉淡然付一笑，冬寒何惧朔风狂！"正像我们的班歌所唱的这样，不同的季节，学生们会借用不同的色彩来描画他们的成长。

七年级的冬季，他们曾在语文课上去感受风雪的摧打，用坚强给自己的心底铺上纯净无瑕的洁白；八年级的春季，他们曾在春风中歌咏青春的骊歌，用活力给自己的心底抹上鲜亮青翠的浓绿；九年级的秋季，他们曾借用落叶欣赏凋零的伟大，用感悟给自己的心底涂上淡浓相宜的金黄；而今，在夏季，他们又在似火的骄阳下奋力奔跑，感受着燃烧的激情，用热情给青春的画布泼上奔放豪壮的火红……

这所有色彩，都是他们用历练的画笔涂染；这所有色彩，都是他们用成长的热烈泼浸。这色彩永远最热烈，这色调永远最明亮。

因为，它们是用阳光调配的。

▌千虑一得

临近毕业，学生们面临的最大问题是什么？班集体面临的最大问题又是什么？

我以为，都是一个"心"的问题。

从学生个人的角度来看，这个"心"指的是心理。其中，有些学生会有两种"心病"。

焦心。 是指学生由于过度看重文化课成绩而产生的焦躁心理。随着中考日期的日益临近，所有想升学的学生都不会不在意自己的学习成绩。但是，有竞争就会分高下，每个人对成绩的期望值是不同的，越是看重学习的学生，当然也就越是看重成绩；而越是看重成绩，往往心理压力也就越大。

闹心。 是指学生心神不定的状态。有两大因素是造成闹心状态的主要幕后推手：一是离愁别绪。其中当然有对同学、对老师、对母校的依恋，但也不排除对心里那个"他（她）"的不舍。造成闹心状态的另一个主要原因就是前途无望。有的学生由于对成绩极度失望，进而对学习采取彻底放弃的态度，他们眼看着同伴们都在热火朝天地学习、你追我赶地拼搏，而自己却无所事事。此情此景，他们怎能不闹心呢？

从班级的角度看，这个"心"指的是班级的整体状态。有时候，班集体也会得两种"心病"。

离心。 就是指学生们离心离德，班集体没有了共同的追求，没有了应有的凝聚力。临近毕业，即将各奔前程之际，成绩差距大、心理不平衡、学习压力大等诸多原因，会使有的学生开始自由散漫、我行我素、离心离德，不再把集体放在心上。

失心。 是指在管理上失去了强有力的组织领导核心，使班集体濒于或处于一盘散沙的失控状态。临近毕业，老师们有的忙于教学，无暇管理班级；但也有的可能干脆就不再重视班级的管理。老师尚且如此，学生的自我管理则更是名存实亡了。这样，越是临近毕业，班级的管理就越是弱化；而这种管理越是弱化，集体的正向影响力就越是降低。最后，越不管，越难管；越难管，越不管。 于是，班集体几乎就相当于提前解散了。

总体看来，无论是个人的焦心和闹心，还是集体的离心和失心，都需要老师们积极地行动起来，对症下药，努力地加以调整。 只有这样，才能有针对性地解决相应的问题，最大限度地保持个人和集体的稳定。

▌披沙拣金

以阳光的态度奔跑，一直跑到终点；向着阳光的方向跳跃，一直跃到最高，这是教学生"学会上进"。 学会上进，还要做到不背弃、不放弃、不抛弃。

不背弃。 就是从始至终，不随意改变心中的理想和信念。 集体也好，个人也罢，都不能没有信念这个灵魂。 只要存在，就要向前，永远记住迈开第一步时的信念，绝不背弃心中的理想，这就是上进，这就是成功。 无论面临怎样的艰难困苦，学会坚守这最初的理想和信念，学会不背弃当初的誓言，这就是上进的过程。

不放弃。 就是把对理想和信念的坚守化作持久的行动，绝不半途而废。 持之以恒，是学会上进的必由之路。 不管遇到怎样的困难，永不停歇，从不懈怠，一直保持旺盛的热忱，一直保持热烈的追求。 这样，到达终点的时候，我们就可以自豪地说：我是上进的，我一直都是上进的。

不抛弃。 就是大家齐心协力，共同前进，绝不丢下任何一个集体的成员。 一个集体，大家总各有所长，在向着相同的目标努力的进程中，不可能做到齐头并进。 这时候，就需要有一种精神，一种友爱互助的精神。 这种精神，需要每个成员都伸出手来，拉后面的队员一把。 学会不抛弃，也是学会上进，而且，还是学会高尚。

▌他山之石

关键词：向上

93. 最美的毕业照

▌春风化雨

2013 年 5 月 28 日，下午，学校安排照毕业照。

前一天，我得知了这个消息，立刻把消息通知了即将出国学习的卢鑫昕。 这是个十分热爱集体的学生，她曾一再请求我把照毕业照的时间通知她。

令我没有想到的是，当天晚上，我接到了另外一个电话。 电话是高蕴晗的家长打来的，她向我询问第二天是不是班级要照毕业照，得到我肯定的回答后，她表示高蕴晗想要来参加毕业照，问我是否可以。

当然可以了！ 我们大家都很希望她参加啊。

"不过，孩子不是在国外吗？"我表示欢迎的同时，也表达了我的疑问。

家长告诉我：孩子恰巧在那天回国，她说一定要尽力争取赶上照毕业照……

放下电话，我的心一时难以平静：是什么力量，驱使着一个已经离开班级的学生为了毕业照而要尽力赶回来？ 又是什么力量，吸引着一个已经离开班级的学生为了毕业照而要尽力赶回来呢？

　　第二天，照相之前，卢鑫昕及时站到了班级的队伍里，但高蕴晗还没有踪影。 学校已经在排队形了，可是，高蕴晗还没到。 我有些沉不住气了，赶紧打电话询问，家长告诉我，孩子已经在赶往学校的路上了……终于，班级最后一次清点人数的时候，她来到了学校。

　　我长出了一口气。

　　毕业照的第一阶段是全校毕业生合影，第二阶段是各班级自己合影。

　　班级自己的合影，学生们是手持奖状和班史画册来完成的。 这些奖状和班史画册，在合影中格外引人注目，它们与学生们的笑脸相映生辉，形成一道视觉独特、色彩缤纷的风景。

　　这样的一个安排，不是为了让班级显得"好看"。 随着这风景熠熠生辉的，更是这个班级的历史，更是这个班级的文化。

照完毕业照之后，高蕴晗、卢鑫昕向同学表达祝愿

　　照完毕业照之后，回到班级的学生们立刻围拢起来，争相传阅着装订成册的班史。看到曾经的光辉岁月，他们笑得那么自豪、那么开心——这个场面，又是一道阳光灿烂的风景。

　　这道风景，是用学生们的成长描绘而成的。

　　我们曾开展过以"阳光灿烂的日子"为主题的班史抒写系列活动。 照毕业纪念照之前，这些班史被装订成册，最后形成了六册班史。

　　装订成册之前，还有一项工作要做，这就是为班史制作封面。 封面设计的基本思想是体现"阳光六班"的成长主题，因此，"阳光之路"就成了一个贯穿六个学期的大主题。 在这个大主题的统领下，每个学期根据学生成长的特点，分别再确立一个小专题，这六个小专题都由班歌《少年当自强》中的一句歌词来充当：

　　七年级上学期——晨钟响，跃朝阳。

　　七年级下学期——养德静，求知忙。

　　八年级上学期——向心向上自图强。

八年级下学期——山清水秀剑光舞。

九年级上学期——不负青春报爹娘。

九年级下学期——明朝挺身做栋梁。

其中，七年级的上学期，一切刚刚开始，用"晨钟响，跃朝阳"突出了生机勃勃的活力；七年级下学期更侧重良好习惯的养成和学习氛围的营造，用"养德静，求知忙"则恰到好处；八年级上学期是巩固成果、更进一步的关键时期，以"向心向上自图强"来激励学生自我成长、奋发图强；八年级下学期恰逢春季，正是少男少女们充满青春活力的时候，用"山清水秀剑光舞"突出了他们活力四射的特点和"做个男子汉""做个好女生"的成长专题；九年级上学期是转入备考的学习阶段，用"不负青春报爹娘"来作专题，既激励学生回报父母，又提醒他们努力进取，不负青春的大好时光；九年级下学期，以"明朝挺身做栋梁"作为最后一个学期的专题，激励学生要树立远大的人生理想，具有强烈的鼓动性，令人奋起，催人奋进！

当初，在创作班歌歌词的时候，我并没有想到用歌词来作为各学期班史的专题，然而，最后却在这方面偶有所得，这也许是对勤奋和创造的另一种回报吧？

就这样，"阳光六班"以其独特的班级文化，为自己的初中生活留下了一张最美的毕业照。

其实，不只是毕业照，所有学生的所有照片，我们可以把它照得更好、更美。不过，它需要用班级的历史做背景，用学生的成长来构图，用闪光的心灵去聚光，然后，用对教育的追求去按快门……

"茄子——"

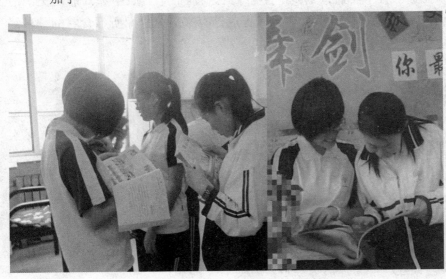

同学们在课余时间欣赏自己所写的班史画册（合成照）

千虑一得

毕业照，怎样才能照出最美的效果呢？

照出风貌。 一张毕业照，如果不仅仅能照出人的容貌，还能照出一个班级的精神风貌，那么，它无疑是"最有亮度"的毕业照。 在毕业照中，每个人的脸上，看到的不仅仅是笑容，还有笑容里洋溢着的幸福，还有脸上飞扬着的自信，还有身上散发着的活力，还有眉宇间蕴藏着的智慧，还有嘴角间翘动着的快乐，还有眼眸里荡漾着的热情……那么，这样的毕业照，留给它的主人的，绝不仅仅是一群个人的相貌，更是整个班级的神采。 这种神采，将是它的每一个成员最值得骄傲的回忆！

照出历史。 一张毕业照，如果不仅仅能照出所有人的现在，还能照出一个班级的成长历史，那么，它无疑是"最有长度"的毕业照。 毕业照上，我们可以从某种载体上看到班级走过的足印，这足印从班级成立的那一天开始，迤迤逦逦，一路走来，它或许深些，或许浅些，但不管是深是浅，它都在满面笑容、一路高歌地闪耀着成长的光芒。 看着这样的毕业照，它的主人们又怎能不自豪？ 怎能不快乐？

照出文化。 一张毕业照，如果不仅仅能照出班级的形象，还能照出这个班级所独有的文化，那么，它无疑是"最有深度"的毕业照。 哪个班级能没有自己的文化呢？ 不管你有没有意识到，不管你有没有总结出来，至少，在学生的形象上、行为上，班级文化已经有了自己的影子。 当然，如果我们能让班级文化的显性特点得以展示，那当然是再好不过的了。 在这方面，最能展示班级文化内涵的当然是班徽、班训、班歌、班史这类的"精神产品"了。 我想，若干年后，当我的学生们看到他们毕业照中那六册班史的时候，他们看到的绝不仅仅是画册的五颜六色，而更应该有这班史里面所蕴含着的种种经历、种种情感、种种思想吧？

披沙拣金

让班级的历史画册在毕业照里铺展，让成长的辉煌在毕业照里闪光，这就是在教学生"学会审美"。 在这生动的画卷里，到处都洋溢着更有内涵的美。 这种美，美在热爱，美在创造，美在成长。

美在热爱。 当一个人拥有一种炽烈的情感，并且心甘情愿地用这种情感去爱一个集体，那么，这种热爱无疑就是一种美。 拥有了这种热爱，就会努力地为所爱着的集体去拼搏、去奔波，由此，这种热爱就会迸发出无穷的活力——为自己，也为他人发光发热。 青年学生最富有的就是炽烈的热爱，只要给他们一个热爱的理由。

美在创造。 创造就是开创，创造就是开拓，创造的美，就是永远向前的美。 创造可以是学习之巅的奋力攀登，创造可以是思想之路的披荆斩棘，创造可以是情感之海的波澜壮阔……无论是什么，无论在哪里，只要创造，只要向前，那就是一种美，一种精神之美，一种追求之美。青年人怎能没有这种美？他们的创造的火山正蓄积着炽烈的岩浆，给他们一个缝隙，让他们爆发吧！

美在成长。 回望自我，总能发现有的脚印其实可以更直些、更深些；审视自我，总能在容颜上看到多了一点儿成熟，少了一点儿稚嫩。这就是成长。成长是美的，发现成长更是美的，因为，发现成长，这本身就是更高境界的成长。青年之美，美在热爱，美在创造，美在以热爱和创造的姿态步步向前，一路成长。

当你能在热爱、创造和成长中发现美、感受美的时候，美已经深深地印在你青春的画卷之中了。

他山之石

关键词：班级文化

94. 天桥——海阔天空的桥

> 所谓宽容，就是以宽广的胸怀去容纳。 它容的是世界，宽的是境界；它容的是他人，宽的是自己。
>
> ——题记

▍春风化雨

暮春的一天中午，几个学生饭后从食堂出来，正想回到教室去。我叫住了她们："走，跟我做点儿事去！"

"老师，干什么呀？"她们一边向我围拢过来，一边好奇地问。

"到了就知道了！"我故作神秘地回答。 然后，就向校外走去。

学生们一边跟着我走，一边喊喊喳喳地议论着：

"干什么呀？"

"不知道啊。"

"是干什么活吗？"

"不能吧，干活不都是找男生吗？"

……

不一会儿，我带她们来到离校门不远处的过街天桥上，站在中间。

"离护栏远一点儿，绝对注意安全！ 我们要做的事就要开始了。"我说。

学生们立刻调整好位置，然后既充满期待又一脸茫然地看着我。

"现在，迎着风吹来的方向，张开双臂，感受一下春风的清爽。"一听我的话，学生们乐开了怀，她们兴高采烈地照做了。 那样子，就像一群迎风飞舞的小燕子。

然后，我让她们说说自己的感受，或者是视野里看到了什么风景或景象。

"很舒服！"

"我看到了远处的楼房！"

"我看到了川流不息的车流！"

"我看到了操场上同学变小了！"

……

几分钟后，我带她们回到了校园，在教学楼下停住了脚步。

"刚才看到的景象还能看到吗？"我问。

"看不到了！"

"我想说明什么问题呢？"我笑道。

片刻的沉思……

"哦，我明白了！ 老师是想让我们感受春天的美好，让我们珍惜时光！"

"让我们体会站得高才能看得远的道理！"

"老师是想让我们懂得要心胸开阔！"

听着她们的回答，我不住地点头："说得好！ 说得好哇！"

……

为什么要导演这么一出"戏"呢？

原来，就在几天前，由于某种原因，一名女同学的情绪有点儿不高。 得知这个情况后，我觉得应该帮助她调整一下。

用什么办法好呢？

站在教室的后面，我一边思索，一边漫无目的地向窗外看着。 不远处，一株"低矮"的小树映入我的眼帘，一阵风吹过，小树无精打采地摇了摇头，正如我那情绪低落的学生。

几位女同学开心地研究问题

于是，就有了我带学生去天桥登高望远的一幕。

这次的心理疏导，就是到了现在，我也没有对那名同学道明原委。不过，当时，我看到了她迎风张开双臂的舒心，我听到了她要心胸开阔的感悟，我看到了她后来开心的笑脸……这，就足够了。

一段不算长的天桥，人们常来常往，无数人从它的上面走过，可是，它唯独对我和我的学生格外眷顾。今天，我站在它的上面，用它的高度和视野，帮助学生搭起了一座通往高远天空的桥，这高远的天空，就是胸怀。

天桥——海阔天空的桥。

原来，天桥所以称为"天桥"，真正的意义是在这里呀！

千虑一得

引导学生具有宽广的胸怀，这是我们的责任之一。那么，这宽广的胸怀，都在什么时候发挥作用呢？

失和时。 是指与他人产生矛盾而造成心理不愉快的时候。产生矛盾，这也许是不可避免的问题。如果产生矛盾之后心胸狭隘，斤斤计较，要么得理不饶人，要么无理辩三分，那么，结果只能是使矛盾越来越深。而如果能够胸怀宽广，能够体谅理解，能够宽容大度，那么，这失和的问题就很容易得到解决。

受挫时。 是指学生在奋斗过程中遭受挫折而难以振作的时候。人生在世，谁也不可能是一帆风顺的，那么，面对挫折，青少年们往往承受打击的能力更弱些。此时，宽广的胸怀就显得很重要了。引导学生放宽眼界，有更远大的奋斗目标，有更宽广的人生视野，那么，这受挫的颓气就有可能被振作的豪气所替代。爬起来，抖一抖尘土，摇一摇臂膀，重整旗鼓，从头再来！

竞争时。 是指面对竞争而患得患失的时候。人生当中，可能时时处处都存在着竞争，当今的时代，竞争更是显得尤为激烈。竞争的时候，竞争者之间往往都"留一手"，从一般意义上来讲，这样做也许是必要的，有时还是必须的。但从一个班集体的角度来讲，从对这个班集体学生教育的角度来讲，是需要这些竞争者们具有胸怀的。这种胸怀，并不是放松竞争，更不是放弃竞争，而是通过合作来促进竞争，大家的竞争都是毫无保留的竞争，是比、学、赶、帮的竞争，是彼此激发正能量的竞争。

具有宽广的胸怀，不仅能利于人，更能利于己。胸怀宽广的人，自己首先就活得洒脱，活得轻松，活得快乐。

不是吗？

披沙拣金

　　用天桥为学生的心灵架起一座通往宽广胸怀的大桥，这是在教学生"学会宽怀"。 要想具有宽广的胸怀，不妨从几个"知"入手来尝试。

　　知高低。 就是引导学生认清自己的人生目标，知道自己最高的目标是什么，知道自己所面临的各种艰难险阻都只不过是实现高目标过程中的"低层次"经历罢了。 任何的困难和挫折，在人生的大目标面前，都不过是小小的波折，甚至，它只代表着一次经历。懂得登高望远的道理，树立远大的人生目标，藐视那些实现这远大目标过程中所遇到的困难。 如同登山一样，当目标是泰山极顶的时候，谁还会在意绊了自己一下的石块呢？

　　知轻重。 就是引导学生懂得在自己的生活中什么是重的，什么是轻的；让他们懂得自己是要选择重的，还是要选择轻的。 这实际上是一个教育学生树立正确价值观的问题。 什么是重的？ 大目标、大方向、大事业，这就是重的；什么是轻的？ 一时痛快、一叶障目、一己之私，这就是轻的。 懂得了自己的轻重之分，自然也就懂得了自己的人生之选。 一心要追上太阳的夸父，即使再大汗淋漓，怎么会因为贪恋一时的阴凉而停下奔跑的脚步呢？

　　知虚实。 就是引导学生认识事物的本质，不要被炫目的浮华所迷惑。 这一点，可能有人会很不解：这种虚与实，跟人的胸怀又有什么关系呢？ 当然有关系啊。 因为，表面的浮华，往往是唾手可得的。 当一个人的目标盯在这种唾手可得的"成功"的时候，他的视野还能大得了吗？ 他的心胸还会大得了吗？ 所以，教会学生求实，就是教会他们不被炫目的浮华所迷惑，不畏浮云遮望眼，自缘"心"在最高层。 当一个人的心不被"浮云"所遮蔽，他的胸怀自然就宽广了吧？ 这就同果农的劳作一样，春天果树的花朵再绚烂，谁会耽于花香花色，而放弃对果树迈向秋天的培育呢？

他山之石

关键词：健康

95. 暖洋洋，亮堂堂

> 情感是最自私的，也是最无私的。 当你真心去爱一个集体的时候，就不会计较自己的付出会得到多少回报。 而付出的时候，你满心都是玫瑰的余香。
>
> ——题记

春风化雨

2013 年 2 月 25 日。

这是本学期返校的前一天，中午，几名男同学来到教室，他们要赶在全班同学正式返校之前，把教室清理干净。

前几天，李俊池就问我安排提前扫除的事，我给了他"自愿"和"人少"这两个原则，其余的事情则完全由他去安排了。

从八年级的下学期开始，班级的日常运转基本上就都是由这些学生干部来负责了。 他们的工作能力和全班同学的自主能力，已经使得他们能够主动担当起班级日常的管理工作。 而我，也基本上不去操心这些事情了。

这次返校扫除也是这样。 几个男生不但短时间、高质量地完成了教室的清扫任务，还在一起搞了个小型的座谈会，大家畅谈了新学期的打算，然后，才美滋滋地回家了。

这几名同学是：刘懿，李俊池，吴梓铭，许傲东，张洺齐，郭佑邦。

部分男生主
动为班级清扫教
室后合影

2013 年 3 月 14 日。

午饭后，离规定午休的时间还有几分钟，已经回到教室的杨钧杰等几位同学立刻开始研究起问题来。 这些同学，学习成绩、学习能力各不相同，但是，他们有一种相同的劲头，他们有一种相同的无私。 这样的情景，在教室里，在操场上，在食堂里，在放学的路上，处处都有，时时可见。 在"阳光六班"的精神宝库里，学习的无私和互助是最闪亮的宝石之一，从来没有人让这颗宝石黯淡过光彩。 这方面，最值得表扬的是那些学习好的同学，他们在拥有良好的成绩的同时，更拥有着无私的美德！

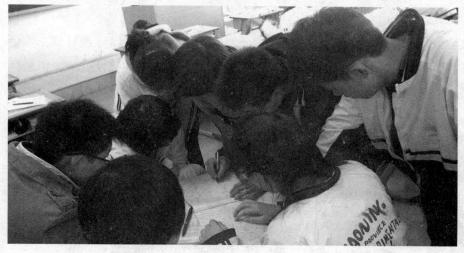

杨钧杰等同
学午休前热烈地
研讨问题

2013 年 4 月 24 日。

体育活动课的时候，卢鑫昕同学特意回来跟同学们道别——她也即将到国外去读书了。 这段时间，同学们正处于紧张的中考复习阶段，但是，友谊是最宝贵的。 大家除了向卢鑫昕赠送临别纪念卡并合影留念外，还特意陪着她再次玩起了她们女生特有的一种游戏，玩得欢声笑语的。 最后，全体同学列队欢送他们的好同学、好伙伴、好姐妹，全体列队的一声"欢迎常回家"，让浓浓的温暖在每个人的心间荡漾！

离别，在"阳光六班"的字典里，永远都别有一番解释，总是那么充满温情！ 总是那么阳光灿烂！

卢鑫昕出国前与同学合影

2013 年 5 月 29 日。

体育活动课上，还有一个月就要中考，可是，"阳光六班"的学生们丝毫不见紧张的情绪。 他们一切按部就班地专项训练，按部就班地活动、游戏。 男同学玩得大汗淋漓，热火朝天；女同学的不知名游戏则玩得热热闹闹，笑声不断……

2013 年 6 月 25 日。

最后一天在食堂就餐。 唐艺洧和陈沫澄同学一如既往地先来到食堂分理餐具，然后安排就餐顺序。 这项工作，她们一干就是三年，我曾建议由其他同学替换一下，但是，她俩笑盈盈地说："没关系，我们挺好的！"

……

陈沫澄、唐艺洧最后一次为大家就餐服务

这个学期，是学生们迎战中考的关键阶段，但是，"阳光六班"的学生们没有因为备战中考的文化课学习而散漫。他们一切如常，奋力拼搏但镇定沉稳，竞争比学而友爱和谐。

　　他们无愧于"阳光六班"的称号。他们的每一个动作和微笑都发散着暖阳般的光和热，这人世间最纯真的光和热，汇聚成一个最有热度的太阳，这由爱凝聚而成的暖阳，照得每一个六班人的心里都那么的暖洋洋，亮堂堂！

　　我常常想：究竟是阳光照亮了六班，还是六班照亮了阳光呢？

▌千虑一得

　　在学生即将离校的日子里，怎样做才能使班级和谐美好呢？我觉得，以下的几个"讲"是非常必要的。

　　讲情感。 情感是最好的黏合剂，它能把任何冰冷的心黏合在一起。所以，在最后的阶段，在班级里大力倡导讲情感之风，会极大地促进班级的稳定、和谐与美好。如果班级里一贯有讲情感的传统，那么，此时继续发扬光大就可以了。如果以往的铺垫不理想，那么，这阶段可以进行必要的引导，也可以在一定程度上取得较好的效果。

　　讲责任。 要想在最后阶段保持集体的稳定与活力，班级的每一位成员都恪尽职守是必不可少的条件。为了升学考试，临近毕业，班级就可以出现"散架子"的状态，这既是一种误解，也是一种不智慧的选择。为什么？试想，就算学习再重要，学生们能做到在校期间的每时每刻都学习吗？谁也做不到。否则，这人非崩溃不可。那么，让学生们在适当活动的同时，也尽一下自己在班级的责任，这不也是一举两得的好事吗？

　　讲稳定。 这里的稳定，是从学生个人心理和班级整体秩序这两个角度来说的。首先，从学生个人心理的角度来看，临近毕业，学业等方方面面的压力常常会使学生情绪变得不稳定。把学生的心理调整好，使其保持一个稳定的、良好的状态，班级自然就有了和谐的基础。而从班级的角度来说，保持一个稳定的整体秩序更是非常必要的。要想做到这一点，老师们的态度和做法是起着决定性的作用的。如果老师抱着得过且过的心理，觉得学生没有几天就毕业、睁一眼闭一眼算了，那么，这不稳定会如溃堤之水，初如管涌，继如井喷，之后便决堤腾浪，难以控制。

　　要想达到班级的稳定与和谐，"无逆反、无弃学、无脱管"是显性的衡量标准。无逆反，就是指学生在老师的教育和管理中没有逆反的情绪和行为，这是学生情绪稳定、心理健康的重要标志之一。无弃学，就是指没有学生完全放弃学习的现象。无脱管，是指没有出现学生不受约束、脱离老师管理的现象。

▌ 披沙拣金

在学习日益紧张的中考前夕，学生们能主动为班级尽各种各样的责任，而且是自然而然地在做。这是在告诉我们，他们已经做到了"学会宽怀"。学会宽怀的表现有很多，我们在这里主要说一说"不计较"和"能无私"。

不计较。就是遇到日常矛盾的时候，能够不在意、不追究。日常生活中，哪能没有矛盾纠纷呢？此时，能以不在意、不追究的心态去面对，至少不会带来更多的麻烦。这种不计较，就是一种胸怀，就是一种境界。这种胸怀和境界，如果教育到位，那么，在班集体成立的初始阶段会大显身手的。

能无私。如果说不计较是一个最低标准的话，那么，能无私则是一种更高的追求。无论什么时候，无私都是一种极高的境界，都是一种极广的胸怀。特别是临近中考，把更多的经历投入到学习当中去是理所应当的，而这时候能积极为集体、为他人着想，并且能付诸行动，那么，这当然就是一种更高的人生境界。其中，学习的无私就是非常可贵的无私。面临学习的竞争，能够毫无保留地互相帮助、共同提高，这种境界更是令人肃然起敬的。帮助对手更强大，从而激励自己不断进步，这是一种人生境界，也是一种人生哲学。

▌ 他山之石

关键词：关爱

96. "你最强！ 我更强！"

为对手加油的竞争，最有实力；用友爱驱动的竞争，最有动力。

——题记

▎春风化雨

临近中考，老师们常常会想出一些办法来鼓舞士气。 在"阳光六班"，借用宣传画、纪念品和冲锋号来鼓舞是比较重要的几个手段。

追逐阳光的宣传画

五月份的时候，我们曾利用体育活动课拍摄过学生开心活动的照片。 后来，其中的两张制成了宣传画：一张以"追逐阳光"为主题，是全班同学伸出双手奋力向上跃起的照片，他们腾跃的上方是我们的班徽；另一张则以"豪情亮剑"为主题，内容是全班同学手持班徽和班训的集体照，照片正中是张欣然亮剑的英姿。

学生们最后一次在校上课的那天，在中考动员的最后阶段，我对大家说："这两张宣传画里的班徽不仅仅是班徽，还是我们中考取得好成绩的象征，谁能在班徽上涂上红色，谁就会取得红彤彤的成绩！"

……

不长时间，两幅画上的班徽就都被涂得红艳艳的了。 其实，班徽涂红与好成绩的取得之间当然没有什么必然的联系，这一点我岂能不知？ 但这真实的谎言如果能让学生有信心、有期待，那么，用一用又有何妨呢？

饱含深情的纪念品

中考之前，班级要给每个学生送一个小纪念品，用来增强信心，鼓舞士气。 一般情况下，这样的事情都是班主任来做的，令我没想到的是，我班的两位副班主任老师也都以自己的方式表达了对学生的鼓励和祝愿。

山丽娜老师给学生的纪念品是每人一套数学考试用的三角板和量角器。 这些，都是她自己买来，学生在校上课的最后一天，她又亲自给每个学生发到了手里（她所教的另一个班级的学生也都得到了同样的礼物）。 她的"纪念品"不仅仅有答题工具，还有答题方法和精神鼓励。 在学生们热烈而持久的掌声里，我读懂了优秀教师的内涵。

山老师把她自己买来的三角板发给每一个学生

而另一位副班主任于雯老师（这是一位非常上进的青年教师，她的这个"副班主任"是我班私下"聘任"的，属于民间行为），则在第二天一大早就买来六朵红艳艳的鲜花，并把它们摆在讲桌上，以表达对学生们的美好祝愿。

而其他老师呢，也都以自己独特的方式，为学生们送上了饱含深情的祝福。

看着老师们忙忙碌碌的身影，听着他们对学生所说的亲切的话语，我想：做他们的学生真是一件幸福的事情。

作为班主任，我代表班级和全体老师送给学生的纪念品是一支"励志笔"。

这是一支由透明笔套加内衬纸组成的自动铅笔。 内衬纸的版面分上、中、下三个版块。 上面的版块由内而外依次是班徽、冲锋号和学生信息：班徽处于正中心的位置，突出了其班级灵魂的地位；班徽的两侧由左至右分别是中考冲锋号"晨钟响，跃朝阳"和"你最强，我更强"这两句话；冲锋号的左侧是学生的学号，右侧是学生的姓名，表明这支笔的主人的身份。

中间版块只有一句醒目的祝愿语："阳光六班的阳光祝福。"这句话两度出现"阳光"

一词，既突出了班级特色，更强烈地提醒学生，要以阳光般的心态和状态来迎接中考。

下面的版块是班级所有现任教师的签名。这份签名是不久前以其他的方式征集到的，表达了全体老师对每一位学生的热情鼓励和良好祝愿。

排版，打印，组装……终于，"励志笔"赶在中考前一天晚上制作完成了。

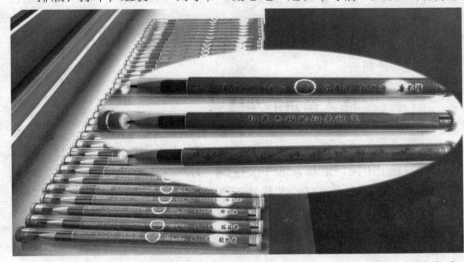

"阳光六班"全体老师送给学生的"励志笔"

中考那天，由于男生、女生分在了不同的考点，"励志笔"的分发也由我和于雯老师分别负责。于老师分发"励志笔"的时候，恰巧被某报社的记者发现了，小小的"励志笔"还不小心到媒体上转了转。

不过，这个"励志笔"的故事并没有结束。当天中午，就有学生给我发了短信，让我看邮件。我一看短信，心里不由得一"凉"：莫非……？

回家上网一查，果然是预感的那样：居然有人这么快就破解了我暗藏的"玄机"！

这帮小家伙，也太不"安分"了吧！

怎么回事呢？

原来，就在"励志笔"衬纸的背面，我还打上了一段话：

当你发现这段文字的时候，你正在用行动证明你是一个具有探索精神的人。请把你的这种精神发扬光大吧，也许，你会创造出令人惊喜的奇迹。如果方便，请把你发现这段文字的日期告诉我。我的邮箱：nmg12345@sohu.com。

谁会是第一个发现这个小秘密的人呢？期待着。

写这段话的目的就是再次给学生以鼓励和信心。如果学生在中考期间发现了，我就以此为鼓励，表扬发现这段话的学生有探索精神，激励他们增强信心；如果是考试以后发现的，那么，就把它作为一个小游戏，让发现它的学生们在笑一笑的同时，知道自己潜在的能力。

与此相关的，还有一件"可气"的事儿：有一位同学居然对我"以其人之道，还治其人之身"！毕业典礼那天，小唐同学送我一个日记本。打开日记本的包装，眼前赫然出现了一张字条，上面工工整整地写着：

老师：

要有探索精神哦！

小唐

我立刻笑了：这孩子，也太善于仿造了吧！ 怎么一点儿"尊重知识产权"的意识也没有呢？

只好"遵命"，赶紧"探索"吧。 原来，她在本子里给我写了一封感谢信，让我"探索"，是在引导我找到这封信呀……

催人奋进的冲锋号

中考冲锋号，这是"阳光六班"独特的文化形式之一。 中考前，学生们已经练习过几次了，考试那几天，偏赶上下雨，但是，这并没有影响男同学呼号的热情。 他们自觉地围聚在一起，由李俊池带领，奋力高呼："晨钟响，跃朝阳！ 你最强，我更强！"他们的呼号充满力量，气势如虹，动地惊天！ 直引得周围的人纷纷围观，不住地赞叹。 最可贵的是，进入考点之后、走进考场之前，他们居然又呼号一次，并且，还带上了我校其他班级的男生。

"好样的！"听说这件事之后，我的赞叹不由得脱口而出。

热情，团结，向上，大气，这就是"阳光六班"男子汉的风采啊！

对于"阳光六班"的学生来讲，中考不仅仅是一次考试，更是一次成长的亮相：在追逐阳光、豪情亮剑的广阔背景下，学生们正用三角板和量角器认真地测量着成长的高度和角度；然后，他们用励志笔抒写起奋斗的追求；最后，他们再用冲锋号的力量呐喊出激情的理想！

而此时，"阳光六班"的教室里，六朵鲜艳的红花正在讲桌上静静地期待……

▌ 千虑一得

中考之前对学生鼓励的方式方法有很多，实施操作的时候，它们主要具有以下几个特点。

愉悦性。 就是在激励学生、调动积极性的同时，能给学生带来心理的愉悦感，使他们心态放松，做到轻装前进，这是最理想的激励。 面临这种十分重要的考试，一部分学生难免会紧张焦虑，那么，在这种时候，就让我们通过语言、行动、纪念品等方式，来向学生传递一种愉悦的信息，缓解他们内心的焦虑，给他们带来快乐和信心。

独特性。 新奇独特的东西是最容易引起注意的，也是最具吸引力的。 对学生的考前激励也是这样，无论是内容还是形式，如果在独特性上做做文章，可能会收到更好的效果。 这种独特性，最好充分考虑到班级的文化特点，把本班的印记最醒目地烙上去，这样，它所散发的是班级独有的文化气息，它所放射的是班级独有的文化光辉。这种气息和光辉会让学生心旷神怡，倍感亲切。

延展性。 是指激励学生的手段既能看到以往教育的痕迹，又能为以后的教育做一点儿铺垫。这时的激励，如果能让学生发现以往的印记，比如文字、图形之类，那么，此时学生看到的不仅仅是文字和图形，更有这些文字和图形所承载着的美好的经历、情感和感受，这样，他们心里最美好、最阳光、最激情、最自信的因子就可能会被激活、被释放、被闪耀，那么，激励的作用不就体现出来了吗？而这种作用，也可以立足当下，作为以后另一个激励的起点。这样，就能让教育贯通始终，发挥更大的作用。

▌披沙拣金

从老师在励志笔中埋下探索的秘密，到学生反过来请老师"要有探索精神"，都在告诉我们，"学会探究"是学生成长中非常可贵的品质。探究的关键主要在于"探未知"和"究所以"。

探未知。 就是要有主动探索未知世界的精神。所谓探，就是探索，就是探查，就是探问，就是探讨。一切的未知，都在所探之列；一切的新鲜，都在所探之列；一切的可能，都在所探之列。探索，永远是进步的阶梯。探未知，首先是一种愿望，一种不甘于现状的愿望；探未知，还是一种勇气，一种敢于面对风险的勇气；探未知，更是一种胸怀，一种甘愿为他人做铺路石的胸怀。年轻人，有的是精力，有的是勇气，不要墨守成规，不要甘于平庸，不要甘于养家糊口。请放开眼界，请敢于探险，请敢于创造，请让自己的青春闪光起来！

究所以。 就是要深入研究事物的本质和规律，努力知其然，更知其所以然。如果说探未知需要的是勇气的话，那么，究所以需要的就是务实。究所以，要耐得住寂寞，要有深入研究、深入思索的耐力。蜻蜓点水不行，走马观花也不行。究所以，需要不到长城非好汉的追求，需要咬定青山不放松的坚定，需要吹尽黄沙始到金的执着。年轻人，学会了究所以，就是学会了充实，就是学会了成长。

▌他山之石

关键词：自主，激励

97. 我们的队伍向太阳

向着太阳的方向，把关爱和思考熔在奉献里聚变。 这时的他们，每个人都是闪光的太阳。

——题记

▋ 春风化雨

记忆的胶片里，总有类似下面的情景在不停地闪回。

镜头一：

刚入学时的军训。 一天傍晚，我班有一名学生身体有点儿不舒服。 正当我准备处理时，汤老师走了进来，她蹲下身子，试了试学生的体温，又细致地询问了相关情况，然后，亲切地抚摸着学生的脸庞安慰着她，那情景，就像一位母亲在照顾自己的孩子一样。 然后，汤老师一面告诉我不用担心，一面亲切地扶起这个学生回去休息了……

汤老师既是教我们生物课的教师，又是我们年级的带头人。 对学生的关心，体贴而周到；对学生的教育，热心又细心……

镜头二：

七年级上学期的一天，正要去上大课间，一个小男生对某个同学产生了强烈的不满情绪。 得知这件事的时候，他正满腔怒火呢。 我刚简单跟他聊了几句，这时，山丽娜老师走了进来。 一见到那个学生的样子，她向我简单了解了一下情况后，就说："交给我了，你放心吧！"……大课间回来的时候，那名小男生的脸上已经是多云转

汤老师大课间
时指导学生跳竹竿

晴，而中午过后，就已经是阳光灿烂了。 主动、热情、亲切、细腻，山老师的关心，总会给学生带去亲人般的温暖……

镜头三：

"'晨钟响，跃朝阳'，这两句一定要有力量，这样才能唱出班歌的特点来……"

"来来来，再来一遍！"

"对对对，很好！ 这里就应该这样唱……"

这是教我们音乐课的荀宁老师正在指导学生练习唱班歌，正是有了她的付出，才有了"阳光六班"班歌那雄壮而优美的旋律；也正是有了她的付出，学生们才能把这班歌演绎得大气、精彩……

镜头四：

七年级下学期，英语课。 学生们正在兴味盎然地练习英语对话，他们专注地看着精心制作的课件，争相回答老师的问题。 "我们先来看图片，猜单词。 请看这一幅图片——"这是英语焦老师正在上课的情景，他的认真负责、他深厚的英语功底深深折服了每个学生……

镜头五：

"跑步的时候，一定要做好准备活动，像这样……"

"咱班男生最近进步很大，希望大家继续努力啊！"

这是教体育的孙文艾老师正在上课，在她的指导下，学生们正认真训练。 她的课不仅有技术的指导，还有情感的沟通，难怪学生们那么喜欢她——即使下课了，还围着她不愿离开……

镜头六：

七年级下学期。 学生们把李民老师团团围住，都想得到老师的真传。 原来，这是李老师正在组织他们进行"水火箭"的放飞比赛。 在她的指导下，学生们利用废弃的塑料瓶设计、制作了各具特色的水火箭。 这样的课上，老师帮助学生放飞的不仅是"水火箭"，更是成功的喜悦和进步的自信……

镜头七：

八年级军训的时候，与我班相邻的一个七年级的班级，一位年轻的女老师正细心地帮助学生整理衣物。 空闲的时候，她向我班走来。 学生们发现了她，立刻热情地打招呼："李老师好！"李璠老师曾教过我们班的思想品德课，她的课善于让学生从活动中调节情绪，感悟道理。 从学生们热情的问候声中，我们不难看出，这位老师是多么深受学生的欢迎……

镜头八：

八年级的某一天，放学的铃声响过后，英语课刘燕老师立刻来到我班门口："子淮呢？ 走走走，咱俩一起坐地铁！"他们大约是一路，这一路上，总是那么热情洋溢的刘老师不知又会帮我做了多少工作……

镜头九：

八年级上学期，拔河比赛的赛场上，学生们激战正酣。 我班参赛队员的一侧，一位老师正用力地给学生助威："加油！ 加油！"可是，这位老师却不是我这个班主任，而是教我班历史课的朱子香老师。 她的课不但条理清晰，还总能让学生在学习知识的同时有更深刻的收获。 而且，她对学生的关心绝不仅限于小小的课堂……

镜头十：

八年级下学期，开学的第一个班会上。 在学生们热烈的掌声中，吴敏老师走到讲台前面，向学生们发表她的"就职演说"："很高兴能跟大家在一起学习。 早就听说咱班同学非常热情，你们的掌声让我不但感受到了热情，更让我看到了你们学习的潜力……"吴老师刚刚到这个班级任教，就主动来参加班会，又能在与学生的第一次见面时鼓励、调动他们的积极性，真是个很有心的老师……

镜头十一：

八年级下学期，美术课上。 教美术的那明珠老师正在指导学生制作纸桌椅。 学生们认真地观察样品，设计图纸，裁剪纸张，那老师则细心地指导："纸桌椅太大了支撑不住，而且特别笨重，稍微小一点儿，十厘米左右就行。"在粗手粗脚的男生面前，她的指导却那么耐心细致。 这时候，她帮学生支撑起来的，绝不仅仅是手中的那些纸桌椅……

镜头十二：

九年级上学期，思想品德课上。 "表扬某某同学！ 他的准备很充分，所举的例子也很有说服力。 大家为他鼓掌！"听了刘辉老师的表扬，这名学生的眼中立刻闪出了自信的光芒。 刘老师的课堂上，学生们常常会得到这样的鼓励。 而且，那些学习成绩差的学生往往会得到刘老师更多的提问、更多的鼓励……

镜头十三：

九年级上学期，信息技术课上。 李来鹏老师正在逐一巡视学生的电脑操作，他一边耐心地指导学生的操作，一边鼓励道："咱班同学很聪明，希望你们能够再接再厉！"李老师上的是信息技术课，但他却很注意抓住学生的心理去鼓励、去调动，他让冰冷的信息技术具有了情感的温度……

镜头十四：

九年级上学期，趣味运动会上，有个比赛项目需要教师参加。 我班的体委找到了曾经教过我们地理课的刘老师，请他代表我班参赛，刘老师欣然应允……体委这样做，完全是学生们自己的主意。 那么，他们为什么想到去请已经不在我班任课的刘老师帮忙呢？除了老师值得信赖，值得托付，一定还有师生之间亲密的情谊吧……

镜头十五：

九年级下学期，化学课上。 申艳秋老师正组织学生非常仔细地观察实验现象，让自己的课一丝不苟，这是申老师上课的特点之一。 临近考试的时候，她曾进行过这样的指导："这十个化学方程式是最基本的，学会它们，这种类型的问题就掌握了一大半。"能把知识研究得如此到位，并且能让学生充满自信地把知识落实到位，多了不起啊……

镜头十六：

九年级下学期，物理课上。 "咱班同学的学习热情真是太高了，你们一定会取得非常好的成绩！"来自于雯老师的表扬，让学生们掌声不断。 这样的掌声，在两年的时光里不知响了多少次。 而一到课间，总会有一群学生把于老师围在中间，争先恐后地问这问那；而于老师呢，则从来都是耐心地解答每个学生的每个问题。 这样的情景，整整持续了两年……

于雯老师只要有机会就主动到班级辅导学生

在"阳光六班"的教育和管理中，从来就没有科任老师，大家"人人都是班主任"，他们从来都以主人翁的责任感在工作；而我，总是乐观其行，坐享其成。

三年的时光里，正是由于有了一群这么好的合作伙伴，正是有了他们的密切合作，"阳光六班"才能不断地进步。 三年的时光，三年的合作，三年的同甘共苦，三年的荣辱与共，不管遇到怎样的困难，我们总能精诚团结，向着太阳的方向，不断前行。 而在我们的背后，则是学校各位领导、各个部门的关心和支持，也正是有了这样的关心和支持，我们才能走得更加坚定。

"向前、向前、向前，我们的队伍向太阳……"这是我们军歌中的一句歌词吧？ 这歌词，曾让我备感亲切，也备受鼓舞。 我们"阳光六班"的教师队伍并不是军队，但是，我们每个人都有军人一般团结和友爱的精神。 教育的征途上，我们也一直向着太阳的方向，一路向前、向前、向前……

▌千虑一得

班主任和科任教师的合作，要注重哪些问题，才能收到一加一大于二的效果呢？ 我以为，具备以下这么几个"意识"是非常必要的。

责任意识。 这是从明确各自责任、确立工作分工的角度来说的。 班主任在这个团队中应该起到一个核心的作用，因此，班主任的责任也就显得十分重大，要做的工作也就多得多。 而科任教师呢，虽然是辅助班主任来工作的，但同样要负起责任来，不能因为是科任教师就可以"无官一身轻"。

具备责任意识最重要的一点就是要做好分内的事。 班主任管理好班级，力争让科任教师不必为班级的管理操心。 而科任教师呢，最起码应该上好自己的课，管好自己的课堂，做到"我的课堂我做主"，力争不需要班主任帮助维持课堂秩序；实在需要，也是有限度的、临时性的、辅助性的。

合作意识。 这是从目标一致、相互配合的角度来说的。 班主任老师也好，科任教师也好，大家都应该有一个最基本的共识，那就是每个人的工作都是整体工作中的一个有机组成部分，任何一个人的工作都需要他人的配合，没有这种配合，工作是无法高质量地完成的。 而要想做到这种配合，就需要大家具备一定的"舍我"精神，不能只站在自己的角度想问题。

沟通意识。 这是从班主任和科任教师之间工作方法的角度来说的。 这种沟通具有主动性、及时性的特点。 主动性，既指老师之间沟通的主动态度，还指教育内容的主动设想。 大家主动出击，主动设想，主动策划，把工作做在头里，让我们的工作更具有前瞻性和引导性，那样，沟通的意义就更大了。 至于说及时性，更主要的是从沟通时效的角度来说的，及时沟通，有利于在第一时间解决问题，有利于取得快捷的效果。

维护意识。 这是从彼此扶助、相互维护的角度来说的。 怎样做才能体现这种维护意识呢？ 维护彼此的尊严和地位，这是班主任和科任教师都要思考和努力的问题。 尊严是教师影响力的核心，有了尊严，教师才有地位，有了尊严，教师才能发挥力量，尤其是面对学生的时候。 所以，班主任和科任教师之间要努力维护彼此的尊严，要让对方在学生心里都具有足够重的分量，都受到足够的尊重。 要想做到这种彼此的维护，相互抬举、推功揽过是非常必要的。

这种对教师尊严的维护，不仅仅限于本班的老师，它还适用于所有的老师。 要知道，我们维护的不是教师个体的尊严，而是教师这个职业的尊严，而是教育的尊严。 对于一个班主任来讲，如果他班级的学生只能听从他一个人的教育和管理，那么，这个教育很难说是成功的教育——因为，学生敬畏的是个人，而不是公理。

离开班主任，学生就不受约束了，这样的教育，对学生来说，结果意味着什么？

▌披沙拣金

教师之间的相互配合，是在以实际行动教学生"学会团结"。 学会团结，要努力做到以下几点。

不狭隘。 就是胸怀宽广，就是为了实现共同目标而没有私心、没有保留。 既然是合作，就应该具有这样坦荡的胸怀，也只有具有这样的胸怀，合作才能取得最好的成效。 而没有私心，不仅仅是所拥有的物质、能力、思想、方法等方面的无所保留，还包括在合作过程中的无私忘我、全力以赴。

不推诿。 就是主动承担责任，主动担当义务，不患得患失，不临阵退缩。 不推诿既是一种行动，更是一种态度。 有时候，有了不推诿的态度，会更好地凝聚大家的力量，从而促进共同目标的实现。

不争功。 就是在取得成绩的时候不为自己争功劳、抢荣誉。 有句成语叫同甘共苦，但是，人们往往能够共苦，却难以同甘。 一旦成功了，就开始打自己的小算盘，甚至还没有成功，就开始打自己的小算盘。 而一旦开始了自私自利，团结也自然就渐行渐远了。

不埋怨。 就是在面临问题的时候，不把责任推给别人。 什么情况下最可能出现埋怨的现象呢？ 当然是不顺利的时候，甚至干脆就是失败的时候。 其实，越是埋怨，越会加剧彼此的裂痕，自然也就越发地分化了合作的力量。 所以，教会学生在遇到挫折的时候彼此鼓励，主动承担，这是促进合作、加强团结的最好的办法。

狭隘，推诿，争功，埋怨，这是妨害团结的"四大天害"，要想学会团结，就必须把这四害彻底扫进垃圾堆。

▌他山之石

关键词：团结，爱集体

98. "我要飞得更高"

> 天空的价值在于给雄鹰无限自由的机会，教师的价值在于给学生长远发展的能力。当天空的价值和教师的价值出现交集，学生的生命就充满了无限的活力。
>
> ——题记

▌春风化雨

2013 年 7 月 2 日。一大早，大雨就从天而降，不管不顾地，砸得地面一个劲儿地哆嗦。今天，学生们来校参加毕业典礼。之后，他们将离开母校，开始新的学习生活。

学生们陆陆续续来到学校。走进教室的时候，迎接他们的是各自书桌上的一张绿色的稿纸。稿纸上印着一个大大的"飞"字。"飞"字的下方有一行提示性的小字："请以'飞'为话题写一段话。"

安排这项临时性的写作活动，最主要的目的是让学生在思想情感上有一定的理性的铺垫。以"飞"为话题写一段话，学生们就会思考"飞"的含义，就会思考"飞"与自己的关系，就会畅想"飞"的未来……

九点钟，毕业典礼正式开始。按照规定，每个班级都要有自己的节目。我班表演的是剑舞诗朗诵《青春"九·六"》，这首诗是由唐艺洧原创的诗歌《青春"八·六"》修改而成的。朗诵者共有六名同学：李俊池、史双铭、康峻宁代表男生，唐艺洧、陈沫澄、姜雨晗代表女生。朗诵过程中配以张欣然的剑舞，再次展示了"阳光六班"自强不息、刚柔并济的精神风貌。

毕业典礼的整个过程都十分感人。而最让我感动的是，典礼结束后，"阳光六班"的学生家长们自发地留了下来，他们热情洋溢地邀请我与他们合影留念。我知道，这些家长们是在以这样一种独特的方式来表达对我的心意。合影的时候，我想，为什么我班的学生那么懂感情，这不就是最好的诠释吗？因为他们有那么懂感情的家长啊！

　　三年来，正是由于有了这些学生家长们的理解和支持，正是由于有了我们彼此的关心和维护，这个班级才能越来越好。感谢"阳光六班"的学生家长们！感谢你们给我送来了那么懂感情的学生！感谢你们对我工作热情的、大力的、一贯的支持！

　　回到教室后，山老师以她特有的主动性和亲和力，与学生进行了情真意切的话别。一番话，说得学生们泪水涟涟……

　　该是我话别的时候了。我先在黑板上写了一个"飛"字。然后，从这个"飛"字入手，与学生们简要回顾了他们的成长历史。我告诉他们，他们就是一只只雏鹰，过去，他们经历风雨，不断成长；如今，他们已经可以振翅蓝天，更广阔、更高远的天空在等着他们去翱翔、去探索……

　　之后，特意回来参加毕业典礼的高蕴晗向我提出一个请求：她亲手制作了一个蛋糕，想分发给老师和同学。我怎能不答应呢？

　　在热烈的掌声中，高蕴晗和卢鑫昕一起，向大家表达了对班级的热爱之情，并展示了那个特意嵌有"6"字的蛋糕。就在两名同学分发蛋糕的时候，学生们已经自发地行动起来，他们在校服上互相签名留念，表达心底那份最真挚、最浓厚的情谊。

　　这时候，一直在门外围观的家长们表达了想进教室的愿望。我当然要支持啊！

高蕴晗、卢鑫昕给大家分发嵌有"6"字的蛋糕

　　于是，师生们亲亲切切地签名，家长们忙来忙去地照相，教室里充满了浓浓的深情厚谊……

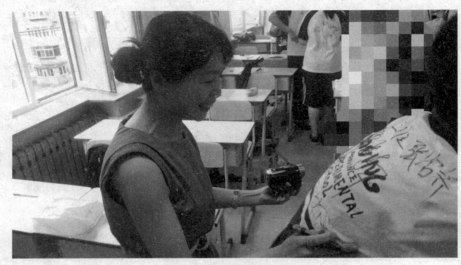

离校前，山丽娜老师给学生签名留念

临近中午，最后的别离不可避免地到来了！

走廊。"阳光六班"的学生们最后一次列队，下楼。

我把学生们送到了操场上，然后，请山老师替我把他们送到学校的大门口。

几十步之外，就是校门，然而，我忽然觉得自己很难走到那里——这段距离，对于我来讲，也许太长，太长……

就这样吧！

默默地，我目送着学生们向校门口去。此时，雨还在淅淅沥沥地下着，厚厚的乌云也还在你推我搡地翻涌，然而，在我的眼里，这支向着校门走去的队伍却分明披着一身耀眼的、灿烂的霞光……

▌千虑一得

毕业离校，这大概是多数班主任所组织的最后一次集体活动了。怎样让这个离别更有内涵、更有价值呢？我的思考是，要具备下面的几个"有"字。

有情。 就是让这离别充满浓浓的情谊。这种情谊，应该是全面的：有师生情，有同窗情，有亲子情，有家校情。而且，这种浓浓的情感，不是刻意引发的，而是真情的自然而然的流露。这种情谊，还应该是一贯的，它是由来已久的真挚情感的延续和表达，而最好不是最后这一刻才触发的"临别纪念"。当然，不管什么时候，有情总比无情好，"迟来"的爱，总比迟迟也不来要好。

有理。 就是要使离别具有理性的思考和行为。临别之际，无论是老师还是学生，都会十分动情，那么，作为班主任老师，我们还有个任务，就是要把这种情感控制在"合理"的范围之内，不能让这种情感失控，不能让这种情感影响正常的秩序。比如，毕业典礼之后，学生因对老师依依不舍而不愿离开会场，如果会场的条件允许，那当然没什么；如果会场另有安排，那么，班主任就应该及时调控，不能影响学校的整体工作，更不能因为太动情而让学生把凌乱不堪的遗憾留给母校。

有益。 就是要通过老师的教育对学生产生教益。 当然，即使老师不进行教育，单是一个"纯天然"的离别也可能会对学生产生一定的教益。 不过，如果我们能有意识地加以引导，那么，学生所受到的教益就会更深入、更广泛。 比如，给学生一个关于"飞"的思考，让他们有更深刻的思想；给学生一个关于未来的展望，让他们有更豁达的胸襟；给学生一个分发蛋糕的机会，让他们能够自主表达美好的心愿；给学生一个最后离校的站队，让他们感受集体的神圣感和荣誉感……

▌披沙拣金

在伤感时刻的尾声，用一个"飞"的希望让学生去憧憬未来，这也是在教学生"学会乐观"。 要想学会乐观，能冷静和能振作是两大法宝。

能冷静。 就是冷静地看待所面对的问题或困境，从而做出理性的判断，憧憬乐观的前景。 需要乐观的时候，就是不如意的时候，就是面临困境的时候，就是情绪低落的时候，就是闷闷不乐的时候。 那么，要想改变这种状态，就需要一个冷静的头脑。 冷静地想一想面前的问题需不需要解决，如果需要，那么，这个问题出现的原因是什么，要想解决这个问题，需要从哪个地方入手去解决。 冷静，是做到乐观的前提。

能振作。 就是振作精神，让自己用昂扬的心态去面对现在，去创造未来。 怎样做到振作呢？ "求新"和"即为"是振作的关键。 求新，就是给自己新的目标，给自己新的希望。 要敢于设想，敢于希望，甚至哪怕是幻想，也要敢于去想。 求新，就是振作的发动机，有了求新的愿望和理想，振作就成功了一大半。 即为，就是从力所能及的事情做起，立即有所作为，就是立刻有所行动。 立刻动起来，立刻就有了身心的活力；立刻动起来，立刻就有了积极的情绪；立刻动起来，立刻就有了创造的信心。 一句话，立刻动起来，立刻就振作了精神。

当一个人振作起来的时候，他还有什么不乐观的呢？

▌他山之石

关键词：向上

99. "最后"是一种致敬

> 怀着对追求的敬畏，怀着对历史的崇敬，我们用感动吟咏"最后"的留恋，我们用感恩收藏"最后"的珍惜。
>
> ——题记

▎春风化雨

六月下旬，毕业季。

这段时光里，"最后"这个词开始一个又一个地跳进班级的历史。在这一个又一个的"最后"里，"阳光六班"用阳光的色彩，画出了它所特有的每一个温暖而绚烂的"最后"一笔。

2013 年 6 月 25 日，这是学生们最后一天在校上课的日子。这一天，"阳光六班"的学生们是怎样度过的呢？

——最后一次上课

每一节课，都是这一学科的最后一课。每一位老师走上讲台，学生们都报以长时间的热烈的掌声，他们在用这种最简单却最隆重的礼仪，向辛勤培育他们的恩师致以最崇高的敬意……

——最后一次眼保健操

"一、二、三、四，二、二、三、四……"随着音乐和口令，学生们每一个节拍都做得那么用心，每一个动作都做得那么认真……

——最后一次午餐

一如既往地整齐排队去食堂，一如既往地整齐排队待餐，一如既往地安静就餐……

"真不错啊！"看着他们一切都能做到一如既往，我心里暗自赞许。

男同学已经就餐完毕。 我刚要走开，女同学们的"异常"举动让我停下了脚步。 只见本来分成几桌就餐的她们，不知怎么都聚拢到一起，在唐艺洧的组织下，她们每个人都端起了就餐所用的汤碗，似乎要举行个什么仪式似的。 我连忙走过去，举起相机，这时，一声刻意控制着音量的、柔和但不失力量的呐喊从她们的团队中传了出来："晨钟响，跃朝阳！ 你最强，我更强！" 哦，原来她们是在用"冲锋号"互相鼓励啊！ 或许，也只有她们——"阳光六班"的好女生们才能如此有内涵，又如此富有创造性地用过母校的最后一顿午餐吧?

最后一次在母校就餐时，好女生们互相鼓励、祝愿

——最后一次午休

午休时间到了，一如既往地及时回到教室，一如既往地安安静静，一如既往地养精蓄锐。 没有亢奋，没有烦躁……

——最后一次扫除

吴梓铭、孙圣达、李新宇、郭佑邦、张诗琪、李琬平……他们，有的是值日生，有的不是值日生，但是，他们所有人都仔细认真。 擦黑板，擦窗台，擦地面，洗拖布，关门窗……一丝不苟，善始善终。

——最后一次尽责

2013 年 7 月 3 日，毕业典礼的第二天。

"阳光六班"的班干部们最后一次回到教室，他们要以自己的实际行动，为"阳光六班"的在校史画上最后的，也是最光彩的一笔。

没错，他们是来清理教室的。 班级每一次迁离教室，学生们都要把教室清理得干干净净，把一个整洁的教室留给下一个即将入驻的兄弟班级。 这是他们的传统，七年级如此，八年级也是这样。 现在，毕业了，他们更要做得好些。

下午，班干部们都及时来到了教室，他们立即开始了工作。 整理，擦拭，搬运，清除……每一处都那么认真，每一处都那么仔细。

最后一次的劳动，他们身上闪耀着的却是三年蓄积的光芒。

郝韵慈是第一个来到教室的，细心的她仔细地清理储物柜中的物品，一样一样地辨识，哪一件东西都舍不得扔掉。三年的时光里，这样的动作，她不知做过多少次。而此时，比以往任何一次都更加仔细……

姜羽晗是最善于主动工作了，她常常能主动发现问题，并能够主动想办法解决问题。扫除的时候，清理死角，善后收尾，每一样都做得那么完美……

唐艺洧和陈沫澄，她们在班级服务中是一对完美的搭档。这最后一次扫除，她们再次合作，细致入微，一丝不苟。最令人赏心悦目的是她们一直洋溢着的笑容，即便是陈沫澄的手不小心划破之后，这笑容依然灿烂着。她们这标志性的笑容，曾为同学、为班级带来多少阳光灿烂的时刻啊……

高蕴晗也来参加这最后一次劳动了。离开班级已经半年多的她，毕业照和毕业典礼都赶回来参加，今天的劳动也没有落下。因为她知道，任何时候，她都是"阳光六班"的一员。值得一提的是，高蕴晗的好伙伴钟艾并不是六班的学生，但是，她也尽心尽力地参加了这次扫除，真是个值得夸赞的好学生……

李俊池和吴梓铭是男子汉的代表。李俊池主动多能，吴梓铭任劳任怨，他们理所当然地承担了劳动中的力气活儿。一次一次地搬运物品，一次一次地登高拆除，满头大汗，但他们乐在其中。这种场面，在"阳光六班"的历史中，曾经出现过多少次啊……

经过一个多小时的工作，教室里变得更加整洁、更加清净了。除了一些他们认为下一个班级有可能用得着的学习用具，他们留在这个教室的，只有闪光的美德。

班干部们最后
一次清理过的教室

最后，这些班干部们"瓜分"了班级的班徽、班训、奖状和宣传画，我想，"阳光六班"的这些具有纪念意义的文化符号，是对他们最好的奖励。我请他们拿着这些"奖品"，站在班级最后一张宣传板前，为"阳光六班"在校史留下了最后一道光彩夺目的风景（见彩页）。

之后，学生们离开了。教室里只剩下我自己。

阳光恋恋不舍地从窗外扑进来，学生一般地围前围后着，晃得我有些睁不开眼。　深吸一口气，教室里满是阳光的芬芳，沁人心脾，令人迷醉。

　　三年前的那个夏日，也是我一个人，面对一个空荡荡的教室，当时，我曾笑着等待拉开一段历史的序幕……如今，还是在这个激情燃烧的季节，这段历史的大幕，将再由我把它拉合。　值得欣慰的是，我能用大幕遮住一个舞台，但我遮不住这舞台上灿烂的阳光。

　　再一次微笑。

　　心灵的舞台上，我向所有观众深鞠一躬，真诚地谢幕。

　　最后看一眼这个叫作"阳光六班"的班级。

　　转身，背对着那暖洋洋的光芒。

　　然后，走出教室。

　　轻轻地，

　　把门关上……

▍千虑一得

　　"最后"，是毕业阶段的必经之路。　在诸多的"最后"之中，我们能"教"给学生些什么呢？

　　教一种态度，一种积极进取的态度。　永远以进取之心去面对生活，起初是这样，最后更应如此。　最后的一天，最后的一次，最后的一语，最后的一瞥……任何一个"最后"，都美好地度过，这就是热爱生活。　不管从起初到最后的过程中曾经历过什么，不管这经历有多么的坎坷，但是，只要最后的一刻还是阳光向上的，那么，生活就是美好的。　笑到最后的笑才是最美的笑，那么，就让我们教会学生在每一个"最后"的时刻学会笑着面对吧。

　　教一种意识，一种担当责任的意识。　我们每个人都担着一定的责任，最后一次的时候，把我们的责任尽到圆满，这是一种追求，一种境界。　比如，最后离开教室的时候，把班级的痕迹清理得干干净净，不给下一个进驻的班级添麻烦，这就是在尽一种责任，尽一个班级的责任。　而班干部们来清理教室，他们又是在尽自己作为班干部的责任。　这种尽责任，不仅仅是尽了对集体的责任，也是尽了对自己的责任：这样的尽责使得这些学生的人生更加充实，更加厚重。　他们将因懂得尽责任而受到敬重，他们将因懂得尽责任而受到信任，他们将因懂得尽责任而受重视……他们将因懂得尽责任而有更广阔的发展空间。

　　教一种情感，一种懂得珍惜的情感。　这里所说的珍惜，首先当然是对人的珍惜，对情的珍惜。　其中，弥足珍贵的是对往昔的珍惜。　珍惜往昔，就是珍惜历史，也就是珍惜自己。　正是由于有了往昔，我们才能走到当下。　往昔的一切，每个人都曾有过那么多的光彩与荣耀，把今天的"最后"当作一个传递奋斗的接力点。　接过光荣的火炬，开始新的奔跑，这是何等的自然，又是何等的美好！

教一种方法，一种善始善终的方法。 善始善终，它既是一种态度，也是一种方法。抓住最后的关头，重视最后的环节，做好最后的工作，才能把事情做得完整，做得完美。生活中，人们并不缺乏善始，但是，往往缺少善终。 由于缺乏坚持、缺少耐心而往往半途而废，甚至都已经到达了终点，只要收束妥当，就可以大功告成，却往往功亏一篑。这种功败垂成的"亏"，表面看起来亏的是"一篑"，本质上，亏的却是一种态度，亏的是一种方法，一种把好最后一关的态度和方法。

对学生进行"最后"的教育，实际上更像是一种致敬，一种对心灵的致敬，一种对教育的致敬。 在最后的阶段，在最后的时光，在最后的一刻，让学生用他们的行动，展示成长的风采，展示教育的成果。 这是在向成长致以最美好、最热烈的祝贺，更是向教育致以最崇高、最庄严的敬礼！

披沙拣金

让学生把"最后"的曲终人散转化成珍惜关爱，这是在教学生"学会化益"。 化益，就是把非益化成有益，把不利化成有利，这是一种人生的智慧。 学会化益，有"顺化"和"转化"之分。

顺化。 就是从经历的"好事"当中顺势而悟，感悟到智慧和经验。 既然是好事，那定然有好的地方，把这好的地方找出来，发扬光大，从而增加自己的智慧。 站在智者的肩头，我们会看得更远。 总结这好事当中的经验，并且学会用这个经验指导今后的行为。顺化，有时就是"经一事，长一智"。

转化。 就是从经历的"坏事"当中找到可以促进进步的因素，并且有效地加以转化利用，从而从中受益。 遇到坏事，就更要找到这坏事的教训是什么，以便今后吸取这些教训；但这还不够，接下来，要想一想怎样有效利用这次的经历，使之发挥正面的作用。 这种转化的意识，这种转化的思考，会帮助他们不断进步、日渐成熟。 这种转化，就是"把坏事变好事"。

他山之石

关键词：自我修养

100. "阳光之路" 其修远

"路漫漫其修远兮，吾将上下而求索！"求索，求索，为了那阳光之路上更壮美的风景！

　　　　　　　　　　　　　　　　　　　　　　　　　　　　　　——题记

▌春风化雨

送别了学生，我的工作却并没有结束。 对于我来讲，两项浩大的工程正处在攻坚阶段：编辑整理送给学生的"阳光六班"的班史画册和班史纪录片。

这里，主要介绍一下班史画册。

班史画册由"概说、教师、学生、班史"这四个部分构成。

"概说"部分

用来概括介绍班史画册的主题、班级的特点及毕业寄语，用封面、封二、扉页、封三、封底这五个版面来完成。

一、关于封面

以广阔的蓝天为背景，画面上方是班徽和班训，班徽、班训的下方是醒目的标题："阳光之路"。 这个标题集中体现了"阳光六班"的每一位成员"追求阳光、阳光向上"的人生"追求"的特点，也体现了他们一路走来、一路追求的这种"历程"的特点。 班史画册还有个副标题叫"'阳光六班'成长记"，点出了"阳光六班"的名称和纪录成长历史的特点。

班史画册的封面（右半部分）和封底（左半部分）

二、关于封二

这是对班训、班徽和班歌的介绍部分。 介绍中有图片、有文字。 把这几项内容放在此处，意在突出它们在班级成长中的巨大作用和重要地位。

三、关于扉页

以校园景象为背景，是我表达心声的一段话：

这本纪念册其实是一部历史，一部"阳光六班"同学们的成长史，一部"阳光六班"老师们的奉献史，一部"阳光六班"学生家长们的亲情史，而于我，它则是一部我对这一切的欣赏史。 感谢他们所有人，让我在愉悦和感动中，欣赏到那么多人世间的最纯真和最美好、最平凡和最伟大！

这段话，表达了我对所有老师、学生和学生家长的感谢之意，实际上，这也是交代了我创制这本班史画册的动力源泉和巨大收获。

四、关于封三

这部分内容是一篇非常优美的抒情散文，或者叫散文诗，题目是"致我们，永不逝去的青春"，作者是我们的副班长陈沫澄同学（陈沫澄是个在文学上很有发展潜力的学生，祝愿她取得更大的成绩）。 这篇美文是作为班史画册的结束语来使用的。 用学生的文章来作结语，一方面，是这篇文章不但深情回顾了"阳光六班"的成长历史，还能够用优美的文字来表达那种温暖、热情、乐观、向上的阳光般的情感；另一方面，用学生的文章来进行收束，也很好地展示了学生自主成长的教育成果。

五、关于封底

这部分实际上是对班级宝剑文化的一个形象化的介绍。 画面正中是"阳光六班"的亮剑集体照，照片中学生们手捧班徽和班训，充满了青春的活力。 照片置于一个从竹简造型的画框当中，每一根竹简的两端各嵌入一个"剑"字，这些"剑"字，都是学生们自己写的。 画框的上下方嵌有班级九年级的那副对联：

九霄壮志，知剑识君子，铸剑担大任，砺剑三载淡然笑冬雪；

六艺雄才，仗剑示豪杰，试剑做栋梁，舞剑一路快哉唱春光。

"教师" 部分

这部分冠以"阳光之路·师恩无限"的专栏标题，用来展示教师们的辛勤劳动，颂扬他们无私奉献的精神。 这里所选取的照片，除了个别的题图照，其他的都是老师们与"阳光六班"学生在一起的工作照，这些照片真实反映了老师们日常工作的情景。 其中，一部分是曾经教过六班课程的老师和其他相关的老师；另一部分是九年级的任课教师，这是主体部分，每位教师单独至少设置一个版面。

为什么有些没有教过这个班级课程的老师也被选入了班史画册呢？ 只要他们对这个班级的学生有过面对面的教育，那也是教育，那也是支持。 选入这些照片，其实也是对学生进行更深广的感恩教育。

"学生" 部分

这部分整体上是按学号顺序排列的，用来展示学生个人的风采。 以"阳光之路·星光熠熠"的专栏标题来为每个学生的展示空间命名，意在说明每个学生都是一颗闪烁的明星，他们每个人都有自己最闪亮的部分。 每个学生照片的选取，充分考虑到"历程"和"成长"这两大主题，从入学到毕业，从品行到学习，前前后后，方方面面，争取全历程、全覆盖。 不过，由于时间太紧迫、工作量太大，我没有做到按时间先后的顺序来排列这些照片，这不能不说是个遗憾。

这部分还设有"自我介绍"和"自我展示"的栏目。 后者是学生自愿参与的项目，包含"最大的收获、最快乐的事、最自豪的事、最得意的作品、写给父母的话、写给老师的话、写给同学的话、写给班级的话、写给未来自己的话"等内容。

"班史" 部分

这部分按照时间先后的顺序，全面展示"阳光六班"从入学到毕业的成长历程。 六个学期分别用一句班歌的歌词作为小标题，它们各有侧重，分别从不同角度突出了"阳光六班"的成长主题（参见《最美的毕业照》）。 每个学期都以一幅班级具有纪念意义的集体照开篇，并配有唐艺洧、陈沫澄、姜雨晗、李俊池、封嘉顺等同学原创的学期序言。每学期的照片，多以该学期具有纪念意义的重大事件为基点来选取，每个学期设置十五个左右的版面。

每个版面除了纪实照片之外，还设有"阳光主笔""阳光心情""金玉良言"这三个版块。 其中，"阳光主笔"指的是负责对本版内容进行文字说明的学生，版面上配有这位同学的特写照；"阳光心情"多数是指"阳光主笔"对本版史实所写的抒情性文字。这两部分文字都是在从前以"阳光灿烂的日子"为主题的班史抒写活动时完成的。

"金玉良言"这一版块用来展示学生们独立创作的警句。 这部分是自选项目，但绝大多数同学都参加了，而且，他们创作出了很多含金量相当高的警句，有些警句比起名家名言来毫不逊色。 而且，令我感到惊奇的是，在把这些警句与班史的照片册页进行搭配的时候，每一页班史的内容居然都能找到与之相匹配的警句。 而学生们在创作这些警句之前，我根本就没有给他们限定内容，这不能不说是个奇迹！ 这也充分说明了日常的素养教育已经帮助学生养成了良好的素养，所以，他们才能创作出如此丰富多彩又富含哲理的警句。

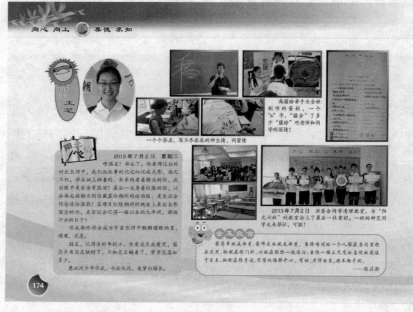

班史画册中"班史"
部分的最后一页

这里，谨选取几例与大家分享：

1.车到山前必有路，就算没路自己筑。 （唐艺涛）

2.人生如一本长篇小说，我们可能无法决定它的结局，但我们能决定它是一部喜剧，还是一部悲剧。 （姜羽晗）

3.手掌上的纹路不能决定一个人的命运，但手掌的力量却足以改变一个人的未来。

（郝韵慈）

4.坚强的人也许让灰尘迷了自己的眼睛，却不会让挫败迷失自己的内心。 （杨钧杰）

5.人生就像是一场戏，但是我要把它演绎得让台下所有人都拍手叫好。 （康峻宁）

6.有些东西是任何书上都没有的。 既然这样，那就研究过后，自己把正确的写上去吧。

（孙圣达）

7.即便你在黑暗里匍匐，也要记得高高地仰起头，望着太阳的方向。 若不是终点，请微笑一直向前！ （张友岩）

8.前方即使坎坎坷坷，我也要向前，因为如果不向前，后面只是废墟。 （史斯文）

9.要快跑，因为前方是城堡，后方是狼堡！ （张诗琪）

10.能向他人展示弱的地方的人其实是最强的。 （高蕴晗）

11.选择其实也是一种选择，如果连选择的勇气都没有，那么就连结果都没有，更谈不上成功。 （张宇涵）

12.如果没有去拼搏是你现在的选择，那么，当你想去拼搏时会发现已无法选择。 （封嘉顺）

13.我们不可能拥有快乐的每一刻，但是我们可以让每一刻都快乐。 （张天乙）

……

这本纪念册共选取了1300幅照片，并配以大量文字，图文并茂，是一部特色鲜明的班集体成长的纪实画卷。

再简要介绍一下班史纪录片。

纪录片的名称也叫"阳光之路"，分"片头、主体、后记"三个部分。

一、关于片头

片头主要展示班级文化特点。 以唐艺洧同学所演奏的班歌为背景音乐，班徽、班训等班级文化符号，都随着学生在校园里的行进和跃动的形象逐一展现。

送给学生和老师的"阳光之路"纪念光盘

二、关于主体

与按时间先后来安排结构的班史画册不同，专题片是按照成长专题来安排结构的。按"我们懂感情、我们爱班级、我们乐上进、我们善思索、我们会学习、我们富活力、我们多才华"这七大专题来结构全片，分别从不同的角度展示三年来学生们成长的历程和成果。 相对来讲，这种安排更有利于突出成长的主题性，而班史画册更突出进程性，二者互为补充，相得益彰。

三、关于后记

先补充了班干部最后来校清理教室和离去后教室里洒满阳光的情景，之后，在班歌的背景音乐中，再现了班级具有重大意义的几个场景，最后，以枝头的红果为衬托，按学号顺序逐一展现每一位学生阳光灿烂的笑容，为他们阳光灿烂的历史画上了一个阳光灿烂的句号。

专题片长达 124 分钟，最后被制成了光盘，每位老师、学生都赠送一张。 从素材的采集、整理，到专题的构思、编辑，从视频的制作、刻录，到光盘封面的设计、粘贴，都是我独立完成的，付出很多，收获更大。

至此，我送给学生的两件纪念品均已完成。

教育的世界里，永远都有更辽阔的海洋，永远都有更高峻的山峰。 这海洋，辽阔得也许会无边无岸；这山峰，险峻得也许会难比登天。 但是，也正因为如此，那艰险的背后才有可能藏着更壮美的风景。

教育之路，阳光之路；阳光之路，求索之路。 "路漫漫其修远兮，吾将上下而求索！"

求索，求索，为了那更壮美的风景！

▌千虑一得

毕业之际，除了毕业证，是不是还能再给学生留点儿什么？ 当然，这也是一道"选做题"，没人要求我们做什么、怎么做。

我送给学生的这两份纪念品，形态上，给的是纪念册和纪录片；本质上，给的却是更有价值的东西。

给的是回味。 回味不等于回忆，它有回忆，但不止于回忆，还有回忆当中的品味。这种回味，是借助于形象化、动态化的媒介来实现的。 一幅幅照片，一段段视频，一行行文字，会一下子把学生带回到从前的生活，让他们在过去的时光中重新学习，重新活动，重新说说笑笑，重新开开心心……这用光、影、文所编织的回忆，让他们在回望中品味到成长的滋味，品味到长大的幸福。

给的是自豪。 每一幅照片，每一段影像，每一行文字，记录的都是学生们成长当中最光彩照人的瞬间。 在那一刻里，他们或体验成熟，或告别青涩；或品味快乐，或经受磨砺；或感受生活，或感悟生命……每一幅照片，背后都氤氲着一个成长的故事；每一段影像，其中都悠扬着一曲成长的歌谣；每一行文字，字里行间都荡漾着一首靓丽的诗章。 看到自己曾经那么的优秀，看到自己曾经那样的阳光，学生们的心中会不快乐、会不自豪吗？

给的是思考。 这两份纪念品，不是简简单单的娱乐品，它们的身上，到处都闪耀着思想的光辉，到处都放射着智慧的光芒。 这思想，这智慧，来自老师，来自家长，更来自学生自己。 实际上，学生们才是这两份纪念品的真正的作者，他们用自己三年的行动、情感和思考，完成了一部最伟大的史诗般的作品。 "阳光之路"，就是一路追寻阳光的历程，就是一路完善自我的历程，就是一路求索未来的历程。 这历程用一幅幅照片拼接，用一段段影像展现，用一行行文字连缀。 每一幅照片都有数不清的内涵，每一段影像都有道不尽的思考，每一行文字都有解不完的奥秘……

给的是力量。 对于"阳光六班"的学生们来讲，这两份纪念品的意义绝不仅仅是纪念，它还应该有激励、有鼓舞。 看到自己光彩的过去，看到自己闪光的曾经，我们的感觉是什么？ 自豪！ 鼓舞！ 力量……对，就应该是它们！ 这两件纪念品，就是两处藏着无穷正能量的宝藏，这些正能量取之不尽、用之不竭，能让每一个拥有它的人振作精神，奋勇向前！

▌披沙拣金

把"阳光之路"的班史画册纪录片送给学生，这是在教学生"学会阳光"。

什么是阳光呢？

阳光就是健康的身体，就是快乐的心态；阳光就是心灵手巧的本领，就是学会化益的智慧；阳光就是学会学习的踏实，就是学会成长的热情；阳光就是积极上进的状态，就是勇往直前的精神；阳光就是做个好女生的柔美，就是做个男子汉的阳刚；阳光就是自主成长的努力，就是团结互助的友爱；阳光就是重情重义的懂感情，就是守法遵规的守规则……

阳光

——就是一切属于青春的美好！

阳光

——就是一切属于美好的青春！

▌他山之石

关键词：班级文化

附表：初中生基本素养要点及实用口诀

素养分类及要点			实用口诀
生活能力	自存素养	学炊食 学自理	不挑食,身受益;不剩饭,美德立。日起居,有规律;守时间,遵规矩。不忘事,备学具;自用品,放有序。不磨蹭,讲效率;当日事,当日济。
	自护素养	学避患 学救护	行安全,动不乱;不冲撞,下楼慢。避尖角,用电善;远暴戾,和为盼。不拼爹,是好汉;慎交友,防网患。自护救,熟手段;救他人,智巧伴。
	劳动素养	学勤劳 学操作 学巧做	勤劳动,身心好;心灵慧,靠手巧。家班务,争做好;会操作,讲技巧。
身心健康	健体素养	学锻炼 学自尊 学优仪 学卫生	勤锻炼,好习惯;做体操,练出汗。做眼操,宜柔慢;挺胸坐,直身站。正姿写,端目看;气神正,不可犯。衣洁整,不怪诞;座齐整,不脏乱。
		学自尊 学上进 学自信 学快乐 学乐观 学坚忍 学耐挫 学宽怀 学审美 学活力	欲自尊,须自强;不自贱,谁能降?求上进,高标量;不自弃,成栋梁。会快乐,性开朗;动中乐,乐共享。趣中乐,知识长;学中乐,共欢念。能自信,主动闯;敢展示,不怯场。多历炼,胆识长;成功在,信心长。能解忧,会乐观;动与说,解心宽。能坚忍,志如山;滴水恒,石可穿。能耐挫,痛自担;笑磨砺,唱云帆。会宽怀,志云端;不计较,心自欢。会审美,德首瞻;彰活力,勇登攀。
		学柔美 学阳刚	阴阳济,万事昌;男女德,各有光。女生美,柔最芳;尚宁静,崇大方。秀活力,端容妆;青春美,最健康。男生美,重阳刚;壮如山,力如钢。有热情,勇担当;敢拓闯,理为纲。讲风度,志四方;能立命,更安邦。
德行修养		学思考 学立志 学主动 学明理 学选择 学敬畏 学负责 学独立 学自控 学自治 学创造	会思辨,生之门;思事理,思做人。辨安危,身之存;辨是非,行不浑。辨美丑,心清纯;辨真伪,人有魂。能明理,会择善;知敬畏,不蛮干。能自控,不冒犯;不冲动,少祸患。能负责,人夸赞;过能改,金不换。能独立,会决断;能响应,不息慢。能创新,常究探;思改进,求更善。
		学表达 学沟通 学回应	会表达,重简明;连贯说,得体评。稳姿态,佳表情;学沟通,悦心灵。言所以,利于行;说烦恼,心舒宁。懂回应,尊重赢;会拒绝,不盲行。

素养分类及要点		实用口诀
合作素养	学融合 学团结 学协作 学欣赏	讲配合,会协作;尽我力,用心做。夸伙伴,心开阔;不埋怨,不诿过。
德行修养	情义素养：学孝敬 学友爱 学善良 学感恩 学懂情	善自我,孝至亲;不任性,态恭温。重情义,知感恩;报师恩,学为根。谨受教,不怨嗔;能关心,最可珍。友同学,重纯真;不助弊,大义深。
	修身素养：学知耻 学尊重 学自省 学慎独 学文明 学诚信 学俭朴	知羞耻,尊严起;不低俗,不粗鄙。重自律,尊自己;嘲他人,自失礼。能自省,闻过喜;能慎独,进不已。讲文明,知常礼;懂问候,会敬语。不吵闹,莫伤体;右通行,不拥挤。能谦让,会答礼;不妨碍,举同体。不空言,不谎语;不饰非,自进取。诸千金,不轻许;言必信,行必履。不浪费,不攀比;能俭朴,德养矣。
	智慧修养：学竞争 学借力 学化益	会竞争,含大智;对手强,我益志。会借力,千万事;明得失,知启示。会化益,思必恃;经一事,长一智。
	公民修养：学爱国 学守法 学遵规 学公德	能爱国,秉大义;知古今,承血气。遵规则,事有据;守法纪,远祸弊。讲公德,看微细;不争抢,守秩序。不喧哗,不斗气;弃废物,不随意。
学习能力	学态素养：学良习 学专注 学沉稳 学灵活 学法素养：学疑问 学探究 学效素养：学落实 学改进 学能素养：学优长 学补短	会学习,养良习;能主动,会预习。能专注,思不离;能探究,善发疑。常发问,不跑题;能讲解,学不迷。勤动手,常笔习;答规范,写整齐。回头看,会复习;学归纳,规律提。学比较,方法集;重改进,学无敌。